Taschenatlas der Biologie

Band 3

Taschenatlas der Biologie

Tafeln und Texte · In drei Bänden

Günter Vogel und Hartmut Angermann

Band 1 Zellen, Organe, Organismen, Ontogenie
Band 2 Physiologie und Ökologie
Band 3 Genetik und Evolution, Systematik

Deutscher Taschenbuch Verlag München
Georg Thieme Verlag Stuttgart · New York

Band 3

Genetik und Evolution, Systematik

Graphische Gestaltung der Abbildungen
Inge und István Szász

72 Abbildungsseiten

1990
Deutscher Taschenbuch Verlag München
Georg Thieme Verlag Stuttgart · New York

Dr. Hartmut Angermann
Kreiensieksheide 51
4800 Bielefeld 1

Dr. Günter Vogel
Anton-Bruckner-Str. 6
4800 Bielefeld 1

CIP-Titelaufnahme der Deutschen Bibliothek

Vogel, Günter:
Taschenatlas der Biologie : Tafeln und Texte ; in drei Bänden / Günter Vogel u. Hartmut Angermann. [Graph. Gestaltung d. Abb. Inge u. István Szász]. – München : Dt. Taschenbuch-Verl. ; Stuttgart ; New York : Thieme.
NE: Angermann, Hartmut:

Bd. 3. Genetik und Evolution, Systematik. – 4. Aufl. – 1990

1. Auflage 1984 (dtv)

Übersetzungen

Frankreich: Le Livre de Poche, Paris
Italien: Aldo Garzanti Editore, Milano
Japan: Heibonsha Ltd. Publishers, Tokio
Niederlande: Bosch & Keuning N. V., Baarn
Spanien: Ediciones Omega, Barcelona

Gemeinschaftsausgabe der 4. Auflage: Deutscher Taschenbuch Verlag München und Georg Thieme Verlag Stuttgart

Printed in Germany
Gesamtherstellung: C. H. Beck'sche Buchdruckerei, Nördlingen

ISBN 3-423-03223-5 (dtv)
ISBN 3-13-755004-1 (Thieme)

Vorwort

In dem ›dtv-Atlas zur Biologie‹ wird versucht, vom gegenwärtigen Kenntnisstand aus einen möglichst umfassenden, wissenschaftlich exakten, dabei aber verständlichen Überblick über Probleme und Ergebnisse der Biologie zu vermitteln. Die schnelle Entwicklung der biologischen Wissenschaften machte nicht nur eine gründliche Überarbeitung, sondern auch eine Erweiterung in wesentlichen Teilen notwendig. Doch auch die nunmehr dreibändige Ausgabe des ›dtv-Atlas zur Biologie‹ bleibt in dem bewährten Rahmen und ist nicht nur Einführung in wissenschaftstheoretische Grundlagen, biologische Sachverhalte und Methoden, sondern auch – durch das ausführliche Register und die zahlreichen Querverweise – Nachschlagewerk.
Die Grundkonzeption des Werkes folgt einerseits methodisch-didaktischen Überlegungen, andererseits spiegelt sie weitgehend die Struktur der Fachwissenschaft wider: Im Fortschreiten von einfacheren zu immer komplexeren Systemen werden die Organisationsebenen des Lebendigen deutlich. Auf diese Weise können Einsichten in biologische Zusammenhänge an ausgewählten Beispielen am besten vermittelt werden.
Die in dieser Taschenbuchreihe bewährte Kombination von Text- und Abbildungseinheiten, die einander ergänzen und intensivieren, wurde beibehalten. Bei den Abbildungen wurden Einzelheiten dort dargestellt, wo sie einen Informationsgewinn bedeuten; schematisiert wurde dort, wo komplizierte, aber wesentliche Strukturen und Vorgänge vereinfacht und hervorgehoben werden sollen. Im Interesse einer Verdeutlichung bestimmter Sachverhalte wurde oft eine nicht den wirklichen Verhältnissen entsprechende Farbgebung gewählt, z. B. im submikroskopischen Bereich. Die Gliederung in doppelseitige abgeschlossene Einheiten wurde konsequent beibehalten, obwohl sie von der Sache her gewisse Beschränkungen auferlegt, weil der direkte Vergleich von Tafeln und Texten die dargestellten, manchmal komplizierten Sachverhalte besser überschaubar macht. – Vorausgesetzt werden muß beim Leser die Bereitschaft zum Nach-Denken; dieser für jedes naturwissenschaftliche Verständnis notwendige Prozeß sollte durch die Konzeption des Buches so erleichtert werden, daß auch bei geringerer naturwissenschaftlicher Vorbildung das Erfassen selbst komplizierter Sachverhalte möglich wird.
Dank gebührt den kritischen Lesern, die den Autoren zu früheren Auflagen Verbesserungsvorschläge machten; dem Deutschen Taschenbuch Verlag, der diese Neubearbeitung ermöglichte; schließlich Frau Inge Szász-Jakobi und Herrn István Szász, die die Abbildungen nach den Entwürfen der Verfasser sorgfältig und gewissenhaft ausführten.

Bielefeld, im Herbst 1983 — Die Verfasser

Inhalt

Symbol- und Abkürzungsverzeichnis

Allgemeine Symbole

∅	Durchmesser
♂	männlich
♀	weiblich
☿	zwittrig
B!	Befruchtung
R!	Reduktion
	Ortsbewegung (Bewegungspfeil)
	Bewegungsrichtung (Richtungspfeil)
	»wird zu«, »wirkt auf« (Entwicklungspfeil)
	»im chemischen Gleichgewicht mit« oder »Austausch zwischen«
Ⓟ	Phosphat-Rest
$>$	größer als
$<$	kleiner als
∼	ungefähr
✱	einheimische Art, Gattung usw.
$=$	getrennt
◯	verbunden
⇒	daraus folgt
	Ausschnittvergrößerung
	»wirkt hemmend«
	»wirkt stark hemmend«
	»wirkt fördernd«
	»wirkt stark fördernd«
+	oder ⊕ positive Ladung
−	oder ⊖ negative Ladung

Allgemeine Abkürzungen

AAM	angeborener Auslösemechanismus
Abb.	Abbildung
AC	Assoziationscharakter(=kenn)art
akt.	aktiv
allg.	allgemein
AM	ancient member
AM	Auslösemechanismus
an	animal
AoN-Gesetz	Alles-oder-Nichts-Gesetz
ASP	aktionsspezifisches Potential (Instinktzentrum)
asymm.	asymmetrisch
Atm	Atmosphäre
A-Typ	africanus-Typ von Australopithecus
B	Begleiter (Pflanzensoziologie)
bar	100000 Pa (Pascal = Einheit des Druckes)
bes.	besonders
best.	bestimmt
Bio^+	Biotin-produzierend (Wildtyp-Allel)
Bio^-	Biotin-bedürftig (Mangelmutante)
biolog./biol.	biologisch
C	Carrier
C1	Komplementkomponente 1
C_4-Pflanzen	Bindung von CO_2 in Form von Verbindungen mit 4 C-Atomen
ca.	circa, ungefähr
cal	Kalorie (1 cal = 4,185 J)

CAM	Crassulacean Acid Metabolism
CS	Carrier-Substrat-Komplex
D	Differentialart (Pflanzensoziologie)
d. h.	das heißt
Diff.	Differenzierung
diff.	differenziert
Δ	›Delta‹, griechisch ›D‹: Differenz
Δp	Veränderung der Allelfrequenz p
E	Enzym
E	Gleichgewichtspotential (Nervenphysiologie)
EAAM	durch Erfahrung ergänzter AAM
EAM	erworbener Auslösemechanismus
EEG	Elektroencephalogramm
EFF	Effektor
EK	Efferenzkopie
endergon.	endergonisch
entspr.	entsprechend
Entw.	Entwicklung
EP	Enzym-Produkt-Komplex
EPP	Endplattenpotential
EPSP	erregendes postsynaptisches Potential
ER	endoplasmatisches Reticulum
ES	Enzym-Substrat-Komplex
exergon.	exergonisch
EZ	eineiige Zwillinge
F	Fertilitätsfaktor bei Bakterien
F^-	Fertilität negativ
F_1	1. Filialgeneration (Tochter-)
F.r.	Formatio reticularis
Funkt.	Funktion
funkt.	funktionell
g	Gramm
g	Membranleitfähigkeit (Nervenphysiologie)
GA	Golgi-Apparat
Gesch.	Geschichte
geschl.	geschlechtlich
Gg	Gleichgewicht
Gp	Grundplasma
GW	Generationswechsel
H	Phänotypenfrequenz der Heterozygoten
h	Stunde
Hb	Hämoglobin
Hfr	High frequency of recombination
HHL	Hypophysenhinterlappen (Neurohypophyse)
hν	Strahlungsenergie
HVL	Hypophysenvorderlappen (Adenohypophyse)

ident.	identisch
i. e. S.	im engeren Sinne
IPSP	hemmendes (inhibitorisches) postsynaptisches Potential
IZ	Interzellularsubstanz
J	Joule (Einheit der Energie und Wärmemenge)
Jh.	Jahrhundert
KC	Klassencharakterart (Pflanzensoziologie)
kcal	Kilokalorie (1 kcal = 4,185 kJ)
kg	Kilogramm
kJ	Kilojoule
klass.	klassisch
K_m	Michaelis-Konstante
konst.	konstant
kontrakt.	kontraktil
KW	Kernphasenwechsel
kybernet.	kybernetisch
Leu^+	Leucin-produzierend (Wildtyp-Allel)
Leu^-	Leucin-bedürftig (Mangelmutante)
lx	Lux (Einheit der Beleuchtungsstärke)
m	Meter
M_1	1. Molar
Ma	Makromere
max.	maximal
Me	Mesomere
metaphys.	metaphysisch
MG	»Molekulargewicht«
mg	Milligramm (1/1000 g)
Mi	Mikromere
Mill., Mio.	Million
min	Minute
min.	minimal
MIT	Massachusetts Institute of Technology
MJ	Millionen Jahre
ml	Milliliter (1 cm^3)
mm	Millimeter (1/1000 m)
mol	»Molekulargewicht« eines Stoffes in Gramm
Mrd.	Milliarde
ms	Millisekunde
mV	Millivolt
μm	Mikrometer (1 Millionstel m)
N	Anzahl von Individuen
N	Newton (Einheit der Kraft)
n	einfacher (haploider) Chromosomensatz
2n	zweifacher (diploider) Chromosomensatz
n. Chr.	nach Christi Geburt
nm	Nanometer (1 Milliardstel Meter)
NNM	Nebennierenmark
NNR	Nebennierenrinde

NPP	Nettoprimärproduktion
NREM	Schlafphase ohne schnelle Augenbewegungen
NS	Nervensystem
OC	Ordnungscharakterart (Pflanzensoziologie)
ökol.	ökologisch
opt.	optisch
organ.	organisch
osmot.	osmot.
o/u	oder/und
P	Phänotypenfrequenz (Homozygote, z.B. dominant)
P	Turgordruck (Pflanzenphysiologie)
p	Allelfrequenz (z.B. dominantes Allel)
PCB	polychlorierte Biphenyle
P-Gen.	Parental- (Eltern-) Generation
pH	negativer Logarithmus der Wasserstoffionenkonzentration
physiol.	physiologisch
PK	Parallel-elastische Komponente (Muskel)
pO_2	Sauerstoffpartialdruck
ppb	Teile/Milliarde
prim.	primär
PS I	Photosystem I
PSP	Postsynaptisches Potential
π^*	osmotischer Wert (Pflanzenphysiologie)
ψ	Wasserpotential (Wasserabgabe aus der Vakuole an reines H_2O)
q	Allelfrequenz (z.B. rezessives Allel)
Q	Phänotypenfrequenz (Homozygote, z.B. rezessiv)
r	Transportwiderstand (pflanzl. Stofftransport)
rd.	rund
REM	rapid-eye-movement (Schlafphase mit schnellen Augenbewegungen)
RF	Rezeptives Feld (Retina)
RGT-Regel	Reaktionsgeschwindigkeits-Temperatur-Regel
RM	Rückenmark
16SrRNA	ribosomale RNA mit der Sedimentationskonstante S = 16
S	Sedimentationskonstante in Svedbergeinheiten
S	Substrat
S	Saugspannung (Pflanzenphysiologie)
S.	Seite
s, sec	Sekunde
s	Selektionskoeffizient
s.	siehe
S^r	Streptomycin-resistent
S^s	Streptomycin-sensibel
SAP	Spezif. Aktionspotential (Instinktzentrum; auch ASP)
sek.	sekundär
senkr.	senkrecht
sex.	sexuell, geschlechtlich
SK	Serienelastische Komponente (Muskel)
sog.	sogenannt
somat.	somatisch, den Körper betreffend
spez.	speziell
spez. Gew.	spezifisches Gewicht
spezif.	spezifisch
Std.	Stunde
Strukt.	Struktur
strukt.	strukturell
Subst.	Substanz, Stoff
symm.	symmetrisch
Syst.	System, Wirkungsgefüge
Tl	Wildtyp-Allel der Erbse (normale Blätter)
tl^{pet}	Allel der Erbse (Petiolute-Mutante)
tl^{w}	Allel der Erbse (Acacia-Mutante)
TMÜ	Tier-Mensch-Übergangsfeld
TMV	Tabakmosaikvirus
typ.	typisch
u.a.	unter anderem
ungeschl.	ungeschlechtlich
u/o	und/oder
urspr.	ursprünglich
U/sec	Umdrehung pro Sekunde
u.U.	unter Umständen
UV	Ultraviolette Strahlung
V	Volt
v	Reaktionsgeschwindigkeit
v^{max}	maximale Reaktionsgeschwindigkeit
v. Chr.	vor Christi Geburt
veg.	vegetativ
versch.	verschieden
W	Maß für Fitness
W	Wanddruck (Pflanzenphysiologie)
waagr.	waagrecht
X	Geschlechtschromosom
Y	Geschlechtschromosom
Z	Zentrum
zahlr.	zahlreich
z.B.	zum Beispiel
ZNS	Zentralnervensystem
zool.	zoologisch
z.T.	zum Teil
zw.	zwischen
ZZ	zweieiige Zwillinge
z.Z.	zur Zeit

Chemische Elemente und Verbindungsformeln

Al	Aluminium
B	Bor
$BaSO_4$	Bariumsulfat
C	Kohlenstoff
C^{14}	radioaktives Kohlenstoffisotop
$C_6H_{12}O_6$	Hexose (Zucker)
Ca	Calcium
Ca^{++}	Calcium-Ion
$Ca_2[Fe(CN)_6]$	Calciumcyanoferrat
$CaCO_3$	Calciumcarbonat
Ca-Humate	Calcium-Salze der Humussäuren
Ca-Oxalat	Calcium-Salz der Oxalsäure
CH_4	Methan
Cl^-	Chlorid-Ion
Co	Cobalt
CO	Kohlenmonoxid
CO_2	Kohlendioxid
CsCl	Caesiumchlorid
Cu	Kupfer
Fe	Eisen
H, H_2	Wasserstoff
H^+	Wasserstoff-Ion
^3H	Tritium, sehr schwerer Wasserstoff
HCN	Cyanwasserstoff
H_2CO_3	Kohlensäure
HCO_3^-	Hydrogencarbonat
H_2O, HOH	Wasser
H_3O^+	Hydronium
H_2O_2	Wasserstoffperoxid
HPO_4^{2-} oder HPO_4^{--}	Hydrogenphosphat
$H_2PO_4^-$	Dihydrogenphosphat
H_2S	Schwefelwasserstoff
H_2SO_3	schweflige Säure
He	Helium
Hg	Quecksilber
J	Jod
J^-	Jodid
K	Kalium
Li	Lithium
Mg	Magnesium
Mg^{++}	Magnesium-Ion
Mn	Mangan
MoO_4^{--}	Molybdat
N, N_2	Stickstoff
N^{15}, ^{15}N	radioaktives Stickstoffisotop
NH_3	Ammoniak
NH_4^+	Ammonium
NH_4Cl	Ammoniumchlorid
NO_2^-	Nitrit
NO_3^-	Nitrat
Na	Natrium
Na^+	Natrium-Ion
NaCl	Natriumchlorid, Kochsalz
Ni	Nickel
O, O_2	Sauerstoff
$O{=}N(CH_3)_3$	Trimethylaminoxid
P	Phospor
PO_4^{3-}	Phosphat
S	Schwefel
SCN^-	Rhodanid
SO_2	Schwefeldioxid
SO_4	Sulfat
Si	Silicium
SiO_2	Siliciumdioxid

Chemische Verbindungen

A	Adenosin, Adenin
ACTH	adrenocorticotropes Hormon (Corticotropin)
ATP	Adenosintriphosphat
ADP	Adenosindiphosphat
AMP	Adenosinmonophosphat
aa-	Aminoacyl-
Ala	Alanin
Arg	Arginin
Asn	Asparagin
Asp	Asparaginsäure
AbA	Abscisin
aa-tRNA	Aminoacyl-tRNA-Komplex
ATA	Aurintricarboxylic acid
C	Cytidin, Cytosin
cAMP	zyklisches Adenosinmonophosphat
cGMP	zyklisches Guanosinmonophosphat
Cys	Cystein
CoA	Coenzym A
CoM	Coenzym M
DNA	Desoxyribonucleinsäure (-acid)
DNase	Desoxyribonuclease
e^-	Elektron
EF	eucytischer Elongationsfaktor
EIF	eucytischer Initiationsfaktor
EF-Tu	prokaryontischer Elongationsfaktor
EF-G	prokaryontischer Elongationsfaktor
fMet	Formylmethionin
FSH	Follikelstimulierendes Hormon (Follitropin)
fMet-$tRNA^{fMet}$	Formylmethionin-tRNA-Komplex
FAD	Flavin-adenin-dinucleotid
FMN	Flavinmononucleotid
G	Guanosin, Guanin
Gln	Glutamin
Glu	Glutaminsäure
Gly	Glycin
GDP	Guanosindiphosphat
GTP	Guanosintriphosphat
G6PD	Glucose-6-phosphat-dehydrogenase
hnRNA	heterogene Kern-RNA (heterogene nucleare RNA)
His	Histidin
H2	Histon 2
Hb	Hämoglobin
Hb-S	Sichelzellenanämie-erzeugendes Hämoglobin

Ile	Isoleucin
IES	Indolessigsäure (Auxin)
IF	prokaryontischer Initiationsfaktor
KrP	Kreatininphosphat
Leu	Leucin
Lys	Lysin
LH	Luteinisierendes Hormon (Lutropin)
LTH	Laktotropes Hormon (Laktin)
lac	Lactose
mRNA	Messenger-RNA
M-DNA	mitochondriale DNA
Met	Methionin
MNNG	Methylnitronitrosoguanidin
NAD^+	Nicotinamid-adenin-dinucleotid
NADH	reduziertes NAD^+
N-DNA	Kern-DNA
NHP	Nichthistonprotein
$NADP^+$	Nicotinamid-adenin-dinucleotid-phosphat
NADPH	reduziertes $NADP^+$
P	Phosphatrest, Phosphorsäure
PP	Pyrophosphat
Phe	Phenylalanin
Pro	Prolin
P-DNA	Plastiden-DNA
PGS	Phosphoglycerinsäure
PGA	Phosphoglycerinaldehyd
PEP	Phosphoenolpyruvat
RNA	Ribonucleinsäure (-acid)
rRNA	ribosomale RNA
RNase	Ribonuclease
RNP	Ribonucleoprotein-Komplex
RudP	Ribulose-1,5-diphosphat
RF	Release-Faktor der prokaryont. Translationsbeendigung
Ser	Serin
tRNA	Transfer-RNA
T	Thymin
TP	Triphosphat
Thr	Threonin
Trp	Tryptophan
Tyr	Tyrosin
TF	Terminationsfaktor
TDF	Testis-determinierender Faktor
U	Uridin, Uracil
UTP	Uridintriphosphat
Val	Valin

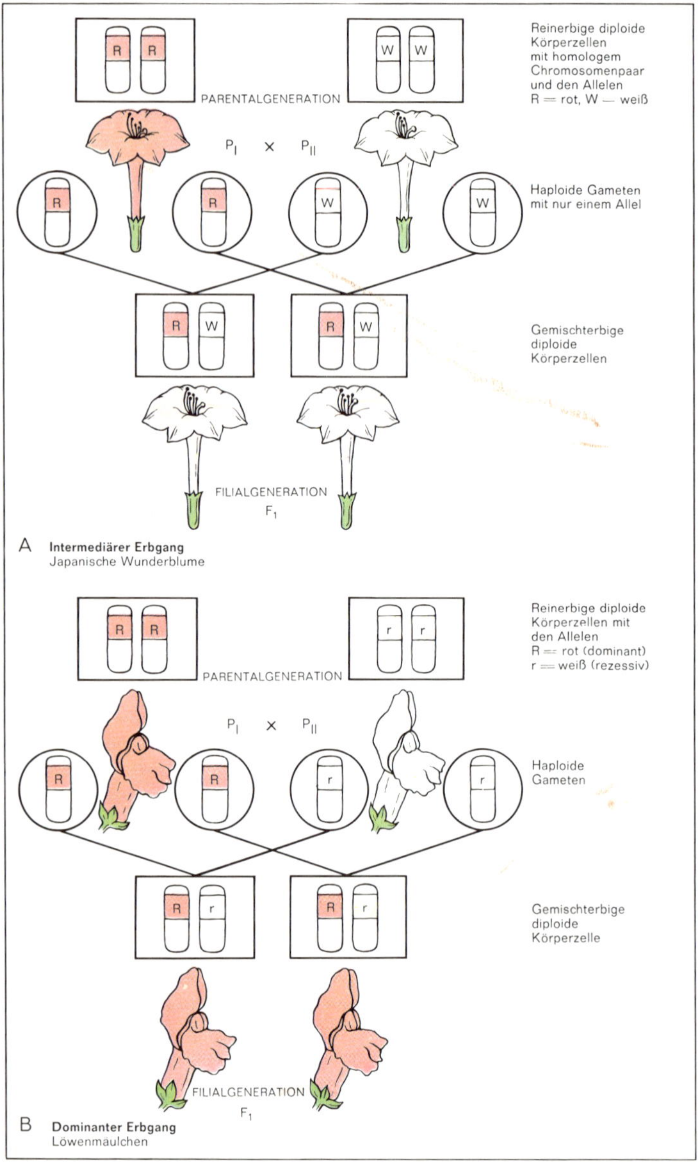

1. Mendelgesetz: Gleichheit der Filialgeneration (F_1)

Die durch sex. Fortpfl. erzeugten Nachkommen gleichen im Erscheinungsbild weitgehend den Eltern. Auch die Angehörigen einer Art ähneln einander. Ursache dieser Übereinstimmung ist die **Vererbung,** die Übertragung von artspezif. Erbanlagen auf die Nachkommenschaft. Die **theoret. Aufgabe der Genetik** als der Vererbungslehre ist die Untersuchung von

- Prozessen, die eine **relative Konstanz** der genet. Information garantieren: Identische Replikation der DNA (*Eukaryonten* S. 37, *Prokaryonten* S. 463), gleichmäßige Verteilung (Segregation) der DNA und Chromosomen durch Mitose (S. 39) und Meiose (S. 149), Gleichbleiben der Informationsrealisierung bei Transkription und Translation (*Eukaryonten* S. 43ff., *Prokaryonten* S. 462ff.);
- Prozessen, die eine **erbl. Veränderlichkeit** erlauben: Umgruppierung des unveränderten genet. Materials (Rekombination) bei sex. Fortpflanzung, Veränderungen am genet. Material selbst (Mutationen).

Ihre prakt. Aufgabe liegt in der rationellen Zucht von Nutzpflanzen und -tieren, dem Erkennen von Erbkrankheiten und beratender Beurteilung beim *Menschen,* der Entwicklung symptomat. und kausaler Eingriffe in genet. bedingte Belastungen.

Die Geschichte der Genetik

Kreuzungs- und variationsstatistische Versuche erlaubten MENDEL 1865, Regeln der Rekombination aufzustellen. Nachdem CORRENS, TSCHERMAK und DE VRIES diese **Mendel-Gesetze** 1900 wiederentdeckt, HERTWIG 1875 die Kernverschmelzung beim Befruchtungsvorgang und ROUX und WEISMANN die Chromosomen in ihrer Bedeutung erkannt hatten, konnten SUTTON und BOVERI 1902–1904 eine **Chromosomentheorie der Vererbung** aufstellen, die die konstanten Zahlenverhältnisse der Mendel-Gesetze kausal verständlich machte. Untersuchungen der »klass. Genetik« an *Pflanzen* und *Tieren*, bes. *Drosophila* (MORGAN), wurden in den vierziger Jahren von der »Molekulargenetik« bei parasex. Vorgängen der *Viren* und *Bakterien* vertieft und seit den siebziger Jahren zunehmend um die Erkenntnisse an *Eukaryonten*, bes. auch des *Menschen*, ergänzt.

Phänotyp und Genotyp

Das äußere Erscheinungsbild (Phänotypus) ist die Summe vieler morpholog. und physiolog. Einzelmerkmale (Phäne). Die Realisation eines jeden Phäns ist das Ergebnis von Umwelt und Erbfaktoren (Gene). Während Umweltbedingungen veränderl. sind und zu versch. Modifikationen des Phänotyps innerhalb der Reaktionsnorm führen können, die als solche nicht erbfest sind, sorgt der durch Nukleinsäure codierte Genotyp als Summe aller Gene des Zellkerns für Konstanz. Die Gesamtheit dieser Gene eines Chromosomensatzes, das Genom, steht den extrachromosomalen Erbfaktoren gegenüber, die nicht den Mendel-Gesetzen folgen (S. 455).

Die Feininformation eines Gens kann sich gelegentl. sprunghaft und erbfest ändern (Mutation, S. 472ff.). Dieses mutierte Gen kann zwar noch das gleiche Merkmal steuern, prägt es aber etwas anders. Solche Gene, die das gleiche Merkmal betreffen und an einander genau entspr. Orten der Chromosomen (Genloci) liegen, heißen Gegengene oder **Allele.** Während der Phänotyp bei Haplonten nur von einem einzigen Chromosomensatz beeinflußt wird, sind bei Diplonten, den vorherrschenden Generationen bei *Tieren* und *höh. Pflanzen* (S. 35, 148), die Gene beider Sätze beteiligt. Hier treten also in jeder Körperzelle Allelpaare auf, die auf den einander homologen Chromosomen des diploiden Satzes liegen. Wirken die Allele eines Paares gleichsinnig auf die Merkmalsausbildung, so ist der Organismus hinsichtlich dieses Allelpaares reinerbig (homozygot), sonst mischerbig (heterozygot). Wie in dem letzten Fall die Allele ihr Phän bestimmen, wird durch Kreuzungsversuche erkannt.

Kreuzungsanalyse bei diploiden Organismen

Im einfachsten Falle verwendet man bei Kreuzungen zwei in sich reinerbige Rassen, die sich in einem Allelpaar (**monohybrider Mendelfall**) oder auch zwei Paaren (**dihybrider Mendelfall**) unterscheiden. Bezeichnet man in einem solchen die Allele des einen Partners mit AA, BB, CC, DD, ..., so lauten die entsprechenden des anderen aa, bb, CC, DD, ..., d. h. die beiden Organismen haben hinsichtlich der beiden ersten Merkmale versch. Allele, in allen anderen (C, D, ...) gleiche. Die in der Reifungsteilung entstehenden Gameten des ersten Partners besitzen nur die Allele A, B, C, D, ..., die des zweiten nur die Allele a, b, C, D, ... Die aus der Kreuzung hervorgehenden Nachkommen (1. Filial- oder F_1-Generation) sind Hybride (Bastarde), in diesem Beispiel »Dihybride«, weil sie in zwei Merkmalen, in denen sich ihre in sich reinerbigen Eltern (Parental- oder P-Generation) unterscheiden, mischerbig sind.

1. Mendelgesetz (Uniformitätsgesetz)

Kreuzt man zwei reinerbige Rassen, die sich in einem Allelpaar unterscheiden, so sind alle F_1-Hybriden unter sich gleich:

- Kreuzt man eine rot- (RR) und weißblühende (WW) Rasse der *japan. Wunderblume (Mirabilis jalapa),* so sind die Nachkommen der F_1-Generation (RW) alle rosablühend (A).
- Kreuzung rot-(RR) und weißblühender (rr) *Löwenmäulchen* ergibt in der F_1-Generation (Rr) nur rotblühende Individuen (B).

Beim **intermediären Erbgang** des 1. Beispiels liegt das hybride Merkmal zw. der Merkmalsausbildung der reinerbigen Eltern, beim **dominanten Erbgang** des 2. Falls dagegen ist das eine Allel merkmalbestimmend (dominant), das andere unterlegen (rezessiv) und tritt nicht in Erscheinung. Dabei ist es belanglos, ob ein Allel vom mütterl. oder vom väterl. Elter stammt: reziproke Bastarde sind einander gleich (Reziprozitätsgesetz, mögl. Ausnahmen: S. 452ff.).

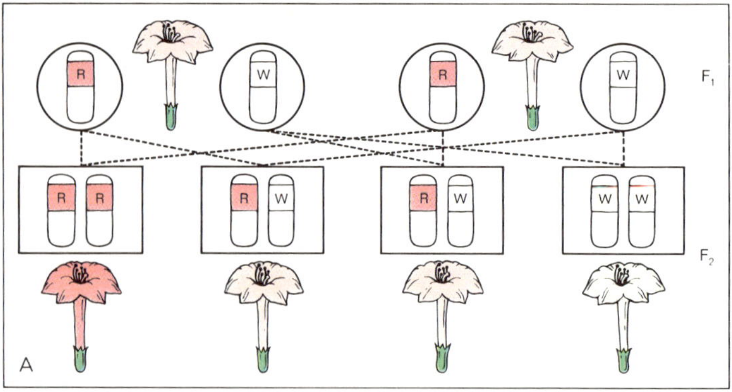

2. Mendelgesetz: Aufspaltung der F_2-Generation

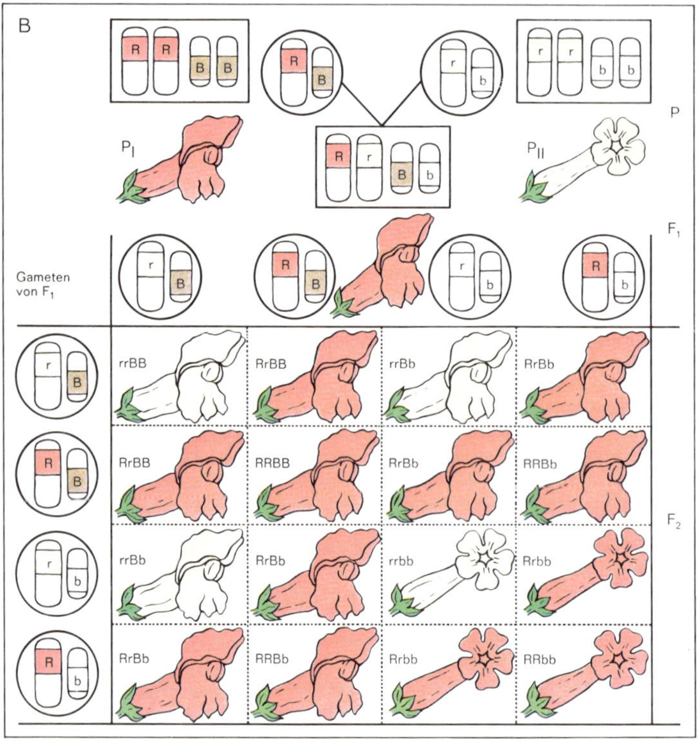

3. Mendelgesetz: Neukombination der Gene

2. Mendelgesetz (Spaltungsgesetz)
Werden Monohybride der F_1-Generation unter sich weiter gekreuzt, so sind die Individuen der F_2-Generation untereinander nicht gleich:

Rosablühende Eltern der *japan. Wunderblume* haben zu ¼ je rot- bzw. weißblühende, dem einen Großelter gleichende Nachkommen und zu ½ rosablühende, den hybriden Eltern ähnelnde F_2-Vertreter. Die rot- und weißblütigen Pflanzen sind reinerbig herausgemendelt, während die rosablütigen heterozygot sind und unter sich gekreuzt immer wieder im Verhältnis 1:2:1 aufspalten (A).

Diese Spaltung geht auf die Trennung der homologen Chromosomen in der Meiose zurück: Die haploiden Gameten können nur jeweils eines der beiden Allele enthalten, entweder das für weiße oder das für rote Blütenfarbe **(Gesetz von der Reinheit der Gameten),** so daß bei der Zygotenbildung die Kombinationen der Gene weiß/weiß, weiß/rot, rot/weiß und rot/rot möglich werden. Da aber die heterozygoten Pflanzen im Phänotyp gleich sind, die Genherkunft vom männl. oder weibl. Elter also belanglos ist, ergibt sich zwangsläufig das statist. Zahlenverhältnis 1:2:1.

Grundsätzl. Gleiches gilt auch für den dominanten Erbgang. Auch hier treten Genotypen im Kombinationsverhältnis 1:2:1 auf. Da jedoch die Hybriden den Phänotyp des dominanten Allels zeigen, spaltet die F_2-Generation hier phänotypisch im Verhältnis 3:1 auf.

Kreuzt man rotblühende *Löwenmäulchen,* die als F_1-Generation entspr. dem Mendelfall S. 443 nachweisl. in dem Merkmal Blütenfarbe hybrid (Rr) sind, so spaltet die F_2-Generation in rot- und weißblühende Pflanzen auf.

Bei intermediärer Situation wird jeder Genotyp erkennbar. Bei dominantem Erbgang dagegen zeigen heterozygote wie dominant-homozygote Individuen das gleiche Erscheinungsbild. Ihre genotyp. Ausstattung wird durch **Rückkreuzung** mit einem rezessiven Partner bestimmt: Besitzt das Testindividuum reinerbig das dominante Allel, so ist die Rückkreuzungs- oder R-Generation entspr. dem Uniformitätsgesetz unter sich gleich (dominantes Merkmal bei homo- und heterozygoten Individuen). Ist es dagegen ein Hybride, so spaltet die R-Generation im Verhältnis 1:1 auf, nämlich in gleich viel homozygote Individuen mit rezessivem Merkmal und heterozygote mit dem Phänotyp des dominanten Elters.

Diese Mendelsche Spaltung der Allele findet sich bei allen Lebewesen. Sie macht begreiflich, daß
- bei diploiden Arten oft neu durch Mutation entstandene Gene erst in spät nachfolgenden Generationen im Phänotypus ausgebildet und damit der Auslese zugängl. werden, weil sie sich im Falle ihres rezessiven Verhaltens nur bei Reinerbigkeit durchzusetzen vermögen;
- aus heterozygotem Ausgangsmaterial schließlich reine homozygote Linien herausgezüchtet werden, weil bei jeder Spaltung die Zahl der Hybriden halbiert wird, so daß nach wenigen Generationen ihr Anteil an der Gesamtpopulation gering wird;
- die Nachkommen eines Elternpaares einander unähnl. sein können. Sie besitzen die Genome der elterl. Gameten, die ja im Verlauf der Meiose nur die Hälfte der Gene erhalten, unter denen solche sind, die im elterl. oder geschwisterl. Phänotyp verwirklicht sind oder auch nicht.

3. Mendelgesetz (Neukombination der Gene)
Kreuzt man Rassen, die sich in zwei oder mehreren Allelen voneinander unterscheiden (Zwei- bzw. Mehrfaktorenkreuzung), so werden die einzelnen Allele unabhängig voneinander (Ausnahme durch »Koppelung« s. S.447) und entspr. den beiden ersten Mendelgesetzen vererbt (B):

Löwenmäulchen mit bilateralsymm. (= B) roten (= R) Blüten und solche mit radiärsymm. (= b) blaßgelben (= r) Blüten ergeben in der F_1-Generation nur Hybriden mit bilateralsymm. roten Blüten. »Radiärsymm.« und »blaßgelb« sind demnach rezessiv.
Wird die F_1-Generation unter sich weiter gezüchtet, so spaltet die nächste Generation auf nach dem Modus 9 bilateralsymm.-rot, 3 bilateralsymm.-blaßgelb, 3 radiärsymm.-rot und 1 radiärsymm.-blaßgelb.

Obgleich die Stammeltern nur zwei versch. Typen zeigten, sind hier vier, darunter also zwei neue, reinerbige Rassen entstanden (rrBB, RRbb). Die beobachtete neue Zusammenstellung der Gene **(Interchromosomale Rekombination)** ist die Folge der freien Kombinationsfähigkeit der Allele zu vier Gametentypen und ihrer gleich häufigen Verschmelzungsmöglichkeit. Das Zahlenverhältnis folgt auch hier aus den Gesetzen des doppelten dominanten Erbganges.
Die Fähigkeit zur Neukombination der Gene erklärt auch die **»Typen-Rückschläge«** (Atavismen), die dann auftreten, wenn versch. Spielarten einer Art gekreuzt werden. Dabei wird der ursprüngl. Genotyp, von dem sich die neuen Rassen abgeleitet haben, wiederhergestellt. Ein klass. Beispiel ist die Rückzüchtung der wilden blauen *Felsentaube* aus versch. Taubenrassen durch DARWIN.

Folgende Überlegung beleuchtet die **Bedeutung der Gen-Neukombination:** Treten in einer Art zehn neue Rassen durch Mutationen von Genen auf, so würde die Typenzahl nach vielen Generationen bei ausschließl. ungeschlechtl. Fortpflanzung immer gleich bleiben, da ja kein Gen-Austausch durch versch. Elternindividuen stattfindet. Bei geschlechtl. Fortpflanzung jedoch beträgt die gesamte Kombinationsrate und damit die mögl. Zahl neuer Rassen aus den zehn Mutanten etwa 2^{10} oder 1024. Durch den mit einer geschlechtl. Fortpflanzung verbundenen Mendelschen Erbgang (der Aufspaltung, unabhängige Verteilung und Gen-Neukombination umfaßt) besitzen die Lebewesen das erfolgreichste Verfahren zur Erzeugung genet. Variation und der dadurch ermöglichten »genetischen Polymorphie« (S. 497), einer Voraussetzung für evolutionäre Weiterentwicklung und Anpassung an sich ändernde Umweltbedingungen (S. 491ff.).

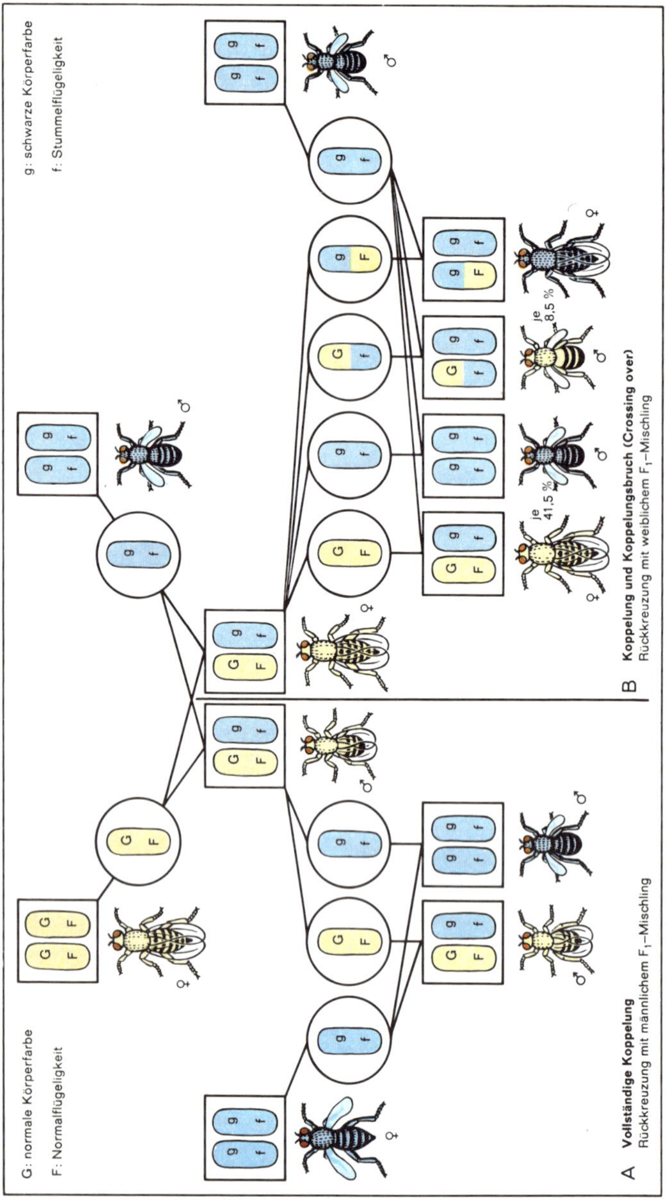

Koppelung und Koppelungsbruch der Gene »Körperfarbe« und »Flügeligkeit« bei der Fruchtfliege Drosophila melanogaster

Genkoppelung (A)

Die Chromosomentheorie der Vererbung erklärt die freie Kombination der Gene aus der Lokalisation der betr. Gene in verschiedenen Chromosomen als **interchromosomale Rekombination:** Die Kombination der Gene versch. Allelpaare beruht auf der Kombination ihrer Chromosomen.

Da jedoch ein Chromosom mehrere Gene enthält, muß der freien Kombination der Gene eine Grenze gesetzt sein. Denn alle Gene, die zusammen auf demselben Chromosom liegen, bleiben bei der Chromosomenkombination zwangsläufig zusammen, sie sind gekoppelt. Dabei entspricht die Zahl der Gruppen miteinander gekoppelter Gene **(Koppelungsgruppen)** der Anzahl der Chromosomen im haploiden Satz.

Diese Vermutungen sind bestätigt worden, vor allem durch die Untersuchungen von MORGAN und seiner Schule an der *Fruchtfliege Drosophila melanogaster:*

Wird eine schwarze (g), stummelflügelige (f) Rasse mit einer grauen (G) und normalflügeligen (F) gekreuzt, so sind die F_1-Hybriden Wildtypen, d. h. sie haben normale graue Farbe und normale Flügel, weil deren Gene dominieren. Wird nun ein Männchen der Hybridengeneration (GgFf) mit der doppelt rezessiven Rasse (ggff) zurückgekreuzt, treten nicht wie bei freier Kombination vier, sondern nur zwei Merkmalskombinationen auf, nämlich die ursprünglichen. Das beweist, daß das Hybridmännchen nur Samenzellen mit den Genkombinationen gf und GF, aber nicht Gf und gF erzeugt hat, weil g und f bzw. G und F auf jeweils demselben Chromosom liegen.

- Bei der *Fruchtfliege* bilden die über 500 bekannten Gene 4 Koppelungsgruppen. Hier umfaßt der haploide Chromosomensatz also 4 Chromosomen. Entspr. ihrer Größe sind Abstufungen versch. umfangreicher Koppelungsgruppen vorhanden.

Koppelungsbruch (B)

Die Koppelung der Gene, die in einem Chromosom liegen, braucht nicht absolut zu sein:

Wird ein *Fruchtfliegen*-Weibchen der Hybridgeneration (GgFf) mit der doppelt rezessiven Rasse (ggff) zurückgekreuzt, so finden sich neben den Nachkommen mit erwarteter Genkoppelung in geringem Prozentsatz, aber gleich häufig die beiden Neukombinationen schwarz-normalflügelig und grau-stummelflügelig.

Offensichtlich hat hier eine Trennung der ursprüngl. gekoppelten Gene, ein Koppelungsbruch und damit eine **intrachromosomale Rekombination** stattgefunden (Bruch-Fusions-Hypothese): In der Meiose sind die homologen Chromatiden an der gleichen Stelle gerissen; der Chromosomenteil mit G verband sich mit dem, der f enthält, während der Teil, der F besitzt, sich mit dem g-Bruchstück vereinte. Dieses »Crossing over« ist mikroskop. sichtbar.

Vom Gesichtspunkt der genet. Variation ist die erhöhte Rekombination der Gene durch Crossing over bemerkenswert, da bei heterozygoten Organismen zwangsläufig eine Umkombination von Genen erfolgt.

Morgansche Genlokalisationstheorie

Die Häufigkeit, mit der Gene eines Chromosoms durch Crossing over getrennt werden, kann durch Zuchtexperimente abgeschätzt werden. Aus einer genügend großen Zahl von Beobachtungen ergibt sich dann als Austauschhäufigkeit zw. zwei best. Genpaaren einer Koppelungsgruppe bei jeder Organismenart jeweils ein best. Wert.

MORGAN stellte die Theorie auf, daß die Häufigkeit der Neukombination vom Abstand der betr. Gene auf dem Chromosom abhängt: Bei sonst konstanten Bedingungen ist ein Crossing over zw. zwei Genen um so wahrscheinlicher, je weiter sie voneinander entfernt sind. STURTEVANT fand bei relativ stark gekoppelten, also näher zueinander liegenden Genen, daß bei Austauschwerten zw. Gen X und Gen Y von a Prozent und zw. den Genen Y und Z von b Prozent der Zahlenwert des Crossing over für die Gene X und Z entweder $a+b$ oder $a-b$ ausmacht. Ein solches Ergebnis ist nur zu erwarten, wenn die Gene perlschnurartig, also linear hintereinander, aufgereiht sind und jedes einen eigenen, festliegenden Ort (Genlocus) einnimmt. Nach dieser Theorie sind für einige bes. gut analysierte Arten *(Fruchtfliege Drosophila melanogaster, Mais, Bohne, Erbse, Pilz Neurospora)* **Chromosomenkarten** angefertigt worden, aus denen ersichtlich ist,

- welche Gene jeweils zu einer Koppelungsgruppe gehören,
- in welcher Folge die Gene einer best. Koppelungsgruppe auf dem Chromosom liegen,
- wie groß die Abstände zw. den Genen sind, aus denen sich dann die relative Häufigkeit des Genaustausches ersehen läßt.

Direkter Nachweis der Genanordnung

Ein unmittelbarer Beweis für die Genlokalisationstheorie wird erbracht, wenn durch Röntgenbestrahlung der Keimzellen Stücke von Chromosomen am Ende oder aus der Mitte abgetrennt werden. Abgesprengte Chromosomenstücke können verlorengehen (Deletion, S. 477) oder sich verlagern (Translokation). Entwickelt sich ein solcher Gamet nach Befruchtung zu einem heterozygoten Individuum, so wirken sich im ersten Fall alle, auch die rezessiven Gene desjenigen Chromosomenabschnittes aus, dessen homologes Stück dem anderen Chromosom durch Stückverlust fehlt (Pseudodominanz). Der zweite Fall gibt sich durch neue Koppelungsgruppen zu erkennen, die ebenfalls cytolog. und kreuzungsgenet. erforscht werden können. Als bes. geeignet erweisen sich dabei die Riesenchromosomen aus den Speicheldrüsen der *Fruchtfliege.* Der Vergleich der genet. und cytolog. Genkarten bestätigt die Übereinstimmung der Genfolge. Die Genabstände zeigen jedoch typ. Abweichungen: Auf den genet. Karten liegen die Gene am Chromosomenende und in Centromernähe zu dicht. Offenbar ist hier die Bruchhäufigkeit geringer.

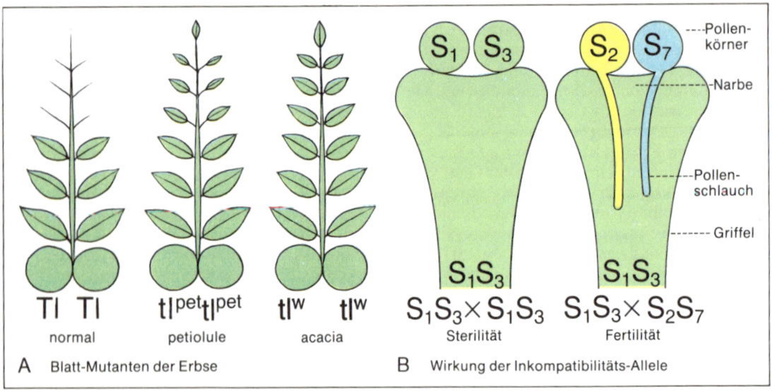

Multiple Allelie: Blattgestalt (A) und Inkompatibilität (B)

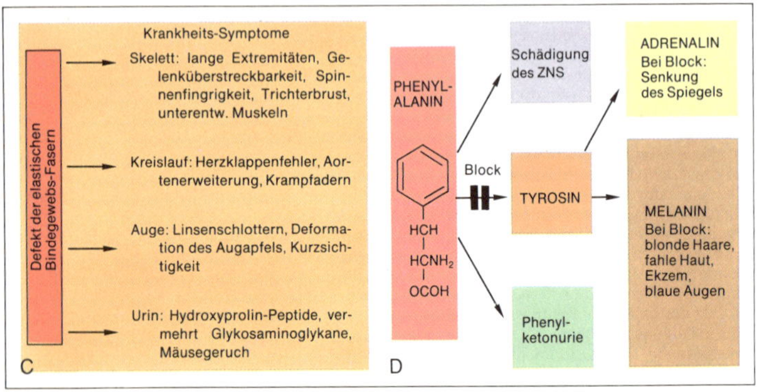

Pleiotropie: Marfan-Syndrom (C) und Phenylketonurie (D)

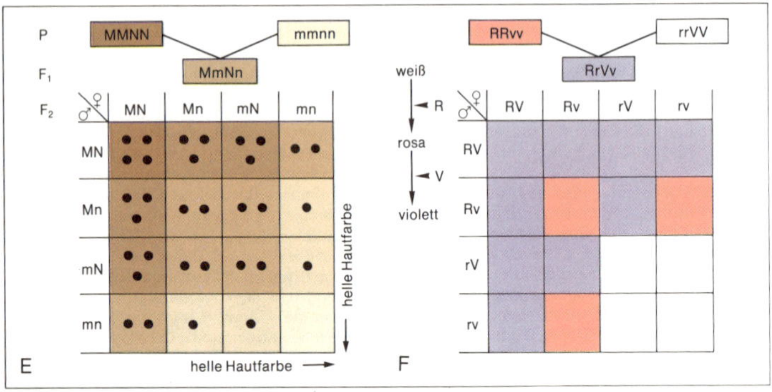

Additive (E) und komplementäre (F) Polygenie

Die bisherige Darstellung vereinfacht in doppelter Hinsicht: Einerseits stellt sie einem Gen nur je zwei Allele gegenüber; andererseits ordnet sie Gen und Phän nach der 1-Gen-1-Merkmal-Hypothese einander einzeln zu. Beides entspricht nicht dem Normalfall.

Multiple Allelie
ist das Vorliegen eines Gens in mehr als zwei allelen Zuständen. Da die Normalform eines Gens, das Allel für das »normal« funktionsfähige Enzym des »Wildtyps«, in vielen versch. Nukleotiden mutieren kann, entstehen neben Allelen, die einheitl. kein aktives Enzym bilden (»Mangelmutanten«), auch solche, deren neue Enzyme andere Phänotypen bedingen:

- Für die Blattgestalt der *Erbse* (A) sind 3 Allele verantwortlich, die monohybriden Erbgang und eine **Dominanzreihe** zeigen, in der tl^{pet} rezessiv gegenüber Tl und dominant gegen tl^{w} ist: $Tl > tl^{pet} > tl^{w}$.
- Beim *Rotklee* wirkt eine Serie von 41 Inkompatibilitäts-Allelen der Selbstung (S. 157) entgegen (B): Zur Befruchtung führt nur die Bestäubung mit Pollen, der andere S-Allele besitzt als die weibl. Komponente.
- Nach heutiger Vorstellung gibt es mindestens vier Allele eines Gens des menschlichen AB0-Blutgruppensystems (S. 324f.). Sie werden mit A_1, A_2, B und 0 bezeichnet. Dabei ist A_1 dominant über A_2, und die Allele A_1, A_2 und B sind dominant über 0. Die Allele A und B verhalten sich in Heterozygoten kombinant, d.h. sie manifestieren sich nebeneinander (Kodominanz).

Multiple Allelie liegt auch den neun sich in je einer Aminosäure der β-Ketten unterscheidenden Hämoglobinen des *Menschen* zugrunde (s. auch S. 474 D: Sichelzellenanämie).

Pleiotropie (Polyphänie)
ist die Steuerung der Ausbildung mehrerer Phäne durch nur ein Gen. Im einfachsten Fall produziert das Gen in versch. Geweben den gleichen Stoff, der dann dort die spezif. Merkmale ausprägt:

- Rotblühende *Erbsen* zeigen auch an Stengeln, Blättern und Samen eine rötliche Färbung, weißblühende dagegen nicht.

Viele genet. bedingte Syndrome, d.h. Krankheitsbilder aus Einzelsymptomen, sind beim *Menschen* pleiotrope Effekte. Nur selten sind sie bisher auf den prim. Enzymdefekt zurückgeführt:

- Beim MARFAN-Syndrom (C) ist bei Heterozygotie die Kollagen-Synthese gestört, die elast. Bindegewebsfasern vermindert.
- Das FÖLLING-Syndrom (D), mit ca. je einem PKU-kranken homozygot-rezessiven Kind pro 8900 Neugeborenen eine der häufigsten angeborenen Stoffwechselkrankheiten, führt wegen des Aktivitätsverlustes der Phenylalaninhydroxylase zu einem Phe-Stau (Krämpfe, Schwachsinn), Minderung des normalerweise produzierten Tyrosins (Pigmentstörung, Ekzem) und niedrigem Adrenalinspiegel.

Polygenie
ist die Abhängigkeit der Ausbildung eines Merkmals von mehreren Genen. Bes. bei den quantitativen, d.h. den erblich und nicht modifikatorisch im Ausprägungsgrad variierenden Merkmalen mit ihren zahlr. Zwischenstufen z.B. der Größe, Farbintensität und spez. Stoffwechselleistungen wirken viele Gene meist geringerer spezif. Wirksamkeit zusammen. Da hier nur selten einfache Spaltungsverhältnisse auftreten, werden statt Kreuzungsanalysen versch. Methoden der mathematischen Statistik erforderlich.

Bei additiver Polygenie (Polymerie)
kann jedes für die Merkmalsausbildung zuständige Gen das Phän hervorrufen, die optimale Entfaltung des Merkmals ist aber vom Zusammenwirken versch. Allelpaare abhängig:

- Wird die Pigmentierung der Haut (E) in vereinfachter Darstellung durch zwei intermediäre Allelpaare bestimmt, wobei die Gene M und N im gleichen Ausmaß fördern, so ist die Farbintensität abhängig von der Anzahl fördernder Allele im diploiden Zustand und ergibt fünf Intensitätsklassen.
- Die Wüchsigkeit der *Pflanzen* und z.B. beim *Mais* die Kolbenlänge hängen von mehreren Allelpaaren ab, bei denen Dominanz der fördernden Allele herrscht. Wenn dann jeder Elter reinerbig versch. fördernde Allelpaare besitzt (z.B. AAbbCCdd und aaBBccDD), übertreffen F_1-Bastarde in der Merkmalsausprägung die beiden Elternrassen stark (»Heterosis-Effekt«), spalten aber in der F_2-Generation bei freier Kombinierbarkeit weiter auf. Der züchterische Versuch, den Heterosis-Effekt durch Auslese von reinerbigen (+)-Typen (hier: AABBCCDD) zu fixieren, scheiterte bisher an dem Umfang des polygenen Systems mit der damit einhergehenden Seltenheit dieses Typs in der F_2 und an der Koppelung der dominanten Leistungs-Allele mit rezessiven (–)-Faktoren.

Bei komplementärer Polygenie (Kryptomerie)
wird ein Phän erst ausgebildet, wenn von den an der Merkmalsausbildung beteiligten Genen je ein dominantes Allel vorhanden ist. Genwirkketten (S. 467) bestimmen den intermediären Stoffwechsel, wo Enzyme nacheinander und sich ergänzend Stoffwechselketten ermöglichen.

- Bei der Ausbildung der Blütenfarbe eines *Leinkrautes (Linaria maroccana)* bewirkt R den rosa Farbton einer Vorstufe, die durch V zu violett umschlägt (F).
- Wildfarbene *Säuger* (zahlr. *Nager, Raub-* und *Huftiere*) zeigen auf jedem Haar ein typ. Aguti-Muster aus grauem Haargrund, hellen und dunkelbraunen Querbinden im Wechsel und einer schwarzen Spitze, das drei dominante Gene erzeugen: C bildet graues Pigment, das von B in Schwarz verwandelt wird, während A die Bänderung bei vorhandenem schwarzen Pigment veranlaßt. Bei fehlendem C, also cc, treten Albinos auf *(weiße Mäuse)*, ohne den Aguti-Faktor A sind Tiere mit homo- oder heterozygotem B einfarbig grau.

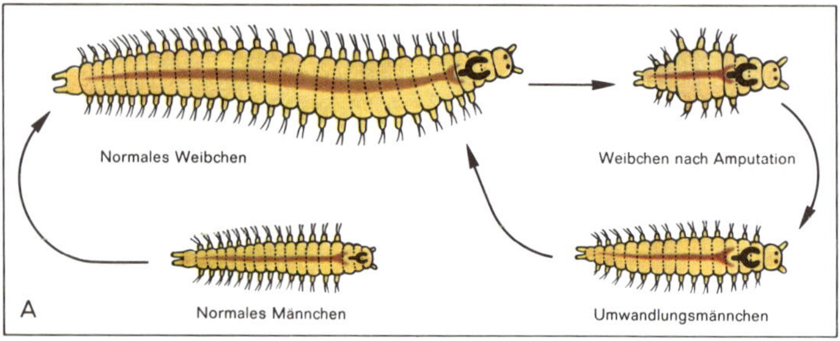

Diplophänotypische Geschlechtsbestimmung bei Ophryotrocha puerilis

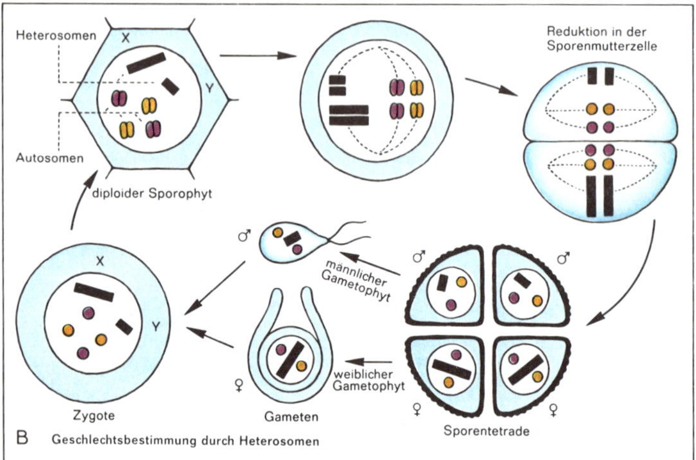

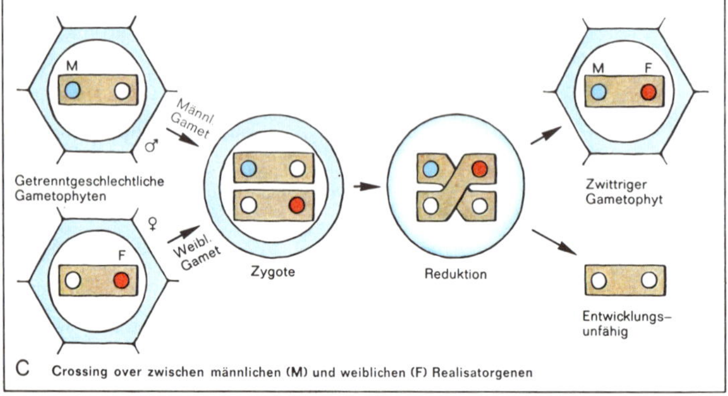

Haplogenotypische Geschlechtsbestimmung bei Pflanzen

Vererbung der Geschlechtlichkeit
Im Laufe der Evolution haben alle Organismengruppen genet. fixierte Prozesse entwickelt, die gestatten, mit Hilfe der Rekombination in wenigen Generationen eine große Zahl von Genkombinationen zu schaffen und ihrem biol. Wert entspr. auszulesen. Der Rekombinationsmechanismus ist:
- ein **Parasexualvorgang,** d. h. ein Teilaustausch der genet. Information ohne geordnete Genomverteilung (*Viren, Bakterien:* S. 458ff.; selten *Pilze,* S. 161; hierher gehören auch die »somatischen Zellhybriden« bei pflanzl. und tier. *Eukaryonten,* S. 483);
- ein **Sexualvorgang,** d. h. die Übertragung vollständiger Chromosomensätze (Karyogamie) und Meiose (*Eukaryonten,* S. 148ff.).

Im Zusammenhang damit steht eine allg. verbreitete **sexuelle Polarität,** die primär physiolog. Natur ist. Das alternative Geschlecht wird bemerkenswerterweise im Rahmen einer **bisexuellen Potenz** aller Zellen innerhalb der Reaktionsnorm der Gene für »Geschlechtlichkeit« realisiert, d. h. »männlich« und »weiblich« sind fließende Modifikationen desselben Merkmals. Je nachdem, ob Umweltfaktoren oder modifizierende Gene die Zelle zu einer best. geschlechtl. Diff. führen, unterscheidet man phänotyp. oder genotyp. Geschlechtsbestimmung.

I. Phänotypische Geschlechtsbestimmung
Äußere Faktoren oder stoffwechselphysiolog. Bedingungen können darüber entscheiden, welche der genet. gleichen Zellen die eine Potenz auf Kosten der anderen entwickelt, d.h. männlich oder weiblich wird. Diese Geschlechtsbestimmung hat mit Erbvorgängen nur insofern zu tun, als die Geschlechtspotenz selbst, der Zeitpunkt ihrer Entw. usw. genet. festliegt.
Bei haplophänotyp. Geschlechtsbestimmung, wo der Vorgang an haploiden Zellen abläuft, zeigt die Ausbildung beiderlei Gameten von ein und demselben Organismus bes. deutl. die bisex. Potenz: Viele *Algen (Spirogyra, Vaucheria), Pilze,* Gametophyten gemischtgeschlechtiger *Moose* und isosporer *Farne.*
Bei der diplophänotyp. Geschlechtsbestimmung vollzieht sich der Vorgang an diploiden Zellen, die in bezug auf das Geschlecht nur einen Genotyp aufweisen, z. B. bei manchen *Protozoen,* diploiden *Thallophyten,* den heterosporen *Farnen,* zwittrigen und monözischen *Samenpflanzen* mit eingeschlechtigen Blüten, zwittrigen *Metazoen.* Um Selbstbefruchtung einzudämmen, die eine Rekombination vermindert, sind sek. Sexualschranken entwickelt:
- Junge Tiere des *Borstenwurms Ophryotrocha puerilis* sind zunächst männlich, nach Bildung des 15.–20. Segments weiblich. Werden erwachsene Weibchen auf 5–10 Segmente zurückgeschnitten, werden sie innerhalb 48 Std. zu Männchen, die bei weiterem Wachstum später wieder umschlagen (A).
- Bei dem *Sternwurm (Bonellia)* stehen die Larven zunächst auf einer indifferenten Stufe. Können sie sich am Rüssel eines erwachsenen Weibchens festsaugen, so werden sie zu Zwergmännchen, andernfalls zu Weibchen. Abgelöste Larven entwickeln je nach Dauer des Rüsselparasitismus versch. Stufen zwischengeschlechtiger Phänotypen (Intersexe).

II. Genotypische Geschlechtsbestimmung
Hier bedingen best. Gene, die **Geschlechtsrealisatoren,** daß bei den Gameten und den sie erzeugenden Organismen im allg. nur die Eigenschaften des einen Geschlechts entfaltet werden.
1. Bei haplogenotyp. Geschlechtsbestimmung, die auf *nied. Pflanzen* beschränkt ist, sind die Diplonten genet. zwittrig, und die Geschlechtertrennung tritt nur in der haploiden Phase zutage. Die Geschlechtsbestimmung erfolgt immer bei der Meiose:

Diploide Zygoten best. *Chlamydomonas*-Rassen gehen durch Meiose in 4 Isogameten über, von denen je 2 dem einen (+), 2 dem anderen (−) Geschlecht zugehören; nur versch. geschlechtige Gameten kopulieren miteinander.

Die hier nur aus dem Kopulationserfolg erschlossene Geschlechtertrennung (Tetradenanalyse) kann bei getrenntgeschlechtigen *Moosen* auch cytolog. gestützt werden.

Die diploide Sporenmutterzelle bestimmter *Lebermoose* enthält neben den üblichen homologen Chromosomenpaaren, den **Autosomen,** ein sich durch starken Größenunterschied auszeichnendes Paar, die **Heterosomen:** Das große X-Chromosom findet sich immer in weiblich, das kleine Y-Chromosom in männl. determinierten Sporen und entsprechend diff. Pflanzen, so daß die geschlechtsrealisierenden Gene in diesen Geschlechtschromosomen liegen dürften (B).

In vielen Fällen besitzt das Y-Chromosom keine geschlechtsbestimmende Wirkung, die dann allein von der An- oder Abwesenheit des X-Chromosoms ausgeht.
Zahlr. Untersuchungen haben gezeigt, daß die männl. Geschlechtsrealisatoren (M-Faktoren) und die weiblichen (F-Faktoren) zwar auf homologen Chromosomen liegen, aber keine Allele sind, d.h. an versch. Stellen des Chromosoms lokalisiert sind:

Bei Tetradenanalysen treten neben den normalen Gametophyten auch zwittrige auf, bei denen offenbar infolge eines Crossing over ein Chromosom mit beiden und eines ohne Realisatoren entsteht. Der Kern mit letzterem geht nach cytolog. Beobachtungen zugrunde, der mit ersterem ist Basis einer zwittrigen Pflanze mit phänotyp. Geschlechtsbestimmung (C).

Die Geschlechtsrealisatoren können innerhalb des gleichen Geschlechts in verschiedener, genet. fixierter Stärke auftreten, so daß es starke und schwache männl. und ebensolche weibl. Gameten geben kann. Da zur Kopulation offenbar nur best. quantitative Unterschiede nötig sind, können in diesen Fällen auch gleichgeschlechtige, aber versch. starke Gameten miteinander verschmelzen **(relative Sexualität).**

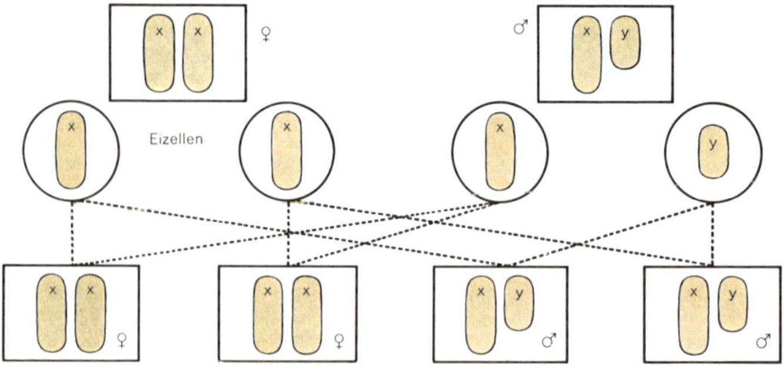

A Geschlechtsbestimmung als Rückkreuzung

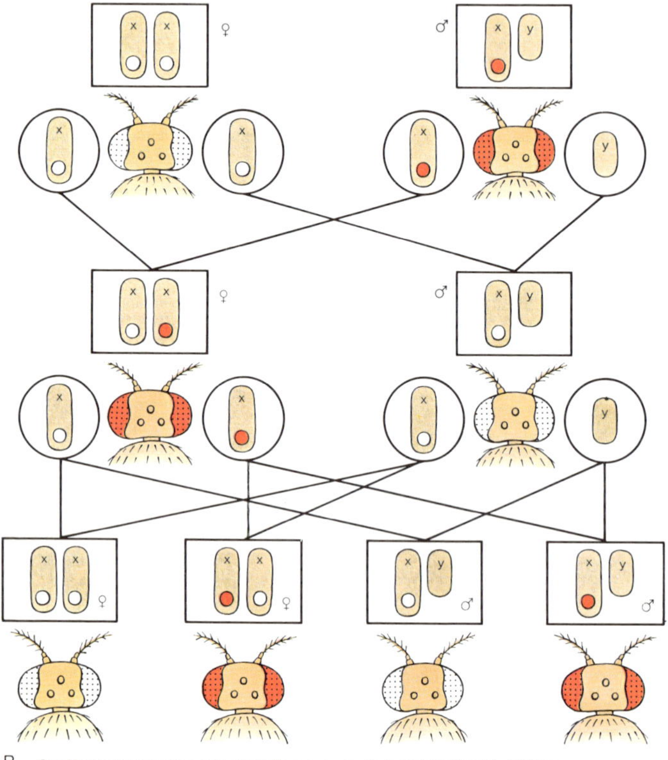

B Geschlechtschromosomen–gebundene Vererbung der Augenfarbe bei der Fruchtfliege

Diplogenotypische Geschlechtsbestimmung

2. Bei diplogenotyp. Geschlechtsbestimmung wird das Geschlecht bei der Befruchtung mit der Bildung der Zygote festgelegt. Damit ist die ganze diploide Phase der getrenntgeschlechtigen Diplonten, also der diözischen *Samenpflanzen* und *Tiere* sex. bestimmt. Die mit der Gametenbildung erfolgende Meiose bewirkt nämlich nur bei dem einen Geschlecht eine Trennung in zwei versch. Gametensorten (Heterogamie), in solche mit männl. oder weibl. bestimmenden Genen, während im anderen nur Gameten mit einheitl. sex. Tendenz entstehen (Homogamie). Folgl. sind die heterogametischen Organismen bezügl. des Geschlechtes heterozygot, die homogametischen reinerbig (homozygot). Bei der Befruchtung entsteht also aus genet. einheitl. Gameten das homogamet. Geschlecht, aus genet. versch. das heterogametische.

Damit gleicht der Vorgang der diplogenotyp. Geschlechtsbestimmung ganz dem Schema der Rückkreuzung eines einfach mendelnden Bastards mit dem rezessiven Elter, wobei die R-Generation zu gleichen Teilen in Heterozygote und Homozygote aufspaltet (A): Die Zahl männl. und weibl. Nachkommen ist gleich.

Die Annahme der Heterozygotie des einen Geschlechts wird durch cytolog. Untersuchung solcher Organismen gestützt: In den diploiden Körperzellen fällt in dem heterogamet. Geschlecht neben den morpholog. gleichen autosomalen Chromosomenpaaren ein ungleiches Heterosomenpaar aus einem X- und einem Y-Chromosom auf, wobei letzteres meist kleiner ist oder sogar ganz fehlt. In dem anderen Geschlecht besteht dagegen das »Heterosomenpaar« aus einander und dem X-Chromosom gleichgestalteten Geschlechtschromosomen. – Weiblich ist meist das homozygote Geschlecht (XX), z. B. bei vielen *Fliegen, Käfern,* den *Säugern* einschl. des *Menschen* (A), dagegen ist es männlich bei *Schmetterlingen,* einigen *Fischen, Amphibien* und *Reptilien.* Bei weibl. *Säugern* geht nur eines der beiden X-Chromosomen in der Interphase in die mRNA-produzierende Arbeitsform über (LYON-Hypothese), das andere wird heterochromat. und teilweise als Sexchromatin (BARR-Körper) an der Kernhülle sichtbar.

Stärke und Lage der Geschlechtsrealisatoren auf den X- und Y-Chromosomen und den Autosomen sind vielfältig:

Lichtnelkentyp: Die *Nachtlichtnelke (Melandrium album)* besitzt im weibl. Geschlecht neben 22 Autosomen (= 11 Paare) noch 2 X-Chromosomen, im männl. 1 X- und Y-Chromosom. Versuche, in denen die Zahl der Autosomensätze oder der einzelnen Geschlechtschromosomen verändert wurde, ergaben, daß die Autosomen in bezug auf ein best. Geschlecht neutral sind und die männl. Realisatorgene auf dem Y-, die weibl. auf dem X-Chromosom liegen und die M- stärker sind als die F-Faktoren. Bei beliebigen Autosomensatz-Zahlen waren die Pflanzen nämlich weiblich bei fehlendem Y, männlich bei XY, XXYY, XXXYY, männlich mit einzelnen Zwitterblüten bei XXXY und zwittrig, aber fertil bei XXXXY.

Fruchtfliegentyp: Ähnl. Versuche (zusammengeklebte X-Chromosomen, s. u.) bewiesen bei *Drosophila,* daß das Y-Chromosom keine geschlechtsbestimmenden Gene enthält, also ganz fehlen (z. B. beim XO-Typ vieler *Insekten)* oder ohne Beeinflussung des Geschlechts bei Männchen und Weibchen in Mehrzahl auftreten kann. Hier beruht die Geschlechtsausprägung auf dem Mengenverhältnis zw. X-Chromosomen und Autosomensätzen (Geschlechtsindex). Bei dem Quotient ½ entwickeln sich normale Männchen, bei 1 normale Weibchen, bei Werten dazwischen sterile Intersexe, > 1 sind Überweibchen, < 0,5 Übermännchen. X-Chromosomen enthalten also F-, Autosomen M-Faktoren; 2 X-Chromosomen sind so stark wie 3 Autosomensätze.

Schwammspinnertyp: Da hier die Männchen homogamet. sind (XX), muß der M-Faktor in den X-Chromosomen liegen. Versuche mit geograph. Rassen versch. starker Sexualität legen nahe, wegen der rein mütterl. (matroklin, S. 455) Vererbung die F-Faktoren im Cytoplasma zu lokalisieren.

X-Chromosomen-gebundene Vererbung

Das X-Chromosom enthält neben den geschlechtsbestimmenden Genen noch viele andere. Diese Koppelungsgruppe aber durchbricht die Reziprozitätsregel, da sie im heterogamet. Geschlecht ungepaart bleibt und z. B. im Falle der weibl. Homogamie die männl. Nachkommen ihr X-Chromosom nur von dem weibl. Elter erhalten können. Rezessive Allele der Koppelungsgruppe werden dabei sichtbar, weil ihnen bei diesen »hemizygoten« Individuen kein anderes Allel gegenüberstehen kann.

Bei der *Fruchtfliege* enthält das X-Chromosom ein Allelpaar, dessen dominantes Wildgen rote und sein rezessives Allel weiße Augen erzeugt (B). Die Kreuzung weißäugiger Weibchen mit reinerbig rotäugigen Männchen führt zu rotäugigen weibl. und weißäugigen männl. Nachkommen (»Vererbung übers Kreuz«). Reziproke Kreuzung liefert erwartungsgemäß nur rotäugige *Tiere* (MORGAN, 1910).

Verklebte (attached) X-Chromosomen

Die zuvor beschriebene Kreuzung weißäugiger *Drosophila*-Weibchen mit rotäugigen Männchen erbrachte unter 2000–5000 Nachkommen der F_1-Generation wider Erwarten ein einzelnes weißäugiges Weibchen und rotäugiges Männchen. Die cytolog. Untersuchung offenbarte den außergewöhnl. Chromosomensatz: Diese weibl. Tiere hatten zwei am Centromerende zusammengeklebte (attached) X-Chromosomen und dazu ein Y-Chromosom, während das Ausnahmemännchen nur ein X-, aber kein Y-Chromosom aufwies. Sie waren aus Eizellen entstanden, in denen bei der Reifungsteilung beide X-Chromosomen im Ei blieben bzw. beide in den Richtungskörper abgestoßen waren.

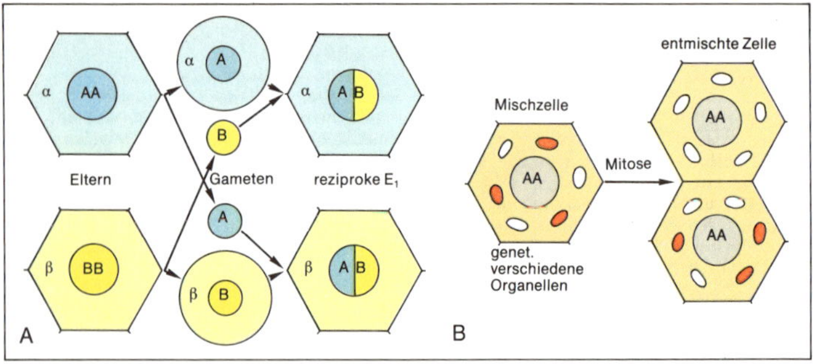

Plasmonunterschiede und Genomgleichheit bei matrokliner Vererbung (A) und bei vegetativer Umkombination (B)

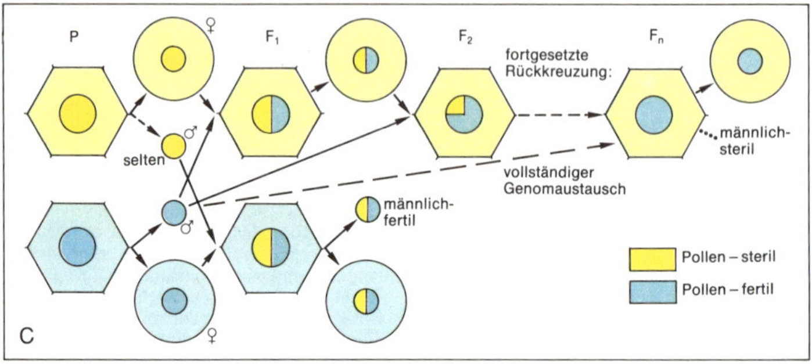

Matrokline Vererbung der Pollensterilität

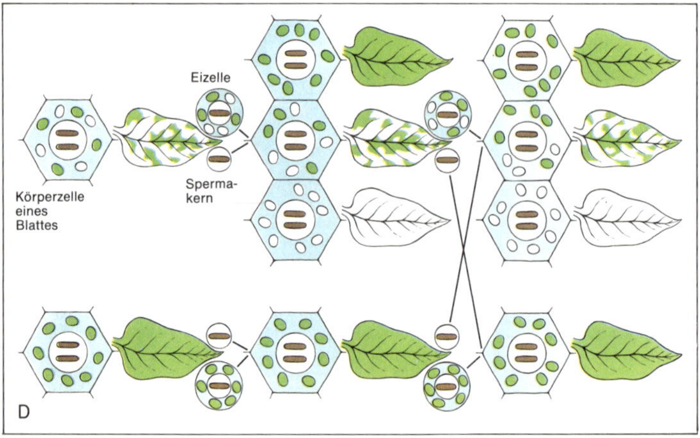

Matrokline Vererbung der weiß-grünen Blattscheckung bei der japan. Wunderblume

Vererbung durch Gene außerhalb des Zellkerns
Den weitaus größten Teil aller Erbanlagen, des **Idiotyps,** repräsentiert das Genom des Zellkerns, der **Genotyp,** der Rest liegt extrachromosomal als **Plasmon** im Cytoplasma.
Entsprechend den Trägerstrukturen gliedert sich das Plasmon in ein **Cytoplasmon,** das die ringförmige DNA der »eucytischen Plasmide« (S. 33) umfaßt, in ein **Mitochondriom** der Mitochondrien (S. 27) und ein **Plastom** der pflanzl. Plastiden (S. 29). Der Besitz dieser beiden Organellen an M-DNA bzw. P-DNA, ihre sich darauf gründenden genet. semiautonomen Systeme sowie ihre »konzertierten Aktionen« mit der chromosomalen N-DNA sind in strukturellem und funktionellem Ansatz bereits molekularbiologisch beschrieben (S. 46f.)
Genetische Kennzeichen
bei extrachromosomaler Vererbung wie z. B.
- reziproke Verschiedenheit (bei mütterlicher »matrokliner« Vererbung, A)
- damit oft verbundenes Nicht-Mendeln,
- Auftreten von Mischzellen und Entmischung plasmat. Erbträger (vegetative Umkombination etwa bei Blattscheckung, B),

gehen teils auf den größeren Plasma-Anteil des weibl. Gameten an der Zygote, teils auf das Fehlen geordneter mitose-ähnl. Verteilungsprozesse für plasmat. Erbträger zurück.

Cytoplasmon
Einige Befunde deuten darauf hin, daß auch im Grundplasma der Eucyte außerhalb von Plasten (S. 27) noch Erbfaktoren lokalisiert sind. Doch ist gegenwärtig diese Zuordnung von unbestritten extrachromosomalen Vererbungsphänomenen noch ebenso mit Unsicherheiten belastet, wie die biolog. Bedeutung und die Herkunft der bei *Hefe, Neurospora, Tabak, Krallenfrosch,* einigen Zellinien von *Mäusen, Affen* und *Menschen* charakterisierten »eucyt. Plasmide« unverstanden bleiben. Einer der am längsten und besten bekannten Fälle mütterl. Vererbung, der in der Züchtung des Hybrid-*Mais* hohe wirtschaftl. Bedeutung erlangt hat, betrifft die Verhinderung von Selbstung durch cytoplasmat. Faktoren, die Pollensterilität bedingen (C):
- RHOADES erhielt bei *Zea mays* eine männl.-sterile Linie (kaum Pollenbildung), die bei Bestäubung mit Pollen beliebiger normaler Linien männl.-sterile Nachkommen hatte. Selbst wenn durch zahlr. Rückkreuzungen das Genom ganz in das der pollenfertilen Linie überführt war, blieb die Fertilität aus. Dagegen erbrachte die reziproke Bestäubung männl.-fertiler Pflanzen mit dem seltenen Pollen der männl.-sterilen Linie nur pollenfertile Nachkommenschaft.

Mitochondriom (Chondriom)
Von der *Bierhefe* sind sog. »petite«-Mutanten bekannt, die wegen versch. Defekte in den Atmungsketten-Enzymen Energie nur aus dem weniger effizienten anaeroben Abbau gewinnen, sich seltener teilen und deshalb kleinere Kolonien bilden. Der Defekt wird bei ungeschlechtl. Fortpflanzung weitergegeben: Den Mitochondrien fehlt entweder die M-DNA (ϱ^0), oder sie enthält nur Bruchteile des normalen Chondrioms, das durch Vervielfachung zu repetitiven Einheiten auf Normalmenge gebracht ist (ϱ^-). Geschlechtl. Fortpflanzung zeigt wegen der Vermischung von normalen und mutierten Mitochondrien **nicht-mendelnde Vererbung:**
- Kreuzt man eine Normalform mit einer petite-Mutanten, so sind alle Nachkommen nicht nur der F_1-, sondern auch aller folgenden Generationen normal.

Plastom
Neben Formen mit rein grünen Blättern treten bei manchen *Pflanzen* auch weiß-grün-gescheckte (panaschierte) auf, die in den hellen Gewebeteilen statt normaler Plastiden nur oder vorwiegend nicht-ergrünende besitzen. Bereits das Auftreten solcher **Mischzellen** ist ein Hinweis darauf, daß der Defekt auf P-DNA zurückgeht. Bei der Zellteilung werden beide Plastidensorten zufällig auf die Tochterzellen verteilt (D):
- Bei der *japan. Wunderblume* ergibt die Kreuzung einer rein grünen Mutter mit einem panaschierten Vater, dessen Pollen keine Plastiden beisteuert, rein grüne Nachkommen, im reziproken Falle dagegen teils grüne, teils panaschierte oder weiße (Entmischung).

Daß das Phänomen der Blattscheckung nicht nur mit mütterl. Vererbung einhergeht, erweisen die entspr. Kreuzungen bei der *Nachtkerze:*
- Da hier der Pollen Plastiden beisteuert, lassen sich gezielt Mischzellen herstellen und daran die vegetative Umkombination der Plastidensorten beobachten.

Dauermodifikationen
Einige durch Umweltfaktoren aufgeprägte Modifikationen können bei den Nachkommen nachfolgender Generationen auch dann wieder auftreten, wenn jene modifizierenden Bedingungen nicht mehr einwirken. Offenbar handelt es sich bei diesen Dauermodifikationen um eine durch den Außenfaktor in der Konstitution des Plasmas bewirkte, jedoch nicht den Genotyp ergreifende Veränderung, die sich auch auf das Plasma der Eizelle erstreckt. Dauermodifikationen werden mütterl. weitergegeben:
- Die bei der *Schlupfwespe Habrobracon* mit Extremtemperaturen erzeugte dunkle Pigmentierung (S. 222) erhält sich auch unter Normalbedingungen bis in die F_2-Generation.
- Bei *Pantoffeltierchen* erzielte vorübergehende Widerstandsfähigkeit gegen Gifte und Hitze hielt um so länger dauermodifikatorisch an, je umfangreicher die modifizierenden Einwirkungen gewesen waren.

Das »Zentraldogma der Molekularbiologie« (S. 45) wird durch diese Befunde nicht infrage gestellt. Fälle, die zunächst wie »Vererbung erworbener Eigenschaften« aussahen, sind abklingende Dauermodifikationen oder Selektionsfolgen bei polygenen Merkmalen.

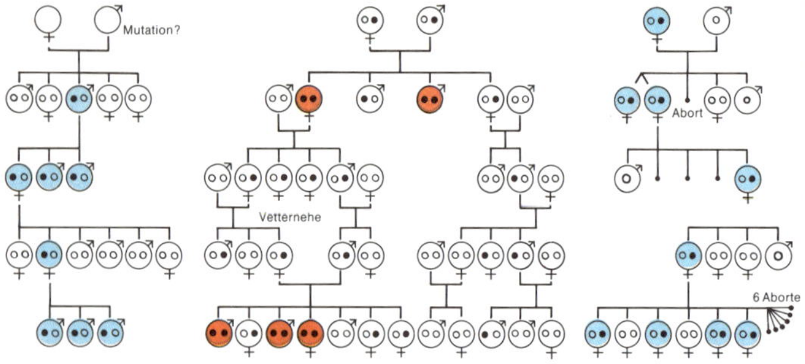

A Stammbaum mit dominanter Nachtblindheit

B Stammbaum mit rezessivem Albinismus: Häufung bei Verwandtenehe

C Stammbäume mit heterozygoter Incontinentia pigmenti

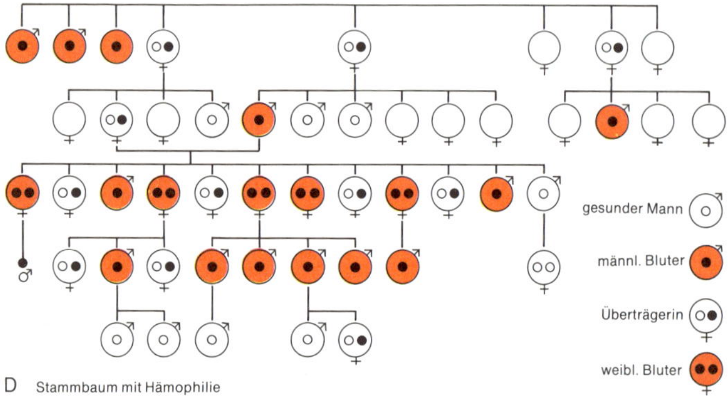

D Stammbaum mit Hämophilie

	EZ	ZZ
Angiocardiopathie	0.14	0.12
Blinddarmentzündung	0.29	0.16
Bronchialasthma	0.33	0.06
Diabetes	0.84	0.37
Essent. Hypertonie	0.50	0.23
Hüftluxation	0.41	0.03
Koronarsklerose	0.19	0.09
Manisch-depressiv	0.80	0.19
Microcephalie	0.25	0.28
Schielen	0.92	0.26
Tuberkulose	0.69	0.25
Tumor gleicher Art	0.59	0.24
Blutgruppe 0	1.00	0.50
Blutgruppe A	1.00	0.41
Blutgruppe B	1.00	0.22
Blutgruppe AB	1.00	0.14

E Konkordanz bei Zwillingen

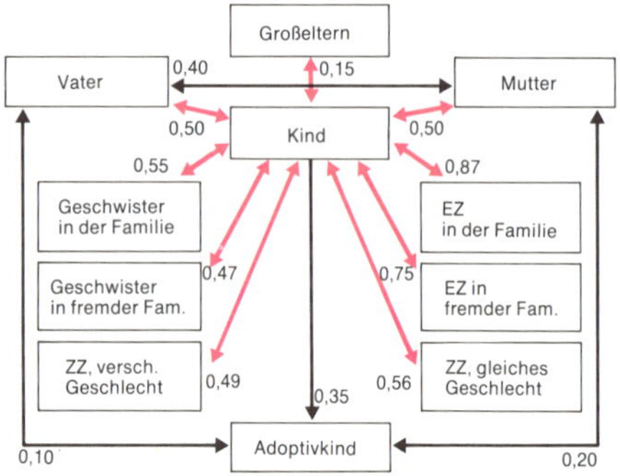

F Ähnlichkeit des IQ innerhalb der Familie

Stammbaum-Analysen menschlicher Erbkrankheiten

Als Objekt der klass. Rekombinationsgenetik ist der *Mensch* ungeeignet, da ihm, sieht man von der ethischen Seite ab, in prakt. Hinsicht die S. 459 genannten Vorzüge fehlen. Diese Lage verlangt von der Humangenetik neue, angemessene Methoden.

Die Familienanalyse
ersetzt beim *Menschen* Kreuzungsexperimente. Sie verfolgt anhand von **Stammbäumen** (Nachkommen eines Individuums) und **Ahnentafeln** (Vorfahren eines Individuums) den Erbgang eines Phäns. Gut beobachtbare, normale Merkmale wie Augen- und Haarfarbe, Statur, Intelligenz und Persönlichkeitszüge sind aber nicht nur stark umweltbedingt, sondern auch in ihrem Erbgang **komplex** und nicht aufspaltend:

- Die additiv-polygene Vererbung des quantitativen Merkmals **Hautfarbe** bei Nachkommen von Hell- und Dunkelhäutigen wird durch ein 2-Gen-Modell (S. 448 E) nur dürftig erfaßt; STERN rechnet mit 4–6 Allelpaaren. Die Analyse wird dadurch erschwert, daß sich die helle Hautfarbe der Europäer gegenüber der dunklen von Negern eher rezessiv, von Polynesiern dagegen dominant verhält.

Monogene Erbgänge dagegen bestätigen leicht die universelle Gültigkeit der Mendel-Gesetze. Dabei fallen diejenigen mit eindrucksvollen Merkmalen, bes. Mißbildungen, verständlicherweise am ehesten auf:

Dominant verhalten sich Anomalien der Gewebe- und Organstruktur, die alle aus **abnormen** Genprodukten resultieren: Brachydaktylie (Kurzfingrigkeit durch Fehlen oder Verkürzung der Mittelfinger- und Mittelzehenknochen), achondroplastischer Zwergwuchs (kurze Gliedmaßen), MARFAN-Syndrom (S. 448f.), Otosklerose (Gehörverlust), angeborene Nachtblindheit (A).

Rezessiv ist dagegen der Totalausfall eines **Enzyms** (beim Homozygoten. Heterozygote zeigen meist Ausgleich der Enzymaktivität): FÖLLING-Syndrom (S. 448f.), Sichelzellenanämie (abnormes Hb, bei Heterozygoten unter O_2-Mangel sichelförm. Erythrocyten, s. S. 501), Nagel-Patella-Syndrom (sehr kleine Finger-, Zehennägel und Kniescheiben) und rezessiver Albinismus (B). Seltene rezessive Merkmale häufen sich in belasteten Familien durch Inzucht (Verwandtenehe).

Die Geschlechtsbestimmung (S. 453) folgt dem Typ XX = weibl. und XY = männl., so daß eine Frau die Chromosomenformel 44+XX, ein Mann 44+XY hat. *Menschen* mit **Y-Chromosom** sind stets genet. männlich: Der Effekt der M-Realisatorgene des Y-Chromosoms setzt sehr früh ein, denn der die Gonadenanlage vorbereitende HY-Faktor ist schon im 8-Zellen-Stadium nachweisbar und die Wirkung des TDF-Gens (= Testis-determinierender-Faktor) hat die embryonale Gonadenanlage bereits irreversibel in Richtung Hodenentw. determiniert, bevor das X-Chromosom die Differenzierung beeinflussen kann. Die **XX-Kombination** bei Frauen wirft bei Gültigkeit der LYON-Hypothese (S. 453) Probleme auf, denn auch sie verhielten sich wenigstens teilweise funktion. hemizygot, wobei in manchen Geweben irreversibel das mütterl. X-Chromosom, in anderen das väterl. aktiv wäre. Da dies neben F-Realisatoren auch andere Gene beträfe (»Funktionelle Mosaike« bei heterozygoten Frauen: Erythrocyten mit und ohne G6PD-Enzymmangel; Hautpigmentierungsmuster bei Incontinentia pigmati, C), ist dies zugleich auch ein Problem der

X-chromosomalen Koppelung: »Rezessiv« heißt hier ein Defektgen dann, wenn es bei heterozygoten Frauen kein (auffälliges) Phän bedingt und sich nur bei homozygoten Frauen und hemizygoten Männern manifestiert; heterozygote Frauen sind »Überträgerinnen«:

- **Rotgrünblindheit** äußert sich bei ca. 8% der Männer und 0,4% der Frauen als Rotschwäche (Verwechselung von Rot, Gelb, Orange und Grün; Dunkelrot wird als Schwarz gedeutet) oder Grünschwäche (gleiche Verwechselung, doch Differenzierung Dunkelrot/Schwarz).
- **Bluterkrankheit** (Hämophilie A und B, S. 319) führt wegen gestörter Gerinnungsfähigkeit des Blutes als Folge abnormer Gerinnungsfaktoren VIII bzw. IX leicht zum Verbluten (D).

Autosomale Koppelung liegt auf Chromosom 9 für das Nagel-Patella-Syndrom und den Genlocus für das AB0-System vor (Rekombinationshäufigkeit 14% bei Männern, 8% bei Frauen).

Hybridisierung somatischer Zellen
Seit 1968 gelingt es, auch Körperzellen des *Menschen* mit denen anderer *Säuger* zu verschmelzen und in vitro weiterzukultivieren. Dabei fallen in *Maus* × *Mensch*-Hybridzellen bes. viele menschl. Chromosomen und Chromosomenteile aus. Die verbliebenen Abschnitte lassen sich identifizieren (Bandenmuster bei Fluoreszenzfärbung) und ihre Genprodukte analysieren. Auf diese Weise macht gegenwärtig die molekulargenet. Erforschung und die **Genkartierung** der auf ca. 50000 geschätzten Gene des *Menschen* große Fortschritte und ergänzt die Ergebnisse anderer Methoden.

Zwillingsforschung
gründet sich auf die Tatsache, daß unter Zwillingen (Anteil in Europa 1,2%, in Nigeria 2,2 bis 4,5%, in Japan 0,4 bis 0,7%) sich die zweieiigen (ZZ) nur wie andere Geschwister ähneln, eineiige (EZ) dagegen ident. Genome besitzen und daher viele EZ in best. Merkmalen gleich (konkordant) sind. Sofern EZ aber phänotyp. Unterschiede zeigen, d.h. sich diskordant verhalten, geht dies auf Umwelteinflüsse zurück (E).
Die von GALTON 1875 begründete Methode vergleicht daher die Eigenschaften von EZ und möglichst gleichgeschlecht. ZZ, um die genet. Komponente in ihrer Bedeutung zu erkennen, und die von EZ in gleicher und verschiedener Umwelt, um die Milieubedeutung zu erfassen. Quantitativ variable Merkmale (F) können mit Korrelationskoeffizienten in Beziehung gebracht werden.

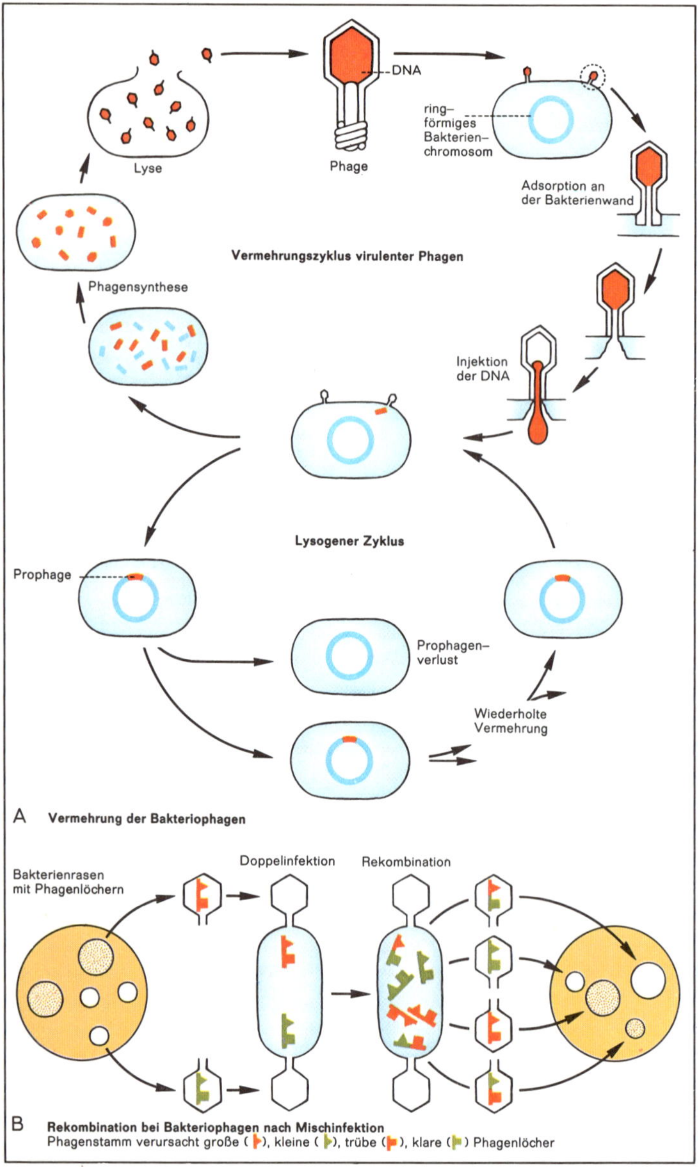

Genetische Vorgänge bei Bakteriophagen

Mit der Entdeckung der Kreuzbarkeit auch bei *Viren* und *Bakterien*, der Möglichkeit zur Rekombination im Rahmen parasex. Prozesse (S. 451), wurden sie versch. Vorteile wegen schnell Standardobjekte der Genetik:

- Geringe Anzahl von Genen und Merkmalen.
- Einfache Kontrolle der Umweltbedingungen.
- Schnelle Vermehrung und Gewinnung meist erbgleicher, normierter Nachkommen.
- Erfassung auch seltenerer Änderungen der genet. Information (Rekombination, Mutation), da sich die nur in Einzahl vorhandenen Genome sofort manifestieren.

Viren sind wandernde Kleingenome, die auf genet. Ebene parasitieren. Ihnen fehlt ein eigener Stoffwechsel, aber ihre Nukleinsäure kann die Wirtszelle zur virusspezif. Biosynthese auf Kosten der bereits vorhandenen Zellsubstanz veranlassen (WEIDEL: »Geborgtes Leben«).

Bakteriophagen (Phagen, A)
haben sich bes. als Objekte molekularbiol. Analysen angeboten. Hier wurden die ersten vollständigen Nukleotidsequenzen eines Genoms ermittelt (1976 bzw. 1977):

- Das an Schlaufen (Palindromen) reiche RNA-Genom des kleinen *Phagen* MS2 codiert mit 3569 Nukleotiden die 3 Gene für das Hüllprotein, das sog. A-Protein und die Replikase.
- Die ringförm. Einstrang-DNA des *Phagen* ΦX 174 enthält in 5 375 Nukleotiden die Information für 9 Proteine, die über 3 verschiedene polycistronische mRNAs synthetisiert werden. Überraschenderweise wird die 1-Gen-1-Polypeptid-Regel in »multifunktionellen« DNA-Bereichen gleich dreimal durchbrochen: Gene versch. Proteine überlappen sich, teils bei ident. Triplett-Leseraster, teils bei verschobenem. Die DNA-Replikation beginnt bei ΦX 174 am infizierenden (+)-Ring mit dem Aufbau des komplementären (−)-Stranges und setzt sich vorwiegend an der (−)-Matrize als »Rolling-Circle« (S. 36f.) in konservativem Mechanismus sehr effektiv fort.

Der Entwicklungszyklus beginnt mit der Phagenabsorption auf der Bakterienmembran. Der Wirtsbereich ist dabei sehr beschränkt, z.B. ist der *Coliphage* T 4 auf den *Bakterien*-Stamm *Escherichia coli* B angewiesen: Sein großer sechseckiger »Kopf« aus Hüllproteinen umschließt die lineare Zweistrang-DNA, der Schwanzstift trägt die Endplatte und Schwanzfibrillen, die spezif. Rezeptoren der Coli-Zellwand erkennen. Ein Lysozym löst die Wand auf, die Phagen-DNA wird injiziert. Sie schaltet sofort in einer »frühen Transkriptionskontrolle« die Wirts-mRNA-Synthese ab, stellt das bakterielle Synthesesystem auf Bildung u.a. einer nur Phagen-DNA-aktiven RNA-Polymerase und später, in der »späten Transkriptionskontrolle« auch der restl. Phagenproteine und -DNA um und vollzieht so die Entstehung von 30–200 neuen *Phagen* in ca. 12 Minuten. Die »ausgeschlachtete« Bakterienzelle läßt bei der enzymat. Wandauflösung (Lyse) die *Phagen* frei.

Da Neuinfektion und Wachstum der *Phagen* rascher verläuft als die *Bakterien*-Vermehrung, bilden sich in dem sonst auf festem Nähragarboden gleichmäßig aufgewachsenen Bakterienrasen Phagenlöcher (»plaques«) infolge Lyse der *Bakterien* durch die Nachkommen eines einzigen **Phagen.** Diese Löcher zeigen je nach Phagenstamm typ. Aussehen und dienen bei Rekombinationsversuchen als Merkmal.

Neben diesen **virulenten Phagen,** die das *Bakterium* lysieren, kommen unter den infizierenden Teilchen z.B. beim *Phagen* λ auch friedl. **temperente** vor, die sich als **Prophagen** dem *Bakterien*-Genom einlagern, bei den folgenden Teilungen des nun **lysogen** genannten *Bakteriums* wie ein *Bakterien*-Gen für das Merkmal »Phagensynthese« synchron vermehrt werden und schließl. spontan oder auf äußere Reize hin (UV-Bestrahlung, Chemikalien) freigesetzt wieder in den virulenten Kreislauf eintreten.

Rekombination bei Bakteriophagen
kann man durch Doppelinfektion mit zwei Phagenstämmen erzielen, die beide für dasselbe *Bakterium* pathogen sind (B):

- Verursacht z.B. der eine Phagenstamm auf einem Bakterienrasen kleine, klare Löcher, der andere dagegen große, trübe, so bilden sich nach der Mischinfektion neben den ursprüngl. Kombinationen auch kleine, trübe und große, klare »plaques«.

Die Rekombination findet in den 10 Min. nach der Infektion statt, wenn die DNA identisch reproduziert wird. Sie geht auf einen Genaustausch zw. den DNA-Strängen der beiden versch. *Phagen* zurück und ist im Prinzip dem Crossing over bei homologen Chromosomen gleich.

Die Möglichkeiten eines parasex. Prozesses bei *Phagen* und der grundsätzl. Unterschied zu Kreuzungen anderer Systeme gehen aus einer **3-Eltern-3-Faktor-Kreuzung** hervor:

- Infiziert man *Bakterien* gleichzeitig mit drei versch. Phagentypen mit den Genfolgen $a^+ b c$ und $a b^+ c$ und $a b c^+$, so treten in der Nachkommenschaft auch *Phagen* $a^+ b^+ c^+$ auf, Rekombinanten von drei versch. Eltern.

Bei höh. Organismen wäre solch ein Ergebnis nur durch mehrere aufeinanderfolgende Kreuzungen zu erzielen.

Bei Mischinfektionen zur 1-Faktor-Kreuzung mit *T2-Phagen* der Stämme r^+ und r (»rapid«, Allele für unterschiedl. Lysis-Geschwindigkeit) fanden HERSHEY und CHASE einige *Phagen,* die sowohl r wie r^+ waren. Diese **»partiellen Heterozygoten«** lieferten nämlich zugleich r^+- und r-Nachkommen und waren an den gesprenkelten »plaques« zu erkennen: Teils haben die beiden Einzelstränge an dem hybriden DNA-Abschnitt versch. Allele, teils trägt das Genom an zwei Genloci zwei versch. Allelpaare (interne Heterozygote, terminale Redundanz-Heterozygote).

Wie bei chromosomalen Vorgängen kann man auch bei *Phagen* aus der Häufigkeit best. Rekombinationen auf die Genfolge schließen und Genkarten aufstellen.

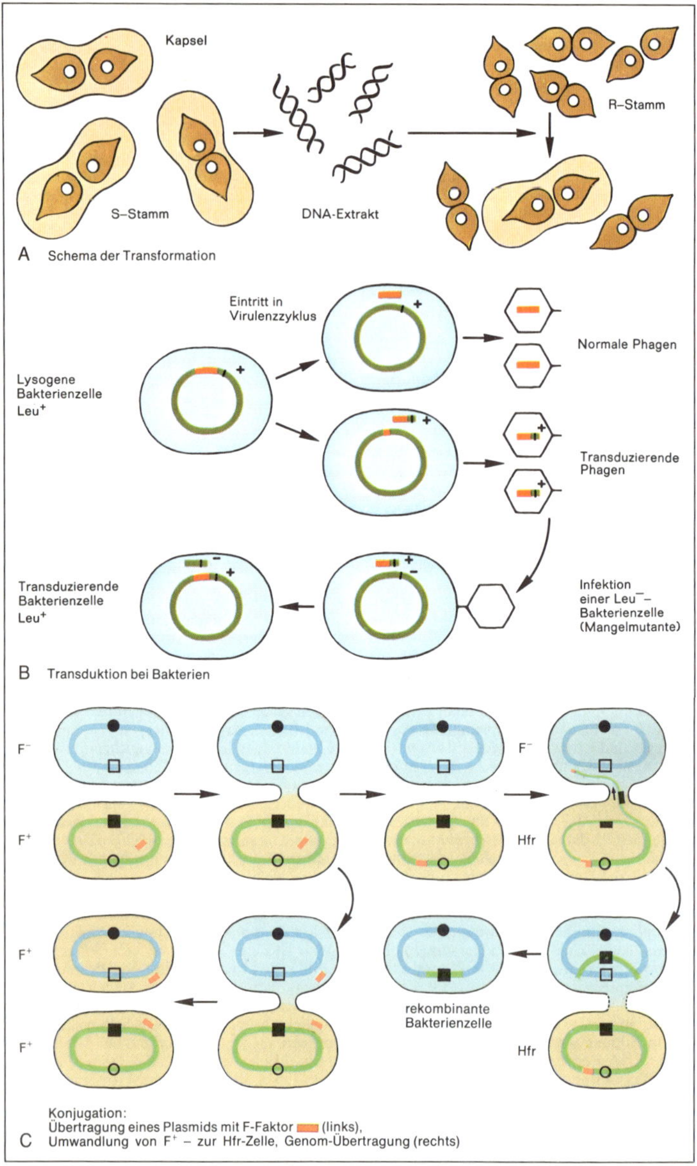

Genetische Vorgänge bei Bakterien

Die Zweistrang-DNA der *Prokaryonten* umfaßt im kernäquivalenten **Bakterienchromosom** ca. 4 Mill. Nukleotidpaare für etwa 5000 Gene; ihr Fehlen ist letal. Zusätzl. kann sie extrachromosomal in ringförmigen, sich autonom replizierenden **Plasmiden** vorliegen, die 2–200 Proteine codieren, als ident. Kopien oder aber verschiedenartig in Mehrzahl auftreten können und neben der Kontrolle von Plasmidenanzahl und -transfer (s. F-Faktor) spezielle Funktionen aufweisen können:

- Fähigkeit zum Transfer des Plasmids und u. U. auch angehängter nichtplasmid. DNA in Empfängerzellen als Voraussetzung für Konjugation (s. u.) oder als »Vektor« zur Einbringung von DNA bei Genmanipulation (S. 481);
- Resistenz gegen UV-Licht, ein oder mehrere Antibiotica, Schwermetalle (R-Plasmide);
- Produktion von Toxinen, Oberflächenantigenen, Antibiotica (Tetracyclin);
- Bildung von Bacteriocin (antibiot. für plasmidlose *Bakterien,* z. B. Colicin, S. 481);
- Tumorinduktion bei *Pflanzen (Agrobacter);*
- Ausnutzung ungewöhnl. C-Quellen (z. B. Kohlenwasserstoffe durch *Pseudomonas*).

Parasexuelle Rekombination bei Bakterien

ist stets ein einseitig von einer Spenderzelle zur Empfängerzelle gerichteter Transfer von meist nur Teilen des Genoms:

1. Transformation ist die einseitige, aber potentiell reziproke Übertragung von isolierter, extrazellulärer DNA aus Plasmiden oder Chromosomenteilen in eine lebende Zelle:

- *Mäusen* wurden zugleich einige lebende Zellen des nicht virulenten *Pneumokokken*-Stammes R (rauhe, ungekapselte Kolonie) mit größeren Mengen hitzegetöteter Zellen des virulenten Stammes S (glatt, gekapselt) injiziert. Obwohl weder der lebende R-Stamm noch die abgetöteten S-Zellen allein bei den *Mäusen* zur Krankheit führen konnten, trat dies bei Mischinfektion ein (Griffith, 1928).
- In Fortsetzung dieser Versuche mit gereinigten und chem. analysierten Bakterienextrakten erkannte Avery 1944, daß DNA im Wirtsorganismus zur Replikation und Merkmalsauslösung befähigt ist.

Kompetente Empfängerzellen leiten den Vorgang mit Zweistrang-DNA-Stücken ein, nehmen jedoch nur einen DNA-Strang auf, um ihn an homologer Stelle der eigenen DNA anzulagern.

2. Transduktion ist die Übertragung von Bakteriengenen durch *Phagen:* Ein temperenter *Phage* nimmt unter Verlust eigener DNA 1–2% des Genoms seines Wirtsbakteriums auf und überträgt es samt dem eigenen Gen »Phagensynthese« auf das neubefallene *Bakterium,* in dessen Genom er die DNA hineinkombiniert:

- Infiziert man einen Leucin-bedürftigen, Streptomycin-sensiblen Stamm (Leu^-S^s) des *Salmonella-Bakteriums* mit *Phagen,* die sich zuvor in Leu^+ Sr-Zellen vermehrt hatten, dann wird ein Teil der infizierten *Bakterien* durch temperente *Phagen* lysogeniert. Diese *Salmonellen* bilden auf Agarböden mit Streptomycin und Leucin, oder auf solchen ohne beide, einzelne Kolonien. Die ersten sind S^r, die zweiten Leu^+ geworden (B).

3. Konjugation der Bakterien ist die im Unterschied zu *Ciliaten* (S. 152f.) einseitige DNA-Übertragung von der Spender- auf eine Empfängerzelle bei Zellkontakt. Eine Zelle wird zum Donor, wenn sie F^+ ist (F = Fertilität), d. h. einen F-Faktor im Chromosom oder Plasmid besitzt, der die Ausbildung des Sex-Pilus, einer röhrenförmigen Oberflächenausstülpung des *Bakteriums,* codiert. Die Konjugation beginnt mit dem Zellkontakt zw. F^-- und F^+-Zellen. Elektronenopt. Bilder belegen, daß Sex-Pili an der Ausbildung der Konjugationspaare beteiligt sind und zur Brücke für den DNA-Transfer werden. In Abhängigkeit vom F-Faktor treten drei Konjugationstypen auf:

- Der Zellkontakt mit einer F^--Zelle löst in der F^+-Zelle z. B. von *Escherichia coli* die Transferreplikation aus: Im F-Faktor erfolgt Einstrangbruch. Der jetzt offene DNA-Strang geht mit 5′ voran in die F^--Zelle über, während der andere im Donor verbleibt. Beide ergänzen sich sofort zum Doppelstrang. Das Endergebnis sind zwei F^+-Zellen (C links).

An Mangelmutanten wurde die Rekombination auch chromosomaler Gene aufgeklärt: Zwei *E. coli*-Stämme, die ihre Synthesefähigkeit für Leucin bzw. Biotin eingebüßt haben (Leu^-Bio^+ bzw. Leu^+Bio^-), wachsen isoliert nicht auf einem von den betr. Aminosäuren freien Nährboden. Mischt man die Stämme dagegen vorher, so wachsen trotzdem einige Stämme hoch. Diese sind also fähig, alle Aminosäuren herzustellen, sie sind also Leu^+Bio^+ geworden. Da in gleichem Maße auch die unter diesen Bedingungen nicht wachstumsfähige Doppelmutante Leu^-Bio^- entsteht, muß zw. Zellen versch. Stämme eine Rekombination erfolgt sein, die das Campbell-Modell erklärt:

- F^+-Zellen integrieren nach Art des Crossing over den F-Faktor in das Chromosom und werden dadurch zu Hfr-Bakterien (»high frequency of recombination«): Das Ringchromosom bricht im F-Bereich auf. Während der Konjugation schiebt der F-Faktor von 3′ aus bei gleichzeitiger Transferreplikation einen Teil des Chromosoms vor sich her in die Empfängerzelle, die rekombiniert, aber F^- bleibt (C rechts).
- Hfr-Zellen können aber auch den F-Faktor wieder aus dem Chromosom lösen. Er nimmt dabei kleine Teile des Genoms mit in das nun entstehende Plasmid. Solche H′-Zellen übertragen bei Konjugation außer chromosomalen Genen auch den F-Faktor, so daß die Empfängerzelle geringfügig rekombinieren kann und zusätzl. F^+ geworden ist (Sexduktion).

DNA, die wie der F-Faktor bald im Verband des Bakterienchromosoms, bald getrennt von ihm vorliegen kann, nennt man Episom. Es ist dem Verhalten temperenter *Phagen* in lysierenden und lysogenen *Bakterien* vergleichbar.

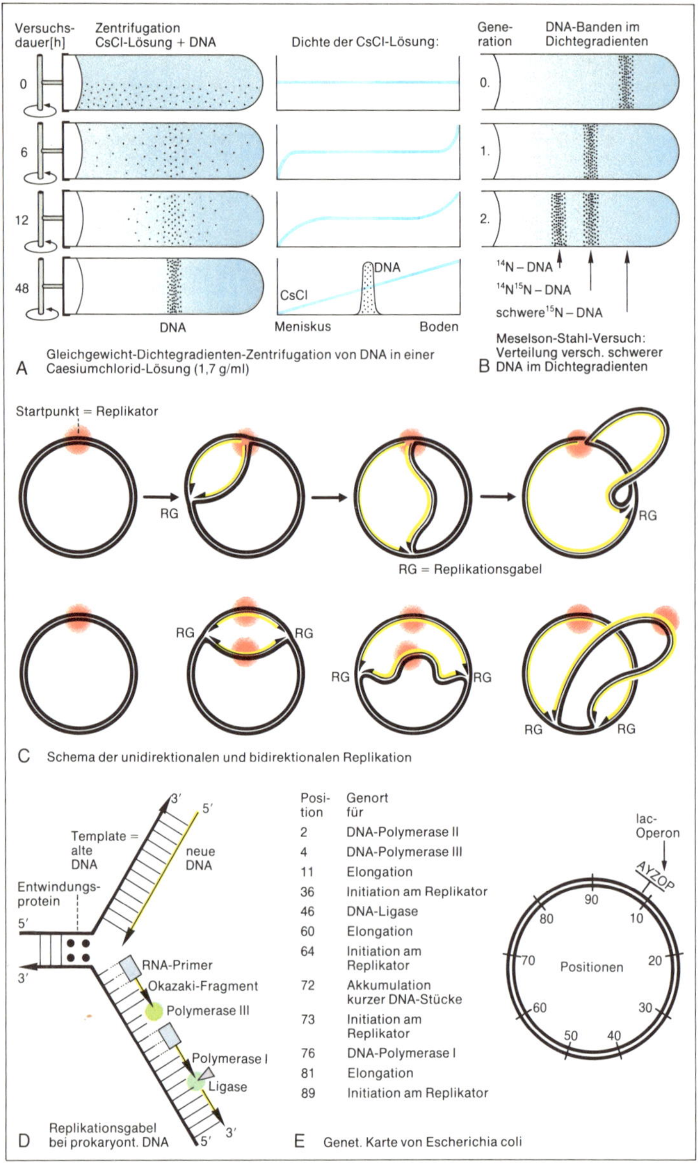

Replikation der DNA bei Prokaryonten

Molekularbiolog. Forschung an Prokaryonten, bes. bei *Escherichia coli (E. coli),* liefert ein vertieftes Verständnis der Replikation, Transkription, der Translation (S. 464f.), der genet. Regulation (S. 466f.) und Merkmalsausbildung durch Genwirkketten (S. 466f.). Die beteiligten Systeme der Procyte (S. 58f.) unterscheiden sich trotz vergleichbarer Struktur, Funktion und Wirkungsweise in manchen Punkten von denen der Eucyte (eukaryont. Replikation S. 37, Transkription S. 43, Translation S. 45, genet. Regulation S. 471).

Die DNA-Replikation bei Prokaryonten

verläuft semikonservativ, wie Messungen bei **Dichtegradienten-Zentrifugation** erwiesen. In einer konz. CsCl-Lösung stellt sich nach 2-tägigem Zentrifugieren (35000 U/min) als Gg zw. Diffusion und Zentrifugalkraft ein lineares Gefälle der Konzentration bzw. Dichte ein. Darin ebenfalls gelöste DNA sammelt sich dann bandenförmig in der Zone, die ihrer Dichte gleicht (A):

- Meselson und Stahl (1958) kultivierten 14 Generationen lang *E. coli* auf $^{15}NH_4$ Cl-haltigem Medium, so daß die DNA mit ^{15}N schwerer war als normale mit ^{14}N. Wurden diese *Bakterien* in ^{14}N-haltiges Medium zurückgebracht, so lag die DNA-Dichte der 1. Generation zw. der elterl. mit ^{15}N und der normalen mit ^{14}N. In der 2. Generation traten zwei Banden auf: mittelschwere Misch-DNA und normal leichte. In der folgenden Generation stieg der relative Anteil der normalen DNA erwartungsgemäß an (B).

Bestätigung des semikonservativen Mechanismus, bes. aber Aufschluß über die Ringform der DNA, die Existenz nur eines Replikators und das Fortschreiten der Neusynthese von hier in eine Richtung (unidirektional) oder in beide (bidirektional) brachten **Autoradiographien** (C):

- Cairns (1963) präparierte und spreitete intakte, mit ^3H-Thymin markierte DNA versch. Replikationsphasen mittels Enzymen und Detergentien aus *E. coli*-Zellen und überzog sie auf einem Objektträger für 2 Monate mit einem dünnen Röntgenfilm, auf den die β-Strahlen des Tritiums (^3H) einwirken und nach der Filmentwicklung Muster zeigen.

Der Cairns-Typ der Replikation berücksichtigt die Eigenschaft der DNA-Poymesen, neue Stränge nur in 5'→3'-Richtung knüpfen zu können: Synchron mit dem Öffnen der Zweistrang-DNA repliziert der alte 3'→5'-Strang komplementär antiparallel in 5'→3'-Richtung vom Replikator zur Replikationsgabel, während am alten 5'→3'-Strang die Synthese stückweise, d.h. mit Okazaki-Fragmenten, nachgeholt wird (D). Jeder Syntheseabschnitt beginnt mit einem Primer, einer RNA von weniger als 10 Nukleotiden, die dort entweder von einer RNA-Polymerase am DNA-Template gebildet wird oder möglicherweise schon fertig in der Zelle vorliegt. Die Verlängerung des Primers erfolgt durch die **DNA-Polymerase III,** die mit zwei weiteren Proteinen verbunden sein kann und die 250–1000 Nukleotide pro Molekül und sec polymerisiert. Sie löst sich vom Template, wenn der nächste Primer erreicht ist.

Die weitere Elongation betreibt die **DNA-Polymerase I.** Sie setzt nur 16–20 Nukleotide pro Molekül und sec um, kann aber aufgrund ihrer 5'→ 3'-Exonuklease-Aktivität den RNA-Primer entfernen und die Lücke mit Desoxyribonukleotiden füllen.

Insgesamt wird die Replikation bei *E. coli* von einer Vielzahl von Genen und ihren Genprodukten gesteuert. Die Genkartierung zeigt, daß die Genloci über das ganze *Bakterien*-Chromosom verstreut sind und nicht etwa in einem Operon organisiert sind (E).

Die Transkription bei Prokaryonten

wird durch eine als Transkriptase wirkende DNA-abhäng. **RNA-Polymerase** katalysiert, einen Zn^{++}haltigen Proteinkomplex (MG 0,5 Mill.). Als unvollständiges **Core-Enzym** aus 5 Polypeptiden (ααββ'ω) startet sie unspezif. an jeder beliebigen Stelle einer jeden, auch fremden DNA-Matrize, bevorzugt jedoch eigene vor fremder DNA (Kompetitionsversuch, S. 215). Zusatz des σ-Faktors macht das **Holoenzym** (ααββ'ωσ) hochspezifisch im Erkennen einer best. Nukleotidsequenz: In der Phase der

primären Bindung assoziiert die RNA-Polymerase mehrfach mit der noch geschlossenen Zweistrang-DNA im Bereich des **Promotors,** einer dem Strukturgen vorgelagerten AT-reichen DNA-Sequenz, dem Startbereich.

Die Initiation der Transkription erfolgt, indem die nun fest gebundene RNA-Polymerase über die Promotor-DNA gleitet, sie jeweils um 4–6 Nukleotidpaare öffnet, bis sie bei Festlegung des codogenen Stranges, des Leserasters und der Leserichtung am **Starttriplett** die beiden ersten Nukleotide der mRNA angelagert und durch die Phosphodiesterbindung verknüpft hat. Der σ-Faktor wird nun freigesetzt. In der folgenden

Elongation der RNA-Kette verläuft die Synthese in 5' → 3'-Richtung. Hinter der Polymerase wird die DNA-Doppelhelix wieder geschlossen, die wachsende RNA hängt frei aus ihr heraus. Dieses Verfahren erlaubt, daß zugleich an mehreren Stellen des Genorts synthetisiert wird und damit die relativ langsame Transkriptionsrate von 50 Nukleotiden pro Polymerase und sec verbessert wird.

Termination der Transkription, d.h. Ende der Elongation, Ablösen der Polymerase und der RNA von der DNA, ist das Ergebnis eines Stoppsignals (TTTTTTA) im Zusammenwirken mit einem ϱ-Faktor.

Die so entstandene mRNA ist bei *Prokaryonten* polycistronisch, enthält also die Information für mehrere Polypeptide. Sie ist nicht wie die hn-RNA der Eucyte geschützt, da ein Transport Kern → Ribosom entfällt; vielmehr setzt schon vor Fertigstellung der mRNA an mehreren Ribosomen (Polysomen) ihre Translation ein.

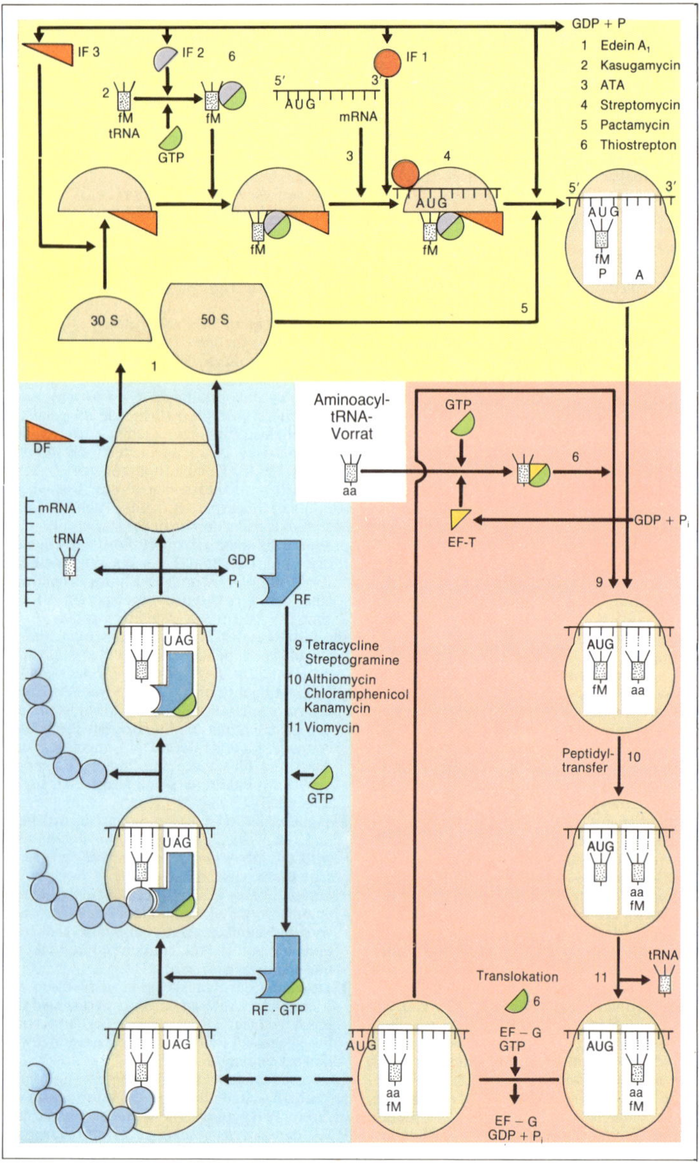

Translation bei Prokaryonten: Initiation (gelb), Elongation (rot) und Termination (blau)

Die Proteinbiosynthese bei Prokaryonten
läßt in Analogie mit dem Vorgang bei *Eukaryonten* ebenfalls drei funkt. Stufen erkennen:
- Die Initiationsphase erlaubt den Beginn der Synthese. Während bei *Eukaryonten* stets die mRNA nach der Start-tRNA gebunden wird, scheint bei *Prokaryonten* auch die umgekehrte Reihenfolge realisiert zu sein.
- Die Elongations-Zyklen, die gut erforscht sind und sich in der Procyte und Eucyte ähneln, verlängern die Peptidkette pro Umlauf um je eine Aminosäure.
- Die Terminationsphase, in ihrem genauen Ablauf noch hypothetisch, beendet die Translation.

Wie die Ribosomen der Eucyte binden auch die der Procyte an zwei »Sites«: Die A-Bindungsstelle codonspezif. die Aminoacyl-tRNA (aa-tRNA), die P-Bindungsstelle die tRNA mit der neu synthetisierten Peptidkette.

Die Initiationsphase
startet mit der Zerlegung des prokaryontischen 70S-Ribosoms (S. 59) in seine beiden Untereinheiten (30S und 50S) durch Einwirken eines »Dissoziationsfaktors« DF (identisch mit IF1 ?) und des Initiationsfaktors IF3 (MG: 20668), der durch eine Konformationsänderung von 30S die Rückassoziation mit 50S verhindert. Dann folgen zwei Schritte mit vermutl. alternativer Reihenfolge:
(1) Die Start-tRNA, die Formylmethionyl-tRNA (fMet-$tRNA_f^{Met}$), wird zusammen mit GTP und dem Initiationsfaktor IF2 (MG: 90000) an die Untereinheit 30S gebunden.
(2) Die ribosomale Untereinheit 30S bindet die mRNA, und zwar im Bereich des Initiationssignals. Hier liegt immer das Triplett AUG, das die Start-tRNA codiert, aber es codiert auch Met innerhalb einer Polypeptidkette. 30S erkennt als Starttriplett ein AUG dann, wenn es durch eine SHINE-DALGARNO-Sequenz am 5'- »Führer«-Abschnitt der mRNA ausgezeichnet ist: 10–15 Nukleotide vor Start-AUG befindet sich bei allen prokaryont. mRNAs ein Bereich von 3–7 Nukleotiden, der komplementär ist zu ACCUCCU im Endabschnitt der 16S-rRNA.
Das Ergebnis beider Schritte ist der 30S-Initiationskomplex. Welche Rolle bei seiner Bildung der Initiationsfaktor IF1 (MG: 8119) spielt, ist noch nicht ganz geklärt (70S-Dissoziation, IF2-Recycling, Erkennen des Initiationssignals). Mit der abschließenden Assoziation der 50S-Untereinheit und der Freisetzung der Initiationsfaktoren ist der 70S-Initiationskomplex fertig für den

Elongations-Zyklus,
der sich vielfach wiederholt: Die P-Bindungsstelle ist bei Beginn des ersten Zyklus mit fMet-$tRNA_f^{Met}$ besetzt, während die A-Stelle codonspezif. eine aa-tRNA bes. gut bindet, wenn sie im Komplex mit dem Elongationsfaktor EF-Tu (MG: 47000) und GTP vorliegt. GTP wird zu GDP und Phosphat gespalten und der allosterisch veränderte Komplex löst sich ab.
Als begrenzender Faktor der Proteinsynthese wird der Komplex EF-Tu · GTP rasch durch den extraribosomalen Faktor EF-Ts unter Austausch von GDP in GTP regeneriert. Dadurch ist in vivo das Angebot der 10–15fachen Menge an EF-Tu · GTP pro Ribosom sichergestellt, so daß für jede beliebige unter den 20 versch. Aminosäurearten, die an der A-Bindungsstelle gerade codiert sein kann, statistisch gesehen ca. 0,5 Moleküle EF-Tu · GTP bereit stehen.
Das vom Elongationsfaktor befreite Ribosom spaltet nun an der P-Stelle mit seiner integrierten Peptidyltransferase das fMet (im 1. Durchgang) oder den Peptidyl-Rest (in jedem weiteren Zyklus) von der tRNA und überträgt den Rest zur A-Stelle auf die aa-tRNA, die damit zu einer um 1 Aminosäure verlängerten Peptidyl-tRNA geworden ist. Die nun überflüssige RNA an der P-Stelle wird frei, wenn sich das Ribosom längs der mRNA um ein Triplett in Richtung 3'-Ende weiterbewegt und damit die Peptidyl-tRNA, die an ihrem Codon haftet, nun an die P-Stelle rückt. Die A-Stelle ist für einen neuen Zyklus frei und durch das nachgerückte mRNA-Codon determiniert. Die gesamte Translokation setzt GTP und den Elongationsfaktor EF-G (MG: 83000) voraus.

Die Termination
der Polypeptidsynthese wird durch das Erscheinen eines der prokaryont. Stop-Codons UAG, UAA oder UGA (s. genet. Code, S. 44 A) in der A-Stelle signalisiert. Mit Hilfe der z. T. noch hypothetischen »Release«-Faktoren (RF1 in Gegenwart von UAG oder UAA, RF2 bei UAA oder UGA) wird die tRNA von der Polypeptidkette gelöst; letztere nimmt die Sekundärstruktur des Proteins ein. Unter GTP-Spaltung werden schließl. auch mRNA und tRNA vom 70S-Ribosom getrennt.

Die GTP-Spaltung während der Proteinsynthese
ist vom energet. Standpunkt her nicht notwendig, da die Peptidyltransferase bei der Peptidverknüpfung von der energiereichen Esterbindung zw. Peptidyl-Rest und der tRNA zehrt, aber das System arbeitet, wie Experimente ohne GTP zeigen, nur mit 5–10% Wirkung. Die Bedeutung der GTP-Spaltung liegt vielmehr in der raschen Wiederherstellung der benötigten Faktoren IF2, EF-Tu und EF-G und damit in der Steigerung der Synthesegeschwindigkeit.

Synthese-Blockaden durch Antibiotica
haben ganz wesentl. zur Erhellung auch der Translation beigetragen, da die Hemmstoffe an versch. Stellen und meist spezif. in das Geschehen am prokaryont. Ribosom eingreifen (s. Abb. S. 464), wenngleich Antibiotica neben der Translation auch die Replikation, Transkription (z. B. Rifamycine, Actinomycine), Zellwandsynthese (Penicilline) und -durchlässigkeit (Gramicidin) behindern. Die Gruppe der »Antibiotica« umfaßt chemisch höchst unterschiedl. Verbindungen, die teils von *Bakterien* und *Pilzen* zur Entw.-hemmung anderer Mikroorganismen gebildet werden, teils als Chemotherapeutica künstlich synthetisiert werden.

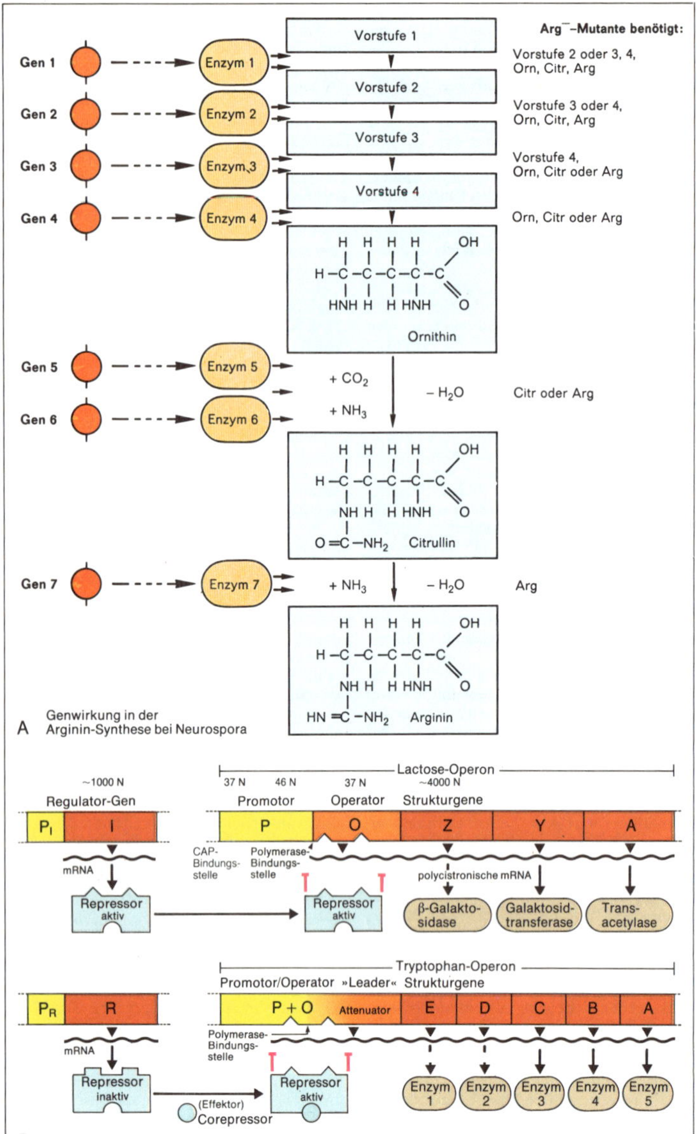

A Genwirkung in der Arginin-Synthese bei Neurospora

B Schema des Regulatorgens und Operons (lac und trp bei Escherichia coli)

Die Gen-abhängige Bildung von Polypeptiden

Der **Genbegriff** hat sich histor. gewandelt: MENDEL gelang eine erste Aufklärung der Vererbungsvorgänge durch die gedankl. Teilung des Erbguts in einzelne Gene (Erbfaktoren, -anlagen). Demzufolge korrelieren Genotyp und Phänotyp nach der **1-Gen-1-Merkmal-Hypothese** (S. 449). Schon die klass. Genetik suchte diese »atomistische« Betrachtungsweise in Einklang mit der Notwendigkeit zu bringen, Systeme wachsender Komplexität aufzuklären, und zwar über Pleiotropie und Polygenie schließl. bis zu einem Komplexitätsgrad, bei dem wiederum die Summe der genet. Information die Gesamtheit der Eigenschaften eines Organismus beeinflußt. Der atomistische Denkansatz hat sich als heuristisches Prinzip (S. 7) bewährt und wurde zuerst dort glänzend bestätigt, wo die zw. genet. Information und fertigem Merkmal vermittelnden chem. Vorgänge in ihrer Abhängigkeit von Enzymen untersucht und durch eine **1-Gen-1-Enzym-Hypothese** (BEADLE und TATUM, 1940) erfaßt wurden. Nach dieser Auffassung greift ein Gen, dessen DNA-Charakter und Expressionsweise bei Aufstellen der Hypothese noch nicht bekannt waren, durch die Bereitstellung eines Enzyms in die Merkmalsbildung ein. Gestützt wurde dies bei Untersuchungen von chem. Phänen bei Mangelmutanten:

- Phenylketonurie und die anderen Erscheinungen des FÖLLING-Syndroms (S. 448 D) sind Folgen eines inaktiven Enzyms.
- Durch mutagene Bestrahlung der Konidien (S. 143) erhält man zahlr. Mangelmutanten des haploid-getrenntgeschl. *Ascomyceten Neurospora crassa* und kreuzt sie mit der Wildform. Je eine der so erhaltenen Ascosporen läßt man auf einem Nährboden aufwachsen, der auch Arginin enthält (Vollmedium). Überträgt man nun von jeder Einsporenkultur etwas Mycel auf argininfreien Nährboden (Minimalmedium), so wächst die Hälfte nicht weiter (Mendelspaltung), da bei ihnen die Argininsynthese blockiert ist. Setzt man nun den Nährböden einzelne Substrate zu, die als Vorstufen des Arginins in Frage kommen, so ergibt sich, daß bei versch. Formen der Arg-Mangelmutante die Synthesekette an 7 Stellen unterbrochen sein kann (A).

Aus dieser Untersuchung folgt, daß für die Arg-Synthese 7 Gene notwendig sind, die in einer **Genwirkkette** nacheinander über ihre Enzyme das Merkmal ausbilden. Analog ist die Situation bei der Arg-Synthese in der Leber eines *Säugers* oder bei *Escherichia coli*. Bei letzterer konnte ermittelt werden, daß 4 der Gene zusammen und die restl. verteilt im Bakterienchromosom liegen. Neben diese zeitl. aufeinander folgende Genkooperation in Genwirkketten tritt ebenfalls häufig die einer gemeinsamen Beteiligung an einem einzigen, aus Polypeptiden zusammengesetzten Enzym oder Protein:

- Das tetramere Protein Hämoglobin besteht aus je 2 α- und β-Polypeptidketten (S. 315).
- RNA-Polymerase ist als Holoenzym hexamer, wie Analysen bei *E. coli* zeigen (S. 463).

Die **1-Gen-1-Polypeptid-Hypothese** gibt genau diesen Sachverhalt wieder. Da die Molekulargenetik nun aber DNA-Abschnitte, die ein definiertes Molekül (Polypeptid, tRNA, rRNA) determinieren, als Cistron bezeichnet, kann dies mit der **1-Cistron-1-Polypeptid-Hypothese** auch begriffl. präzise ausgedrückt werden.

Eine Funktionsgliederung der DNA
und zugleich eine differenzierende Beschreibung der Gene bei *Prokaryonten* erwuchsen aus den Experimenten zur Genregulation (S. 468f.) und ihrer theoret. Bewältigung im 1961 vorgestellten **Jacob-Monod-Modell,** das in den letzten Jahren weiter entwickelt wurde und drei Gruppen von Genen unterscheidet (B):

Strukturgene stellen als die Gene im allgemeinen Sinne über Transkription und Translation Polypeptide bereit, die als Enzyme, Strukturproteine usw. (s. S. 14 D) Merkmale ausbilden.

Ein »Operatorgen«, ein Kontrollabschnitt, ist einer best. Gruppe von Strukturgenen unmittelbar räuml. zu- und funktionell übergeordnet, indem es deren Aktivität steuert. Es bildet mit ihnen zusammen die Regulationseinheit des **Operon.**

Der Kontrollabschnitt beginnt mit einem **Promotor** aus ca. 80 Nukleotidpaaren, an den die RNA-Polymerase bindet und somit eine Transkription ermöglicht. Die dazu nötige Freilegung des codogenen Stranges startet vermutl. in einem AT-reichen Abschnitt der DNA-Doppelhelix, da sich Wasserstoffbrükken in AT- leichter lösen als in GC-Paaren. Im Kontrollabschnitt des **Operators,** der häufig spiegelbildliche Sequenzen (Palindrome) aufweist, kann ein bes. Protein, der Repressor, nach dem Schlüssel-Schloß-Prinzip binden, wodurch die Anlagerung der RNA-Polymerase verhindert wird. Im Falle einer Transkription geht die Operon-Information in die nichttranslatierte 5′-terminale »Leader«-Sequenz (S. 465) der mRNA über.

In manchen Fällen (Lactose-Operon = lac-Operon von *E.coli*) liegen Promotor und Operator nebeneinander und überlappen sich sogar leicht, in anderen Fällen gibt es dafür keine Hinweise. Beim lac-Operon ist der Anfang des Promotors zugleich die Kontrollregion für ein weiteres Regulationssystem (cAMP-CAP-Komplex, S. 469), während beim Tryptophan-Operon von *E.coli* (ähnl. auch bei *Salmonella typhimurium*) in der »Leader«-Sequenz zw. Operator und Strukturgenen ein Attenuator (»Abschwächer«) liegt. Hier fällt die RNA-Polymerase meist wieder von der DNA ab und die Transkription bricht ab; Tryptophanmangel scheint dabei ein auslösendes Signal für die Fortsetzung zu sein.

Das Regulatorgen schließl., das von seinem Operon räuml. mehr oder weniger weit entfernt sein kann, reguliert durch Genexpression die Synthese eines allosterischen Repressors, der einerseits spezif. »seinen« Operator erkennt, andererseits durch einen spezif. Effektor entweder inaktiviert oder aktiviert wird.

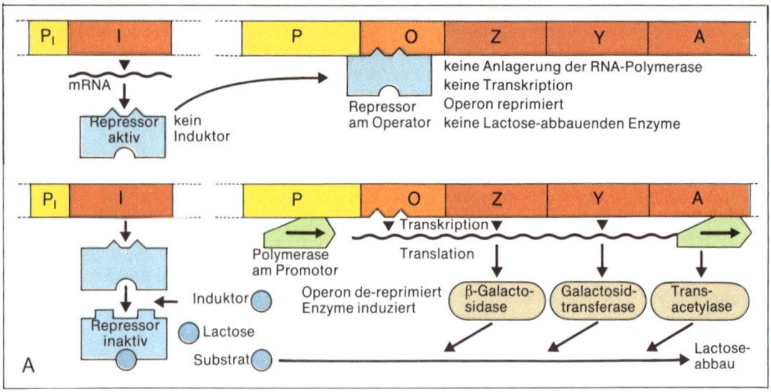

Modell der Substratinduktion: Lactose-Operon von E. coli

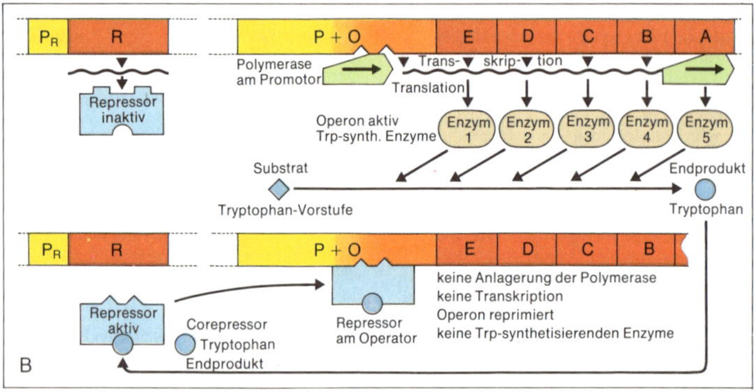

Modell der Endproduktrepression: Tryptophan-Operon bei E. coli (nur negative Kontrolle)

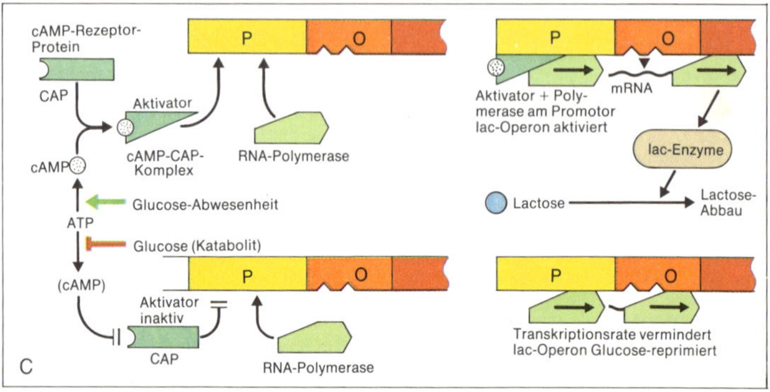

Modell der cAMP-Kontrolle bei Substratinduktion am Lactose-Operon bei E. coli

Regelung der Genexpression (Genregulation) ist nötig, da in einer Zelle nie alle potent. verfügbaren Enzyme zugleich produziert werden. Während sog. **konstitutive** Enzyme z. B. des Glucose-Abbaus ohne (beobachtbare) Regelung entstehen, wird im Rahmen der different. Genaktivierung (S. 213ff.) zur regulationsabhängigen Bildung sog. **adaptiver** Enzyme die Expression ihrer Gene entweder eingeleitet (induzierbare Enzyme) oder gestoppt (reprimierbare Enzyme). Dies geschieht nach den Befunden bei *Prokaryonten (E.coli)* zumeist am Beginn der Expression als **Transkriptionskontrolle:**

- Mechanismen der **negativen** Kontrolle entscheiden am Operator (s. S. 466f.: JACOB-MONOD-Modell) mit Hilfe von Repressoren über Transkription oder Nicht-Transkription.
- Mechanismen der **positiven** Kontrolle steigern am Promotor durch einen Aktivator die Transkriptionsrate bei sonst ermöglichter Transkription.

Induzierbare Enzymsynthesen (A)
sind bei katabolischen Stoffwechselvorgängen der *Prokaryonten* verbreitet: Beim Abbau von Substraten ist es ökonomisch, daß die abbauenden Enzyme nur dann gebildet werden, wenn das Substrat vorliegt. Das Substrat wirkt dann als Effektor des Repressors, den es inaktiviert, und somit als Induktor der Enzymsynthese, die es dereprimiert, d. h. enthemmt. Bes. gut ist eine solche **Substratinduktion** beim Lactose-Operon von *E.coli* erforscht:

- Befindet sich im Nährmedium keine Lactose (Milchzucker, das Disaccharid β-Galactosido-α-glucose), so bindet der vom Regulatorgen codierte Repressor dank seiner großen Affinität an den Operator und verhindert die Anlagerung der RNA-Polymerase: Das lac-Operon ist reprimiert.
- Ist dagegen Lactose vorhanden, dann bindet der Repressor an der Effektor-Erkennungsregion den Zucker und reduziert durch die einhergehende Konformationsänderung seine Operator-Affinität so stark, daß er nicht mehr blockieren kann: Am lac-Operon wird die polycistronische mRNA und damit der Satz Lactose-verwertender Enzyme produziert. Das Gen Z codiert β-Galaktosidase, die Lactose zu Glucose und Galaktose spaltet, während das Gen Y über die Galaktosidtransferase die Aufnahme der Lactose durch die Bakterienmembran vermittelt. Zur Funktion der Transacetylase (Gen A) ist wenig bekannt.

In einer *Bakterien*-Zelle liegen nur ca. 10 lac-Repressor-Moleküle vor, jedes ein aus 4 gleichen Polypeptiden zusammengesetztes Tetramer, das an einem Bindungsort hoher Affinität ca. 24 Nukleotidpaare der Operator-Doppelstrang-DNA seitl. und im Bereich eines ihrer Palindrome bindet, oder das an einem anderen, schwachen Bindungsort 4 Effektor-Moleküle anlagert. Zur Ergänzung der negativen Kontrolle des lac-Operon durch eine positive am Promotor sowie zur Katabolit-Repression s. u.

Reprimierbare Enzymsynthesen (B)
sorgen im anabolischen Stoffwechsel für Wirtschaftlichkeit: Bei dem Aufbau von Bausteinen der Procyte werden die Synthese-Enzyme dann nicht mehr weiter gebildet, wenn die von ihnen katalysierten Prozesse einen best. Vorrat an Endprodukten, z. B. Aminosäuren, geliefert haben. Solche **Endproduktrepression** ist außer z. B. bei der Arginin- und Histidin-Synthese auch bei der Biosynthese von Tryptophan (Trp) gut untersucht:

- Das Regulatorgen liefert ein regulierendes Protein, das allein als »Aporepressor« den Operator nicht blockieren kann und bei geringem Vorrat der Zelle an Trp bzw. Trp-tRNA in dieser inaktiven Konformation verbleibt: Das Trp-Operon bindet am Promotor die RNA-Polymerase und betreibt über die Bildung der Enzyme die Trp-Synthese.
- Hat sich ein Vorrat des Synthese-Endproduktes Trp bzw. Trp-tRNA angesammelt, stehen diese Moleküle als Effektor des inaktiven »Aporepressors« zur Verfügung. Sie formen als »Co-Repressor« mit dem Aporepressor den »Holorepressor«, der dadurch aktiviert den Operator blockiert, und tragen auf diese Weise zur Repression einer weiteren Trp-Synthese bei.

Das Trp-Operon zeigt bei *E.coli* als Eigenart einmal die funkt. Überlagerung von Promotor und Operator, zum anderen eine »Leader«-Sequenz zw. Operator und Gen E mit einem zusätzl. Kontrollabschnitt, dem Attenuator (»Abschwächer«): Bei angestiegenem Trp-Gehalt, aber bevor die Endproduktrepression greift, wird hier die Transkription durch Ablösen der Polymerase von der DNA abgebrochen.

Positive Kontrolle der Enzymsynthese (C)
durch einen Aktivator ergänzt das Bild von der Regulation der Genexpression, das zu Unrecht vom JACOB-MONOD-Modell der negativen Kontrolle beherrscht werden könnte, denn die Regulatorproteine z. B. des Arabinose- und Maltose-Operons sind Aktivatoren. Auch das lac-Operon wird zusätzl. positiv durch die Beeinflussung der Polymerase-Promotor-Bindung kontrolliert:

- Wenn das cAMP (S. 326 C) vom cAMP-Rezeptor-Protein CAP gebunden wird, lagert sich der Komplex an seiner Bindungsstelle (S. 466 B) an und stimuliert die Polymerase-Bindung und damit die Transkriptionsrate. Das cAMP, das also positiv kontrolliert, wird aber dann nur wenig aus ATP gebildet, wenn der Zelle Glucose verfügbar ist. Glucose und andere wirtschaftl. Energielieferanten (Kataboliten) stoppen also das Lactose-Abbau-System (Katabolit-Repression).

Regulatorgen-gesteuerte Strukturgene können statt nebeneinander (Operon) auch verstreut über das Genom liegen und als **Regulon** mit ident. Operatoren auf gleiche Regulatorproteine zugleich reagieren, z. B. bei *E.coli* an 5 Orten die 8 Strukturgene für die Argininsynthese.

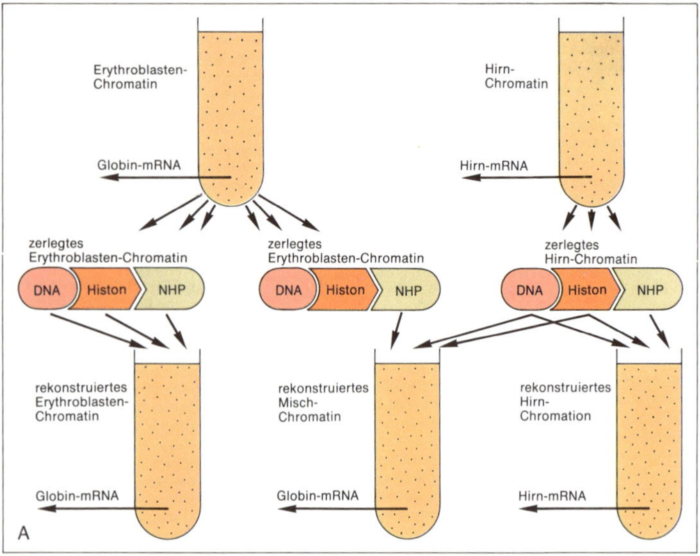

Chromatin-Rekonstruktion (-Rekonstitution)

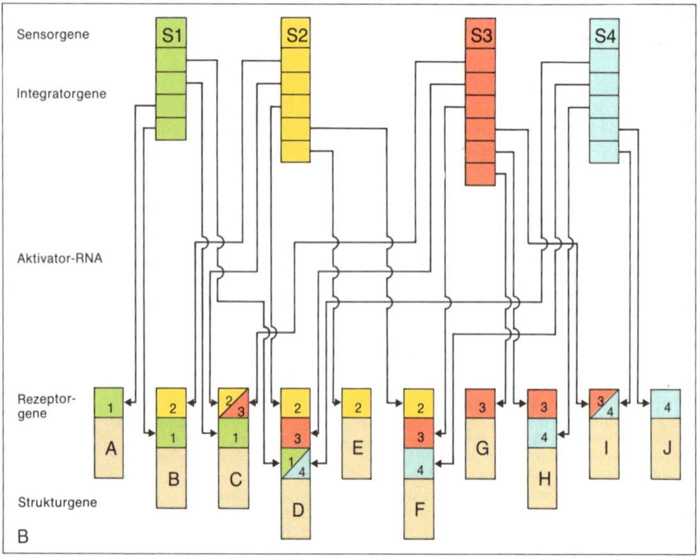

Britton-Davidson-Modell der Genregulation bei Eukaryonten

Die Organisation der Eucyte mit ihrer räuml. Trennung von Orten der Transkription und Translation, ihrer Chromatinstruktur der Kern-DNA und den zumeist hohen Anforderungen der Zelldiff., stellt völlig neue Anforderungen an die Gen-Regulation. Zwar beobachtet man auch hier in best. Entwicklungsphasen

- Substratinduktion, z. B. bei *Pflanzen* die Induzierbarkeit der Thymidin-phosphorylierenden Thymidinkinase durch Thymidin in der G_1-Phase der Mitose, oder
- Endproduktrepression, z. B. werden die bei *Pflanzen* an der Aminosäuresynthese beteiligten Nitrat- und Nitritreductasen von Aminosäuren, teils von NH_4^+ reprimiert,

doch wird diese Transkriptionskontrolle überlagert durch eine andere, umfassendere:

Die Chromosomen-Regulation
ist die den *Eukaryonten* vorbehaltene Genregulation in Chromosomen unter Beteiligung chromosomaler Proteine, von denen nach gegenwärtigem Wissen infrage kommen:

Histone: Experimentell gut belegt ist der Ausfall der Transkription in den durch Histone stabilisierten kondensierten Strukturen, der Transportform der Chromosomen und dem Heterochromatin. Wegen der geringen Zahl der Molekültypen bei Histonen (S. 34) kommen sie nur als generelle unspezif. Repressoren infrage; durch sie sind ca. 95% der DNA einer diff. Eucyte blockiert. Best. DNA-Abschnitte werden vor der Histonanlagerung unter Mithilfe genspezif. Moleküle geschützt: Riesenchromosomen zeigen spezif. Puff-Spektren (S. 40) der Strukturlockerung und Genaktivität, Zellen im Diff.prozess ein gewebespezif. Genaktivitätsmuster (S. 215).

Nichthistonproteine (NHP, S. 35) ohne enzymat. Aktivität wirken de-reprimierend auf den Histon-DNA-Komplex. Sie sind artspezif. und extrem heterogen, haben eine hohe Umsatzrate, ändern während der Zelldiff. qualit. und quantit. ihre Zusammensetzung, können die Histon-DNA-Bindung verhindern und lösen. Dementsprechend zeigen transkribierende Zellen und Euchromatin eine erhöhte NHP-Konzentration. Hinweise auf die Genspezifität von NHP liefert der Befund bei **Rekonstruktionsversuchen,** daß NHP aus Globin-synthetisierenden Zellen (Erythroblasten) in isoliertem Chromatin aus Zellen, die bei ident. DNA kein Globin bilden (Gehirn), das Globin-Gen in vitro exprimieren (A).

Hormonrezeptorproteine sind zweifellos als Regulatoren mit einer Spezifität wirksam, die mit dem Erkennen eines Promotors oder Operators vergleichbar ist (Steroidhormone: S. 326f.).

Enzymat. aktive NHP können Histone und NHP molekular modifizieren, indem sie (an Ser und Tyr) durch Phosphorylierung die elektr. Ladung und dadurch die Anlagerungsfähigkeit verändern. Histone erleiden Ähnliches auch durch Acetylierung (an Lys). Ungelöst bleibt aber zunächst die Frage, welche genspezif. Signale der Acetyltransferase und phosphorylierenden Kinase die zu modifizierenden Stellen anweisen.

Das Britton-Davidson-Modell (B)
versucht diese und andere Fragen der eukaryontischen Gen-Regulation anhand eines hierarchischen Systems von DNA-Abschnitten best. Funktion einer Lösung näher zu bringen, der sich die Regulationsproteine in einer noch rein spekulativen Reaktionsfolge zuordnen lassen:
Induktoren wie z. B. Hormone wirken direkt oder nach Bindung an spezif. Rezeptorproteine auf **Sensorgene,** die, durch spezif. Repressoren blockiert, nun analog zu Operatoren dereprimiert werden und die Transkription der ihnen auf der DNA nachgeordneten **Integratorgene** erlauben. Deren »Aktivator-RNA«, möglicherweise auch das von ihr codierte spezif. NHP, löst in den **Rezeptorgenen** eine Konformationsänderung der entspr. Chromatin-Region aus. Diese hat Signalcharakter für die acetylierenden und phosphorylierenden Enzyme. Die Bindung der NHP sowie die Acetylierung und Phosphorylierung der Histone erlauben nun eine Transkription des bisher blockierten **Strukturgens** (Produktgens).
Integratorgene können auf relativ einfache Signale hin die komplexen Aktivitäten der im Genom verstreuten Gene integrieren durch die

- Redundanz der Rezeptorgene, d. h., jedes Strukturgen empfängt über seinen spezif. Satz vorgeschalteter Rezeptorgene die Signale aller ihn kontrollierender Integratorgene, und/oder durch die
- Redundanz der Integratorgene, d. h., jedes Sensorgen kontrolliert einen Satz von Integratorgenen, deren Produkte dann eine entspr. Batterie von Strukturgenen aktivieren.

Das BRITTON-DAVIDSON-Modell trägt zwar weitgehend spekulative Züge, berücksichtigt aber, daß

- es ökonomisch und verwirklicht ist, bei weitgehender Histon-Blockierung des Genoms die wenigen benötigten Gene selektiv zu aktivieren (statt selektiv zu reprimieren),
- der größte Teil der *Eukaryonten*-DNA als repetitive Sequenzen nur genregulator. Aufgaben dient (deshalb auch nicht außerhalb des Kerns und als Enzym wirksam wird) und zellspezif. transkribiert wird,
- ein gegebenes Gen-Aktivitätsmuster durch die integrierte Aktivität vieler, räuml. getrennter Gene (entspr. dem prokaryont. Regulon) charakterisiert ist, und der Komplex auf einfache Auslösesignale antwortet.

Auf die Kontrollsysteme der Transkription können weitere, nur unzureichend bekannte folgen:

Posttranskriptionskontrolle durch Änderung der Processing-Geschwindigkeit beim Abbau der hn-RNA (S. 42), durch geregelte Kernporenpassage der Informosomen oder durch Umbildung von mRNA in oder aus »langlebiger mRNA«.

Translationskontrolle durch reversible Aktivitätsänderung von Ribosomenproteinen, vor allem von Initiations- und Elongationsfaktoren und durch deren unterschiedl. Affinität zu best. Sequenzen versch. mRNA.

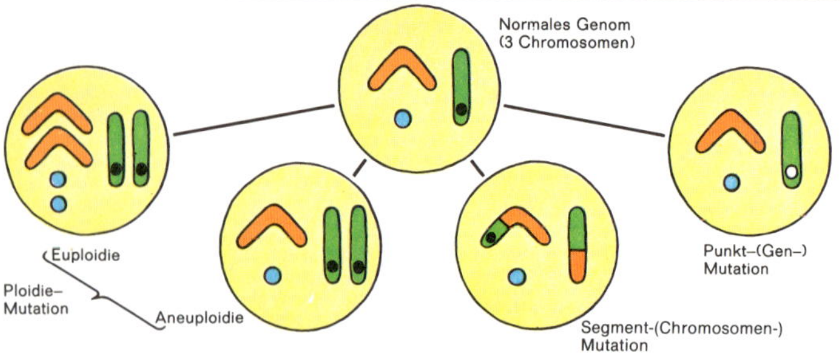

A Verschiedene Mutationstypen (schematisch)

Bakteriophagen: T 2	Wirtsbereich	$3 \cdot 10^{-9}$	Mensch:	
Bakterien: Escherichia	Lactose-Fermentation	$2 \cdot 10^{-7}$	Fehlende Iris	$4 \cdot 10^{-6}$
	Streptomycin-Resistenz	$4 \cdot 10^{-10}$	Huntingtonsche Chorea	$5 \cdot 10^{-6}$
	His-Bedürftigkeit	$4 \cdot 10^{-8}$	Neurofibromatose	$1 \cdot 10^{-4}$
	Arg-Bedürftigkeit	$4 \cdot 10^{-9}$	Pelger-Anomalie	$3 \cdot 10^{-5}$
Algen: Chlamydomonas	Streptomycin-Resistenz	$1 \cdot 10^{-6}$	Retinoblastom	$7 \cdot 10^{-6}$
Pilze: Neurospora	Adenin-Bedürftigkeit	$4 \cdot 10^{-8}$	Thalassämie	$4 \cdot 10^{-4}$
Höh. Pflanzen: Mais	Geschrumpftes Korn	$1 \cdot 10^{-6}$	Albinismus	$3 \cdot 10^{-5}$
	Purpurfarbenes Korn	$1 \cdot 10^{-5}$	Totale Farbenblindheit	$3 \cdot 10^{-5}$
Insekten: Drosophila	Weiße Augen (w)	$4 \cdot 10^{-5}$	Phenylketonurie	$2 \cdot 10^{-5}$
	Gelber Körper (y)	$1 \cdot 10^{-4}$	Hämophilie A	$4 \cdot 10^{-5}$
Wirbeltiere: Maus	Schwache Fellfärbung	$3 \cdot 10^{-5}$	Hämophilie B	$3 \cdot 10^{-6}$
	Braunes Fell	$8 \cdot 10^{-6}$	Incontinentia pigmenti	$1 \cdot 10^{-5}$

B Mutationsraten einzelner Gene bei verschiedenen Organismen, rechts beim Menschen

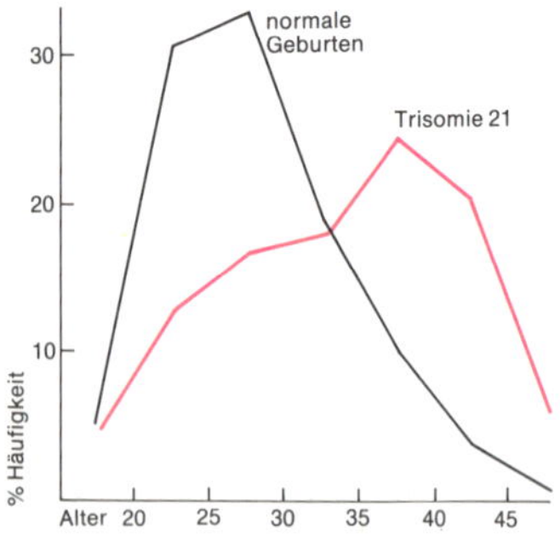

C Trisomie und Alter der Mutter

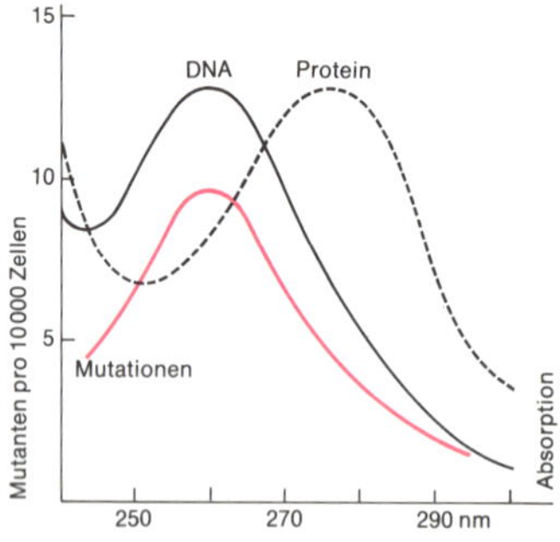

D UV-Absorption und Mutation

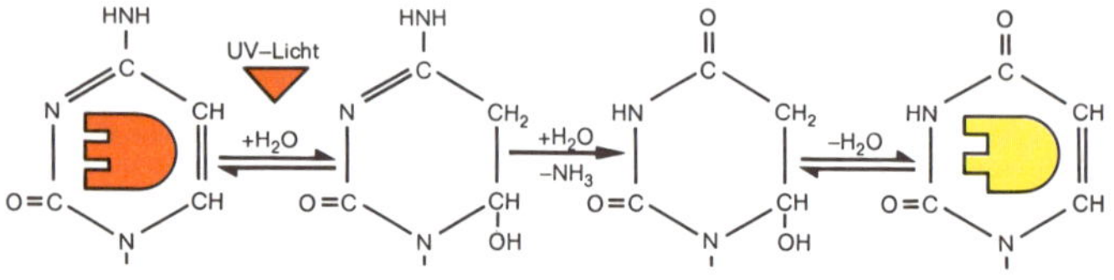

E Umwandlung von Cytosin in Uracil durch ultraviolette Strahlung

Mutation: Typen, Raten, Ursachen

In erbreinen Linien zeigen manchmal Einzelindividuen sprunghaft kleine Veränderungen, die sich von sonstigen umweltbedingten Variationen dadurch abheben, daß sie weitervererbt werden. Die Konstanz der Erbinformation ist also, wie erstmals DE VRIES 1901 bei *Nachtkerzen* vermutete, durch Mutation unterbrochen.

Das Auftreten von Mutationen
kann grundsätzl. alle Organismen und Zellarten erfassen, bei *Vielzellern* sowohl Körperzellen (Somazellen) als auch die Keimbahn, d.h. die direkte Zellfolge zw. den ein Individuum gründenden und den es vermehrenden Gameten:

Somatische Mutationen dienen versch. Hypothesen zur ursächl. Erklärung der enormen Variabilität der **Antikörper,** des Entstehens mancher **Tumoren,** auch des physiolog. **Alterns** durch Anhäufung inaktiver Enzyme zusammen mit zunehmend fehlerhaften DNA-Reparatur-, Transkriptions- und Translationsvorgängen. Während der Embryonalzeit führen zufällige somat. Mutationen zur Anlage individueller **mosaikartiger Gewebeänderungen,** regelmäßig dagegen entstehen in hochdiff. Geweben bei funkt. Belastung durch **Endomitosen** (S. 39, 213) endopolyploide Zellen, in denen sich ganze Chromosomensätze auf 8n (*Mensch:* Leber, Knochenmark), 32n, 128n, sogar 1024n erhöhen (*Kapuzinerkresse:* Blattstiel, Stengelmark bzw. Integument der Samenanlage).

Generative Mutationen ändern genet. relevant die Erbinformation; sie können bei diploiden *Eukaryonten* frühestens in der F_1-Generation phänotyp. erfaßt werden. Diese **Mutanten,** bei denen die Erbänderung alle Zellen betrifft, sind im allg. gemeint, wenn von den Folgen nicht näher bezeichneter »Mutationen« gesprochen wird. Sie führen oft in ihrer Manifestierung zur Schädigung der Träger, da eine **genet. Balance** gestört ist, die der Wildtyp durch die seit Generationen wirkende Selektion des in der herrschenden Umwelt Optimalen erreicht hat. Andererseits erhöhen sie die **genet. Vielfalt** einer Population und ermöglichen damit die Evolution der Organismen (S. 490ff.).

Die Einteilung des Mutationsgeschehens (A)
erfolgt zweckmäßigerweise nicht nur nach dem Ort innerhalb des Organismus (s.o.), sondern nach der Art der mutativen Abweichung:

- **Punktmutation:** Punktuelle DNA-Veränderung einzelner oder weniger Nukleotid(paar)e, entweder durch Basensubstitution (-ersatz) oder Rasterverschiebung, läßt ein neues Allel entstehen (S. 474f.).
- **Segmentmutation:** Strukturelle Chromosomenaberration durch Veränderung (Umlagerung, Verlust, Einbau, Verdoppelung) kleinerer oder größerer, viele Gene umfassender DNA-Stücke (S. 476f.).
- **Ploidiemutation:** Numerische Chromosomenaberration durch Änderung der Zahl ganzer Chromosomen bzw. -sätze (S. 478f.).

Die Mutationsrate eines Gens (B)
wird als Anteil von erfolgten Mutationen pro Zelle und Teilung *(Bakterien, Einzeller)* bzw. pro Generation im haploiden Genom ermittelt *(höh. Organismen)*. Der Unterschied der Raten in beiden Gruppen beruht vor allem darauf, daß bei Mikroorganismen die Mutanten nur *einer* Zellgeneration erfaßt werden, während bei höh. Organismen Gameten dann mutiert sind, wenn in einer der Keimbahnzellen eine Mutation erfolgt ist. Wie stark bei einem langlebigen Organismus die Mutationsrate von der Zeitdauer abhängt, während der die Keimbahn mutagenen Einflüssen ausgesetzt ist, belegt beim *Menschen* die Korrelation zw. mongoloiden Kindern mit DOWN-Syndrom (S. 479) und dem Gebäralter der Mutter (C).

Innere Ursachen wie die fehlerhafte Arbeit der DNA-Polymerase, die Störung des ausbalancierten Zustands im Plasmon und Genom bei Hybriden oder Polyploiden und spez. Mutatorgene können die Mutationsrate ebenso erhöhen wie natürl. oder künstl. **Umweltfaktoren:**

Temperaturerhöhung um 10° C kann auch unter natürl. Bedingungen die Rate verdoppeln.

Ultraviolettes Licht erzeugt im Wellenbereich der höchsten UV-Absorption der DNA höchste Wirkung (D) durch Basensubstitution (E), Rastermutation und Deletion, allerdings wegen der geringen Durchdringungskraft des UV-Lichts nur in Mikroorganismen und Zellkulturen. Im Gegensatz dazu sind **ionisierende Strahlen** als Folge kosmischer Höhenstrahlung, Röntgenstrahlung und der natürl. und künstl. Radioaktivität z.T. sehr durchdringend. Werden bei dieser Energiezufuhr und Elektronenanregung Purine oder Pyrimidine der DNA getroffen, werden Basen verändert oder es entstehen durch Molekülzerfall Lücken; Treffer im Zucker-Phosphat-Gerüst führen dagegen durch Einzel- und Doppelstrangbrüche zu Segmentmutationen. In best. Bereichen verlaufen Dosis-Effekt-Kurven linear. In diesem Zusammenhang interessiert mehr als die individuellen physiolog. Strahlenschädigungen die sich zunächst unmerklich im Erbgut der Bevölkerung (Genpool, S. 493) anhäufende Menge mutierter Gene, die erst in späteren Generationen manifest werden. Die Frage nach einer genet. **Toleranzgrenze** der mutagenen Strahlung bedeutet zunächst nur, »ob wir eine Verdoppelung, Verzehnfachung oder Verhundertfachung der heute durch Spontanmutationen bedingten Fehlgeburten, Mißbildungen und Erbkrankheiten für ›tragbar‹ halten« (BRESCH). Ähnliche Bedeutung kommt **chem. Mutagenen** zu, deren gut untersuchte Vertreter wie Nitrit, Acridin oder Bromuracil (Einzelheiten S. 475) wesentlich zum Verständnis der Punkt- und Segmentmutationen oder, im Falle des Spindelgiftes Colchicin, der Ploidiemutation beigetragen haben. Gefahren für den *Menschen* können hier möglicherweise von einigen Pflanzenschutzmitteln (Hexachlorcyclohexan) oder Arzneimitteln ausgehen (Diäthylbarbitursäure, Aminophenazon).

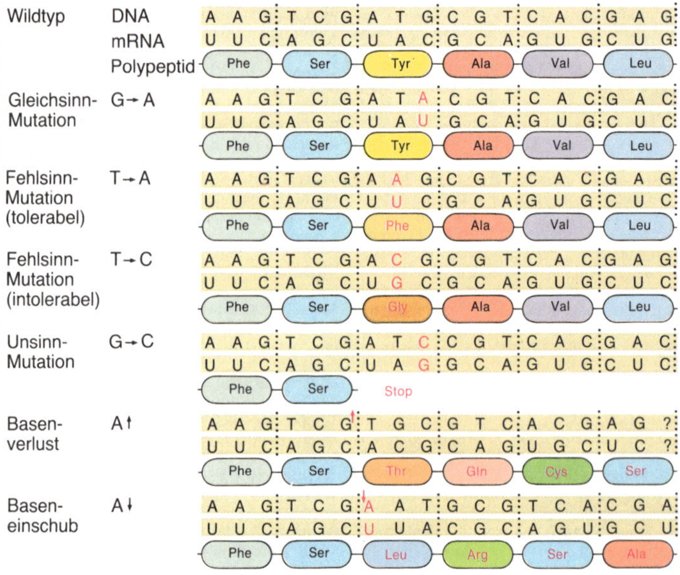

A Folgen verschiedener Punktmutationen (3. Triplett)

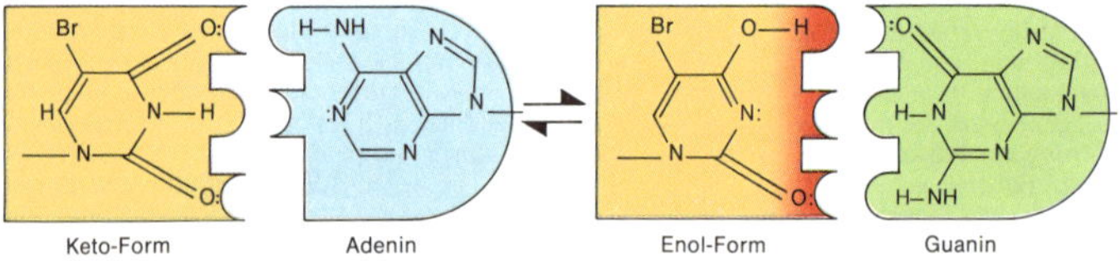

B Mutagenese durch Basen-Analoga (5-Bromuracil: Keto- und Enol-Form)

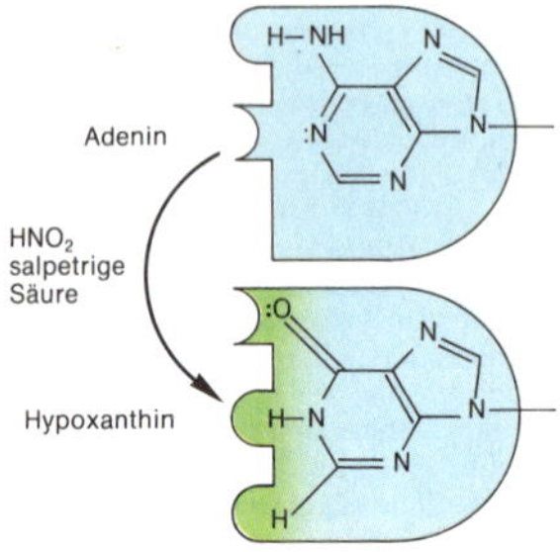

C Chemische Mutagenese

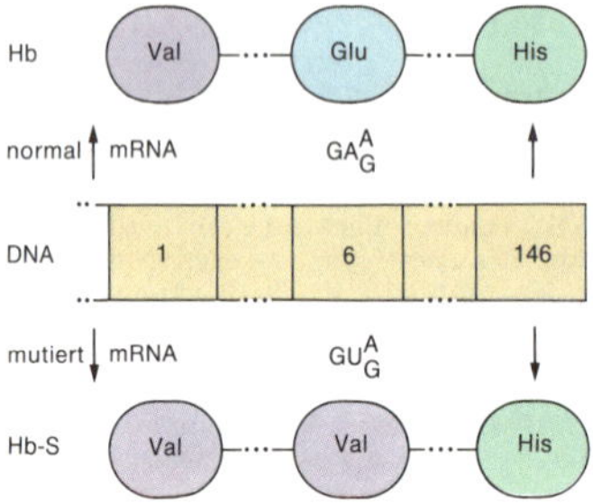

D β-Kette des menschlichen Hämoglobins

Molekulare Ursachen der Punktmutation

Punktmutationen sind als Mikroläsionen der DNA Veränderungen eines oder weniger benachbarter Nukleotide eines einzigen Gens (»Genmutation«, zu der aber auch als Makroläsion kleinste intragene Segmentmutationen zählen, s. S. 477), entweder durch Basenaustausch **(Basensubstitution)** oder Nukleotideinschub bzw. -fortfall **(Rasterverschiebung).** Dadurch entsteht aus der normalen Wildtyp-Nukleotidsequenz eine Mutanten-Nukleotidsequenz: Die **Allele** nehmen auf homologen Chromosomen bzw. DNA-Strängen gleiche Positionen ein (Genort, -locus), die geringfügige Abweichung der Basensequenz kann sich aber sehr unterschiedl. auf die Aminosäuresequenz des codierten Polypeptids auswirken (A):

- Ca. 20% der Basenaustauschmutationen bilden wegen des degenerierten Codes ein neues Gleichsinncodon und damit den Wildtyp.
- Das neue Triplett codiert über ein Fehlsinncodon eine andere Aminosäure; die Funktion des Polypeptids der Mutante kann in der Effektivität zw. 0 bis < 100% liegen.
- Entsteht ein nichtcodierendes Stop-Codon, so bricht die Translation des Polypeptids hier vorzeitig ab; die Mutante verfügt dann meist über ein inaktives Enzym.
- Rastermutationen zerstören, wenn nicht gerade drei Nukleotide betroffen sind, die sinnvolle Information des Allels.

Die zur **Mutation führenden Prozesse** sind sehr komplex, unterschiedlich und auch bei den häufigsten Mutagenen noch nicht vollständig verstanden. Jedoch scheinen unter dem Einfluß von UV-Licht, ionisierenden Strahlen und chem. Mutagenen folgende Wege zur Punktmutation führen zu können:

- DNA wird prämutativ so verändert, daß Reparaturen eingeleitet werden, in deren Verlauf falsche, zusätzliche oder zu wenig Nukleotide eingebaut werden.
- Während der DNA-Replikation wird durch Einbau- oder Replikationsfehler ein falsches Nukleotid eingesetzt.
- Eine Base wird in eine andere umgewandelt.

Genmutationen können durch **Rückmutation** wieder rückgängig gemacht werden, so daß wieder der ursprüngl. Phänotyp auftritt. Dies erfolgt selten durch die Wiederherstellung der Wildtyp-Nukleotidsequenz (echte Rückmutation), sondern meist verhindert die »kompensierende Mutation« in der Nähe der ersten deren Auswirkung und stellt den Wildtyp funktionell wieder her.

Basensubstitution

spielt bei natürl. und experimentell induzierten Mutationen eine große Rolle, wobei zwei Mechanismen zu unterscheiden sind.

1. Instabile Basen-Analoga (B): Bietet man Mikroorganismen im Nährboden Stoffe an, die in der chem. Konfiguration den natürl. Basen sehr ähnlich sind, so können diese Basen-Analoga im Replikationsprozeß anstelle der richtigen Basen eingebaut werden und schließl. zu Mutationen führen. Während nämlich die Normalbasen stabil sind, unterliegen Basen-Analoga gerade an der Kontaktstelle zum komplementären Partner einer innermolekularen Umwandlung:

- **5-Bromuracil** tritt leicht an die Thyminstelle und paart sich dann in der Keto-Form mit Adenin. Geht es gerade während der DNA-Replikation kurzzeitig durch Keto-Enol-Tautomerie in die Enol-Form über, so baut der entstehende Komplementärstrang nun G statt A ein (Replikationsfehler, B), und dieses G paart in der nächsten Replikation mit C. So wird insgesamt ein AT- zum GC-Paar.
- **2-Aminopurin** paart entspr. in der Aminoform wie A, in der Iminoform wie G.

2. Chemische Veränderung normaler Basen (C): Manche Substanzen können einzelne Nukleotide verändern. Bahnbrechend war die Induktion von Nitrit-Mutanten beim *Tabakmosaikvirus:*

- Durch die **Nitrit-**Behandlung werden A, G und C unter »Desaminierung«, d. h. Ersatz der Amino-Gruppe durch eine HO-Gruppe, in Hypoxanthin, Xanthin und Uracil überführt, die sich bei der Basenpaarung aber anders verhalten: Hypoxanthin wie G, Uracil wie T; Xanthin paart nicht und führt zu Letalmutation oder verhält sich wieder wie G. So konnte histor. als kleinste Mutationseinheit (»Muton«) das einzelne Nukleotid bewiesen werden.

Während **Hydroxylamin** ähnlich wie Nitrit, aber relativ spezif. auf Cytosin wirkt, übertragen **alkylierende Substanzen** Alkylgruppen auf Phosphatgruppen und Basen und führen neben Basenveränderungen zu Strangbrüchen, Deletionen, Entfernung von Purinbasen (Senfgas, Methylmethansulfonat). Hohe Mutationsraten bei geringer Giftigkeit für die behandelten Zellen erreicht das Guanin alkylierende und im Zuge der DNA-Verdoppelung vorwiegend an der Replikationsgabel (S. 462f.) angreifende Methylnitro-nitrosoguanidin **MNNG,** das bei *Escherichia coli* zur gezielten Mutationsauslösung und Genkartierung verholfen hat.

Ausmaß und evolutionäre Bedeutung der durch Basenaustauschmutationen bedingten multiplen Allelie werden bei den über 130 beim *Menschen* bekannten Hämoglobinvarianten deutlich (D):

In der β-Kette ist gegenüber dem normalen Hb im abnormen jeweils nur eine Aminosäure verändert, beim Hb-S, das Sichelzellenanämie erzeugt (S. 457), Glu →Val (heterozygote Sichler bilden beide Globine, s. S. 498ff.), was über Ladungsänderung an der Hb-Oberfläche zur geringeren Löslichkeit des Hb-S führt.

Rasterverschiebung

wird bevorzugt durch Acridin, aber auch Nitrit oder UV-Licht induziert: Durch ein eingeschobenes oder fehlendes Nukleotid wird die Triplettfolge vom Mutationsort bis zum Genende verschoben; in diesem Bereich treten als Folge der Leserasterverschiebung völlig neue Codons auf. Sie codieren eine neue Aminosäuresequenz des Polypeptids und häufig als Stop-Codon vorzeitigen Kettenabbruch.

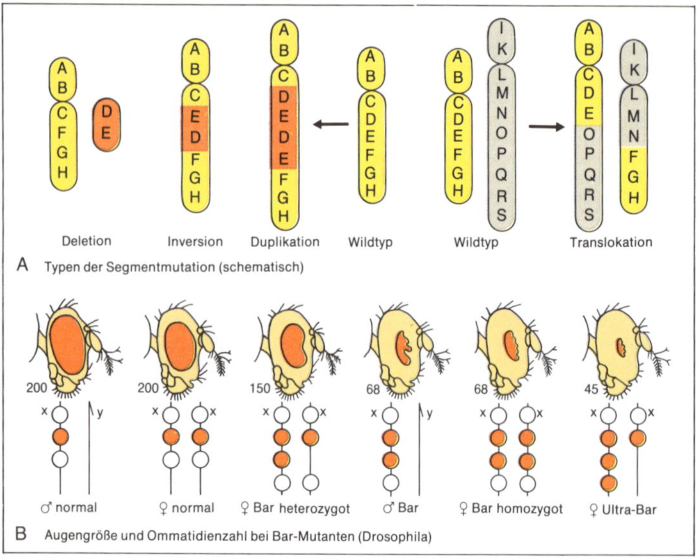

A Typen der Segmentmutation (schematisch)

B Augengröße und Ommatidienzahl bei Bar-Mutanten (Drosophila)

Segmentmutationen (»Chromosomenmutationen«)

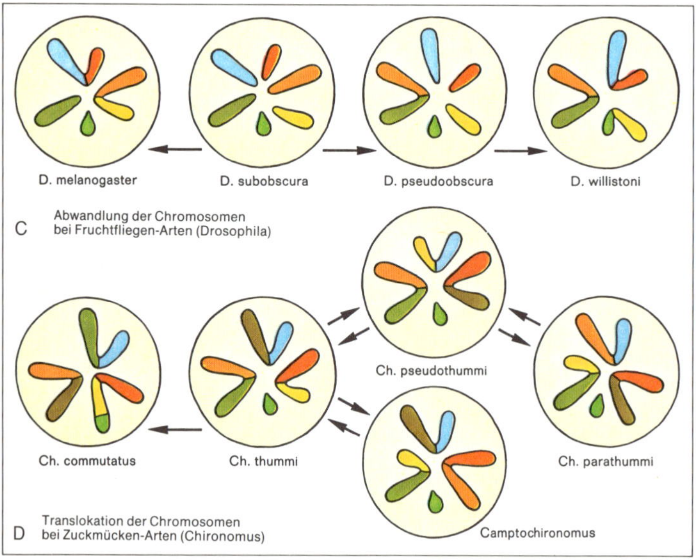

C Abwandlung der Chromosomen bei Fruchtfliegen-Arten (Drosophila)

D Translokation der Chromosomen bei Zuckmücken-Arten (Chironomus)

Vergleich der Chromosomenstruktur verwandter Arten

Segmentmutationen betreffen den Aufbau größerer DNA-Stücke und sind oft lichtmikroskop. als Änderung der Chromosomenstruktur zu erkennen (»Chromosomenmutationen«, in der Humangenetik auch strukturelle Chromosomen- bzw. Chromatiden-Aberration genannt). Sie entstehen spontan oder induziert durch energiereiche Strahlen oder chem. Mutagene (z.B. Senfgas), bevorzugt in der Nähe oder im Heterochromatin. Erklärung des Vorganges nach der

- **Bruch-Fusions-Hypothese:** Primäre Brüche im Chromosom bzw. Chromatid führen, falls sie nicht sofort wieder verheilen, zum Fragmentverlust oder zur falschen Vereinigung von DNA-Stücken;
- **Austausch-Hypothese:** Es entstehen keine freien Bruchflächen, sondern an chromosomalen Kontaktstellen erfolgt ähnlich dem meiotischen Crossing over ein Austausch von hier allerdings inhomologen Genloci.

Eine diploide Zelle wird durch Mutation erst »strukturheterozygot«; enthalten beide Chromosomensätze die gleiche Abweichung, so ist der Organismus wieder strukturhomozygot, aber mutiert. – Im Prinzip werden vier Gruppen von Veränderungen unterschieden (A):

Deletion
ist der Verlust eines Chromosomen-Teilstücks; denn wenn ein Fragment kein Centromer besitzt, wird es in der Mitose einem Tochterkern unregelmäßig zugeteilt und geht im Laufe der Zellteilungen verloren. Die Überlebensmöglichkeit von Deletionsmutanten ist vom Umfang des Fragments und der Bedeutung der ausgefallenen genet. Information abhängig:

- Deletion nur eines Teiles eines einzigen Gens ist bei *Bakterien* gut erforscht; die Mangelmutanten ermöglichten in Rekombinationsversuchen die Erstellung von Genkarten.
- Beim *Menschen* geht das Katzenschrei-Syndrom auf eine Deletion im kurzen Schenkel von Chromosom 5 zurück (charakt. weinendes Kind, starke geistig-körperl. Schädigung).

Inversion
ist die Umkehr eines Chromosomen-Teilstücks um 180° vermutl. nach schleifenartigem Überkreuzen eines Chromosoms und falschem Verwachsen an der Kontaktstelle. Da kein Genverlust eintritt, wirken sich Inversionen meist nur dann phänotyp. erkennbar aus, wenn ihre Grenzen innerhalb von Genen liegen *(Bakterien, Drosophila, Tradescantia)*. Beim Crossing over der Inversionsheterozygoten führt der Chromatidenaustausch zu Deletion und Duplikation, ein Teil der Gameten und Embryonen stirbt daher.

Duplikation
ist die Verdoppelung eines DNA-Abschnittes in gleicher Orientierung (Tandem) oder inverser Lage (Palindrom) auf Kosten des homologen Chromosoms. Vermutl. sind so die weitverbreiteten »repetitiven Sequenzen« der DNA entstanden, aber auch neue Gene im Laufe der Evolution, indem bei Erhaltung der alten Information die verdoppelten Bereiche störungsfrei über Punktmutationen neue Polypeptide zur Erprobung bereitstellen:

Die **Hämoglobin-Ketten** sind durch mehrfache Duplikationen eines ursprüngl. ca. 210 Nukleotidpaare umfassenden Vorläufer-Gens entstanden.

Die phänotyp. Auswirkung reicht von Letalität über Vitalitätsminderung bis zur positiven Beeinflussung und wird als **Positionseffekt** gedeutet, als Folge einer Abhängigkeit eines Strukturgens von benachbarten (regulierenden) Genen. Die bekannteste Duplikation ist die **Bar-Duplikation** bei *Drosophila* (B):

Verdoppelung der Bar-Region im X-Chromosom mindert die Ommatidienzahl im Auge: Heterozygote Bar-♀ haben bohnenförmige statt runde Augen, Bar-♂ und homozygote Bar-♀ Bandaugen. – Eine 3fache Bar-Region wirkt bei einem strukturheterozygoten ♀ durch Positionseffekt stärker als wenn sie je 2mal in beiden X-Chromosomen liegt.

Translokation
ist die Verlagerung von Chromosomenstücken an nichthomologe Chromosomen. Sie verläuft meist »reziprok« als wechselseitiger Stückaustausch und führt in Translokationsheterozygoten bei der meiot. Chromosomenpaarung wegen der Teilhomologie zu Komplikationen, so daß die Gameten oft überwiegend steril sind.
Beim *Menschen* sind ROBERTSONsche Translokationen von bes. Bedeutung: Inhomologe Chromosomen mit endständigem Centromer, z.B. Chromosom 15 und 21, vereinen sich mit ihren langen Schenkeln zu einem einzigen Translokationschromosom 15/21:

Heterozygote sind phänotyp. normal, bilden aber u. a. Gameten mit Chromosom 15 bzw. 21 *und* 15/21. Solche Gameten erzeugen Kinder mit einem DOWN-Syndrom (S. 479) und verursachen durch diese, vom Alter der Mutter unabhängige (S. 473) Translokationstrisomie ca. 1/10 aller dieser Krankheitsfälle.

Chromosomenmutations-Rassen,
die reinerbig aus Nachkommen gleichartiger Chromosomenveränderungen entstehen, unterscheiden sich von der Ursprungsrasse zunächst nicht in Art und Anzahl der Gene, sondern in deren Anordnung und Verteilung auf die einzelnen Chromosomen, d.h. Koppelungsgruppen.
Vergleichend-cytolog. Untersuchungen der meiotischen Chromosomenpaarung in Bastarden offenbaren, wie stark vor allem Translokation und Inversion zur Aufspaltung in Rassen und Arten beigetragen haben (C).
Bei *Zuckmücken* scheint die Art *Chironomus thummi* der hypothet. Ausgangsart nahezustehen, denn aus ihr lassen sich andere untersuchte Arten durch einfache Segmentmutationen ableiten. In einigen Fällen wurden sogar in Wildpopulationen alle Phasen der innerartl. Umstrukturierung der Chromosomen beobachtet (D).

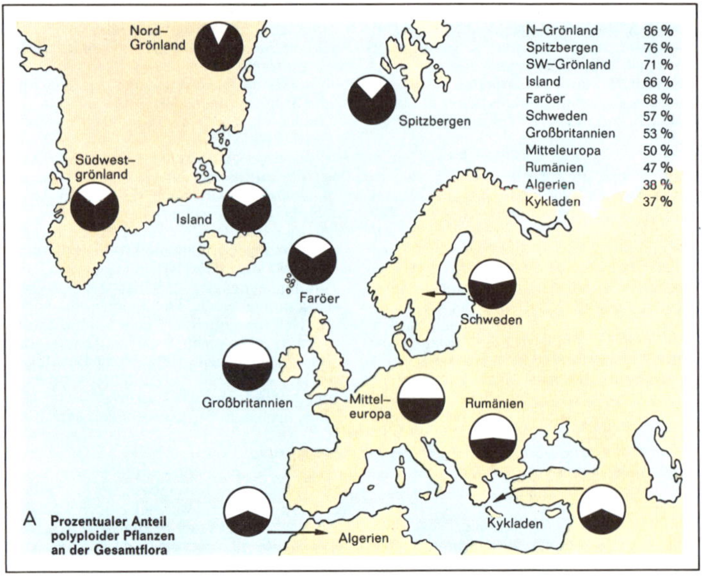

A **Prozentualer Anteil polyploider Pflanzen an der Gesamtflora**

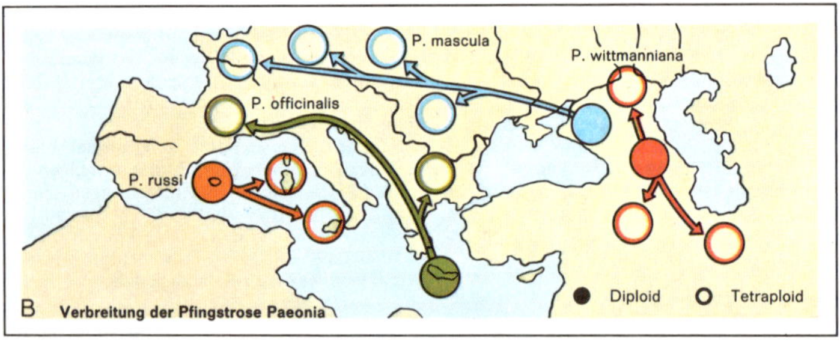

B **Verbreitung der Pfingstrose Paeonia**

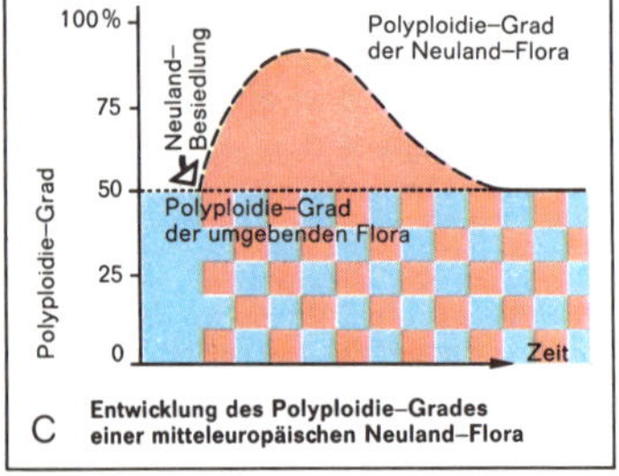

C **Entwicklung des Polyploidie-Grades einer mitteleuropäischen Neuland-Flora**

D **Verbreitung der Rassen des Schmetterlings Solenobia in der Schweiz**

Verteilung polyploider Organismen

Ploidiemutationen entstehen infolge Störung des Mikrotubuli-Aufbaus während des mitot. oder meiot. Kernteilungsverlaufes durch Temperaturschock oder Spindelgifte und führen zu einer zahlenmäßigen Abwandlung des Chromosomenbestandes (»numerische Chromosomenaberration«) ohne Änderung der Struktur oder des Gengehaltes der einzelnen Chromosomen.

Aneuploidie,
bei der nur einzelne Chromosomen überzählig sind oder fehlen, ist die Folge unterbliebener Trennung (Nondisjunction) eines homologen Chromosomenpaares in der Meiose. Der **Verlust** eines Chromosoms ist meist letal. Aber auch ein einfach (**Trisomie,** 2n + 1) oder zweifach überzähliges Chromosom (**Tetrasomie,** 2n + 2) wirkt sich phänotyp. oft störend aus, da das Gleichgewicht der Genwirkungen geändert ist:
- Heterosomale **Monosomie,** d.h. das Fehlen eines der beiden Heterosomen (XO), führt bei *Mäusen* zu verminderter Fruchtbarkeit, bei *Menschen* zu Frauen mit TURNER-Syndrom (Rudimentation der prim. und sek. Geschlechtsmerkmale, Kleinwuchs, Breithals).
- Heterosomale **Trisomie des XXX-Typs** tritt bei den fertilen, körperl. und meist auch geistig normalen Triplo-X-Frauen auf, während der **XXY-Typ** bei Männern das KLINEFELTER-Syndrom verursacht (intersexueller Körperbau, Sterililität, verminderte Intelligenz).
- Die autosomale **Trisomie 21** des *Menschen* erzeugt ein DOWN-Syndrom (»Mongoloide Idiotie«, schmale Lidspalte, überstreckbare Gelenke); sie hängt vom Alter der Mutter ab (S. 472 C).

Bei *Pflanzen* wie *Tabak, Stechapfel* oder *Mais* wurden sämtliche möglichen Trisomietypen gefunden, die sich je nach verdreifachtem Chromosom sehr spezif. in Vitalität, Frucht- und Blattform voneinander unterscheiden.

Euploidie,
die Vermehrung oder Verminderung der Chromosomenzahl um ganze Chromosomensätze, wird gemäß des Ploidiegrades der Diplophase als triploid (3n), tetraploid (4n), hexaploid (6n), allgemein bei n > 2 als polyploid bezeichnet. Während bei ungradzahligen **anorthoploiden** Organismen die Chromosomenverteilung nur sehr selten zu normalen Gameten führt, Triploide z.B. daher fast völlig steril sind, kann bei gradzahligem Vielfachen des Ausgangsgenoms eine solche **orthoploide** Rasse normal fruchtbar sein. Unter *Pflanzen* ist mit Ausnahme der *Pilze* Polyploidie weit verbreitet, denn mehr als ein Drittel aller, bes. mehrjähriger *Pflanzen* ist betroffen. Die Gattung *Ehrenpreis* umfaßt Vertreter mit z.B. 2n, 4n, 6n, 8n. Die erhöhte Genomzahl führt allg. zur quantitativen Steigerung der Zellkerne, der Zellen (Kern-Plasma-Relation, S. 9), der Organe und des ganzen Organismus, gleichzeitig zur physiolog. Veränderung (Gigas-Formen, S. 487). – Nach der Genomausstattung und Bedeutung für die Bildung neuer Rassen und Arten werden zwei **Polyploidie-Typen** unterschieden:

Autopolyploidie entsteht durch Vervielfältigung des Genoms einer reinen Art oder eines fruchtbaren Bastards.

Allopolyploidie geht auf Verdoppelung des diploiden Genoms versch. Art- oder Gattungszugehörigkeit zurück. Während der diploide Bastard meist steril ist, bilden »Additionsbastarde« diploide gemischterbige Gameten.

Die Zuordnung zu einem best. Polyploidietyp ist bei natürl. vorkommenden Arten schwer: Während Autopolyploidie für *Krähenbeere, Galium molluga* und *Vaccinium uliginosum* vermutet wird, liegt bei dem aus den diploiden Arten *Galeopsis pubescens* und *G. speciosa* natürl. entstandenen und nachgezüchteten *Hohlzahn (G. tetrahit)* Allopolyploidie vor.

Bei *Tieren,* bes. solchen mit dicytogener geschlechtl. Fortpflanzung, ist Polyploidie sehr selten. Balancestörungen im Mechanismus der genotyp. Geschlechtsbestimmung mögen sie auf zwittrige und parthenogenet. Formen beschränkt haben, denn
- die zwittrige *Planarie Dendrocoelum infernale* ist autotetraploid zu *D. lacteum,*
- tetraploide Arten des *Salinenkrebses (Artemia salina)* und des *Kleinschmetterlings Solenobia triquetella* (D), eine triploide Form der *Landassel Trichoniscus* vermehren sich parthenogenetisch (S. 157).

Selbst wenn auf die Kombinationsmöglichkeit der dicytogenen geschlechtl. Fortpflanzung verzichtet wird, weisen Polyploide eine höh. Anpassungsfähigkeit an neue Umweltbedingungen auf als die diploiden Ausgangsformen, weil sie eine größere Anzahl Allele und diese in mannigfacherer Zusammenstellung enthalten.

In Übereinstimmung damit steht die **geograph. Verbreitung** polyploider Organismen, bes. von *Samenpflanzen.* Es gilt die Regel: je jünger die Flora, desto größer der Anteil der Polyploiden an der *Angiospermenflora* eines bestimmten Areals:
- Der nacheiszeitl. Wiederbesiedlung Europas entspricht das Ansteigen des Polyploidenanteils von 37% (Kykladen) auf 86% (Nordgrönland): Polyploidiegrad = Breitengrad (A).
- Bei *Pflanzen* der Müll- und Trümmerplätze, neubesiedelter Inseln und der Spülsäume des Meeres ist der Polyploidiegrad höher als der angrenzender Areale (B, C).

Die **geographische Isolierung** polyploider Formen durch die große Kolonisierungspotenz wird noch durch eine **genetische Isolation** verstärkt (s. auch S. 507): Allopolyploide sind nur noch unter sich und bei gleichartigem Hybridisierungszustand fruchtbar, Autopolyploide sind in der – normalerweise anorthoploiden – Rückkreuzungsgeneration meist steril. Polyploide Populationen erhalten sich daher auch neben ihren Ursprungsformen im gleichen Gebiet und vermögen auf diese Weise sympatrisch zur Bildung neuer Rassen und Arten beizutragen.

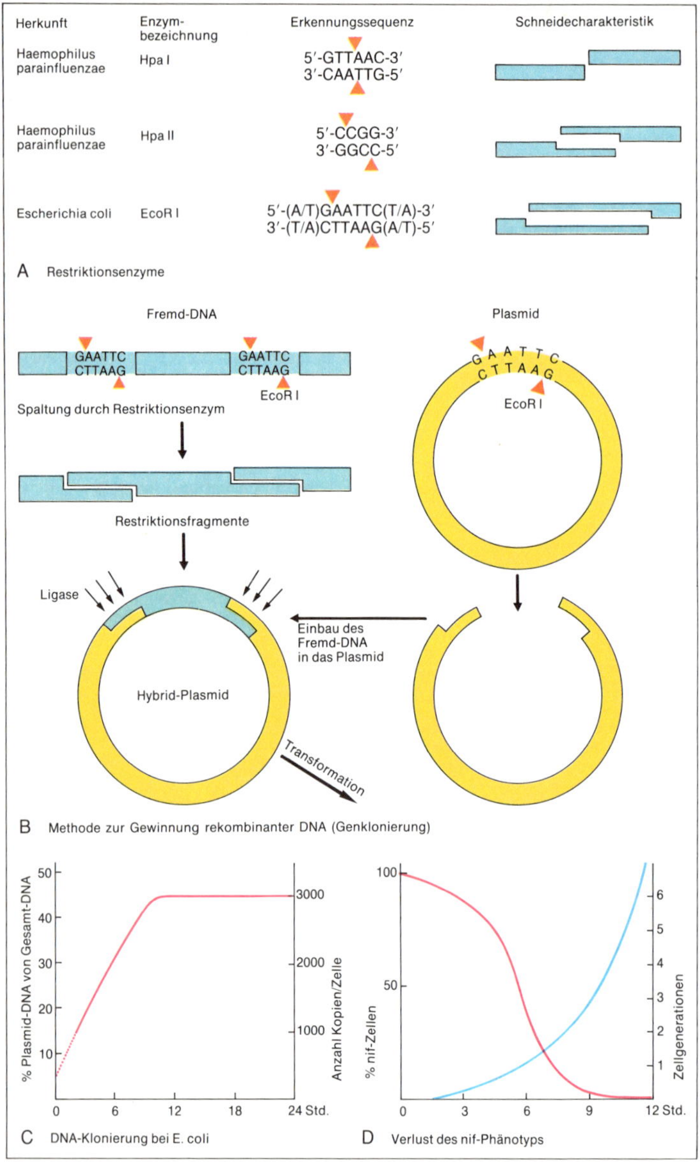

Genmanipulation durch Klonierung von Genen

Genetische Manipulation umfaßt im weiteren Sinne jede vom Menschen bezweckte Veränderung der genet. Ausstattung eines Organismus oder einer Population. Dazu zählen auch länger bekannte und genutzte Verfahren wie

- geschlechtl. Paarung ausgewählter Individuen mit den Zielen und Methoden der klass. Tier- und Pflanzenzüchtung (S. 484ff.);
- künstl. Befruchtung, in der gärtnerischen und landwirtschaftl. Praxis verbreitet, aber auch beim *Menschen* durchführbar;
- Verhinderung der Geburt erbkranker Kinder durch genet. Familienberatung und Schwangerschaftsabbruch.

Genmanipulation im engeren Sinne, als gezielter Eingriff in das Genmaterial einer Zelle oder eines Organismus aufgefaßt, betreibt **gezielt** Veränderungen vorgegebener Gene ein und desselben Objektes, Verknüpfungen von Genen verschiedener Objekte und Übertragung von Genen aus einem in ein anderes Objekt. Bewirken derartige Eingriffe die Heilung von Erbkrankheiten bes. des *Menschen,* so spricht man von **Gentherapie.** Bei den Techniken der Genmanipulation werden teils natürl. Vorgänge der prokaryontischen Genübertragung genutzt und nachgeahmt (Transformation, Transduktion, Konjugation, S. 461), teils neue molekularbiolog. Verfahren für die Anwendung bei *Eukaryonten* entwickelt:

- *»Genetic engineering«* oder »Gen-Chirurgie« durch Klonierung von Genen und ihre Expression in Fremdzellen;
- Klonierung von Individuen durch Kerntransplantation in entkernte Eizellen und deren Aufzucht (s. S. 483);
- Somatische Hybridisierung unter Umgehung der Sexualität durch Fusion von zwei Körperzellen und Aufzucht des Fusionsproduktes (s. S. 482f.).

Genmanipulation durch Klonierung von Genen

Die hier verwendete »rekombinante DNA-Technik« fußt vor allem auf drei molekularbiolog. Vorgängen:

1. Die Durchtrennung von DNA-Molekülen an best. Stelle wird experimentell von Endodesoxyribonukleasen hoher Spezifität der Substraterkennung durchgeführt. Diese **Restriktionsenzyme,** die normalerweise in Bakterienzellen fremde, eingedrungene DNA z.B. von *Phagen* unter Schonung des eigenen Genoms zerschneiden, erkennen spezif. Sequenzen und zerlegen die DNA hier. Infolge der Symmetrie der Erkennungssequenz erfolgt die Spaltung an homologen Stellen der beiden Stränge der Doppelhelix, wobei kurze, überhängende Einzelstränge mit komplementärer Sequenz entstehen (A).

2. Die Verknüpfung zweier DNA-Fragmente, die von dem gleichen Restriktionsenzym erzeugt wurden und daher komplementär sind, besorgen leicht DNA-Ligasen, auch wenn die Fragmente aus völlig verschiedenen Organismen stammen. So gelingt es *in vitro,* das zu verwertende DNA-Fragment samt der Information für z.B. ein sonst schwer gewinnbares Polypeptid mit einem von der Empfängerzelle aufnehmbaren und vermehrungsfähigen DNA-Molekül zu verknüpfen, dem »Vektor«. *Tier-Viren,* temperente *Phagen* (S. 459, z.B. *Phage* λ), vor allem aber Plasmide der *Bakterien* erfüllen diese Funktion (B).

3. Die Einführung rekombinanter DNA *in vivo* in Empfängerzellen, z.B. von Hybrid-Plasmiden durch Transformation in *Bakterien,* hat bei unverletztem Replikon die autonome Vermehrung (Klonierung) der hybriden DNA zur Folge:

- Wird als Vektor das kleine Plasmid ColE1 eingesetzt, das in *Escherichia coli* Colicine (S. 461) produziert, dann wird in Gegenwart von Chloramphenicol die Kopienzahl auf 1000–3000 pro Zelle gesteigert (C).
- Moderne Vektoren sind aus versch. Plasmidsegmenten komponiert, klein, mit nur einer Schnittstelle, von bedarfsorientierter Wirtsspezifität und schnell replizierend.

Dieses Verfahren der Genklonierung in *E.coli* liefert große Mengen (mg) einer jeden beliebigen DNA in größter Reinheit, trug damit wesentl. zur Sequenzierung solcher DNA und zur Genkartierung bei, aber zur Genmanipulation eignet es sich nur dann, wenn die geklonte DNA auch zur **Genexpression** kommt. Bei Einsatz von geklonter **Prokaryonten-DNA** gelang ihre Expression in *E.coli* bereits recht bald:

- Ein Hybrid aus dem *Phagen* λ und dem *E.coli*-Gen für DNA-Ligase steigerte nach Einführung in die Bakterienzelle die Ligase-Produktion auf das 500fache.
- Das **»nif-Operon«** (»**ni**trogen**f**ixation«), das über die Bildung von Nitrogenase die Luftstickstoffbindung des freilebenden *Stickstoffbakteriums Klebsiella pneumoniae* ermöglicht, konnte 1977 auf ein R-Plasmid übertragen und in *E.coli* eingeschleust werden. Hier wird es exprimiert, d.h. *E.coli* setzt unter anaeroben Bedingungen N_2 in NH_3 um. Wegen der Instabilität der R-Plasmide geht in diesem Fall die Stickstoff-Fixierung zurück (D).

Schwierigkeiten ergeben sich bei der Expression geklonter **Eukaryonten-DNA** in *E.coli,* vor allem weil die Signale für die Transkription und die Translation bei *Eu-* und *Prokaryonten* verschieden sind (vergl. 42ff., 462ff.). Ein Ausweg liegt hier im Einbau der eukaryont. DNA in eine Genstruktur eines *Prokaryonten,* um so die Prokaryontensignale für die Transkription und Translation des Eukaryontengens zu nutzen. Mit weiteren experimentellen Tricks gelang die Produktion einiger Polypeptide und das *genetic engineering* nimmt sich der industriellen Massenproduktion wichtiger Proteine, bes. von Peptidhormonen, an:

- Das Koppelungsverfahren gelang erstmals 1977 mit dem Gen für das Hormon Somatostatin (S. 329). Die Menge, die in 1 g *Bakterien* produziert wird, entspricht der Somatostatinausbeute aus 5 Mill. Schafhirnen.
- *Bakterien* mit dem Insulin-Gen im Penicillinase-Gen scheiden in die Kulturlösung einen Penicillinase-Insulin-Komplex ab.

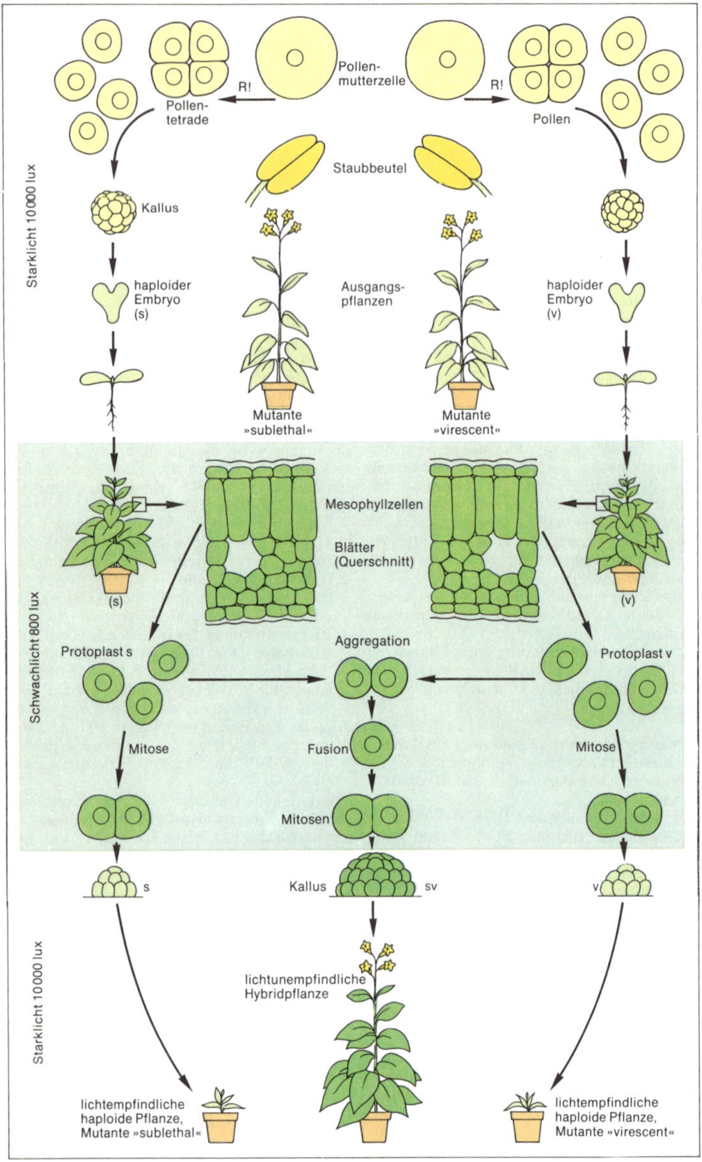

Verfahren zur Erzeugung und Selektion von somatischen Hybriden beim Tabak

Die Klonierung von Individuen
hat zum Ziel, unter Ausschluß des Zufalls bei sex. Rekombination höhere Organismen genet. identisch zu vermehren und aufzuziehen. Dies gelingt bei **höh. Pflanzen** leicht auf der Basis einer natürl. oder in der landwirtsch. Praxis einfach vollziehbaren polycytogenen ungeschlechtl. Fortpflanzung (S. 143) oder, experimentell anspruchsvoller, durch Regeneration ganzer Pflanzen aus einzelnen somatischen Zellen in Nährmedien mit best. Zusätzen (S. 213):

- Wenn isolierte Zellen der *Möhre, Petunie,* des *Zuckerrohrs* oder *Tabaks* im Nährsubstrat in best. Relation und zeitl. Folge Wuchsstoffe erhalten (Auxine, Cytokinine), so können auf dem Wege über eine Kallusbildung vollständige Pflanzen entstehen.
- Geht man dabei von Pollen aus, so wachsen z. B. beim *Tabak* Embryonen heran, aus denen haploide Pflanzen entstehen können, die dann auch rezessive Mutationen direkt offenbar werden lassen.

Bei **Wirbeltieren** dagegen wird zwar die Zell- und Gewebezüchtung *in vitro* gut beherrscht, eine Aufzucht vollständiger Tiere aus somat. Zellen ist hier aber vorerst unmöglich, selbst eine Differenzierung solcher Zellen wird nur selten erzielt. Andererseits ist die Aufzucht von Eizellen nach Kerntransplantation (S. 212, *Krallenfrosch*) und bei *Säugern* die Re-Implantation künstl. befruchteter Eizellen in den Uterus eines geeigneten Muttertieres gelungen, so daß eine Kombination beider Verfahren zur Klonierung von Nutztieren diskutiert wird:

Aus Körperzellen z. B. einer Hochleistungs-Milchkuh könnten Zellkerne entnommen, in entkernte Eizellen anderer *Rinder* übertragen und diese Eizellen bei beliebigen Kühen in den Uterus eingepflanzt und hier ausgetragen werden. Alle Nachkommen wären der Kernspenderin genet. gleich.

Die somatische Hybridisierung
ist ein Verfahren, in dem sich – gegensätzl. zu der Verschmelzung von Gameten, bei der Sperrmechanismen die Kombination artverschiedenen Genmaterials verhindern (Inkompatibilität) – auf einem parasexuellen Wege (S. 451) auch sehr unterschiedl. Zellen verträglich (kompatibel) verschmelzen lassen. Bereits 1960 gelangen Bildung und Nachweis somat. **Zellhybriden aus tierischen Zellen:**

- Zwei versch. Tumorzelltypen der *Maus* fusionierten bei *in-vitro*-Kultur; die Hybridzellen hatten die Chromosomen beider Ausgangszelltypen.
- Durch Verwendung von UV-inaktivierten *Viren* (z. B. *Sendai-Viren*) wurde die Hybridisierung 1000fach gesteigert, durch Selektionsmethoden an Hybriden, die zwei versch. genetische Defekte ihrer Ausgangstypen durch intergene Komplementation ausgleichen, die Ausbeute verbessert.

So wurden Zellfusionen normal/bösartig, *Maus / Ratte, Maus / Mensch,* sogar *Mücke / Mensch* hergestellt, die Enzyme beider Ausgangsformen nebeneinander oder als polymeres Hybridenzymmolekül produzieren. DNA-Replikation und Mitose verlaufen nicht völlig koordiniert, so daß bei interspezifischen Hybridzellen meist Chromosomen des langsamer wachsenden Elter so lange verloren gehen, bis sich ein über viele Zellgenerationen konstanter Chromosomenbestand selektiert hat. Ein differenzierter oder gar vollständiger Organismus entwickelt sich aber auch hier nicht.

Somatische **Zellhybriden aus pflanzl. Zellen** bieten dagegen ein ganz anders geartetes Bild:

- Die für *Pflanzen* charakteristische Zellwand behindert die somat. Zellfusion;
- bei *höh. Pflanzen* versucht man, die zellwandlosen hybriden Protoplasten zur Regeneration vollständiger Pflanzen anzuregen.

Man stellt daher von den für eine Fusion vorgesehenen Zellen zunächst **Protoplasten** her, indem bei Zellen aus dem Mark des *Zuckerrohrs,* dem Mesophyll junger *Tabak*-Blätter oder den Wurzelspitzen von *Petunien* durch die Enzyme Zellulase und Pektinase die zellulosehaltigen Zellwände und die Mittellamelle abgebaut werden. Ausschließl. wissenschaftlichen Zwecken diente folgende Untersuchung (Abb.):

Von chlorophylldefekten, lichtempfindl. Mutanten (ss) und (vv) des *Tabaks* (*Nicotiana tabacum,* 2n = 48; beide Mutationen sind rezessiv und betreffen versch. Chromosomen) wurden durch Pollenkultur zunächst haploide Pflanzen gewonnen, deren Mesophyllzellen protoplastiert und fusioniert wurden. Bei Schwachlichtkultur wuchsen Kalli aus nichtfusionierten und hybriden Protoplasten heran, bei Übergang zu Starklicht (Lichtselektion) wurden nur die Hybriden zu dunkelgrünen, starkwüchsigen Pflanzen, da sich hier die beiderseitigen Mutationen zum Wildphänotyp komplementieren.

In diesem Falle konnte der Erfolg der somat. Hybridisierung mit dem einer sexuellen Hybridisierung durch Kreuzung (s × v) verglichen werden, da die Ausgangsformen Rassen der selben Art sind.

Die somat. Hybridisierung zw. Angehörigen unterschiedl. Arten, die sich nicht kreuzen lassen, gelang bereits in einigen Fällen:

- Fusionsprodukte zw. *Tomate* und *Kartoffel* (»Tomoffel«, »Karmate«) konnten zur Differenzierung und wenigstens partieller Expression beider Genome gebracht werden (1978).
- Aus sexuell nicht kreuzbaren *Stechapfel*arten konnten samentragende Hybride aufgezogen werden *(Datura innoxia × D.discolor* und *D.innoxia × D.stramonium).*

Umfangreiche und ermutigende Versuche zur Hybridisierung von Protoplasten versch. Gattungen liegen mit der *Sojabohne* vor *(Gerste, Mais, Erbse, Raps, Weißklee).* Leitidee dieser Manipulationen ist u. a. der Wunsch, in Zukunft *Pflanzen* schaffen zu können, die wünschenswerte Eigenschaften zweier versch. Nutzpflanzenarten in sich vereinen.

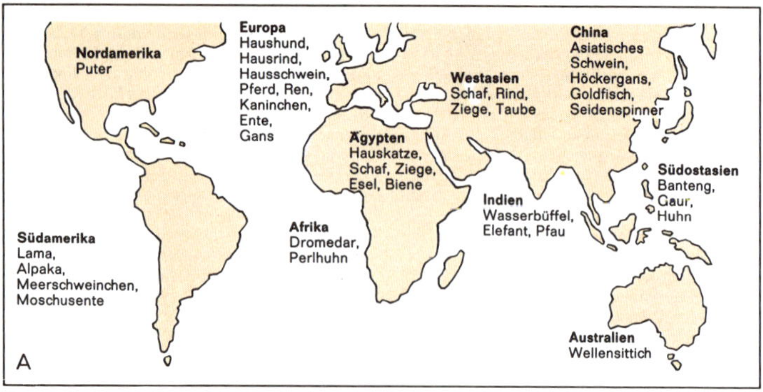

Domestikationsgebiete einiger Haustiere

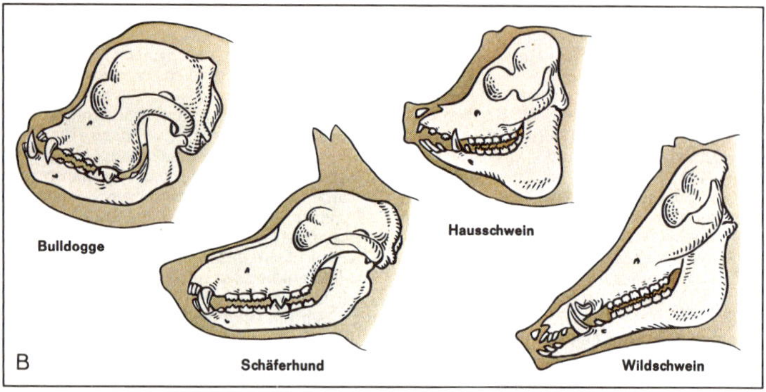

Domestikationsbedingte Schädelveränderungen

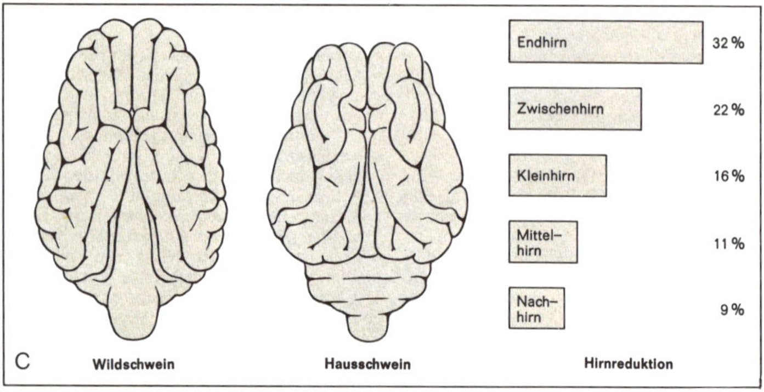

Domestikationsbedingte Rückbildung des Gehirns

Die Domestikation der Tiere,
die Überführung von Wildarten aus ihren natürl. Lebensbedingungen in den Hausstand, gilt als das größte Experiment des *Menschen* mit *Tieren*. Während sich Haustiere und Nutzpflanzen in ihrer wirtschaftl. Bedeutung als ebenbürtig erweisen dürften, ist die wissenschaftl. Aussagefähigkeit der Domestikationsforschung an *Tieren* zu Fragen der Evolution als eine Folge der komplizierteren und aufwendigeren Tierzucht jedoch weniger ergiebig.

Die Klärung der Haustierabstammung (A) aus best. Wildarten zeigt folgende Ergebnisse:
- Die einzelnen Haustiere gehen jeweils auf eine einzige wilde Stammart zurück.
- Einunddieselbe Art wurde mehrfach und an versch. Orten zum Haustier gemacht, z. B. das *Schwein* in Europa und Asien, das *Rind* in Mitteleuropa und im Vorderen Orient.
- Wo die Wildart des anderswo und hauptsächl. domestizierten *Tieres* fehlte, übernahmen »Ersatzhaustiere« ihre Rolle, z. B. der *Esel Asinus africanus* für das *Pferd Equus przewalskii,* der *Yak (Bos mutus),* der *Banteng (Bibos javanicus)* und der *Gaur (Bibos gaurus)* für den *Auerochsen.*

Die Erforschung der Haustiergeschichte (A) anhand von kulturhistor. Dokumenten und vor allem Knochenfunden in menschl. Siedlungen ist noch immer aktuell.
- Als das **älteste Haustier** gilt gegenwärtig das *Schaf,* von dem in einer Höhle im nördl. Irak fast 11 000 Jahre alte Reste gefunden wurden. Sehr bald folgten hier *Ziege* und *Schwein,* das *Rind* 2000 Jahre später.
- Der *Hund* trat in Mitteleuropa um 8000 v. Chr. als Domestikationsprodukt des *Wolfes* erstmalig auf, und zwar hier als das erste Haustier primitiver Jäger mesolith. Kulturstufe. Er zeigte bereits ausgeprägte Domestikationsmerkmale (große Variation in Gestalt und Größe zw. *Schäferhund* und *Spitz,* Verkürzung des Gesichtsschädels).
  Für diese Überführung des *Hundes* in den Hausstand werden mehrere Gründe genannt. Sicher spielte die Fleisch- und Fellnutzung, in manchen Völkern sogar ausschließlich, eine Rolle, doch scheint im nördl. Eurasien die Jagdkonkurrenz zw. *Mensch* und *Wolf* in eine Symbiose überführt worden zu sein: Vielleicht wurden zunächst Jungtiere als Köder gefangen und dann gepflegt und großgezogen, als sie über ein interspezif. wirksames Kindchenschema menschl. Fürsorgeinstinkte auslösten. Die auf instinktivem Sozialverhalten und der Prägung beruhende Anpassungsfähigkeit und die Gelehrsamkeit des *Urhundes* haben die psych. Einstellung des *Menschen* zu ihm gewandelt und ihn zum wertvollen Jagdbegleiter und Beschützer werden lassen.
  Über mehrere Jahrtausende hielten sich vermutlich in einer weitverbreiteten, primitiv rasselosen Hundepopulation durch natürl. Auslese einige wenige »Naturrassen«, die für die züchterisch interessierten Völker ein Reservoir zur Selektion und Kreuzung angestrebter Formen darstellten. Dadurch konnte z. B. der Typ der *Dogge* zeitl. und räuml. unabhängig voneinander im präkolumbischen Peru, im Zweistromland, in Assyrien und bei den Römern als Parallelbildung auftreten.

Der Prozeß der Domestikation
ist im allg. gekennzeichnet durch
- Änderung der physiolog. wirksamen Bedingungen für modifikatorische (S. 223) und mutative Wandlungen,
- Änderung der Selektion z. T. durch Ersatz einer natürl. Zuchtwahl durch eine künstliche durch den *Menschen,*
- Wegfall einer stabilisierenden Selektion und Züchtung auf wechselnde Zuchtziele hin,
- außerordentliche Beschleunigung der Rassen- und Artumbildung.

Als Folge dieser Eingriffe ist eine den domestizierten Formen eigentüml. **Parallelentw. von Rassenmerkmalen** trotz der sonst weitverbreiteten Auflösung vieler Artmerkmale (große Variation in Körperbau und Leistung) zu beobachten:
- **Hängeohren** treten bei *Hunden, Kaninchen, Schweinen, Rindern, Ziegen, Schafen* auf.
- Die vorn und hinten dunkle, in der Mitte des Körpers helle **»Holländerscheckung«** begegnet bei *Rindern, Schweinen, Kaninchen.*
- **Mopsköpfigkeit,** d. h. stark verkürzte Schnauzenschädel bei *Hunden* und *Schweinen,* sind nach RENSCH eine erbl. Folge eines ungleichmäßigen Wachstums (Allometrie): Riesenrassen haben einen relativ langen Gesichtsschädel, Zwergrassen von *Säugern* dagegen einen verhältnismäßig kurzen, da dieser schneller wächst als der Gesamtschädel (B).

Während die genannten Beispiele erblicher Natur sind, ist bei anderen Parallelentw. die umweltabhängige modifikator. Ausprägung nicht zu übersehen.
- Erstaunlich ist vor allem die starke **Umweltbeeinflußbarkeit des Säugetiergehirns.** Menschl. Schutz und das Leben in Großherden fordern das Einzeltier weniger als das beunruhigende Leben in freier Wildbahn. Als Folge mangelnden Trainings nimmt das Hirngewicht um etwa 20–30% ab; außerdem vermindern sich im Hausstand Furchenlänge und -tiefe. Besonders betroffen sind die Projektionsfelder (Endstationen der opt. und akust. Sinneserregung), wenig dagegen die Assoziationszentren (C). Der gleiche Effekt wird schon in der ersten Gefangenschaftsgeneration von Wildtieren beobachtet.
- Parallel mit dem Fehlen von Stressoren (S. 335) geht auch eine Veränderung der **Hormonproduktion** und des **Instinktverhaltens** einher. Der jahreszeitliche Fortpflanzungsrhythmus und der Ablauf der Instinkthandlungen lösen sich von den starren Bindungen (Plastizität, S. 375).

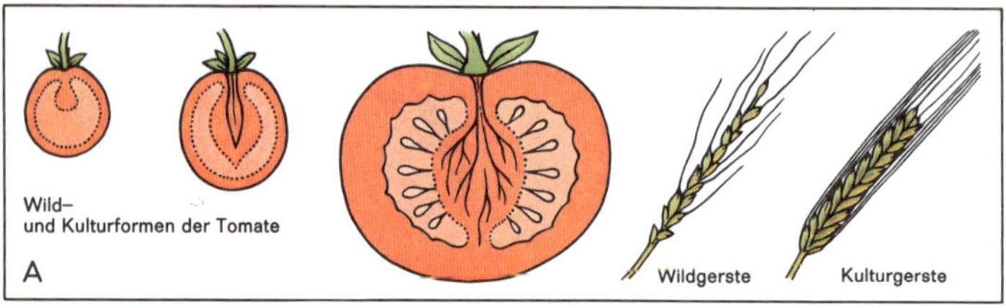

Größenzunahme bei Kulturformen

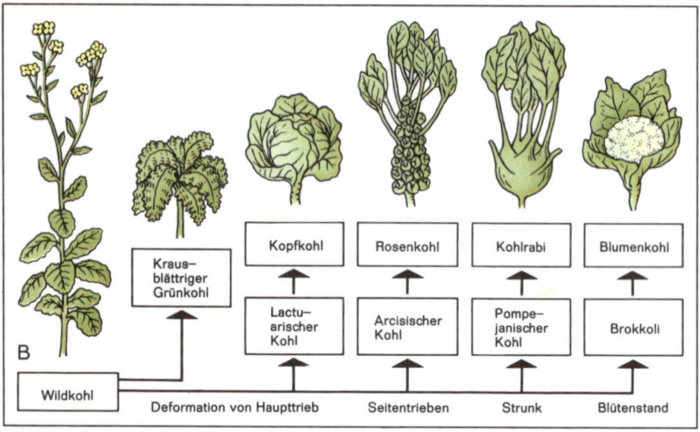

Variation des Kohls unter Züchtungseinflüssen

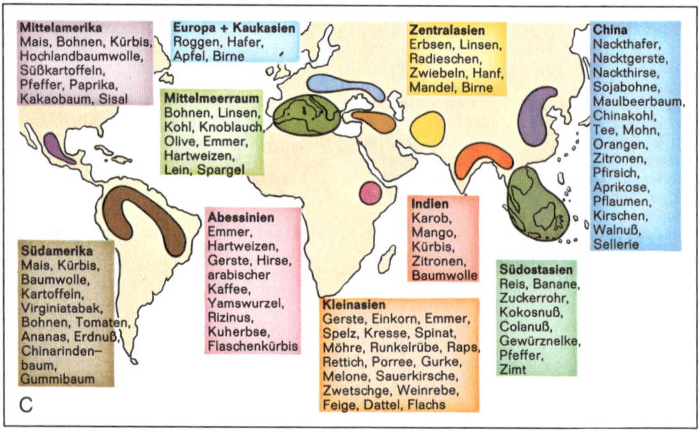

Ursprungsgebiete einiger Nutzpflanzen

Der Begriff »Kultur- oder Nutzpflanzen« umfaßt nicht nur die von Menschen planmäßig angebauten und gepflegten Formen, sondern alle *Pflanzen* mit einem Erbgut, das sie als Rohstoff, Nahrungs- oder Genußmittel verwendbar und zum Anbau geeignet macht und das durch **Züchtung,** d.h. durch bewußte, vom *Menschen* geplante Auslese in der Genkombination verändert wurde.

Grundsätzlich vollzog sich damit die **Evolution der Nutzpflanzen** nach den gleichen Gesetzmäßigkeiten wie bei den Wildformen. An ihrem Modellfall lassen sich jedoch wichtige Grundzüge der Evolution überhaupt besonders gut analysieren, denn

- als Werk des Menschen reicht sie nur wenige Jahrtausende zurück;
- sie vollzieht sich auch gegenwärtig noch in bedeutendem Umfang und großer Geschwindigkeit;
- die Untersuchungsobjekte sind dem Menschen besonders lange und intensiv vertraut;
- die Wildformen sind oft neben den abgeleiteten Kulturformen erhalten geblieben.

Diese Umstände erlauben es, über morpholog.-physiolog. **Besonderheiten der Nutzpflanzen,** ihre Evolutionsgeschichte und -kausalität (S. 489) eingehende Forschungen zu treiben:

1. Pflanzen mit Gigas-Charakter verdanken ihre typ. Vergrößerungen, Formveränderungen und Stoffwechseldämpfungen der Genom-Vermehrung (Polyploidie, S. 479; Polytänie, S. 41). Bei Kulturpflanzen sind gegenüber den Wildformen als auffälligster Unterschied **Größenzunahmen,** vor allem der vom *Menschen* genutzten Organe, zu beobachten:

- Ähren von *Getreide,* Früchte von *Tomaten* (A), Blüten der Zierpflanzen;
- Blätter bei *Kohl* und *Salat,* Wurzeln bei *Zukkerrüben* und *Möhren,* Sprosse bei *Kartoffeln* und *Kohlrabi.*

Da die Größenzunahme zumeist auch die nichtgenutzten Teile umfaßt (erhöhte Grünmassenproduktion) und die Zellgröße ganz allgemein (bes. bei Schließzellen, Pollen) gesteigert ist, besitzen die Nutzpflanzen offenbar »Gigas-Charakter«. Dies trifft nicht nur für die zahlr. polyploiden Nutzpflanzen zu, sondern auch für diejenigen, die wie ihre wilden Ursprungsarten diploid sind: hier beruht die Vermehrung des genet. Materials nicht auf der Vergrößerung des Chromosomensatzes, sondern auf der größeren Zahl von DNA-Strängen innerhalb eines jeden Chromosoms infolge der Polytänisierung. In Wildpopulationen unserer Nutzpflanzen, z.B. bei *Lupinus luteus,* konnten Gigas-Varianten unterschiedl. Ausprägung gefunden werden. Daher ist leicht vorstellbar, daß histor. vom Menschen zunächst unbewußt, später aber geplant die *Pflanzen* mit den größten Samen und Früchten ausgelesen und vermehrt wurden.

2. Die Verlangsamung der Entwicklung, eine Folge des Gigas-Charakters mit seinem herabgesetzten Stoffwechsel, vergrößert die Lebensdauer der *Pflanzen,* die von der Einjährigkeit zur Zweijährigkeit übergehen (einige Gemüse). Da bei Nutzpflanzen aber möglichst rasch Erträge gewünscht werden, war die Züchtung bei den wichtigsten Arten auf Einjährigkeit gerichtet.

3. Die Verringerung des Keimverzuges, einer für Wildformen biol. vorteilhaften Samenruhe mit größerer Sicherheit, daß wenigstens einige Nachkommen ungünstige Außenbedingungen überdauern, ist dem *Menschen* nützlich. Sie wurde dadurch allmählich herausgezüchtet, daß jeweils bei den alten Kulturen das Saatgut nur von den im Jahr der Aussaat keimenden Pflanzen genommen wurde. So evoluierten die lange ruhenden *Avena fatua* und *Hordeum spontaneum* zu den Kulturformen *A. sativa (Hafer)* bzw. *H. distichum (Gerste).*

4. Der Verlust von Gift- und Bitterstoffen kennzeichnet die Auslese-Erfolge z.B. bei *Kohl* (Senföl), *Rote Beete* (Saponin), *Schlehen* als der Stammform der *Zwetschgen* (Gerbsäuren) und *Lupinen.*

5. Verlust der natürlichen Verbreitungsmittel tritt einerseits als Bildung von Früchten ohne Befruchtung auf (**Apokarpie,** z.B. bei Kulturbananen, einigen Apfelsinen- und Rebensorten, die im Ertrag von der Bestäubung unabhängig sind), andererseits als **Synaptospermie:** Während bei Wildgetreide die Ähren bzw. Rispen wegen der Brüchigkeit der Spindel zerfallen und die Samen verstreut werden, was der Verbreitung der Art dient, sollen bei Kulturgetreiden die Körner nach der Reife noch auf dem Halm stehen. Solche in Gruppen keimenden Mutanten findet man auch in Wildpopulationen, wo sie nur an extrem trokkenen Standorten den streuenden *Gräsern* überlegen sind.

6. Die erhöhte Variabilität der Kulturpflanzen ist bes. auffällig. Bekannt sind die zahlr. Sorten der *Gartendahlie (Dahlia variabilis),* der *Getreide* oder der von keiner anderen Nutzpflanze darin übertroffene *Kohl* (*Brassica oleracea,* B). Es scheint, daß hier an begrenzten Bereichen eine **Endopolyploidie** (S. 213, 473) oder **Polytänie** auftritt und damit versch. Varietäten mit partiellem Gigas-Charakter erscheinen. Daneben wird eine Parallelität der Mutanten auch in versch. Arten und entfernten Familien beobachtet:

- Kräuselung der Blätter *(Petersilie, Kohl, Sellerie),*
- Anthozyanbildung *(Rotkohl, Rote Beete),*
- Blütenfüllung, d.h. eine Vermehrung der Elemente des Schauapparats, z.B. durch Umwandlung von Staub- in Blütenblätter *(Rosa, Paeonia, Caltha).*

Die Ursprungsgebiete der Nutzpflanzen (C)

Nach Vavilov beschränken sich diese »Genzentren der Erde« auf wenige Bereiche der Erde, die weitgehend mit den alten Kulturzentren der Menschheit zusammenfallen. Die Feststellung dieser Gebiete hängt jedoch stark von dem botan. Wissen über die wahrscheinl. Vorfahren und ihre geograph. Verbreitung ab, ferner von den archäolog. Kenntnissen über die steinzeitl. Nutzpflanzen in den versch. Teilen der Erde.

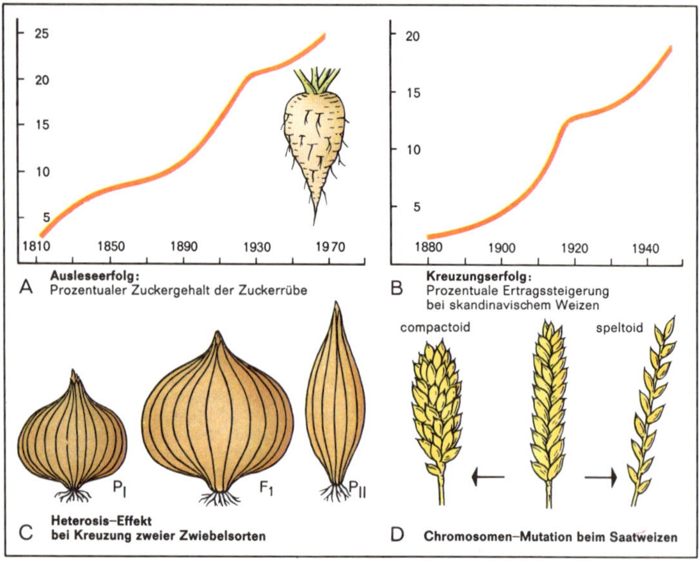

Ergebnisse der Pflanzenzüchtung

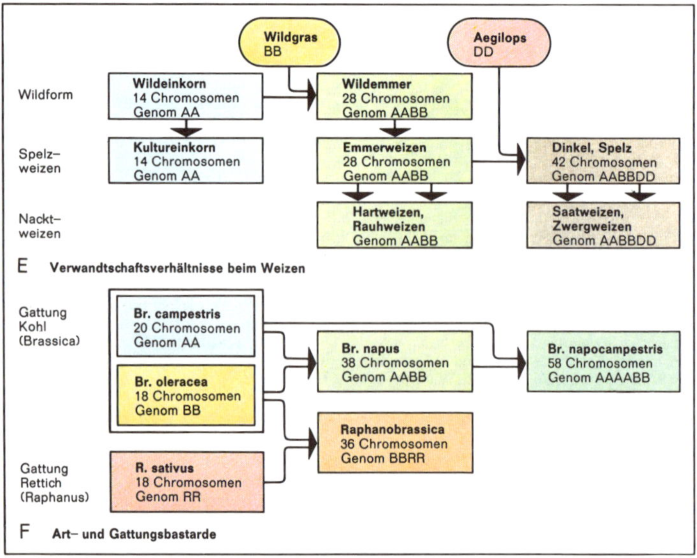

Artbildung durch Allopolyploidie

Die Beeinflussung der Evolutionsfaktoren
durch den züchtenden Menschen wurde kenntnisbedingt erst Ende des 19. Jh. intensiviert:

Selektionszüchtung steuert die Nutzpflanzenevolution zunächst nur über reine Auslese aus heterogenem Material, teils durch planmäßige Selektion über viele Generationen (A, Zuckerrübe), teils durch Weiterzucht eines einzigen wertvollen »Findlings« (Bensings Findlingshafer, Squareheadweizen).

Genetik-bestimmte Züchtung kreuzt als »Kombinationszüchtung« günstige Eigenschaften wie Widerstandsfähigkeit, Standfestigkeit in ertragreiche Zuchtsorten ein (z. B. bei Wintergetreide, B), in der »Heterosiszüchtung« nutzt man bei quantitat. Merkmalen das Luxurieren der Bastarde (S. 449) zur Ertragssteigerung aus (*Mais* > 250%, *Zwiebel,* C). Eine Beschleunigung und Ausweitung der Evolution gelingt der »Mutationszüchtung« durch experiment. Mutagenese (Einwirkung von z. B. Colchicin oder radioaktiven Strahlen).

Hohe Erwartungen werden in eine **Kombination** dieser **konventionellen mit modernen Methoden** der Mikrobiologie und Genmanipulation gesetzt (z. B. Selektion an haploiden Pflanzen, somat. Hybridisierung von Protoplasten, S. 483).

Mutation als Grundlage der Pflanzenzüchtung
ist ebenso erwiesen wie die richtende oder stabilisierende Wirkung der Selektion:

1. Punktmutationen werden in ihrer zentralen Bedeutung durch zahlr. Beispiele der allg. Genetik belegt (s. S. 442–445, 474 f.).
- Die Kopfbildung des *Kopfkohls* beruht wie die Kräuselung des *Krauskohls* auf jeweils drei mutierten Genpaaren.
- Bei der *Wildgerste* veranlassen zwei dominante Genpaare die Brüchigkeit der Ährenspindel. Mutationen in einem oder beiden verliehen der *Kulturgerste* zunehmende Bruchfestigkeit.
- Durch Röntgenbestrahlung konnten aus der zweizeiligen *Gerste* künstl. sechszeilige und mehltauresistente Mutanten erzeugt werden, die das neue Merkmal jeweils einer einzigen Gen-Mutation verdanken.

2. Segmentmutationen, die sich im Kreuzungsexperiment bei geringem Umfang wie Punktmutationen verhalten können und diese vortäuschen, verleihen manchen Sorten und Arten ihre Eigentümlichkeiten:
- Die »speltoid«-Mutante des *Saatweizens (Triticum aestivum),* die dem *Dinkel (Tr. spelta)* sehr ähnelt, ist durch Verdoppelung eines Chromosomenschenkels entstanden, während durch Deletion ein »compactoid«-(Dickkopf-)Typ erzeugt wird (D).
- Beim *Wildweizen (Tr. aegilopoides)* unterscheidet sich die eingrannige *var. baidaricum* von der zweigrannigen *var. stramineonigrum* durch Translokation (S. 477).

3. Ploidiemutationen haben zur Entstehung neuer Nutzpflanzen im Falle von **Aneuploidie** (S. 479) wenig, bei **Polyploidie** viel beigetragen:

Viele Kulturpflanzen sind **autopolyploid.** Die Vervielfachung des Genoms einer einzigen Art ist bei einigen samenlosen Sorten der *Wassermelone, Zitrone* und *Zuckerrübe* triploid AAA, bei *Klee, Roggen, Herbsthimbeere* und der *Gigastraube* tetraploid, bei *Dahlien* oktoploid. Wichtig sind auch die **allopolyploiden** Formen mit ihrer Polyploidie verschiedenartiger Genome. Bei der Bildung solcher fruchtbarer Artbastarde kommt es geradezu zur **Entstehung neuer Arten:**
- Die *Hauszwetschge* (*Prunus domestica,* n = 24) stammt aus der Kreuzung zw. der *Schlehe* (*Pr. spinosa,* n = 16) und *Kirschpflaume* (*Pr. cerasifera var. disvaricata,* n = 8).
- Der *virginische Tabak* (*Nicotiana tabacum,* n = 24) entstammt einem Bastard aus *N. silvestris* und *N. tomentosiformis* (beide n = 12).
- Der *Raps* (*Brassica napus,* n = 19) entstand aus dem *Kohl* (*Br. oleracea,* n = 9) und *Rübsen* (*Br. campestris,* n = 10).

Auch bei der Evolution des *Weizens* wird die Rolle der Allopolyploidie deutlich (E): Während die *Einkorn*-Gruppe bei geringen Erträgen selbst in primitiven Ackerbaukulturen fast ausgestorben ist, zeigen die tetraploide *Emmer*-Gruppe und vor allem die hexaploide *Dinkel*-Gruppe höhere Variabilität, Anpassungsfähigkeit und wirtschaftl. Erträge. Über die Entstehung der drei *Weizen*-Gruppen hat sich auf Grund zahlreicher genet. und cytolog. Untersuchungen die Vorstellung gebildet, daß der *Wildemmer* aus einer Kreuzung zw. *Wildeinkorn* AA mit einem anderen *Wildgras* (*Agropyron triticum* oder *Aegilops speltoides,* BB) und anschließender Chromosomenverdoppelung im gattungshybriden Zustand entstand (frühe Jungsteinzeit, Irak). Daraus leiteten sich durch Punkt- und Segmentmutationen die versch. Arten der Emmerreihe ab. Durch Kreuzung eines Kulturemmers und eines sonst wertlosen *Grases* mit harten Spelzen, langen Grannen und einer dünnen, zerbrechlichen Spindel (*Aegilops squarrosa,* DD) und nachfolgender Polyploidisierung soll, wie die experimentelle Synthese nahelegt, die heute nicht mehr wild verbreitete Ausgangsform des *Dinkelweizens* entstanden sein (Bronzezeit, Mitteleuropa).

Solche Kreuzungshybriden AB mit nachfolgender Polyploidie AABB verhalten sich genet. und cytolog. wie diploide Formen, sie sind **amphidiploide Bastarde:**
- Der älteste experiment. Gattungsbastard *Raphanobrassica* (F) aus unreduzierten Gameten des *Rettichs* RR und *Gartenkohls* BB, beide mit 2n = 18, bildet selbst amphihaploide Gameten (BR mit n = 18).
- Die durch Kreuzung, Embryokultur und Colchicinbehandlung synthetisierten *Triticale*-Rassen aus *Roggen (Secale)* und *Zwergweizen (Triticum)* verbinden den hohen Proteingehalt und Ertrag des *Weizens* mit der Wirtschaftlichkeit, Rostresistenz, Minderanforderung an Klima und Boden und dem hohen Lysingehalt des *Roggens*. Ihre Weiterentw. verspricht große landwirtschaftl. Erfolge.

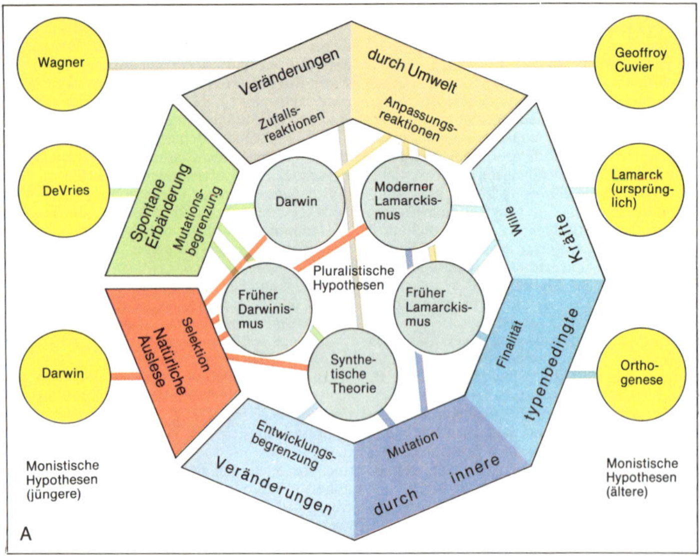

Aussageelemente verschiedener Evolutionstheorien

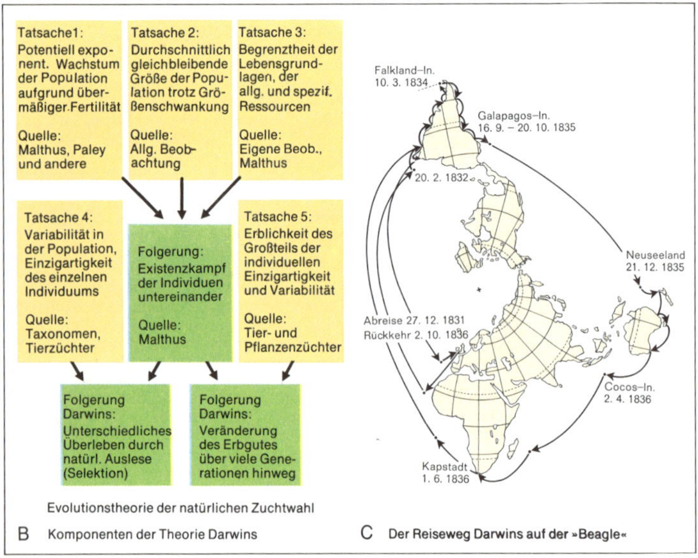

Selektionstheorie Darwins

Während in der Züchtung die Tatsache und grundlegende Verursachung einer Entstehung neuer Formen als »künstliche Zuchtwahl« längst allg. bekannt waren, fanden Fragen nach dem **natürlichen Entstehen neuer Arten** im Chaos evolutionärer Mannigfaltigkeit und im Widerstreit persönl. und weltanschaul. Vorurteile zunächst keine befriedigende Antwort. Heute ist die ordnende und kausal begründende **Evolutionstheorie** als Synthese aus den Erkenntnissen aller Bereiche der Biologie auch zugleich deren fruchtbarstes Erklärungsmodell mit weittragender Bedeutung für das Welt- und Menschenbild.

Theorien der evolutionären Veränderung (A)
Die Analyse der versch. Evolutionstheorien zeigt, daß die älteren unter ihnen meist nur einem einzigen Faktor Gewicht beimessen. Innerhalb solcher **»monistischen Hypothesen«** betonte
- LAMARCK (1744–1829) ursprünglich die aktive Selbstanpassung der Organismen durch den ihnen innewohnenden Willen;
- GEOFFROY ST. HILAIRE (1772–1844) eine Bauplanänderung durch Umwelteinflüsse;
- CUVIER (1769–1832) die Vernichtung von Tieren durch Katastrophen und spätere Wiederbesiedlung (Problem »Neuschöpfung« blieb zunächst ausgeklammert)
- DARWIN (1809–1882) gelegentlich die natürl. Selektion im »Kampf ums Dasein«;
- WAGNER (1813–1887) eine Evolution infolge räuml. Sonderungen (»Isolation«);
- DE VRIES (1848–1935) die durch äußere Einflüsse vorbereitete, erblich latente Fähigkeit zur sprunghaften Erbänderung (»Mutation«).

Die abgeleiteten, jüngeren Auffassungen wählten gute Gesichtspunkte aus den älteren aus und kombinierten sie neu und original in verschiedenen **»pluralistischen Evolutionshypothesen«:**

1. Der Lamarckismus
betont in seinen versch. Formen vor allem die aktive, auf Zweckmäßigkeit ausgerichtete **(finalistische)** Anpassung an die Umwelt und die Weitergabe der im individuellen Leben erworbenen Veränderungen oder Neuheiten auf die Nachkommen im Prozeß der geschlechtl. Fortpflanzung **(»Vererbung erworbener Eigenschaften«).** Nach LAMARCK treiben zwei Faktoren die Evolution voran:
- »Eine Ursache, die unaufhörlich dahin strebt, die Organisation zu komplizieren«, und die nicht als ein vitalist. Vervollkommnungsprinzip interpretiert werden muß, da LAMARCK sie nicht näher beschreibt;
- »Unregelmäßigkeiten, die durch den Einfluß der Verhältnisse des Lebensraumes und durch den Einfluß der angenommenen Gewohnheiten verursacht sind«.

2. Der Darwinismus
in seiner frühen Form einer Selektionstheorie führt die Evolution auf die **natürl. Auslese** (Selektion) des durch zufällige, richtungslose **Erbänderung** variierenden Materials zurück. DARWIN selbst rechnete auch mit einer **direkten Anpassung** an die Umwelt, war darin also »Lamarckist«. Er sah die Vorbedingungen der Züchtung von Nutzpflanzen und Haustieren auch in der freien Natur prinzipiell als gegeben an und begründet seine **Theorie der natürlichen Zuchtwahl** mit Feststellungen, die er aus den Beobachtungen während seiner Weltreise (B), der Lektüre von MALTHUS' ›Essay on the principle of population‹ und LYELLS Lehre einer stetigen geolog. Entw. ableitete:
- Individuen einer Art zeigen **Variabilität** und sind genet. bedingt einander nie ganz gleich.
- **Überproduktion** an Nachkommen würde zur Übervölkerung führen, stürben nicht die meisten Jungindividuen vor ihrer Fortpflanzung.
- **»Kampf ums Dasein«** als planlos züchtende Macht vernichtet die meisten minder geeigneten Jungindividuen, während die tauglicheren eine größere Chance haben, ihr Erbgut in die nächste Generation der Population einzubringen. Zusätzl. wirkt bei *Tieren* eine **»geschlechtl. Zuchtwahl«,** indem Weibchen die eindrucksvollsten und vitalsten Männchen zum Partner wählen.

Mit diesem Modell hat DARWIN der weiteren Forschung den Weg gewiesen, dank seiner wohlbegründeten Einsichten und genialen Intuition und trotz zeitbedingter Unrichtigkeiten.

3. Die Synthetische Theorie
baut auf dem DARWINschen Konzept auf, von dem sie Überproduktion, Mutation als Ursache der Variabilität und die Selektion übernimmt und durch weitere **Evolutionsfaktoren** ergänzt (s. S. 496ff.). Sie gilt nach dem gegenwärtigen Kenntnisstand als am besten begründet und geht von folgenden Parametern als Grundlage der Evolutionsprozesse aus:
Punkt-, Segment- und Ploidiemutationen, genet. Rekombination, natürl. Selektion und reproduktive Isolation. Hinzu treten
- Wanderungen (Migration) von Individuen aus einer Population in eine andere und die
- Bastardierung von Rassen oder nahe verwandten Arten; beide Vorgänge steigern die genet. Variabilität innerhalb einer Population.
- Die Populationsgröße kann den Genpool bes. in kleinen Populationen und bei Merkmalen mit relativ geringem adaptiven Wert über Zufallsereignisse beeinflussen.

Die ursprüngl. Konzeption (J. HUXLEY *»Modern Synthesis«* 1942) war nicht frei von sozialdarwinistischen Momenten in der Einschätzung der Evolution des *Menschen,* die heute vermieden werden: auch die kulturelle Evolution wird als Wechselspiel zw. populationsgenet. und sozialen Prozessen gesehen. Während die Evolution der *Pflanzen* und *Tiere* ein Vorgang der erbl. Veränderung unter Anpassung an ihre Umwelt ist, wie dies auch für die subhumane Evolution zum *Menschen* gilt (S. 535ff.), bezieht sich die weitere Evolution des *Menschen* »vor allem auf die Wandlung der menschl. Umgebung zur Anpassung an seine Bedürfnisse« (STREBBINS).

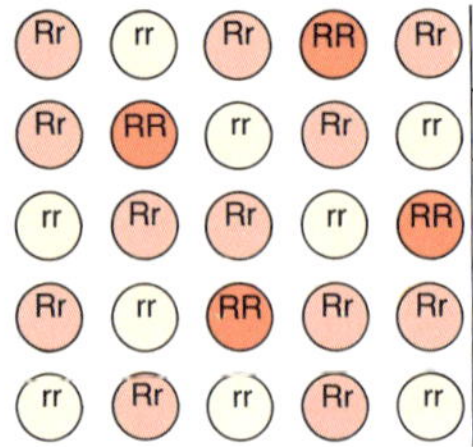

Population		Genpool	
Zusammensetzung	relative Häufigkeit	Zusammensetzung	Allelfrequenz
4 Individ. RR	0,16 = P	20 Allele R	0,40 = p
12 Individ. Rr	0,48 = H	30 Allele r	0,60 = q
9 Individ. rr	0,36 = Q		
25 gesamt	1,00	50 gesamt	1,00

A Zusammensetzung einer monohybriden Mendel-Population und ihres Genpools

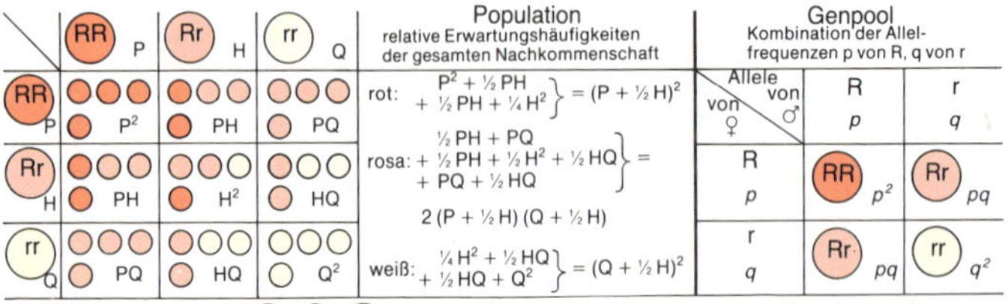

Hardy-Weinberg-Gesetz ● : ● : ○ $= (P + \frac{1}{2}H)^2 : 2(P + \frac{1}{2}H)(Q + \frac{1}{2}H) : (Q + \frac{1}{2}H)^2 = p^2 : 2pq : q^2$

B Ableitung des Hardy-Weinberg-Gesetzes an einer Population und ihrem Genpool

Ideale Populationen

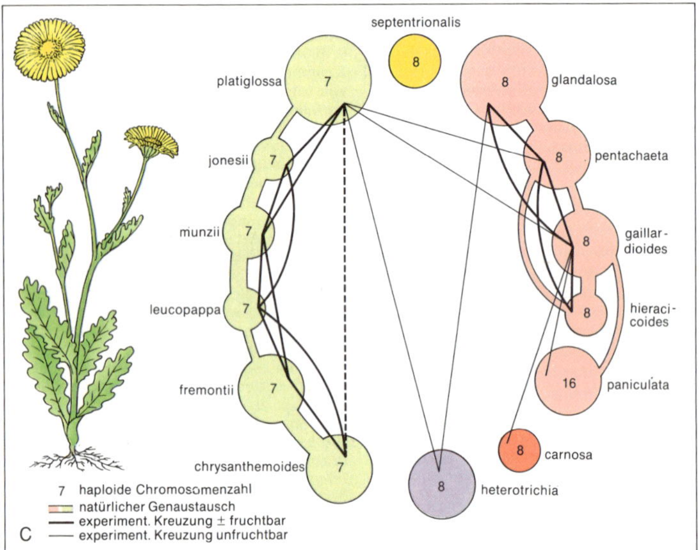

Kreuzungspolygon der kalifornischen Asterngattung Layia

Die histor. Entw. des Evolutionsgedankens verlief langsam und stufenweise, weil philosoph. und biol. begründete **Hindernisse** wirkten:

Typologisches Denken, dem PLATONS Ideenlehre zugrunde liegt, hielt allein die den sichtbaren Variationen zugrunde liegenden »Ideen« für real und auch für unwandelbar. Es leugnete damit jeden kontinuierl. Zusammenhang zw. zwei »Typen« und war mit evolutionärem Denken unvereinbar.

Die Präformationstheorie, die zunächst nur die Individualentw. (Ontogenese) als »Entfaltung eines inneren Planes« auffaßte (S. 199), wurde auch auf Probleme der Stammesentw. (Phylogenese) ausgedehnt. Demnach schafft Evolution nicht echte Veränderungen, sondern ist nur die reifende Vollendung innewohnender Potenzen. Gebräuchl. Begriffe wie »Entwicklung« und »Evolution« legen bereits vom Wortsinn diese Auffassung nahe.

Das unvollständige Kenntnismosaik jeder jungen Wissenschaft beeinträchtigte auch die Biologie, denn viele objektive Daten erhalten erst Gewicht, wenn best. Vorstellungen geklärt und umfassende Prinzipien erkannt sind:

- **Das Variieren der Arten** verwirrte erst dann nicht mehr, als zw. individuellen Modifikationen und geograph. Rassen diff. wurde.
- **Die Rolle der Umwelt** wurde erst richtig eingeschätzt, als die Natur der Mikromutation und Selektion voll verstanden war.
- **Einsicht in den Artbildungsprozeß** setzt die Klärung des Artbegriffes und der geograph. Variation voraus.

Diese Hemmnisse wurden vor allem überwunden durch eine wachsende Ergänzung der Analysen an Einzelindividuen, die bisher als Einheit des Evolutionsprozesses und als Repräsentanten ihrer Art galten, durch solche an »Populationen« und deren statist. Behandlung.

Die Population (JOHANNSEN, 1903)
ist die Gemeinschaft potentiell inzüchtender Individuen in einem best. Lebensraum (S. 236f.). Jedes ihrer Individuen verfügt über einen Teilbestand des Gesamtallelbesitzes, des **»Genpools«.** Direkt aus den Mendelgesetzen ableitbare Verhältnisse herrschen in panmiktischen Populationen (**Panmixie:** Gleiche Paarungswahrscheinlichkeit zw. beliebigen Partnern), die aus diploiden, sich sexuell fortpflanzenden Individuen bestehen. Da die meisten *Tiere, Pflanzen* und der *Mensch* diese Voraussetzungen erfüllen, beziehen sich die Aussagen i.a. auf solche **Mendel-Populationen** (A):

Tritt in einer Population ein Gen in zwei Allelen auf, und bedingt RR rot, Rr rosa und rr weiß, so läßt sich aus der Häufigkeit der versch. Individuen mit ihren paarweise kombinierten Allelen deren relat. Häufigkeit = Allelfrequenz für R als p und für r als q bestimmen. Für q kann auch die Formulierung $1-p$ gesetzt werden, da $p + q = 1$, d.h. sich die Allelfrequenzen eines Gens zu 1 ergänzen.

Wenn die genet. Zusammensetzung einer Population bekannt und Panmixie gegeben ist, kann nach den Gesetzen der Wahrscheinlichkeit die Situation in der Nachkommen-Generation berechnet werden, wobei allg. gilt: Die Wahrscheinlichkeit, daß 2 voneinander unabhängige Ereignisse zugleich auftreten, ist gleich dem Produkt der Einzelwahrscheinlichkeiten. Dabei kann man sowohl von den Individuen selbst als auch von dem Genpool ausgehen (B):

- Die Phänotypen bestimmen durch ihre relat. Häufigkeit P, H bzw. Q die Wahrscheinlichkeit der versch. Paarungstypen, z.B. Rot × Rot = $P \times P = P^2$, und entspr. den Mendelgesetzen das Ergebnis der Paarung.
- Im Genpool hat das Allel R die Allelfrequenz p und r die relat. Häufigkeit q. Zur nächsten Generation werden die Allele zufallsgemäß zu Zweiergruppen kombiniert.

Dies begründet das **Hardy-Weinberg-Gesetz,** das im 2-Allel-System $p^2 + 2pq + q^2 = 1$ lautet. Beide Verfahren liefern näml. die gleichen Verteilungsproportionen, denn z.B. ist $p = P + \frac{1}{2} H$, da RR ganz und Rr zur Hälfte das Allel R besitzen. Zugleich wird daraus deutl., daß die Allelfrequenzen einer Population **Konstanz** zeigen: Derjenige Anteil der Ausgangspopulation mit ihrem Genpool $p_0^2 + 2p_0 q_0 + q_0^2$, der p_1 der Folgegeneration bestimmt, beträgt $p_0^2 + p_0 q_0$, d.h. $p_1 = p_0^2 + p_0 q_0 = p_0^2 + p_0 (1 - p_0) = p_0$.

Dies gilt nur in einer **idealen Population,** die aber als irreales Modell große method. Bedeutung besitzt und Evolution ausschließt, da keine Evolutionsfaktoren wirken (S. 491: Panmixie in unendl. großer Population; keine Mutation, Selektion, Isolation, Migration). Stellt man jedoch einen oder mehrere dieser Faktoren in Rechnung, verändern sich also durch Evolution die Allelfrequenzen, so handelt es sich um eine **reale Population.** Untersuchungen an diesem komplexeren Modell waren bes. für zwei Problemkreise sehr ergiebig:

1. Mikroevolution: Die Populationsgenetik analysiert und mathematisiert die inneren und äußeren Bedingungen für die Veränderung des Genpools einer Population und erfaßt damit kausal die Bedingungen einer Mikroevolution, d.h. der innerartl. (infraspezif.) Veränderungen (S. 496ff.).

2. Systemat. Kategorien: Die Analyse der Populationsdynamik und der systemat.-taxonomisch bedeutsamen Mutationen gab, da sich die relat. Wirkung einzelner Evolutionsfaktoren in den versch. Organismengruppen voneinander unterscheidet, eine tragfähige Basis für die Definition der Art (S. 495). Wegen der unterschiedl. Evolutionsbedingungen weisen näml. Teilpopulationen der gleichen Art Eigenentwicklungen auf, so daß extreme Vertreter einer solchen **polytypischen Art,** die Kriterien der Artzugehörigkeit (morpholog. Ähnlichkeit und fruchtbare Paarung) nicht mehr erfüllen (S. 494f., 504f.). Andererseits sind auch Vertreter versch. systemat.-taxonomischer »Arten« derselben Gattung untereinander und mit unterschiedl. Erfolg kreuzbar, wie Kreuzungspolygone erweisen (C).

A	sacharowi	subalpinus	messeae	maculipennis	atroparvus	labranchia
Gebiet	Süd-europa	Mittelmeer-gebiet	Nord- und Mitteleuropa	Gebirgsland	Nord-europa	Südost-europa
Lebensraum	seichte, stehende Gewässer	häufig Reisfelder	stehendes Frischwasser	fließendes Frischwasser	kaltes Brackwasser	warmes Brackwasser
Überwintern	nein	nein	ja	ja	nein	nein
Eischiffchen	fehlt	groß, glatt	groß, rauh	groß, rauh	klein, glatt	klein, rauh
Menschenblut saugend	fast nur	?	selten	nie	ja	bevorzugt
Malaria-überträger	gefähr-lich	nein	selten	nein	selten	gefährlich

Biologische Unterschiede in der Moskitoart Anopheles maculipennis

Geographische Rassen von Fliegenschnäppern

Paarungsstellung mitteleuropäischer, mediterraner und dalmatinischer Leimschleuderspinnen

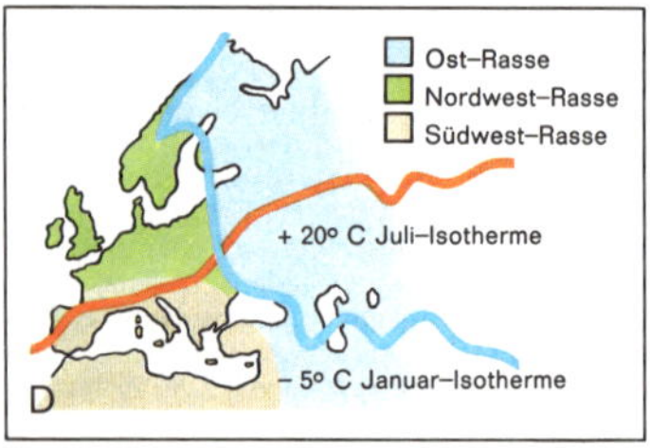

Temperaturrassen der Taufliege

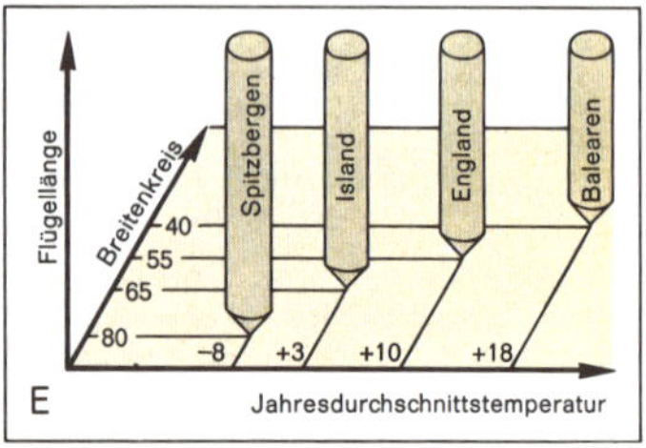

Flügellänge bei Papageientauchern

Der Doppeleinfluß des Modells der realen Population auf das Problem der Mikroevolution und das des Artbegriffes (S. 493) ist bedingt durch den inneren Zusammenhang zw. beiden: Mikroevolution ist immer auch das Neuentstehen von Rassen und Arten. Die Frage nach der Überschreitung der Grenze zu neuen Rassen oder Arten setzt jedoch eine Bestimmung dieser Linie, d.h. eine angemessene **Definition des Artbegriffes** voraus. Klammert man die Auffassung der Nominalisten aus, für die nur Individuen, aber keine Arten oder andere systematisch-taxonom. Kategorien real existieren, so stehen sich zwei Grundkonzepte gegenüber:

1. Die Konzeption der morpholog. Art, der Morphospezies (S. 543), besagt:

- Die Art wird ausschließl. durch morphologische Merkmale abgegrenzt.
- Sie ist äußerlich immer deutlich von den nächsten Verwandten unterschieden.
- Sie birgt als »monotypisch« nur eine einzige Gruppe nahezu ident. Individuen.
- Sie ist damit die niedrigste, nicht mehr zu gliedernde systemat. Einheit.

Diese Auffassung erweist sich als individualistisch und typologisch (S. 493), als zeitl. und räuml. »undimensional« (MAYR), indem evolutionäre und geograph. Variationen nicht gesehen werden: Abweichungen vom »Typus« sind Aberrationen, Mißbildungen.

Damit bleibt die Evolutionsfrage unbeantwortet. Schwierigkeiten bereiten auch die äußerl. nicht unterscheidbaren, aber nicht kreuzbaren **Geschwisterarten,** mögen sie sich in ihren Verbreitungsgebieten überlappen (sympatrische Formen) oder nicht (allopatrisch); so faßte man zunächst versch., aber morpholog. gleiche *Moskito*-Arten zu der einen *»Anopheles maculipennis«* zusammen (A).

2. Die Konzeption der biolog. Art, der Biospezies (S. 543) begreift in ihrer **Definition der Art** populationsgenet. und evolutionär die Spezies als Gruppe sich untereinander fortpflanzender natürl. Populationen, die reproduktiv von anderen solchen Gruppen isoliert sind. Das bedeutet im einzelnen:

- Die Art besteht aus Populationen, nicht aus beziehungslosen Individuen.
- Sie wird eher durch ihre Beziehungen zu ungleichartigen Populationen (»Isolation«) als durch die zw. artgleichen Individuen charakterisiert.
- Das entscheidende Kriterium ist nicht die Kreuzbarkeit von Individuen, sondern die Fortpflanzungsisolation der Population als ganzer, wodurch der Genpool seine Eigenartigkeit aufrechterhält.

Die »Biospezies« ist also nicht durch den Besitz best., unterscheidender Eigenschaften, sondern durch ihre Relation zu anderen Arten definiert und gleicht darin einem Begriff wie »Bruder«. Diese Konzeption ist real und kollektivistisch. Sie erfaßt als »vieldimensional« zeitl. und räuml. Änderungen und deutet sie als wesentlich zum Artbegriff gehörig:

Arten sind natürlicherweise meist polytypisch: sie umfassen oft räuml. getrennte, genet. bedingte **Rassen,** d.h. Gruppen von Individuen, die einen reinerbigen Unterschied im Erbgut gegenüber den anderen Artangehörigen gemeinsam haben. Die phänotyp. Unterschiede, die bei »einfachen Mendelrassen« auf nur ein einziges abgewandeltes Gen zurückgehen, sind gelegentl. nur gering. Oft stellen sich zw. mehreren Rassen gleitende Merkmalsübergänge sowohl innerhalb der Art als auch zu den Nachbararten ein (Rassenkreis, S. 504f.).

Aufsplitterung in Rassen ist entspr. dem populationsgenet. Modell und einem Art-Verständnis, das Rassen zuläßt, die nur quantitativ geringere Vorstufe einer mögl. Aufgliederung in neue Arten (Speziation): **Artbildung** setzt ein, wenn in der Population die Panmixie gestört wird und sich unter dem Einfluß der Evolutionsfaktoren in den voneinander isolierten Genpools versch. Gene bzw. Allele anhäufen.

Unter diesem Aspekt gewinnen die weitverbreiteten **geograph. Variationen** der Arten große Bedeutung. Sie äußern sich in morpholog. (Größe, Proportionen, epidermale Strukturen, Farbmuster), physiolog. (Wachstum, Vitalität) oder etholog. (Verhaltensweisen) Merkmalen. Manche zeigen eine **richtungslose Streuung:**

- Der starengroße *Gelbbauchdickkopf (Pachycephala pectoralis)* besiedelt in 80 geograph. Rassen Australien und die Malaiischen Inseln, davon in 6 Varianten allein die Salomoninseln (B).
- Auch ein anderer *Fliegenschnäpper, Monarcha castaneo-venertis,* ist mit mindestens 4 geograph. Rassen auf dieser Inselgruppe vertreten (B).
- Das Paarungsverhalten der *Leimschleuderspinne* unterscheidet sich in den mitteleuropäischen, mediterranen und dalmatinischen Rassen (C).

Andere Artvariationen zeigen einen deutl. Parallelismus zu geograph. Variationen der Umwelt, gelegentlich sogar regelrechte **Paralleltendenzen,** was sich in den Ökologischen Regeln (S. 231) niedergeschlagen hat:

- Übereinstimmung mit der Farbe des Erdbodens zeigen sandfarbene, fahlbraune oder dunkelbraune Rassen der ägypt. *Haubenlerche* und der amerik. *Hirschmaus.*
- Die *Taufliege Drosophila funebris* besetzt klimat. passende Gebiete mit ihren Temperaturrassen: Die Nordwest-Rasse hat die größte Vitalität bei gemäßigten Temperaturen, die Ost-Rasse ist kälte- und wärmeresistenter, die Südwest-Rasse dagegen wärmeresistent aber kälteempfindlich (D).
- Die mittlere Flügellänge z.B. von *Meisen, Zaunkönigen, Papageientauchern* nimmt mit fallenden Jahresdurchschnittstemperaturen in Europa nach Norden hin zu (E).

Bei den letztgenannten Fällen ist das Ausmaß der genet. Bedingtheit gegenüber einer nur individuell erworbenen Modifikation nicht klar abzugrenzen.

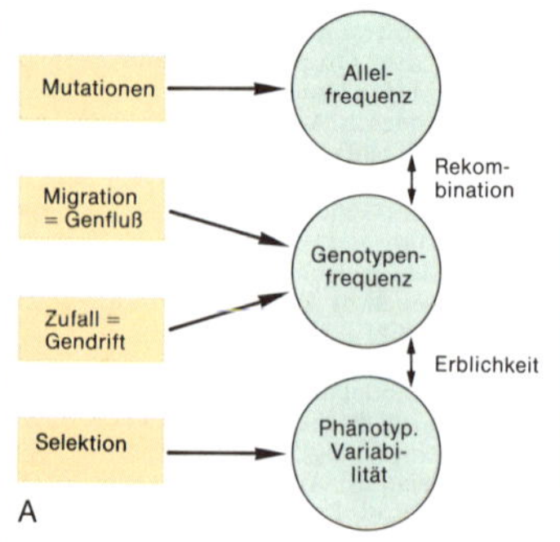

Orga-nismus	% Anteil polymorpher Genorte pro Population	% Anteil heterozygoter Genorte pro Individuum
Drosophila	53	15
Wespen	24	6
Schnecken	44	12
Fische	31	8
Amphibien	34	8
Reptilien	23	5
Vögel	16	4
Säuger	21	5
Pflanzen	46	17

B

Wirkung der Evolutionsfaktoren

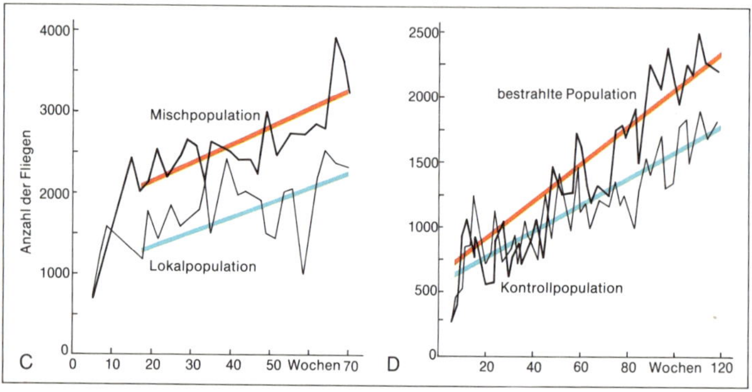

Überlegenheit von Populationen höheren Polymorphie-Grades

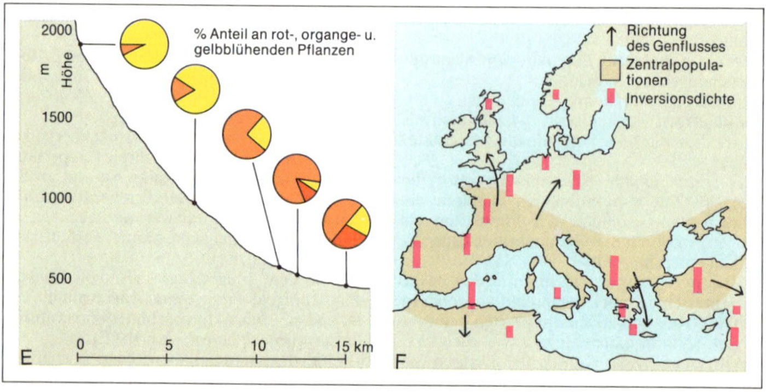

Wirkung des Genflusses in Populationen eines Rachenblütlers (E) und der Taufliege (F)

Die Evolutionsfaktoren (A)
bewirken in der infraspezif. Evolution eine Verschiebung von Qualität und Quantität der genet. Variation einer Population in adaptiver Reaktion auf die Umwelt. Als determinierte, d. h. den Genpool gerichtet und voraussagbar verändernde Prozesse ergänzen sich dabei
- Vorgänge der Vermehrung der genet. Variabilität durch **Mutation** und **Migration** mit
- Vorgängen der Verminderung der genet. Variabilität durch **Selektion** (S. 498ff.).
- Statist. Zufallserscheinungen in »realen«, d. h. nicht unendlich großen »idealen« Populationen werden dagegen in der **Gendrift** korrigierend erfaßt (S. 502f.).

Die genetische Variabilität,
die sich im Vergleich *zwischen* versch. systematisch-taxonom. Kategorien als »Polytypie« ausprägt (S. 493, 495), tritt *innerhalb* einer Population als »genet. Polymorphismus« oder **Polymorphie** auf: Praktisch alle Populationen weisen mehrere genet. bedingte, auffällig diskontinuierl. Typen auf, und das Phänomen reicht vom Sexualdimorphismus (S. 168f.) über Blutgruppen (S. 324 D) bis zu den zahlr. Fällen der multiplen Allelie (S. 449).
Die zugrunde liegende Genpolymorphie wurde in ihrem großen Umfang erst durch moderne biochem. Enzym-Analysen aufgedeckt:

Legt man nur Genorte mit einer max. Frequenz des häufigsten Allels $\leq 0{,}95$ als Indiz für genet. Variabilität zugrunde ($> 0{,}95$ bedeutet prakt. Monomorphie im »Wildtyp«), so ist der Anteil »polymorpher Genorte pro Population« ebenso wie der der »heterozygoten Genorte pro Individuum« relativ groß (B).

Mit dem Grad an Polymorphie steigt die Potenz einer Population zur Produktion einer höheren Zahl versch. Genotypen und damit zugleich ihre evolutionäre Chance:

Steigert man bei Futterbegrenzung (Selektion) die genet. Variabilität von *Taufliegen*-Laborpopulationen durch Vermischung von 2 Lokalpopulationen (C, entspr. Genfluß) oder durch radioakt. Bestrahlung (D, Mutation), so vermehren sie sich stärker als die Vergleichspopulationen.

Mutationen,
bes. Punktmutationen (S. 472ff.), schaffen neues genet. Material und verändern dabei zwangsläufig die Genfrequenz bzw. Zusammensetzung des Genpools. Das Ausmaß erfaßt mathemat. das **populationsgenet. Modell:**
Eine Ausgangspopulation sei homogen in dem Wildallel A, das nun mit der Mutationsrate u in das Allel a übergeht (A → a). Durch diesen **Mutationsdruck** wächst zur nächsten Generation die Allelfrequenz q von a um $\Delta q = u \cdot p_0$, während die von A entspr. kleiner wird:

$$p_1 = p_0 - u \cdot p_0 = p_0\,(1-u). \quad (1)$$

Daraus folgt durch entspr. Weiterführung nach n Generationen eine relative Häufigkeit von

$$p_n = p_0\,(1-u)^n, \quad (2)$$

d. h. das Wildallel A kann durch a ersetzt werden, wenn auch wegen der kleinen Werte von u (vergl. S. 472 B) nur sehr langsam.
Enthält die Ausgangspopulation auch das Allel a und berücksichtigt man die **Rückmutation** mit der Rate v (a → A), so ändert sich a gemäß

$$\Delta q = u \cdot p_0 - \mathrm{v} \cdot q_0 = u\,(1-q_0) - \mathrm{v} \cdot q_0. \quad (3)$$

Ohne Einfluß anderer Evolutionsfaktoren muß endlich $\Delta p = \Delta q = 0$ sein, es gibt keine Veränderungen; setzt man in Gl. (3) $\Delta q = 0$ und löst nach q auf, so gilt für das **Mutationsgleichgewicht:** $\hat{q} = u/(u + \mathrm{v})$, entspr. $\hat{p} = \mathrm{v}/(u + \mathrm{v})$. Daraus folgt $\hat{p} : \hat{q} = \mathrm{v} : u$, d. h. im Gleichgewichtszustand verhalten sich die Allelfrequenzen zueinander wie die Mutationsraten, die die Allele produzieren:

Für zwei *Salmonellen*-Stämme, die sich in nur einem Gen unterscheiden, betragen die Mutationsraten $u = 5{,}2 \cdot 10^{-3}$ und $\mathrm{v} = 8{,}8 \cdot 10^{-4}$. Die daraus berechneten Gleichgewichtsfrequenzen $\hat{p} = 0{,}14$ und $\hat{q} = 0{,}86$ decken sich mit den experimentell in Laborkulturen bestimmten.

Genfluß oder Migrationsdruck
ist die Änderung von Genfrequenzen in einer Population durch Vermischung mit anderen, zuvor von ihr getrennten Populationen abweichender Allelhäufigkeit. Sein Ausmaß korreliert mit dem der **Migration** (Zu- und Abwanderung), sie wiederum mit der Enge und Länge der Wanderwege, also mit der Stärke der Isolation bei z. B. Wasserorganismen in Seen, Landorganismen durch Insel- und Randlage oder weiträumig-bandartige Populationsverbreitung (s. S. 504f.).
Als Ausdruck des Genflusses treten in der Übergangszone zw. den eigentl. Populationsstandorten fließende Frequenzen auf:
- In Kalifornien variiert die Blütenfarbe bei dem *Rachenblüter Diplacus* mit der Standorthöhe der Lokalpopulationen (E).
- *Drosophila subobscura* zeigt eine starke chromosomale Polymorphie durch unterschiedl. Inversionen in allen 5 langen Chromosomen. Dadurch entstehen versch. Inversionsheterozygoten. Die durch sie belegte genet. Mannigfaltigkeit nimmt von den Zentral- zu den Randpopulationen ab (F).

Dem allmähl. Gleichwerden der Populationen durch ständige Migration wirken hier wie bei den bereits S. 494 erwähnten Klinen selektive Ökofaktoren über ein Migrations-Selektions-Gleichgewicht entgegen.
Die populationsgenet. Behandlung zeigt: Kommen je Generation n Einwanderer zu einer Urbevölkerung aus N Individuen, so beträgt in der Mischpopulation der Einwanderer-Anteil $m = n/(N + n)$ und der der Urpopulation $1 - m$. Bei einer Allelfrequenz der Einwanderer von q_m und einer der Urpopulation von q_0 beträgt die Allelhäufigkeit der Mischpopulation

$$q_1 = m \cdot q_m + (1-m)\,q_0 \quad (4)$$

Die Rate der Frequenzverschiebung lautet also

$$\Delta q = q_1 - q_0 = m\,(q_m - q_0) \quad (5)$$

und hängt somit vom Anteil und Allelfrequenzunterschied der Einwanderer ab.

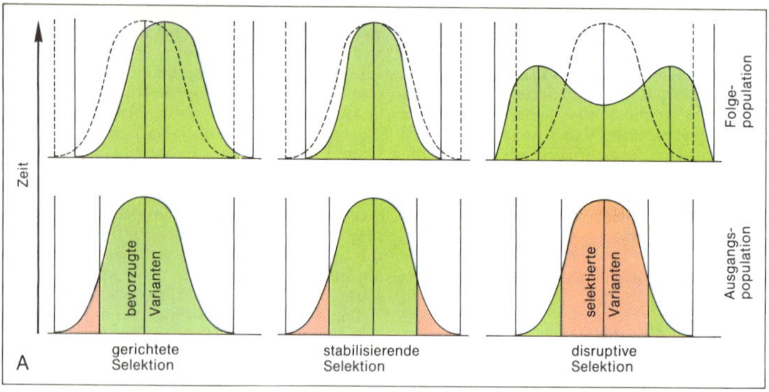

Selektionsdruck

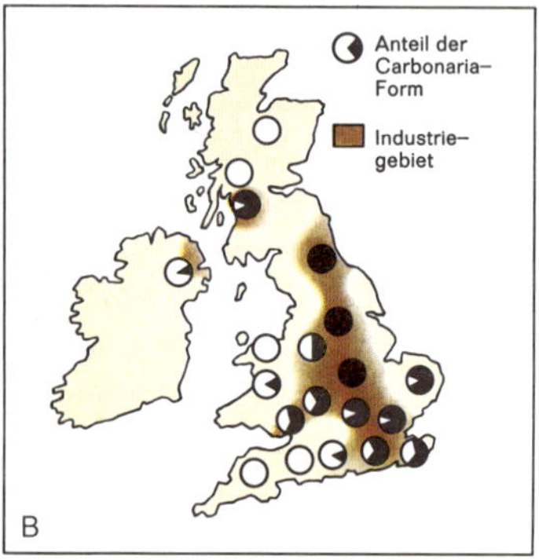

Industrie-Melanismus beim Birkenspanner

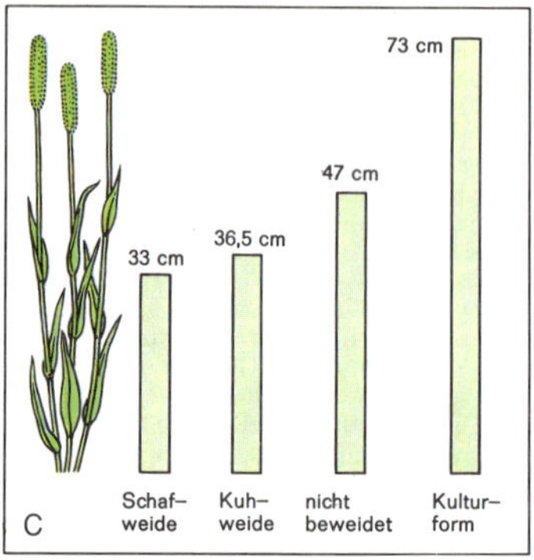

Wuchshöhe beim Lieschgras

	vollständige Dominanz bzw. Rezessivität				unvollständige Dominanz bzw. Rezessivität (»Intermediär«)			
Genotypen	AA	Aa	aa	gesamt	AA	Aa	aa	gesamt
Häufigkeit	p_0^2	$2p_0q_0$	q_0^2	1	p_0^2	$2p_0q_0$	q_0^2	1
Fitness	1	1	1–s		1	1 – hs	1 – s	
Selektion	↓	↓	↓	↓	↓	↓	↓	↓
Häufigkeit nach der Selektion	p_0^2	$2p_0q_0$	$q_0^2 - sq_0^2$	$1 - sq_0^2$	p_0^2	$2p_0q_0 - 2p_0hsq_0$	$q_0^2 - sq_0^2$	$1 - 2\,p_0hsq_0 - sq_0^2$
	$\frac{p_0^2}{1 - sq_0^2}$	$\frac{2p_0q_0}{1 - sq_0^2}$	$\frac{q_0^2 - sq_0^2}{1 - sq_0^2}$	1	(entspr.)	$\frac{2p_0q_0 - 2\,p_0hsq_0}{1 - 2p_0hsq_0 - sq_0^2}$	(entspr.)	1

neue Allelfrequenz q_1

vollständige Dominanz:

$$\frac{1}{2} \cdot \frac{2p_0q_0}{1 - sq_0^2} + \frac{q_0^2 - sq_0^2}{1 - sq_0^2} = \frac{^*(1 - q_0)q_0 + q_0^2 - sq_0^2}{1 - sq_0^2} = \frac{q_0 - sq_0^2}{1 - sq_0^2}$$

*da $p_0 = 1 - q_0$

unvollständige Dominanz:

$$\frac{1}{2} \cdot \frac{2p_0q_0 - 2\,p_0hsq_0}{1 - 2p_0hsq_0 - sq_0^2} + \frac{q_0^2 - sq_0^2}{1 - 2p_0hsq_0 - sq_0^2} = \frac{q_0\,(1 - hs + hsq_0 - sq_0)}{1 - 2\,hs\,(1 - q_0)\,q_0 - sq_0^2}$$

da $p_0 = 1 - q_0$

D

Frequenzänderung des nachteiligen Allels a durch Selektion

Die Rolle der Selektion für die Evolution
steht gegenwärtig wieder neu zur Diskussion:
Neutralisten vermuten aufgrund molekularbiol. Analysen und konstanter Evolutionsraten, daß die meisten Mutationen hinsichtl. einer Selektion neutral, d. h. weder vorteilhaft noch nachteilig sind. Die Ausbreitung neuer Allele sei eher Folge des Zufalls als der Selektion. Ein 100%iger Ersatz eines Allels durch das neue erfolge durchschnittl. nach einer Generationenzahl, die dem Kehrwert der entspr. Mutationsrate entspricht.
Selektionisten erklären, wirkl. neutrale Mutationen könnten den Genpool nur mit Varianten anreichern, aber nicht eine Adaption (Angepaßtsein) an die jeweilige Umwelt bewirken. Natürl. Selektion wirke dem Zufall entgegen und richte die Änderung der Allelfrequenzen umweltabhängig, weil die besser angepaßten Phänotypen statist. eine größere Chance haben, ihren Allelbestand in die Folgegeneration der Population einzubringen. Die selektive Bevorzugung eines Phänotyps gegenüber anderen sei Ausdruck seiner relativ größeren **Fitness** oder Tauglichkeit.
Wahrscheinl. widersprechen sich »nichtdarwinistische« und »darwinistische« Evolutionsauffassungen nur scheinbar (MAYR), da letztere die Zufallswirkung in der Gendrift (S. 503) erfaßt, und fehlende Fitnessunterschiede zw. Mutanten experimentell kaum beweisbar sind.

Die natürliche, »darwinistische« Selektion
wirkt stets auf die Phänotypen, unter denen die mit der größten Fitness mehr zur Geschlechtsreife gelangende Nachkommen hervorbringen als die Vergleichsindividuen. Dadurch werden mittelbar die zugrundeliegenden Genotypen beeinflußt, Erblichkeit vorausgesetzt: In der Population entsteht ein **Selektionsdruck,** der die Variationskurve eines Merkmals, d. h. die Lage der mittleren, häufigsten Merkmalsausprägung u/o die Häufigkeiten der Abweichler verändert (A):
- **Richtende Selektion** veranlaßt den Wandel der Population in Richtung auf die selektionsbegünstigte Eigenschaft (s. u.).
- **Stabilisierende Selektion** fördert bei Ausmerzung der extremen Abweichler die Durchschnittsindividuen (S. 501).
- **Disruptive Selektion** dagegen schafft durch Bevorzugung der Abweichler in einer homogenen Population Unterschiede (S. 501).

Als **Ursache** der Fitnessunterschiede kommen neben versch. Fortpflanzungsraten, Generationendauer oder Befruchtungschancen von Gameten vor allem unterschiedl. Behauptungschancen gegenüber versch. **Selektionsfaktoren** vor wie:
- Einflüsse der unbelebten Natur wie Temperatur, Niederschlag, chem. Bedingungen;
- Feinde wie Krankheitserreger, Parasiten, Räuber, außerartl. Nahrungskonkurrenten;
- innerartl. Konkurrenz um Nahrung und Raum;
- Fähigkeit, einen Geschlechtspartner zu finden (DARWINS »Geschlechtl. Zuchtwahl«).

Ein **Maß** für Fitness bzw. Selektion der einzelnen koexistierenden Genotypen wird für das populationsgenet. Modell gewonnen, indem dem begünstigsten Genotyp willkürlich die Fitness W = 1 bzw. der **Selektionskoeffizient** $s = 0$ zugeschrieben wird ($W = 1 - s$): Je vorteilhafter ein Genotyp, umso größer ist W und umso kleiner s.

Richtende Selektion,
die auch gerichtete, dynamische oder transformierende genannt wird, weil sie eine regelrechte Veränderung einer Population in eine Richtung bewirkt, kann in der Natur auftreten, wenn entweder die Population ein neues Areal schrittweise besiedelt oder sich die Umwelt eines Areals fortwährend wandelt, z. B. indem das Klima kälter oder trockener wird oder Freßfeinde veränderte Chancen erhalten:
- Der *Birkenspanner (Biston betularia)* ist normalerweise hellgrau und daher auf flechtenüberzogener Baumrinde unauffällig und darin der dunklen Melano-Mutante überlegen, die leicht Beute der *Vögel* wird. Während um 1850 die Melano-Form in Großbritannien nur 1% der Population stellte, stieg sie mit der durch die Industrialisierung wachsenden Verschmutzung der Birkenrinde und der Rückbildung des Flechtenbewuchses auf fast 100% (B).
- Populationen des *Lieschgrases Phleum nodosum* enthalten nach starker Beweidung nur noch genet. Anlagen für Zwergwuchs (C).
- Wirkt ein Antibioticum auf *Bakterien* ein, so gehen die meisten, die anfälligen ein. Nur die vor der Umweltänderung vereinzelt vorhandenen resistenten Mutanten, deren Genom zufällig an die eintretende Situation vorangepaßt war (Präadaption), überleben und gründen eine neue, resistente Population.
- Der in *Drosophila*-Laborpopulationen (S. 496 C) erzeugte Selektionsdruck »Hohe Populationsdichte« läßt die Präadaption bes. der Mischpopulation deutlich werden.

Die **quantitative Behandlung** der richtenden Selektion geht vereinfachend davon aus, daß die Selektion am Genotyp direkt angreift. Betrachtet man nur einen Genort mit den 2 Allelen A und a, so sind zwei Fälle lehrreich (D):
- Bei vollständiger Dominanz von A haben AA und Aa die gleiche Fitness, die Selektion richtet sich nur gegen Rezessive ($W = 1 - s$). Zur Folgegeneration wird die Häufigkeit von aa nun $q_0^2\,(1 - s) = q_0^2 - sq_0^2$. Um den gleichen Betrag sq_0^2 vermindert sich auch die Gesamtpopulation als neue Bezugsgröße der neuen Allelfrequenzen p_1 und q_1.
- Bei unvollständiger Dominanz von A haben die Heterozygoten einen anderen Selektionskoeffizienten als die Homozygoten. Wenn die Fitness AA>Aa>aa ist, beträgt er $h \cdot s$, bei genau intermediärem Erbgang ist $h = 0{,}5$, sonst liegt W_{Aa} zw. 1 und $1 - s$.

Entsprechend diesen populationsgenet. Modellen lassen sich leicht Frequenzänderungen z. B. bei totaler Selektion von aa berechnen ($s = 1$).

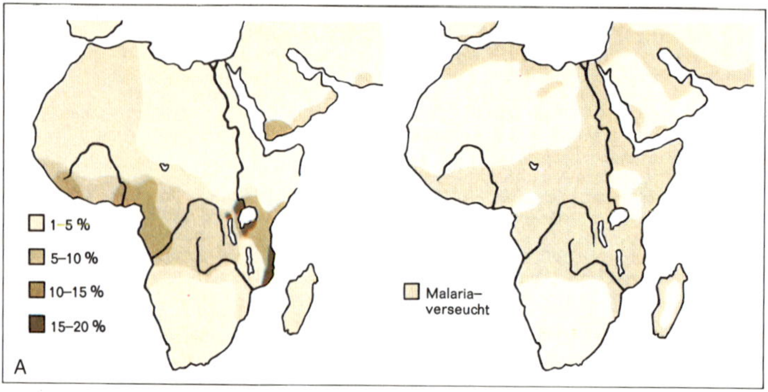

Häufigkeit des Sichelzellengens Hb^s und Verbreitung der Malaria

B

Überdominanz (Heterozygoten-Überlegenheit)

Genotypen	AA	Aa	aa	gesamt
Häufigkeit	p_0^2	$2p_0q_0$	q_0^2	1
Fitness	$1 - s_1$	1	$1 - s_2$	
Selektion	↓	↓	↓	↓
Häufigkeit nach der Selektion	$p_0^2 - s_1p_0^2$	$2p_0q_0$	$q_0^2 - s_2q_0^2$	$1 - s_1p_0^2 - s_2q_0^2$
	$\frac{p_0^2 - s_1p_0^2}{1 - s_1p_0^2 - s_2q_0^2}$	$\frac{2p_0q_0}{1 - s_1p_0^2 - s_2q_0^2}$	$\frac{q_0^2 - s_2q_0^2}{1 - s_1p_0^2 - s_2q_0^2}$	1

neue Allelfrequenz q_1

$$\frac{1}{2} \cdot \frac{2p_0q_0}{1 - s_1p_0^2 - s_2q_0^2} + \frac{q_0^2 - s_2q_0^2}{1 - s_1p_0^2 - s_2q_0^2} = \frac{{}^*(1 - q_0)\,q_0 + q_0^2 - s_2q_0^2}{1 - s_1p_0^2 - s_2q_0^2}$$

$$= \frac{q_0 - s_2q_0^2}{1 - s_1p_0^2 - s_2q_0^2}$$

* da $p_0 = (1 - q_0)$

Berechnung der Frequenzverschiebung pro Generation (Δq) und der Gleichgewichtsfrequenz ($\hat{q}$) bei Heterozygoten-Überlegenheit

$$\Delta q = q_1 - q_0 = \frac{q_0 - s_2q_0^2}{1 - s_1p_0^2 - s_2q_0^2} - q_0$$

$$= \frac{q_0 - s_2q_0^2 - q_0\,(1 - s_1p_0^2 - s_2q_0^2)}{1 - s_1p_0^2 - s_2q_0^2}$$

$$= \frac{-\,s_2q_0^2 + s_1q_0p_0^2 + s_2q_0^3}{1 - s_1p_0^2 - s_2q_0^2}$$

$$= \frac{-\,s_2q_0^2\,(1 - q_0) + s_1q_0p_0^2}{1 - s_1p_0^2 - s_2q_0^2}$$

$$= \frac{-\,s_2q_0^2p_0 + s_1q_0p_0^2}{1 - s_1p_0^2 - s_2q_0^2} = \frac{p_0q_0\,(s_1p_0 - s_2q_0)}{1 - s_1p_0^2 - s_2q_0^2}$$

$\hat{q}$, wenn $\Delta q = 0 \Rightarrow \frac{\hat{p}\hat{q}\,(s_1\hat{p} - s_2\hat{q})}{1 - s_1\hat{p}^2 - s_2\hat{q}^2} = 0$

$$\Rightarrow s_1\hat{p}^2\hat{q} = s_2\hat{p}\hat{q}^2 \Rightarrow \hat{q} = \frac{s_1}{s_1 + s_2}$$

Verschiebung und Gleichgewicht der Allelfrequenzen bei Überdominanz

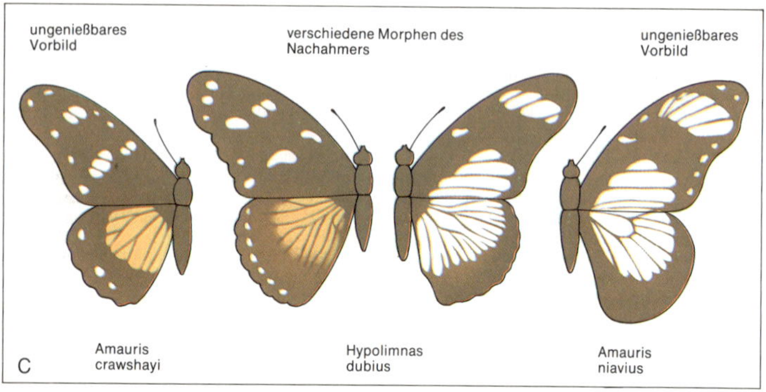

Batessche Mimikry bei afrikanischen Schmetterlingen

Stabilisierende Selektion,
auch optimierende oder normalisierende Selektion genannt, erhält die erreichten, unter den anhaltend herrschenden Umweltbedingungen optimalen Anpassungen aufrecht, indem bei konstanter oder gleichmäßig verschärfter Umweltsituation die extremen Abweichler eliminiert und die Durchschnittsindividuen relativ gefördert werden. Dadurch wird die durch Mutationsdruck und Genfluß vergrößerte Variationsbreite der Population im Genpool und der Merkmalsausprägung wieder eingeengt und die genet. Variabilität in einem günstigen Bereich gehalten, in dem Umweltstörungen innerhalb der Reaktionsnorm abgefangen werden können. Die stabilisierende Selektion scheint in natürl. Populationen eine große Rolle zu spielen:

- Die dunklen Melano-Mutanten des *Birkenspanners,* die immer wieder und überall spontan auftreten, heben sich in ihrer natürl. Umwelt stärker ab als der Wildtyp (s. S. 252 D, 499). Sie werden viel häufiger (in Experimenten 3mal häufiger) von *Vögeln* gefressen und so durch die dem Mutationsdruck entgegenwirkende Selektion schnell ausgemerzt.
- Die einen schweren Schneesturm überlebenden *Sperlinge* lagen in Körpergröße und Flügellänge sehr nahe beim Mittelwert der Population, während die Abweichler eine höhere Todesrate hatten (BUMPUS 1899).
- Liegt beim *Menschen* das Geburtsgewicht weit unter oder über dem Durchschnitt von 3600 g, so ist die Säuglingssterblichkeit prozentual am größten (PENROSE).
- Schweizer *Stare* haben durchschnittl. und optimal 5 Eier pro Nest und Paar als Ergebnis eines Gleichgewichtes zw. 2 entgegengesetzt wirkenden Selektionsdrucken: Eine größere Eizahl erhöht den Beitrag zum künftigen Genpool, aber die elterl. Brutpflege und folgl. die Nestlingsvitalität werden schlechter.

Von vielen Züchtungsergebnissen ist bekannt, daß Heterozygote gegenüber Homozygoten bevorteilt sind (»Heterosis-Effekt«, hier allerdings oft nicht auf einem Allelpaar allein begründet, S. 449). Auch in natürl. Populationen kann ein Genotyp Aa den beiden Homozygoten AA und aa überlegen sein, so daß kein Allel das andere ausschalten kann. Beide (oder mehrere) Allele können sich so in derselben panmikt. Population zeitl. unbegrenzt nebeneinander im Gg der **balancierten Polymorphie** halten (A):

- Der frühe Tod homozygoter Sichler an Sichelzellenanämie (S. 457, 475) führt nicht zur Ausrottung des Sichel-Allels Hb^s, weil es pleiotrop (S. 449) auch Resistenz gegen den Malariaerreger *Plasmodium* erzeugt. Da Heterozygote anämisch nur schwach geschädigt sind, sind sie in Malariagebieten gegenüber den Homozygoten selektiv begünstigt, in malariafreien Gebieten dagegen schwach benachteiligt. Westafrikaner sind bis zu 44% Hb^s-heterozygot, aber ihre US-Verwandten in malariafreien Zonen nur noch zu 9% als Folge richtender Selektion gegen Hb^s.
- Populationen eines *Knäuelgrases* in Israel *(Dactylis glomerata judaica)* enthalten auf best. Böden bis zu 48% Heterozygote mit dem rezessiven Allel für Albinismus. Da die homozygot Rezessiven als Keimling absterben, kann sich das Letal-Allel nur durch einen Heterosis-Effekt der Heterozygoten erhalten haben, der dadurch eine große **genet. Bürde** in der Population aufrecht erhält.

Das populationsgenet. Modell der Überdominanz läßt sich auf der Grundlage der Selektion am 2-Allel-System (S. 498f.) leicht für den Fall ableiten, daß eine Fitness AA<Aa>aa und vor Selektion HARDY-WEINBERG-Bedingungen vorliegen. Dann weisen die Homozygoten die verminderten Fitness-Werte $W_{AA} = 1 - s_1$ und $W_{aa} = 1 - s_2$ auf (B, links).

Die Verschiebung der Allelfrequenz von einer Generation zur nächsten (Δq) wird ständig kleiner. Bei $\Delta q = 0$ herrscht schließl. ein Gleichgewicht ($\hat{q}$), das nur vom Verhältnis der Selektionskoeffizienten s_1 und s_2 abhängt (s. B, rechts):

Im Jemen tritt häufig eine schwere Malaria auf. Da 1,4% der Neugeborenen an Sichelzellenanämie sterben, beträgt $q\,(Hb^s) = 0{,}12$ und liegt vermutl. im Gleichgewicht vor. Bei $s_2 = 1$ ergibt sich für $s_1 = 0{,}14$, d. h. die Fitness oder Nachkommenzahl der normal Homozygoten und Heterozygoten ist 86 : 100.

Disruptive oder diversifizierende Selektion
ist als Gegenteil zur stabilisierenden ein selteneres oder zumindest weniger bekanntes Ereignis. Sie ergibt sich aus der verschärften Selektion gerade der häufigsten Varianten oder der Existenz von zwei oder mehr möglichen Anpassungsoptima innerhalb der Phänotypenausprägung einer Art:

- Afrikan. *Schmetterlinge* ahmen optisch und im Verhalten best. übelschmeckende Arten nach und profitieren mit fallender Nachahmerzahl umso stärker von dem erlernten Meideverhalten der ihnen nachstellenden *Vögel* (BATESSCHE Mimikry). Vertreter derselben Art *Hypolimnas dubius* gleichen daher sogar versch. ungenießbaren Vorbildern (*Amauris crawshayi* bzw. *A. niavius*), paaren sich aber untereinander. Da die Mischformen stark der Selektion unterliegen, bleibt der Unterschied der Nachahmer erhalten (C).
- In farbpolymorphen *Phlox*-Populationen werden gleichblühende Pflanzen von *Insekten* mit »Blütentreue« einseitig bevorzugt angeflogen und untereinander bestäubt, so daß die Population zerlegt wird.

Ein Wechsel der abiotischen Umwelt tritt in den bisher bekannten Fällen nicht ein, wohl aber eine Einnischung. Die Koppelung disruptiver Selektion mit bevorzugter Paarung zw. Individuen desselben Genotyps, also sortengleiche Paarung statt Zufallspaarung, läßt die Aufspaltung einer Art innerhalb einer einzigen Population möglich erscheinen (»Sympatrische Speziation«).

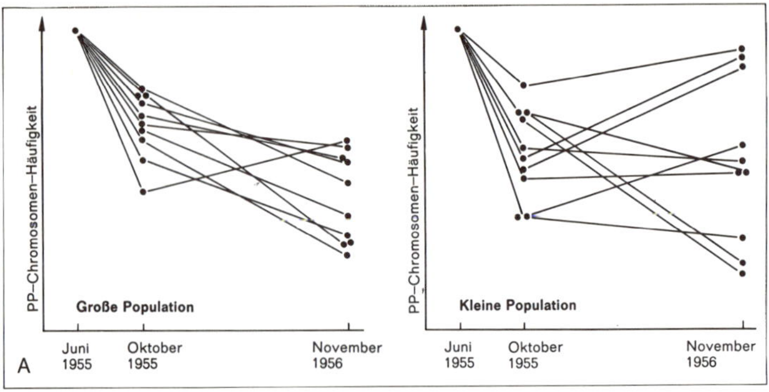

Varianz der PP-Chromosomen in großen und kleinen Drosophila-Populationen

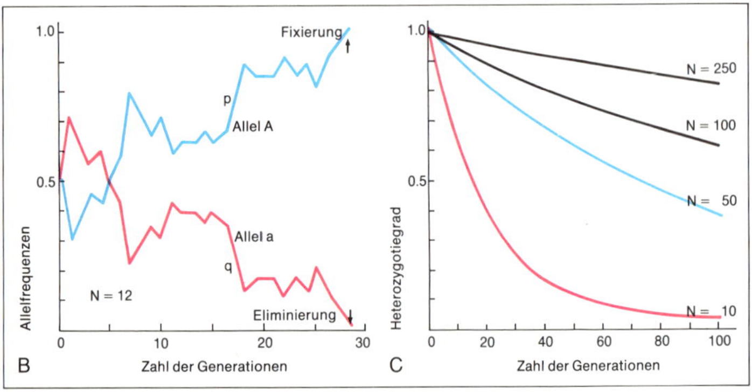

Allelfixierung und -verlust in simulierter Kleinstpopulation (B) und Abnahme des Heterozygotiegrades in verschieden großen Populationen (C)

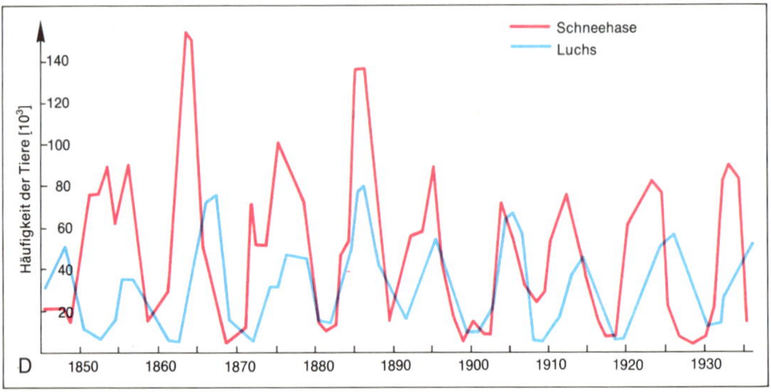

Populationswellen des kanadischen Schneehasen und Luchses

Genetische Zufallsdrift (Gendrift)

Sind Mutation, Genfluß und Selektion populationsgenet. Faktoren, deren Wirkung für jeden Einzelfall bei Kenntnis aller Parameter voraussagbar ist, so erfaßt die Gendrift die Änderung der Genfrequenz durch Zufallsereignisse. Sie treten in allen endlich großen, also realen Populationen auf und haften als Zufallsfehler z. B. auch den MENDEL-Spaltzahlen bei Kreuzungsversuchen an (S. 445). Dies gilt vor allem bei kleinen Populationen: In einem 2-Allel-System erzeugt eine stabile Population von N Elternindividuen eine große Zahl Gameten, deren Allelfrequenzen ziemlich genau denen der Population entsprechen. Entstehen daraus durch Kombination von $2N$ Gameten N neue Individuen, so kann Δq, die allein zufallsbedingte Schwankung der Allelfrequenz q des Allels a je Generation, beachtlich sein, wenn $2N$ klein genug ist. Betrag und Vorzeichen von Δq sind selbst zufallsverteilt und die Streuung der Größe ist nach der Wahrscheinlichkeitstheorie:

$$\sigma_{\Delta q} = \sqrt{\frac{pq}{2N}}$$

Entspr. den statist. Regeln wird Δq mit 50% Wahrscheinlichkeit zw. $\pm$ 0,67 σ, mit 99% Wahrscheinlichkeit zw. $\pm$ 2,58 σ und mit 99,7% zw. $\pm$ 3,0 σ liegen; über die Richtung der Veränderung kann keine Aussage erfolgen. Dies Modell verhilft zu einer Schätzung der oberen Grenze der Frequenzverschiebung aufgrund der Gendrift (üblicherweise 3 σ):

Kleine Populationen von $N = 50$ bzw. $N = 250$ sich fortpflanzenden Individuen lassen in 99,7% aller Fälle erwarten, daß sich die Allelfrequenz von z. B. $p = q, = 0{,}5$ in den Grenzen von $q \pm 3\,\sigma_{\Delta q} = 0{,}5 \pm 0{,}15$ bzw. $0{,}5 \pm 0{,}067$ hält. Die Rate der Frequenzänderungen für q kann hier also in der Größenordnung von über 10% liegen.

Mittlere Populationen mit $N = 5000$ lassen in gleicher Situation nur noch einen geringen Einfluß der Gendrift erwarten, denn hier ist $q \pm \sigma_{\Delta q} = 0{,}5 \pm 0{,}005$, die Rate also ca. 1%.

Große Populationen mit $N > 100000$ bleiben von Zufallswirkungen prakt. unbeeinflußt, zumal schon geringe Frequenzverschiebungen durch andere Evolutionsfaktoren die kleinen Effekte der Gendrift aufheben.

Offensichtl. unterliegen demnach kleine Populationen einer rascheren Evolution (S. WRIGHT). Das ließ sich auch experimentell zeigen (A):

10 *Drosophila*-Populationen mit je 20 Tieren zeigten gegenüber 10 anderen mit je 4000 Tieren, die insgesamt der gleichen Elternpopulation gemischten geograph. Ursprungs entstammten wie die Kleinpopulationen, nach 17 Monaten eine viel größere Varianz infolge eines Engpaß-Effektes (s. u.).

Gendrift in natürl. Populationen ist sicher bedeutungslos in gegenwärtig so verbreiteten Arten wie z. B. *Ratten* oder *Sperlinge,* spielt aber in drei Situationen für die Evolution neuer Rassen bzw. Arten eine große Rolle:

1. Permanent kleine Populationen

unterliegen über Generationen einer regellosen Schwankung der Genfrequenz. Bei »kontinuierl. Drift« ist das endgültige Schicksal eines Allels die völlige **Eliminierung** oder **Fixierung** (B). Mit der Geschwindigkeit je Genort von ca. $1/4N$ pro Generation wirkt die Gendrift entspr. einer Inzucht homozygotisierend und kann den Heterozygotiegrad verringern (C).

Evolution durch Gendrift ist nicht nur in zahlenmäßig kleinen Arten, sondern auch in isolierten Teilpopulationen zu erwarten:

- *Darwinfinken* der Galapagos-Inseln bilden Populationen aus nur 100–1000 Tieren.
- In Isolaten des *Menschen* ist schon nach wenigen Generationen die Frequenzstreuung größer als in der Ursprungspopulation; z. B. haben Habaner-Kolonien, eine religiöse Sekte in den USA, Häufigkeiten der Blutgruppe A von 32–52% (statt ca. 40%), der Kell-Blutgruppe von 13–22% (weltweit sonst 2–6%); die Blutgruppe B ist in einigen Kolonien eliminiert.

2. Schwankungen der Populationsgröße

treten sehr häufig auf (S. 239 ff.), bes. bei *Tieren* (Fluktuation, s. S. 242 f.). Die Ökologie diskutiert versch. Ursachen und Theorien der Abundanzdynamik (S. 243) und beschreibt zahlr. Beispiele:

Größere Populationen z. B. nordamerikan. *Säuger* zeigen rhythm. Schwankungen aus multifaktorieller Ursache (Populationswellen, D).

Die »zeitweilige Drift« bei starker Einengung der Populationsgröße, nicht allein adaptiv durch Selektion, sondern eher wahllos und unabhängig von Fitness durch verheerende Katastrophen, vermag als **Engpaß-Effekt** die Zusammensetzung des Genpools zu ändern.

3. Abtrennung von Kleinstpopulationen,

im Extremfall bei *Tieren* von einem einzigen begatteten Weibchen, und Gründung einer neuen Population an Orten außerhalb des ursprüngl. Verbreitungsgebietes, verringert die genet. Variabilität der **Gründerpopulation,** verändert zufällig die Allelfrequenzen gegenüber der Ursprungspopulation (**»Gründer-Effekt«**) und erhöht zunächst durch Inzucht den Homozygotiegrad. Dabei können selbst bislang nachteilige Mutanten, die zufällig unter den Gründern sind, sich ausbreiten, sofern Phänotypen höherer Fitness nicht mehr zugegen sind. Der Gründer-Effekt tritt sowohl in Pionierpopulationen auf, die über die Arealgrenze hinaus vorstoßen, als auch bei vom *Menschen* verschleppten Arten:

Die z. B. in Neuseeland eingeführten wenigen Individuen von *Fasan, Kaninchen, tasman. Opossum, Rothirsch* oder *Honigbiene* sind erfolgreiche Kolonisatoren.

Am auffälligsten ist der evolutionäre Prozeß, wenn Populationen mit multipler Allel-Heterozygotie (infolge intensiven Genflusses) mit wenigen Individuen Inseln besiedeln:

Der *Eisvogel Halcyon australasia* zeigt in ganz Australien keine, aber auf den umliegenden Inseln sehr zahlr. Unterarten.

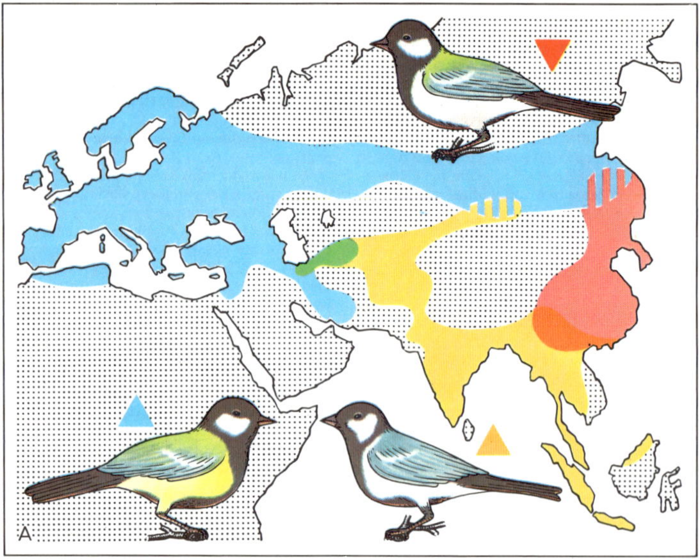

Rassen- und Artbildung bei der Kohlmeise

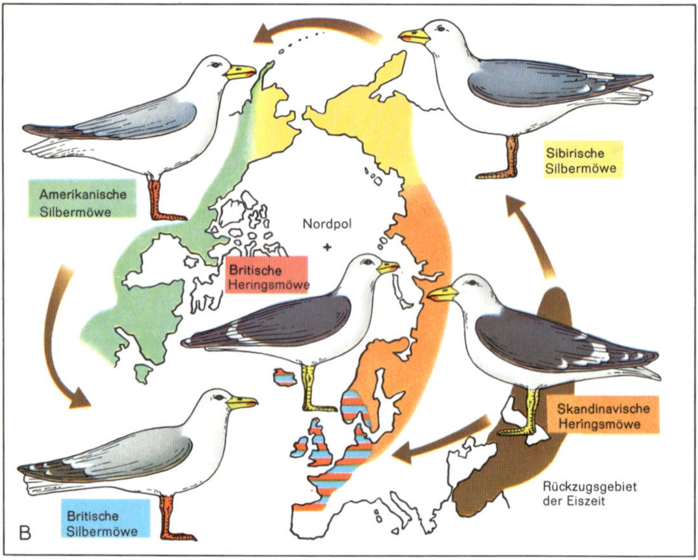

Circumpolare Überlappung bei Möwen

Die Mechanismen, die eine Art von ihren Verwandten fortpflanzungsmäßig isolieren, umfassen damit eine so wichtige Eigenschaftsgruppe dieser Art, daß sie definitionsgemäß das entscheidende Artkriterium darstellen (S. 495). Da zudem die Wirkungsweise der einzelnen Evolutionsfaktoren bei der Entstehung neuer Arten in ihrer jeweiligen Bedeutung schwer abzuschätzen ist, die Isolationsmechanismen aber großenteils erkennbar sind, eignen sie sich am besten dazu, einer Klassifikation der **Haupttypen der Rassen- und Artbildung** zugrunde gelegt zu werden:

1. Geographische Isolation: Trennung durch geograph. Faktoren wie Gebirge, Wüsten, Meere, Flüsse oder Kulturland hat die verbreitetste und schärfste Isolationswirkung.

2. Ökologische Isolation: Populationen, die im selben geograph. Gebiet leben, werden durch Umweltfaktoren isoliert, so daß sie getrennte Biotope oder ökolog. Nischen besetzen (S. 507).

3. Fortpflanzungsbiologische Isolation: Unterschiede in Paarungsverhalten, -zeiten, -auslösern, -stimmungen, Unstimmigkeiten in den Kopulationsorganen verhindern eine ungestörte Panmixie (S. 507).

4. Genetische Isolation: Trennung durch genet. Faktoren, bei der Populationen durch Änderungen in den Chromosomensätzen oder Gen-Anordnungen daran gehindert sind, sich erfolgreich fortzupflanzen (S. 479, 507).

Geographische Isolation

Sympatrische Arten oder Rassen können nur schwerlich aus einer einzigen Population entstehen, solange noch Panmixie herrscht. Andererseits kommt es bei allopatrischen Populationen, zwischen denen durch räuml. Trennung die Fortpflanzungsgemeinschaft aufgehoben ist, sehr leicht zu Artbildung, weil sie nun ihren autonomen spezif. Wirkungssystemen der Evolutionsfaktoren unterliegen. Daher konnte dieser Isolationsmechanismus bei fast allen Tiergruppen und versch. Pflanzengruppen nachgewiesen werden: Die vorhandene Artenfülle muß überwiegend auf ihn zurückgeführt werden.

Geograph. Rassen und Arten unterscheiden sich meist in mehreren Genen voneinander. Damit sind sie insgesamt für Anpassungen in verschiedener Richtung geeignet und besitzen daher große evolutionäre Potenzen.

Die Unterscheidung »Rasse« oder »Art« ist oft dadurch erschwert, daß die Verbreitungsgebiete der einzelnen Rassen einer **polytypischen Art** sich mosaikartig aneinanderfügen, und sich an den Arealgrenzen durch Bastardierung Übergangsformen entwickelt haben. Gerade solche **Rassenkreise** werden aber in den Fällen zu **Beweisen der Speziation** aus geograph. isolierten Rassen, wo sich extreme Glieder bzw. schon lange Zeit isolierte Rassen des Rassenkreises in einem sek. Überschneidungsgebiet unvermischt wie zwei neue Arten verhalten.

- Die *Kohlmeise (Parus major)* tritt in Eurasien in drei allopatrischen Formen auf. Die südliche Form geht in Persien kontinuierlich in die westliche, in Südostasien in die östliche infolge durchgehender Vermischung über. Nach der Eiszeit konnte die Westform so weit nach Osten vordringen, daß sie sekundär mit der Südform in Zentralasien und mit der Ostform im Amurgebiet sympatrisch wurde, ohne daß Vermischung auftritt (A).
- Nach der Eiszeit entwickelten sich aus *Möwen* der kaspischen Region die atlant. *Britische Heringsmöwe (Larus fuscus graelsii),* die *Skandinavische Heringsmöwe (L. fuscus fuscus)* und die pazifische *Sibirische Silbermöwe (L. argentatus vegae),* die sich in Nordamerika zur typ. *Amerikanischen Silbermöwe (L. argentatus smithsoniatus)* weiter entwickelte und schließl. als *Britische Silbermöwe (L. argentatus argentatus)* Nordwesteuropa besetzte. Sie lebt trotz des gemeinsamen Genpools rund um den Nordpol unvermischt mit der *Britischen Heringsmöwe* sympatrisch (B).

In diesen Fällen war die Entw. eines Isolationsmechanismus möglich durch die **Verzögerung des Genflusses** durch eine lange Serie von Populationen (Distanz-Isolation).

Gut isolierte Gebiete (Inseln, Höhlen) beherbergen oft mehrere eng verwandte Arten, deren Stammart im Ursprungsraum einheitl. geblieben ist: Die **Erstbesiedler** aus der Stammpopulation waren in der Isolation bereits soweit genet. abgewandelt, daß eine Vermischung mit späteren **Folgebesiedlern** der gleichen Stammart unterblieb.

Entspr. der Bedeutung der Ausleseformen lassen sich versch. Typen der geograph. Isolation unterscheiden:

Richtungslose geograph. Isolation

tritt bes. dann auf, wenn der Mutations- den Selektionsdruck übertrifft und wenn durch geringe Populationsgröße die Variationsbreite vermindert ist. Dies gibt es bes. in Inselgebieten mit ähnlicher (meist trop.) Umwelt, in der sich viele der richtungslosen Mutanten mit ihrer Vielfalt der Farben und Muster erhalten. Dabei lassen sich oft alle Stadien der Artbildung beobachten.

- Während *Gelbbauchdickköpfe* der Malaiischen Inseln erst Rassen gebildet haben (S. 494f.), treten im gleichen Gebiet ein Dutzend versch. gefiederter echter Arten des *Drongo Dicrurus hottentottus* auf.
- Austral. *Vögel (Buntsittiche, Baumsteiger)* zogen sich bei zunehmender Austrocknung aus ihrem zentralen, ehemals bewaldeten Verbreitungsgebiet in die randlich isolierten Savannenreste zurück und entwickelten hier versch. gefärbte neue Arten.

Abgestuft variierende geograph. Isolation,

bei der sich Merkmale gradweise von Form zu Form verschieben, kann in extrem kleinen Populationen vielleicht ohne Selektion durch Elimination ablaufen, meist ist sie jedoch selektiv bedingt und daher umweltparallel, wie dies im Bereich innerartl. Variationen bereits gezeigt wurde (S. 494f.). Da hier Umweltbedingungen eine Rolle spielen, ist die Abgrenzung zur ökolog. Isolation nicht trennscharf.

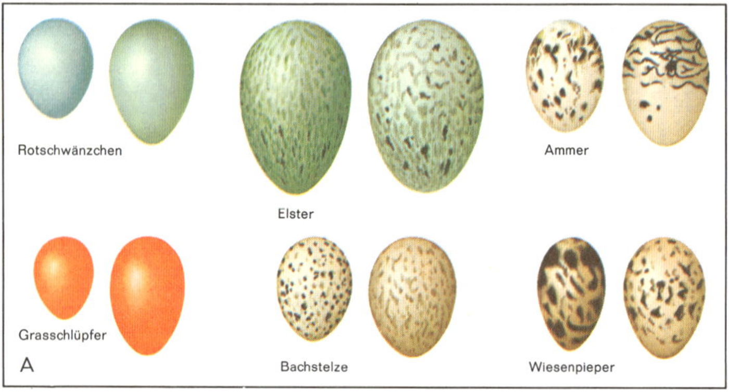

Anpassung der Kuckuckseier (rechts) an die Eier der Wirtsvögel (links)

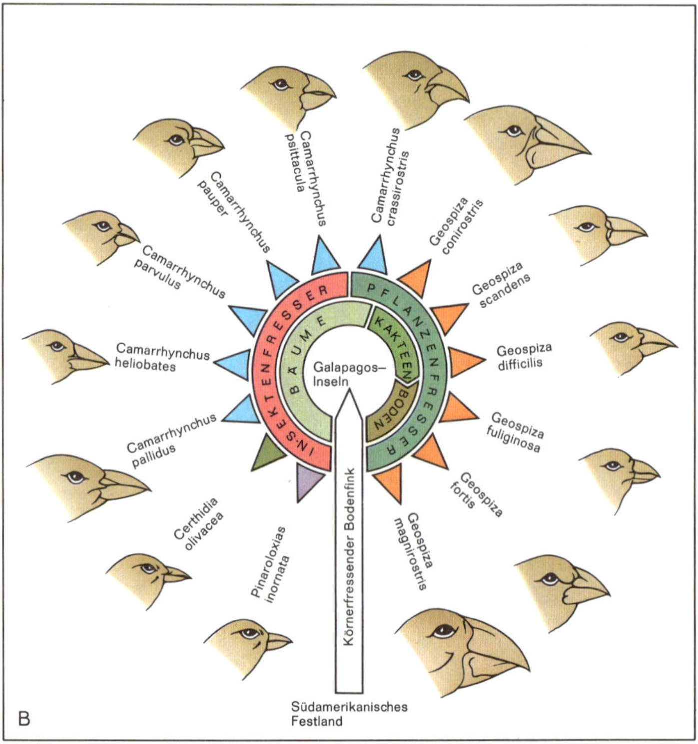

Evolution der Darwinfinken auf den Galapagos-Inseln

Ökologische Isolation

Besetzen einer ökolog. Nische (S. 233) und selektive Adaption an best. Biotope ohne geograph. Sonderung (Separation) sind als der Idealfall auf Parasiten beschränkt. Hier sind es eher physiolog. als morpholog. Merkmale, die die Formen trennen:

- Die bei vielen Menschenrassen und zusätzlich mit ihnen auch geograph. variierenden *Kopf-* und *Kleiderläuse* sind ökolog. isolierte Formen auf der Schwelle von ökolog. Rassen zu versch. Arten (gelegentl. Bastardierung).
- Trennung durch Wirtsanpassung zeigen entoparasit. *Plasmodium*-Arten von *Mensch/Affe,* die *Zwergbandwürmer Hymenolepsis nana* und *H. fraterna* bei *Mensch/Mäusen.*
- Bei den brutparasitierenden *Kuckuck*-Arten bevorzugt die Selektion die Eier, die in Farbe, Musterung (und Größe?) den Wirtseiern nahekommen (A).

Für das Entstehen ökolog. isolierter Formen liefert der *Kleefalter Colias philodice* ein Modell:

Die weiße Mutante, die bei niedrigeren Temperaturen vitaler ist, fliegt am Frühmorgen und Abend, während die gelbe Normalform in der Zwischenzeit aktiv ist.

Das bekannteste Beispiel, das DARWIN an der Konstanz der Arten zweifeln ließ, stellen die *Darwinfinken* dar:

Der bodenbewohnende, körnerfressende *Fink Geospiza* besiedelte von Südamerika aus die etwa 1000 km westl. liegenden Galapagos-Inseln. Er fand alle ökolog. Nischen erreichbar und frei vor und besetzte sie unter Evolution von 14 endemischen Arten (nur *Pinaroloxias inornata* kommt noch außerhalb, auf den 800 km entfernten Cocos-In., vor). Sie sind auf versch. Biotope und Nahrung spezialisiert (B). – Abgelegene Inseln zeigen außerdem die Wirkung geograph. Isolation: Da auf der Insel Hood der *Große Bodenfink* fehlt, besetzt der dort heimische *Kaktusfink* mit einer großschnabeligen Lokalrasse zusätzlich dessen ökolog. Nische.

Fortpflanzungsbiologische Isolation

Dieser Mechanismus, der mit einer geograph. Sonderung verknüpft zu sein scheint, wirkt aufgrund versch. Faktoren manchmal schon vor der Paarung und verhindert sie dadurch:

Jahreszeitliche Aktivitätsunterschiede: In Abhängigkeit von Temperatur oder Licht haben sympatr. Arten versch. Fortpflanzungszeiten. Der *Seefrosch* laicht 3 Wochen vor dem *Wasserfrosch.* Klimafaktoren können aber die Fortpflanzungsstimmung synchron reifen lassen, so daß die Isolation nicht vollständig ist.

Verhaltensschranken: Unvollständiger Besitz oder Fehlen sex. Auslöser opt., akust. oder chem. Natur läßt die Balz vorzeitig enden (S. 171), obwohl der Paarungstrieb bei beiden Partnern vorhanden ist. Eine erstaunl. Form ökolog. und fortpflanzungsbiol. Isolation mit einzigartigen Anpassungen zeigen brutparasitierende afrikan. *Witwenvögel (Viduinae).* Ihre Jungvögel kopieren die artspezif. Wirtsvogelarten *(Prachtfinken)* in Aussehen, komplizierten Rachenmustern, Bettelbewegungen und -lauten völlig, unter den *Paradieswitwen* z. B. *Steganura paradisaea* den *Buntastrild.* Da nun 7–8 Wochen alte *Witwenvögel* das gesamte Gesangsrepertoire ihrer Pflegeeltern erlernen (Prägung, S. 423), vermögen später geschlechtsreife Weibchen »ihre« nestbauenden Wirtsvogelpaare zu finden, deren Verhalten dann das *Witwen*-Weibchen paarungsbereit macht (interspezif. Auslöser). Das *Witwen*-Männchen jedoch wirbt mit einem Gesang, in dem genet. fixierte, aber nur für *Witwenvögel* typische Strophen mit vollendeten Kopien des Wirtsgesangs abwechseln. Dieser artfremde Gesangsteil isoliert die einander äußerlich sehr ähnlichen sympatr. Arten; denn je vollkommener ein *Witwen*-♂ die Strophen der gemeinsamen Wirtsart vorträgt, desto attraktiver ist es für das partnersuchende ♀.

Mechanische Kopulationsschranken: Neben Größenunterschieden zw. nahestehenden Formen *(Bernhardiner/Pinscher)* wirken bei Tieren mit festen Außenskeletten *(Insekten)* abweichende Formen der Kopulationsorgane isolierend.

Andere Faktoren verhindern zwar nicht die Kopulation, jedoch später die Weiterentw. bei Bastardierung:

Gametensterblichkeit: Spermien fremder Formen werden im Genitalweg der Weibchen gelähmt oder abgetötet, z. B. bei Kreuzungen zw. *Drosophila americana* und *D. virilis.* Dem entspricht bei *Pflanzen* die Wachstumshemmung des Pollens auf artfremder Narbe (Inkompatibilität).

Avitalität der Bastarde: Zygotensterblichkeit, Bastardunterlegenheit und -sterilität sind bekannte Erscheinungsformen der reproduktiven Artisolation. Bastardembryonen best. Leinarten sind z. B. zu schwach, die äußere Samenschale zu durchbrechen. Werden sie künstlich herausgelöst, entwickeln sie sich zu normalen fertilen Pflanzen.

Genet. Voraussetzungen einer sex. Isolation sind bei Geschwisterarten analysiert: Männchen von *Drosophila pseudoobscura* und *D. persimilis* begatten vor allem arteigene Weibchen; *D. persimilis* bevorzugt auch noch solche Rückkreuzungsformen zw. Mischlingen beider Arten und *pseudoobscura,* die wenigstens ein X- oder II-*persimilis*-Chromosom haben. Experimentelle Auslese der Bastarde in Mischpopulationen verstärkt die Kreuzungsbarriere.

Genetische Isolation

Artbildung allein durch genet. Isolation gilt als selten. Zusammen mit geograph. Isolation gewinnt sie aber, vor allem bei *Pflanzen,* große Bedeutung, besonders auf der Basis der Polyploidie. Die natürl. Verbreitung dieses Isolationsmechanismus (Einzelheiten s. S. 479) wird durch die zufällig oder gezielt erreichten Ergebnisse der Pflanzenzüchtung noch unterstrichen (S. 489).

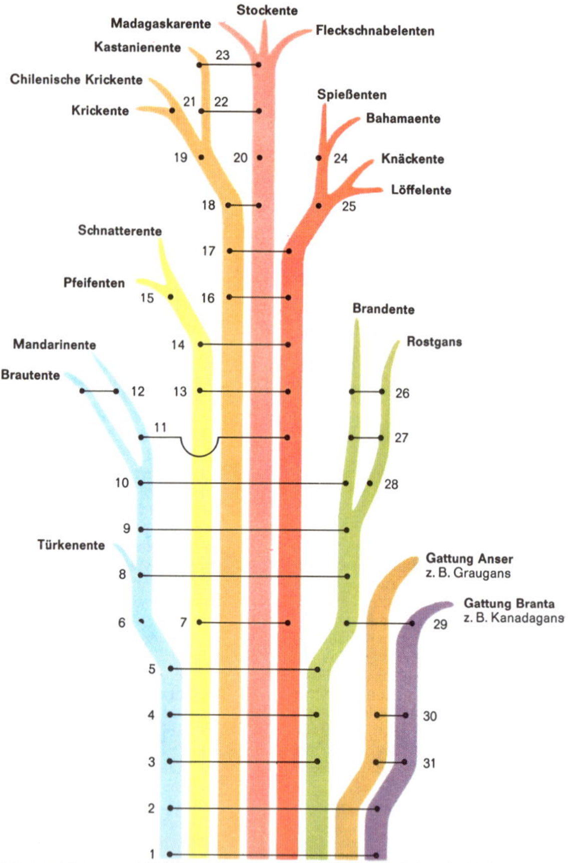

1 »Antrinken« als Befriedungs- und Balzbewegung
2 Einsilbiges »Pfeifen des Verlassenseins« beim Küken
3 Zweisilbiger Kükenstimmfühlungslaut
4 Mehrfarbiges Kükenkleid der Enten
5 Flügelspiegel
6 Zielende Kopfbewegung als Paarungseinleitung
7 Pumpen als Paarungseinleitung
8 Seihschnabel mit Hornlamellen
9 Hetzen der Ente als weibliche Balz
10 Schütteln als Imponier– und Balzbewegung
11 Gesellschaftsspiel der Erpel
12 Scheinputzen an einer besonderen Schmuckfeder
13 Einleitendes Sichschütteln bei der Erpelbalz
14 Decrescendoruf der Ente
15 Triumphgeschreiähnliches Kinnheben
16 Hochkurzwerden des balzenden Erpels
17 Hinterkopfzudrehen des Erpels
18 Gleiche Flügelspiegel bei Ente und Erpel
19 Schwarz–gold–grüner Krickentenspiegel
20 Schubkampf der Erpel
21 »Küdick«–Pfiff der Krickenten
22 Nickschwimmen der kokettierenden Ente
23 Paarungsnachspiel mit Nickschwimmen des Erpels
24 Hetzen der Ente mit erhobenem Vorderkörper
25 Lanzettförmige Schulterfedern
26 Schwarz–weißes Kükenkleid
27 Schwarz–weiße und rot–braune Flügelzeichnung
28 Ritualisiertes Schütteln fehlt
29 Halseintauchen als Paarungseinleitung
30 Einfarbiges Kükenkleid der Gänse
31 Mehrsilbiger Kükenstimmfühlungslaut

Gemeinsame Merkmale bei Entenvögeln

Bedeutung der Ähnlichkeit

Wenn mehrere komplexe Systeme wie Lebewesen oder menschl. Sprachen einander ähnlich sind und sogar in ihren grundlegenden Strukturen übereinstimmen, muß es dafür eine Ursache geben.

Während die aufgrund des Vergleichs von Vokabular, Wort- und Satzbau behauptete gemeinsame Abstammung des Spanischen, Französischen und anderer roman. Sprachen vom Lateinischen längst allg. anerkannt war, blieb der Biologie ein entspr. Erfolg zunächst versagt, obwohl die **Abstammungslehre** (Evolutionstheorie) die Ähnlichkeit der Organismen in gleicher Weise erklärte:

Die heute lebenden *Pflanzen* und *Tiere* haben sich aus andersgestaltigen Urformen entwikkelt; die Ähnlichkeit zw. Lebewesen ist das Ergebnis ihrer Verwandtschaft, das Ausmaß der Übereinstimmung ein Maß für engere oder weitere Zusammengehörigkeit.

Direkte Beweise dafür liefert nur die experiment. Genetik und Züchtung (S. 489). Ihre Erkenntnismittel aber reichen an das Evolutionsproblem direkt nur soweit heran, als es sich um mikroevolutionäre Änderungen innerhalb von Populationen handelt, der Verwandtschaftskreis innerartl. Rassen oder nahestehender Arten also nicht überschritten wird. Allerdings wird von den innerartl. (infraspezif.) Vorgängen auch auf die überartl. (transspezif.) Prozesse geschlossen (S. 496–507).

Indirekte Beweise für die Abstammung von gemeinsamen Urformen werden jedoch in ungeheurer Fülle von den biol. Teilwissenschaften bereitgestellt. Sie stützen sich dabei auf den Vergleich von Strukturen (s. u.), von Lebensabläufen (S. 510ff.) und auf die räuml. und zeitl. Verbreitung (S. 514f.). Die zwanglose Deutung der Befunde im Sinne einer Evolution und die einheitl. Aussage trotz sehr unterschiedl. Methode (BAVINK: »Konvergenz der Forschung«) haben der Abstammungslehre zur allg. Anerkennung verholfen.

I. Zeugnisse der Systematik

Auffälligerweise gibt es kaum Arten mit durchgehend konstanten Merkmalen. Meist sind Arten nämlich gar keine strengen systemat. Einheiten, sondern **Formenkreise** räuml. nebeneinander lebender Rassen mit fließenden Übergängen, jedoch auffälligen Unterschieden zw. den Extremen (Polytypie, S. 493ff., 504f.). Auch zw. Gattungen und Familien sind Übergänge häufig, gelegentlich treten sogar fruchtbare Gattungsbastarde auf *(Rettich × Kohl, Weizen × Quecke).*

Heute noch lebende **»rezente Brückenformen«** schaffen Zusammenhänge zw. höh. systemat. Einheiten: Das *Schnabeltier* hat noch Reptilienmerkmale (Kloake, eierlegend, schwankende Bluttemperatur), der *Peripatus* (S. 570f.) vermittelt zw. *Ringelwürmern* (Segmentierung, Fußstummel) und *Tausendfüßlern* (Mundwerkzeuge, Tracheenatmung), das *Lanzettfischchen zw. Wirbellosen* (Fehlen von Kopf, fünfteiligem Hirn, Gliedmaßen, Wirbeltiernieren) und *Wirbeltieren* (dorsales Stützgerüst, Rückenmark, Kiemendarm, fischart. Muskel- und Gefäßsystem).

II. Zeugnisse der Verhaltensbiologie

Die Verbreitung und Stufenfolge der Ähnlichkeit vieler Instinktbewegungen, bes. der Auslöser des Sozialverhaltens, lassen sich nur stammesgeschichtl. verstehen.

- *Enten* der Gattung *Anas* (z. B. die *Stockente*) unterscheiden sich zwar in ihrer Färbung beträchtlich, gleichen sich jedoch in ihrer sehr hoch diff. sozialen Balz.
- Der breitschnabelige *Kahnschnabel (Cochlearius)* Mittelamerikas rückt wegen der gleichart. Begrüßungszeremonie in die Verwandtschaft der *Nachtreiher (Nycticorax)*. Der die Kopfbewegungen unterstützende Federschmuck hat sich später und daher verschiedenartig entwickelt.

Rezente Arten spiegeln als Modelltypen einer **phylogenetischen Reihe** den histor. Gang der Entw. wider, die oft über einen Verlust der ursprüngl. Bewegungsfunkt. zur Stärkung der Signalbewegung durch opt. Strukturen verläuft:

Im Imponiergehabe des *Grauganters* ist das Offenhalten der Flügel die verlängerte Endphase des Fliegens. Bei der *Nilgans* ist es nicht mehr an einen vorausgegangenen Flug gebunden. Die *Orinokogans* hat diese selbständige Zeremonie weiterentwickelt: Hochaufgerichtet weist sie die auffällige Färbung der Flügelunterseite vor.

Bes. bei *Entenvögeln* sind strukt. und etholog. Übereinstimmungen, häufig parallel auftretend und daher phylogenet. bes. überzeugend, von LORENZ untersucht worden (Abb.).

Nicht-homologe **»Anpassungsähnlichkeiten«** durch konvergente Entw. sind dagegen z. B. das bachstelzenhafte Schwanzwippen insektensuchender *Sperlingsvögel* oder der durchdringende, schwer zu ortende Warnlaut von *Amsel, Buchfink* und *Kohlmeise.*

III. Zeugnisse der Parasitologie

Parasiten stammen von ursprüngl. frei lebenden Vorfahren ab. Aber nicht nur ihre embryolog. Entw. liefert Evolutionsbeweise (S. 511), sondern auch ihre Wirtsspezifität, die es ihnen erschwert, sich eine neue Wirtsart zu suchen. Rezente Wirte haben ihre Parasiten von den Ahnformen mitbekommen:

- *Läuse* der Gattung *Pediculus* leben nur auf *Menschen* und *Schimpansen* und unterscheiden sich von denen anderer *Säuger.*
- *Flöhe* der Familie *Macropsyllidae* sind auf die *Mäuse* beschränkt.

Da sich die Bedingungen, unter denen Innenparasiten leben, weit weniger geändert haben als die der Wirte selbst, haben sich die Parasiten divergierender Wirtsarten nur wenig gewandelt und geben damit Hinweise auf die Verwandtschaft ihrer Wirte *(Bandwürmer* der *Warane* und *Riesenschlangen).*

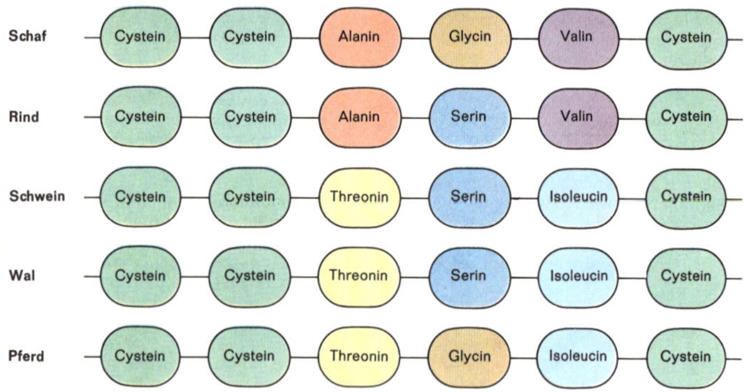

A Artspezifische Sequenzunterschiede bei Insulin

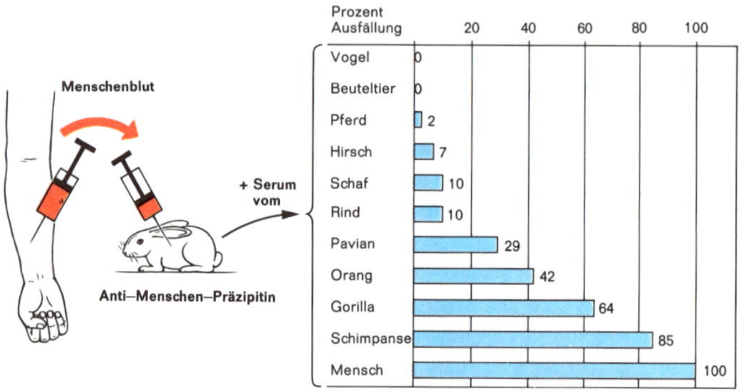

B Serologische Bestimmung der Eiweißähnlichkeit zwischen Mensch und einigen Tieren

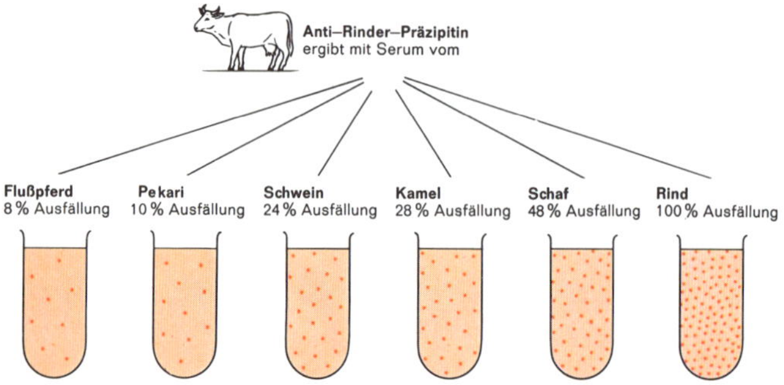

C Eiweißverwandtschaft einiger Huftiere

Biochemische und serologische Verwandtschaftsbeweise

IV. Zeugnisse der Physiologie

Die physiolog. Grundfunktionen der Vererbung, Entw., der Reizerscheinungen und des Stoffwechsels gleichen sich in allen oder mindestens in sehr vielen Organismen, was nur durch die Phylogenese, nicht durch spontane Entstehung neuer Arten verständlich ist.

V. Zeugnisse der Molekularbiologie

Die vergleichende Untersuchung organismeneigener Stoffgruppen belegt z. B. durch die **Universalität** einzelner Wirkstoffe (ATP, NAD^+) oder des DNA-Codes (S. 44) den gemeinsamen Ursprung alles Lebendigen, läßt darüber hinaus aber auch Rückschlüsse auf die biol. **Verwandtschaft** ihrer Träger zu (**Chemotaxonomie**):

Der weiße und gelbe Farbstoff der Schmetterlingsflügel bei *Weißlingen (Pieriden,* z. B. *Kohlweißling, Zitronenfalter)* ist ein Harnsäure-Abkömmling, der auf diese Familie beschränkt ist und daher von einer gemeinsamen Ahnform stammen muß.

Die engere Verwandtschaft der *Wirbeltiere* mit den *Stachelhäutern* legt das Auftreten der ATP-regenerierenden Phosphate nahe:

Während *Wirbellose* meist Argininphosphat enthalten, *Wirbeltiere* dagegen immer Kreatinphosphat, besitzen *Seesterne* und der *Eichelwurm Balanoglossus* entweder nur Kreatin- oder daneben auch Argininphosphat.

Proteine sind meist streng artspezif. und unterscheiden sich von andersartigen. Man kann sie durch Elektrophorese, d. h. ihre typ. Bewegung im elektr. Feld, voneinander isolieren:

Elektrophoret. Trennung der Eiweiße aus versch. Vogeleiern belegt die Ähnlichkeit und damit engere Verwandtschaft zw. *Störchen* und *Flamingos, Schwalben* und *Kolibris, Eulen* und *Ziegenmelkern.*

Bes. aufschlußreich sind **Sequenzanalysen** bei Nukleinsäuren (DNA) und Proteinen. Die Größe der Übereinstimmung ist dabei ein Maß der stammesgeschichtl. Verwandtschaft:

- DNA-Doppelspiralen lassen sich halbieren und unter best. Umständen mit radioaktiv markierten, fremden Einzelsträngen komplementär neu verbinden. Solche Ergänzungen verlaufen umso vollständiger, je ähnlicher die DNA-Moleküle bzw. die sie liefernden Organismen sind. Sie betragen zw. *Maus* und *Hamster, Meerschweinchen, Mensch* jeweils 55 und 24 und 20%, zw. *Mensch* und *Rhesusaffe* 85%.
- Die kürzere Kette des Insulins (S. 10) ist bei verwandten *Säugern* nur im mittleren Teil durch Austausch von 1–2 Aminosäuren abgewandelt (A).
- Die Unterschiede in dem aus 104–108 Aminosäuren bestehenden Atmungsenzym Cytochrom c betreffen von den *Säugern* zu den *Vögeln* 10–15, den *Fischen* 20, der *Hefe* 43–49 Aminosäuren. Zw. *Mensch* und *Rhesusaffe* beträgt der Unterschied 1.

Ähnliches zeigen die Sequenzanalysen von Hypophysenhormonen (Corticotropin, Melanotropin) oder Hämo- und Myoglobinen.

VI. Zeugnisse der Serologie

Die bei spezif. humoraler Abwehr (S. 323) im Blutplasma vorliegenden Antikörper bilden nicht nur mit dem spezif. Antigen einen Immunkomplex (Präzipitinreaktion), sondern in schwächerem Maße auch mit Proteinen einer dem Antigen-Spender verwandten Art, und zwar quantitat. abgestuft nach dem Grad der Verwandtschaft:

- Gegen menschl. Serumprotein eingestelltes Präzipitin (Antikörper) eines Versuchstieres fällt Affenserum zur Hälfte aus, nicht dagegen Beuteltier- oder Vogelserum (B).
- Gegen Rinderblut wirksames Antiserum zeigt durch versch. starke Ausfällung die verwandtschaftl. Beziehungen einiger *Huftiere* (C).

Solche serolog. Tests haben bestätigt, daß *Wale* den *Paarhufern, Moschusochsen* den *Ziegen* und *Schafen,* nicht aber den *Rindern* am nächsten stehen, und daß die *Hasenartigen* nicht zu den *Nagetieren* gehören.

VII. Zeugnisse der Embryologie

Auf Verwandtschaft deuten auch die zahlr. Übereinstimmungen bei Embryonen versch. Tier- und Pflanzengruppen, deren Erwachsene einander nicht mehr ähnlich sind:

- Die Embryonen verschiedener Wirbeltierklassen, z. B. *Haifisch, Küken* und *Mensch,* sind sowohl in der Gesamtform als am Kopf mit seinen Augen, Nasenlöchern, Ohren, Kiemenspalten, an den Gliedmaßen, dem Herzen und Schwanz kaum zu unterscheiden.
- Nicht nur *Schnecken* und *Muscheln,* sondern auch meeresbewohnende *Ringelwürmer* gehen aus einer *Trochophora*-Larve hervor. Sie stammen also von einer gemeinsamen Ahnform ab, bei der es schon eine solche Larve gegeben haben muß.
- Die Verwandtschaft zwischen *Stachelhäutern* und den zu den *Chordatieren* überleitenden *Eichelwürmern* bestätigt der diesen Formen gemeinsame Larventyp der *Dipleurula.*

Die Embryologie kann vor allem auch die Stellung hochspezialisierter Formen aufdecken:

- Da die bis 1830 den *Weichtieren* zugeordneten *»Entenmuscheln«* (z. B. *Lepas*) eine *Nauplius*-Larve besitzen, die sonst nur bei *Krebsen* vorkommt, konnten sie als seßhaft gewordene *Krebse* erkannt werden.
- Aus dem gleichen Grunde konnte die auf *Taschenkrebsen* parasitierende, formlose und fast bis auf einen Sack mit Keimzellen zurückgebildete *Sacculina* (S. 264 f.) als *Krebs* eingeordnet werden.

Häufig finden sich embryonale Strukturen, die für heutige Arten überflüssig, aber als Überbleibsel eines bei den Vorfahren notwendigen Organs stammesgeschichtl. verständlich sind (HAECKEL: Biogenet. Regel der embryolog. Wiederholung phylogenet. Entwicklungsstadien), z. B. menschl. Kiemenspalten, Schneidezahnanlagen im Oberkiefer bei *Paarhufern,* laubblattähnl. Keim- und Primärblätter bei *Pflanzen* mit zu Schuppen reduzierten Folgeblättern.

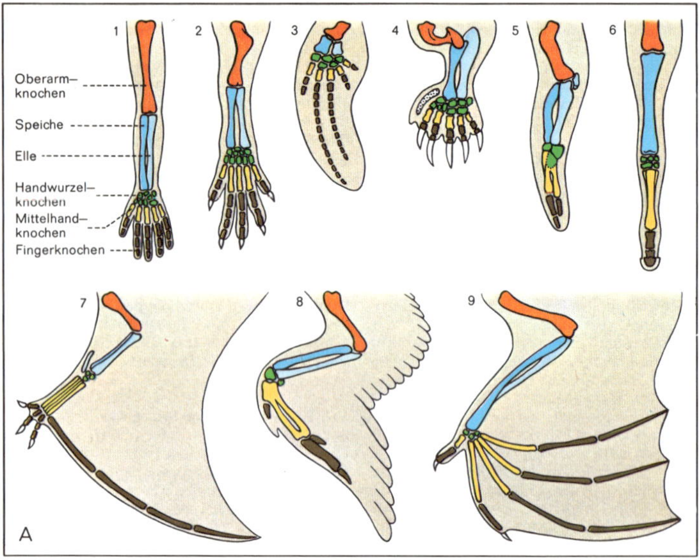

Homologe Organe: Vordergliedmaßen von Mensch (1), Eidechse (2), Wal (3), Maulwurf (4), Pinguin (5), Pferd (6), Flugsaurier (7), Vogel (8), Fledermaus (9)

Analoge Organe: Grabbeine

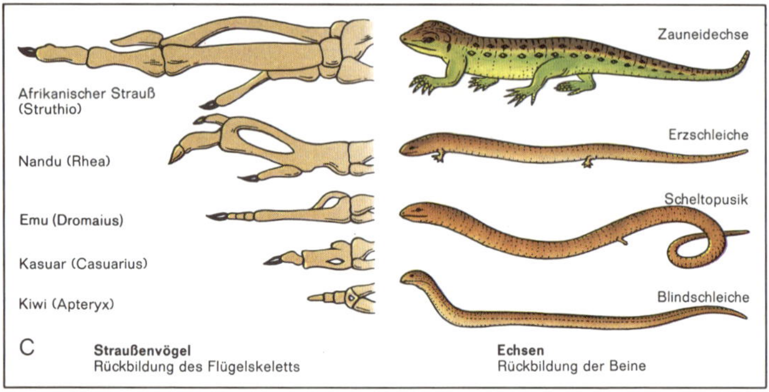

Rudimentäre Organe: Rückbildung der Beine

VIII. Zeugnisse der Morphologie

Schon für DARWIN war Ähnlichkeit in der äußeren Gestalt oder in Anordnung und innerem Bau einzelner Organe ein Hinweis auf die Verwandtschaft der betr. *Pflanzen* und *Tiere:*

- Die Zahl der Halswirbel beträgt 7 bei den *Säugern*, mag der Hals lang *(Giraffe)* oder kurz sein *(Maulwurf)*.
- Die Gliedmaßen der *Wirbeltiere* (S. 140f.) oder *Insekten* (S. 132f.) bestehen aus sehr spezif. Bauelementen, die bei den jeweils gemeinsamen Ahnformen entwickelt wurden.

Solch ein **gemeinsamer Bauplan** der Mitglieder derselben systemat.-taxonom. Kategorie, d.h. eine Ähnlichkeit trotz versch. Sonderadaptionen (z.B. bei Parasiten, sessilen Tieren, Wasser- oder Trockenformen) leuchtet aufgrund des Evolutionsgedankens ebenso ein wie das Vorkommen heute überflüssiger Strukturen. Sie sind evolutionäre **Abwandlungen des Grundtyps:**

- Das gegliederte Stützgerüst der *Wirbeltier-*Extremität (S. 140 B) ist auch in der Flosse des *Delphins* und dem Flügel der *Flugsaurier, Vögel* und *Fledermäuse* erhalten (A).
- *Insekten-*Mundwerkzeuge (S. 132), *Wirbeltier-*Gehirne (S. 530) oder die Wurzel-, Sproß- und Blattmetamorphosen (S. 116–121) wandeln ebenfalls einen Grundtyp ab.

Organe, die äußerl. nach Bau u/o Funktion versch. sein können, sich aber auf einen phylogenet. gemeinsamen Ursprung zurückführen lassen, heißen **homologe Organe.** Dagegen nennt man Gebilde gleicher Funktion, aber versch. phylogenet. Herkunft **analoge Organe;** es sind Anpassungsähnlichkeiten unter dem Einfluß einer adaptierenden Selektion, die ihre gleichgerichtete, »konvergente« Entw. veranlaßte (Speicherknolle von *Dahlie* und *Kartoffel,* Flügel eines *Vogels* und *Insekts,* die schaufelförmigen Grabbeine des *Maulwurfs* und der *Maulwurfsgrille,* B). Mit Hilfe von **Homologie-Kriterien** wird die Existenz einer phylogenet. begründeten Übereinstimmung geprüft:

Das **Kriterium der Lage** einer Struktur in vergleichbaren Gefügesystemen, die Konstanz der räuml. Beziehungen z.B. der Knochen zu den benachbarten Nerven, Gefäßen und Muskeln stützt die evolut. Ableitung der Gehörknöchelchen bei *Säugern* von den Kiefergelenkknochen der *Reptilien* (»REICHERTsche Theorie«, S. 140f., 522) trotz starker Abwandlung.

Das **Kriterium der speziellen Qualität** erlaubt auch bei ungleicher Lage ein Homologisieren der Einzelstrukturen, wenn sie im Bau übereinstimmen (z.B. Zähne versch. *Säuger*). Das **Kriterium der Stetigkeit** schließl. ist erfüllt, wenn zwei Extrembildungen durch Zwischenformen verbunden sind, die entweder embryonal nachweisbar sind (Biogenet. Regel, S. 511) oder bei fossilen u/o rezenten Vertretern eine Formenreihe gestufter Abwandlung bilden.

Oft lassen sich homologe Organe oder Systeme in phylogenet. Reihen **(Progressionsreihen)** vom Einfachen zum Komplizierten ordnen, z.B. das ZNS der *Wirbellosen* und *Wirbeltiere* (S. 530), Kreislaufsystem und Herz (S. 140), Schwimmblase und Lungen der *Wirbeltiere.*

Eine der stärksten morpholog. Stützen der Deszendenztheorie stellen funktionslos gewordene, rückgebildete Strukturen dar. Wenn sich die Umweltbedingungen für einen Organismus ändern, kann der Selektionsdruck auf die Aufrechterhaltung bislang lebenswichtiger Konstruktionen nachlassen und somit ein Verkümmern zu einem **rudimentären Organ** zulassen, wenn die entspr. Mutanten dadurch nicht in ihrer Fitness gegenüber den ursprüngl. Formen gemindert sind:

- Die Rippen der *Schildkröten* sind fest mit dem Rückenpanzer verwachsen und darum völlig unbeweglich; dennoch besitzt eine junge *Teichschildkröte* noch Reste von Zwischenrippenmuskeln, die ihre Funktion in der Stammesgesch. seit > 200 MJ eingebüßt haben.
- Obwohl sich die Embryonen der *Beuteltiere* im Mutterleib entwickeln und durch eine Placenta ernährt werden, haben sie über 100 Mill. Jahre der Phylogenese noch Reste ihrer Reptilienherkunft bewahrt: Die Eier enthalten Dotter, Eiweiß und Schalen, die Embryonen eine Eizahn-Papille.
- Sek. *Wassersäuger* haben bes. Hals, Gliedmaßen und Schwanz zurück- und umgebildet. Der *Wal* z.B. hat keine Hinterbeine mehr, im Körperinnern liegen Reste vom Beckengürtel.
- Parasit. lebende *Samenpflanzen* haben die Laubblätter zu chlorophyllfreien Schuppen reduziert *(Fichtenspargel)*, den ganzen Sproß rückgebildet (*Rafflesia,* mit Riesenblüte unmittelbar auf der Wirtspflanze) oder sogar die Wurzeln rudimentiert *(Teufelszwirn)*.

Innerhalb mancher Gruppen lassen sich bei den versch. Arten unterschiedl. weit fortgeschrittene Rückbildungen feststellen, die sich zu einer phylogenet. Reihe zusammenstellen lassen, ohne daß damit gemeint ist, die Vertreter einer solchen **Regressionsreihe** seien einer aus dem anderen entstanden.

- Bei den flugunfähigen *Straußenvögeln* sind die Elemente des Flügelskeletts in unterschiedl. Maße nach Zahl und Größe rückgebildet und verwachsen (C).
- Versch. Eidechsenarten zeigen mehrere Stufen der Gliedmaßen-Reduktion: *Zauneidechsen* haben gut entwickelte fünfzehige Vorder- und Hinterbeine, die die schlängelnde Fortbewegung wesentl. unterstützen. Die sehr kurzen, dreizehigen Beine der *Erzschleiche* wirken bei der Bewegung kaum mit. Beim mittelmeer. *Scheltopusik* fehlen Vorderbeine, die stummelförm. Hinterbeine sind funktionslos. Unsere *Blindschleiche* endlich ist beinlos, doch finden sich noch Reste des Beckengürtels und ein vollst. Schultergürtel (C).
- Bei *Rachenblütlern* besitzt die *Königskerze* 5 Staubgefäße, von denen bei der *Braunwurz* 1 reduziert, beim *Fingerhut* 1 ausgefallen ist; die beim *Gnadenkraut* neben den 2 fruchtbaren noch vorhandenen 2 verkümmerten Staubgefäße fehlen beim *Ehrenpreis* ganz (S. 558 A).

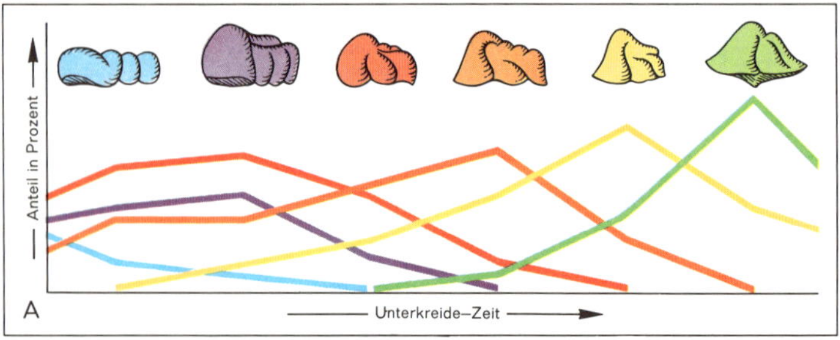

Verbreitung aufeinanderfolgender Schalentypen eines Lochkammerlings in der Kreidezeit

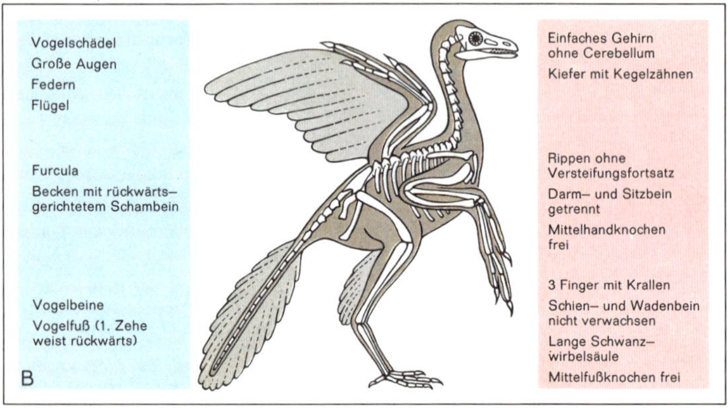

Reptilien- und Vogelmerkmale beim Urvogel

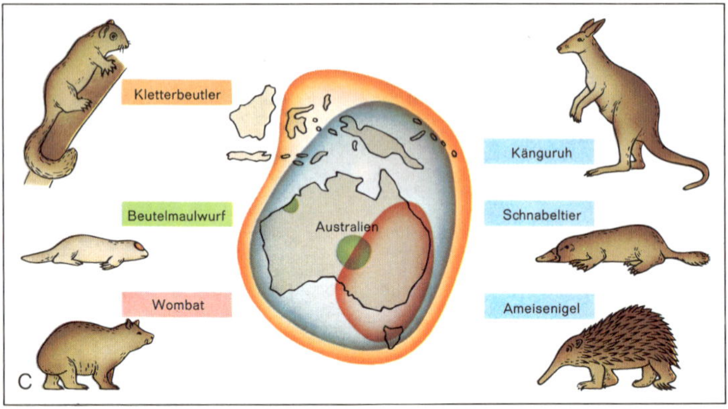

Vorkommen von Kloaken- und Beuteltieren in Australien

IX. Zeugnisse der Paläontologie

Überreste von *Pflanzen* und *Tieren* früherer Epochen blieben in den Erdschichten im allg. nur dann bewahrt, wenn erhaltungsfähige Feststoffe (Holz, Innen- oder Außenskelett) vorlagen und die Leichen bald von konservierendem Material bedeckt wurden (Sedimente, Flugsand). Die fossilen Urkunden müssen daher lückenhaft bleiben. Dennoch liefert die Paläontologie wichtige Beweise für die Evolutionstheorie.

Vor allem belegt sie zwingend den **Wechsel im Formenbestand** der Organismen innerhalb der Erdgesch., das ständige Werden und Verlöschen neuer Typen und bestätigt voll die für den Gesamtablauf der Evolution zu fordernde **Zunahme in Menge und Ausmaß der Differenzierung:**

- Die Zahl der versch. pflanzl. Zelltypen stieg von 1–3 (vor 1,5 Mrd. Jahren) über 6–10 (vor 600 Mill. Jahren) und 40 (vor 400 Mill. Jahren) auf gegenwärtig 76.
- In der Stammesgesch. der *Pflanzen* wie *Tiere* (S. 520–523) wächst die Organisationshöhe (Anagenese, S. 531) von den geolog. älteren zu den jüngeren Vertretern (»Histor.-morpholog. Progression«: *Algen-Tange-Farne-Nacktsamer-Bedecktsamer)*.

Nahezu lückenlose **Ahnenreihen,** die die Evolutionsfolge im Umwandlungsprozeß einer systemat. Einheit (Art, Gattung) aufzeigen, sind von *Dreilappkrebsen, Austern, Schnecken, Ammoniten* (Verwandte der *Tintenfische*), *Elefanten, Kamelen* und *Pferden* (vgl. S. 524f.) bekannt, manchmal sogar Populationsanalysen:

Der *Lochkammerling Globorotalites* änderte während der Kreidezeit kontinuierl. sein Schalengerüst. Dabei verschob sich der Anteil der einzelnen Typen an den jeweiligen Populationen zeitlich in den geolog. aufeinanderfolgenden Ablagerungsschichten (A).

Von bes. Bedeutung sind Funde ausgestorbener Formen, die als **»fossile Brückentiere«** (Kollektivtypen) in sich Merkmale vereinigen, die mehreren, durch die spätere Eigenentw. scharf voneinander geschiedenen Gruppen gemeinsam sind, so daß die Vorfahren dieser Gruppen in jener Ahnform gleichsam zu einer systemat. Einheit verschmelzen:

- Der in Grönland im Oberdevon gefundene *Ichthyostega,* ein »Fisch mit Beinen«, besaß noch eine knöchern abgestützte Rückenflosse, aber primitive Lungen, und 4 Beine mit je 5 Zehen. Er zählt zu den frühen *Dachschädlern (Stegocephalen),* die den Übergang von den *Fischen (Quastenflosser)* zu den landlebenden *Wirbeltieren (Amphibien, Reptilien)* bilden (Schultergürtel noch mit dem Kopf, Becken noch nicht mit der Wirbelsäule verbunden).
- *Seymouria* aus dem Unter-Perm ist teils noch *Lurch* (Seitenliniensystem am Schädel, tiefer Ohrschlitz), teils schon *Reptil* (Choanen nah zusammen, Articulare und Supraangulare getrennt).
- Der taubengroße *Urvogel Archaeopteryx* der Jurazeit zeigte ein Mosaik von Reptilien- und Vogelmerkmalen (B).

X. Tier- und pflanzengeographische Zeugnisse

Im Laufe der Erdgesch. haben Oberflächengestalt und Ausdehnung der Kontinente stark geschwankt. Da nun Meere und hohe Gebirge die freie Wanderung der Landorganismen, große Landmassen diejenige von Wasserformen beschränkten, sind Zusammenhang der einzelnen Areale und Ausmaß der Verschiedenheit ihrer Bewohner eng miteinander verknüpft:

- Die Lebewesen der gekoppelten nördl. Festlandmasse unterscheiden sich nicht grundsätzlich, während die erdgeschichtl. schon lange isolierten Südkontinente ihre ihnen eigentüml. Arten bewahrt (Reliktendemiten) oder neu entwickelt haben (progressive Endemiten), Südamerika z.B. *Nandu, Breitnasenaffen, Zahnarme (Ameisenbär, Faultier)*.
- Australien, das zu Ende der Kreidezeit isoliert wurde, als erst *Kloaken-* und *Beuteltiere* erschienen waren, konnte diese bewahren, da sie nicht im Wettbewerb mit hier fehlenden *höh. Säugern* unterlagen (C).

Bes. die ozean. Inseln (Galapagos, Hawaii) mit ihren endem. Formen ließen bereits DARWIN die Frage nach der Ursache solcher ähnlichen, aber doch abgewandelten Arten in isolierten Verbreitungsgebieten stellen:

»Sollen wir denn annehmen, daß die versch. Arten der *Nashörner,* die jeweils für sich Java, Sumatra und Malakka bewohnen ... aus der toten Materie dieser Gebiete erschaffen wurden? Sollen wir wirklich ohne vernünftigen Grund sagen, daß sie deshalb, weil sie so nahe beieinander leben, einander sehr ähnl. erschaffen wurden; daß sie im gleichen Gattungstyp erschaffen wurden wie das *sibir. Wollnashorn* und andere ausgestorbene Arten? ... Gibt es keinen Grund dafür, daß ihr kurzer Hals dieselbe Wirbelzahl enthält wie der lange Giraffenhals; daß ihre dicken Beine nach demselben Plan gebaut sind wie die Beine der *Antilopen,* der *Maus,* des *Affen,* oder wie der Fledermausflügel und die Delphinflosse; ... daß in den Kiefern ihrer Jungen kleine Zähne sitzen, die nie hervorbrechen; daß diese drei *Nashörner* durch solche nutzlosen Zahnreste sowie andere Merkmale in ihren Embryonalstadien anderen *Säugern* weitaus ähnlicher sind als im erwachsenen Zustand; und schließlich, daß in noch früheren Entwicklungsstufen ihre Blutgefäße wie bei *Fischen* verlaufen und das Blut zu gar nicht vorhandenen Kiemen bringen? ... Sollen wir nach all dem sagen, daß von jeder dieser drei Arten ein Paar oder ein trächtiges Weibchen für sich allein – mit deutlichen Merkmalen echter Verwandtschaft, in einigen Einzelheiten mit dem Stempel der Nutzlosigkeit, in anderen mit dem der Umformung – aus unbelebten Stoffen Javas, Sumatras und Malakkas erschaffen wurden? Oder stammen sie, wie unsere Haustiere, von demselben Urahnen ab? Ich für meinen Teil kann die erstgenannte Annahme ebensowenig bejahen wie ich annehmen kann, daß der freie Fall eines Steines nicht durch die Schwerkraft erfolgt, sondern durch den direkten Wunsch des Schöpfers.«

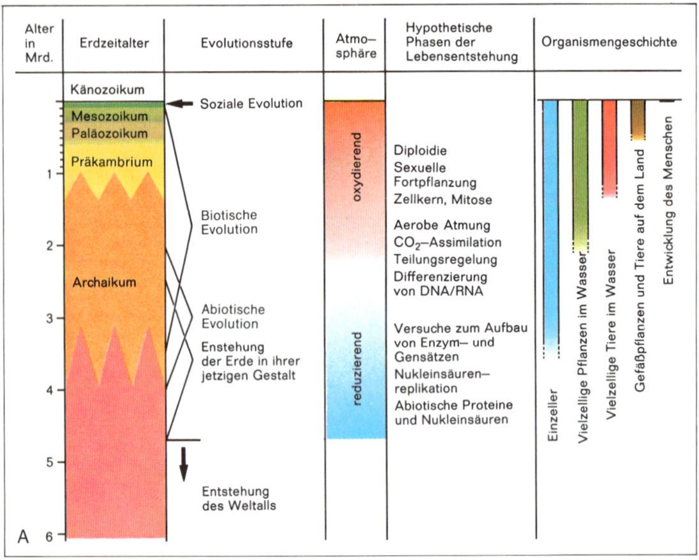

Hypothetisches Zeitschema der Gesamtentwicklung

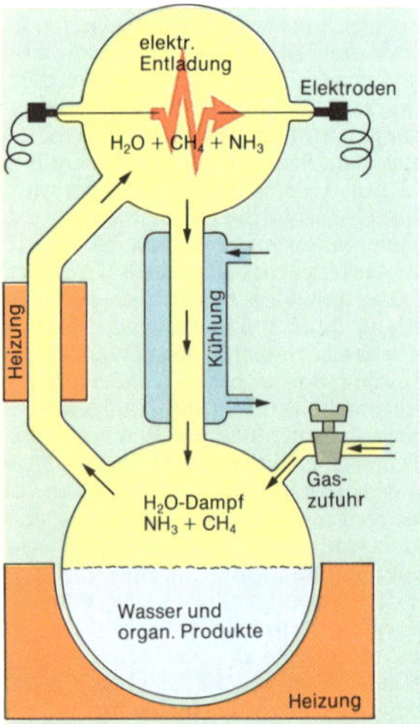

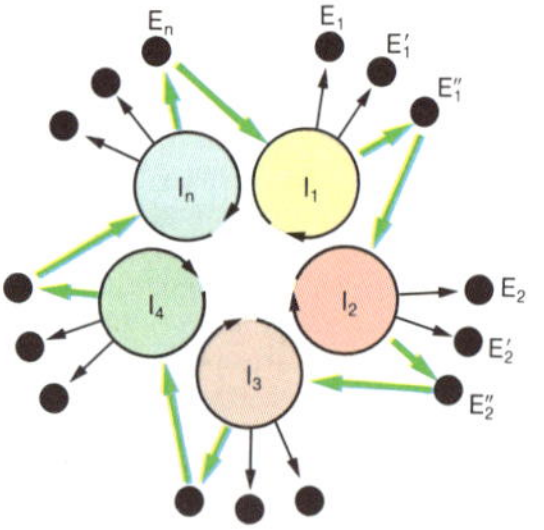

C Hyperzyklus nach Eigen

Ameisensäure	3.95	Sarkosin	0.08
Glycin	1.07	α-Aminobuttersäure	0.08
Glycolsäure	0.95	α-Hydroxybuttersäure	0.08
Alanin	0.58	Bernsteinsäure	0.07
Milchsäure	0.53	Harnstoff	0.03
Essigsäure	0.25	N-Methylharnstoff	0.03
β-Alanin	0.25	N-Methylalanin	0.02
Propinsäure	0.22	Asparaginsäure	0.01
Iminodiacetat	0.09	Glutaminsäure	0.01

B Experimentalanordnung nach Miller-Ponnamperuma zur abiotischen Synthese organ. Produkte (Ausbeute in % eingesetzten Methans)

Abiotische Synthese organischer Produkte

Die Evolutionstheorie mündet folgerichtig ein in die Frage nach der Entstehung des Lebens. Antworten darauf und die zeitl. Zuordnung der **Biogenese** zur Erdentw. (A) sind experiment. und theoret. gut begründet (Einzelheiten s. auch R. KAPLAN, Der Ursprung des Lebens, dtv 4106).

Die früheste Entwicklung der Erde
begann vor 4,5 Mrd. Jahren mit ihrer Kondensation unter starker Erwärmung, Verlust von He, H_2 in den Weltraum (1. Atmosphäre) und nachfolgender Erstarrung durch Ausstrahlung. Lebhafter Vulkanismus setzte H_2O, CH_4, NH_3, H_2S und H_2 frei und bildete die Urozeane und die reduzierende 2. Atmosphäre, die 0,5–1 Mrd. Jahre dauerte. Durch H_2-Verlust in den Weltraum und Gasreaktionen entstand die 3. Atmosphäre mit N_2, CO, CO_2 und H_2O. Sie wurde mit Erfindung der Photosynthese (vor ca. 3,5 Mrd. Jahren) sehr langsam durch O_2-Anreicherung zur oxidierenden 4. Atmosphäre (vor 1,4 Mrd. Jahren: 0,2%, vor 0,4 Mrd.: 2% O_2).
Energiequellen der Urerde waren Sonnenlicht, bes. sein UV-Anteil (fehlende Ozonschicht der Atmosphäre), gewittrige und stille elektr. Entladungen, radioakt. Strahlung, vulkan. Hitze und Stoßwellen bei Meteoriteneinschlägen.

Die abiotische Evolution
war die Folge der Einwirkung großer Energiemengen auf die Gase der 2. Atmosphäre mit katalyt. Hilfe der Festkörperoberflächen von Lava, Ton und SiO_2. Zwischenprodukte wie Cyanwasserstoff HCN, ungesättigte Kohlenwasserstoffe, Harnstoff und Formaldehyd wurden zu monomeren Aminosäuren, Zuckern, Carbonsäuren, Pyrimidin- und Purinbasen. Sie und ihre Polymere reicherten sich in Gewässern zur **»Ursuppe«** an, da sie keiner Oxidation unterlagen. Dies bestätigen leicht **Simulationsexperimente:**
- In der simulierten Uratmosphäre aus NH_3, CH_4 und Wasserdampf entstehen bei elektr. Entladung zahlr. Verbindungen abiotisch (B).
- Einfachzucker (z. B. Glucose, Ribose) bilden sich in Gegenwart von Kalk aus wäßr. Formaldehyd- oder Acetaldehydlösung.
- Adenin, der bes. häufige Baustein in Nukleinsäuren, Enzymen und ATP, bildet sich in erwärmter HCN-NH_3-Lösung; Uracil, Cytosin und Thymin bei elektr. Entladung in einer CH_4-NH_3-H_2O-Atmosphäre und nachfolgender Reaktion mit Harnstoff.
- Fox erhielt durch Trockenerhitzen von Aminosäuregemischen und Lava »Proteinoide«, Ketten aus bis zu 150 Aminosäuren.
- Bei 50–60° C polymerisieren Ribose, Pyrimidin- bzw. Purin-Basen mit Polyphosphorsäure zu hochmolekularen Nukleinsäuren, die sich autokatalyt. fördern.

Die Experimente stützen die Annahme, daß sich unter Bedingungen der Uratmosphäre die abiot. Synthese der organ. Stoffe geradezu zwangsläufig ereignete, einzelne Proteine bereits Enzymwirkung hatten und Nukleinsäuren sich abiot., langsam und ungenau replizieren konnten.

Die Bildung präbiotischer Strukturen
verlief vermutl. als Entmischungsvorgang der in der Ursuppe kolloidal gelösten Makromoleküle, d. h. durch abiot. **Selbstaggregation** entstanden kugelige Gebilde aus Proteinoiden, Nukleinsäuren und anderen organ. Substanzen. Für diese Individualisierung als Voraussetzung für das Voll-Leben gibt es Modelle:
Koazervate entstehen z. B. bei Salzzugabe (Wasserentzug) zu kolloidalen Lösungen als tropfenförm. Ausfällungen von Proteinen (Serumalbumin, Gelatine, Histone) und Nukleinsäuren, beide biot. Herkunft (OPARIN).
- Ein Polysaccharid-Histon-Koazervat nimmt das Enzym Phosphorylase auf. Zusatz von Glucose-1-phosphat bewirkt Speicherung von Stärke im Koazervattropfen, von Amylase den Abbau der Stärke zu Malzzucker.

Mikrosphären entstehen durch Selbstaggregation von Proteinoiden in warmem Wasser als stabile Kugeln, ∅ 0,0005–0,08 mm, mit membranartiger, manchmal zweischicht. und dann semipermeabler Oberfläche mit osmot. Effekt (Fox).

Die Bildung erster Organismen (Protobionten)
ist wegen der zunehmenden Komplexität der Erscheinungen experimentell und modellhaft schwer zugänglich und noch wenig geklärt. Sie waren vermutl. mikrosphärenartige Individuen, hochgradig heterotroph und nach der **»Genetischen Hypothese«** durch zufälliges Zusammenwürfeln von Funktionsproteinen und dazu passenden Nukleinsäuren entstanden: Der Prozeß ist ein Vieltreffereignis, das Ergebnis ein reproduktions- und mutationsfähiges System, das aus Bausteinen der Ursuppe neue Protein- und Nukleinsäuremoleküle mit ungefähr denselben funktionellen Sequenzen synthetisiert; solch ein Protobiont mit je 40 funktionsfähigen Proteinen und Genen ist einmal pro 10 km^2 Fläche frühirdischen Gewässers und unter 100000 t Aggregaten zu erwarten (KAPLAN).
Das Modell des Hyperzyklus (EIGEN) verdeutlicht, daß zusammengewürfelte »Basalsätze« passender Nukleinsäuren und Proteine – auch schon vor ihrer Kompartimentierung in Protobionten – einem Selektions- und Evolutionsprozeß unterliegen (C):
Ein Hyperzyklus besteht aus Informationsmolekülen, die jeweils ein oder mehrere katalyt. wirksame Funktionsmoleküle codieren. Die z. B. von I_1 codierten E_1, E_1', E_1'' können versch. Funktionen ausüben, etwa Kontrolle, Polymerisation oder Translation, eine von ihnen stellt dabei die Verbindung zu I_2 her, z. B. durch Förderung der I_2-Synthese. So kann ein durch das Polynukleotid I_1 codiertes Enzym E_1 die Replikation von I_2 katalysieren usw., bis letztl. durch die katalyt. Wirkung von E_n auf I_1 der Kreis geschlossen ist. Zufällige Unterschiede in den Basalsätzen, mutative Änderungen der Informationsmoleküle und Selektion zw. Hyperzyklen unterschiedlichen Wachstums- und Vermehrungsvermögens bestimmten so bereits die Evolution auf der molekularen Ebene.

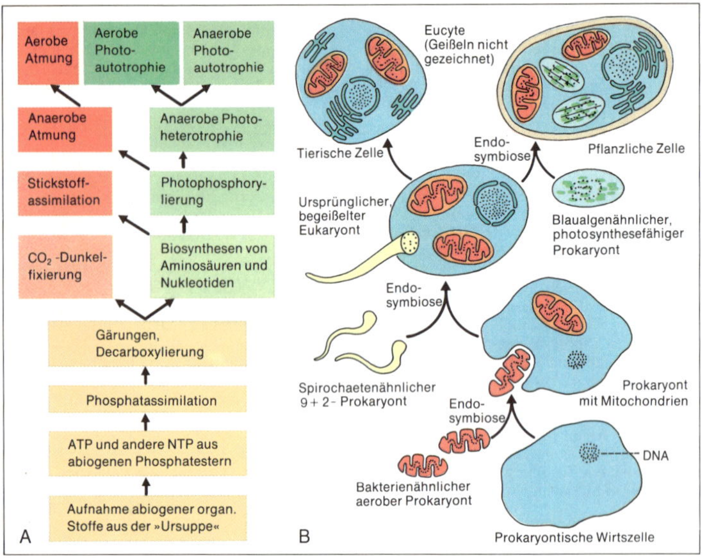

Schema der Evolution des abiotisch-biotischen Stoffwechsels (A) und der erweiterten Endosymbionten-Hypothese (B)

1 Isua - Serie
SW-Grönland, 3,8 Mrd. Jahre (ältestes Sediment, Quarzit mit fossilähnl. Objekten: Isuasphaera)

2 Warrawoona-Serie
NW-Australien, 3,5 Mrd. Jahre (vielfältige Mikrofossilien: kugel-, stäbchen-, fadenförm. Bakterien)

3 Fig-Tree-Serie
Swasiland, 3,1 Mrd. Jahre (kugel- und stäbchenförm. Bakterien; biogene Kohlenwasserstoffe?)

4 Bulawayo-Kalkstein
Zimbabwe, 2,7 – 3,1 Mrd. Jahre (dichtgepackte Lager aus Kalk und organ. Substanz: »Stromatolithe« mit Blaualgen u/o Bakterien; biogene Kerogene)

5 Soudan-Eisen-Formation
NO-Minnesota, 2,7 Mrd. Jahre (undeutliche morpholog. Struktur, bakterien- oder blaualgenähnlich)

6 Witwatersrand-Formation
Transvaal, 2,3 – 2,4 Mrd. Jahre (kugelige Mikroorganismen, daneben Eukaryonten?)

7 Gunflint-Eisen-Formation
Ontario/Kanada, 1,9 Mrd. Jahre (kugelige, fädige Mikroorganismen, Blaualgen?, Eisenbakterien?, Dinoflagellaten?, Chlorophyll, Eukaryonten?)

8 Beck-Springs-Dolomit
Kalifornien/USA, 1,2 – 1,4 Mrd. Jahre (eukaryont. Algen: Chlorophyceen oder Chrysophyceen)

C

Präkambrische Festlandskerne mit Fundorten frühester Lebensspuren

Die biotische Evolution,
die allmähl. die abiotisch-chem. Evolution ablöste, ließ die Ursuppe an organ. Material verarmen. Es entstanden die »Eobionten«:
Ihre Membran schützte vor Diffusionsverlusten und trug zur selektiven Stoffanreicherung bei. Die Stoffaufnahme erlaubte ein zunächst nur sehr langsames Wachstum, dieses wiederum Zerteilungen mit Lebensfähigkeit derjenigen Tochteraggregate, die zufällig einen kompletten Bestand an Proteinen und Polynukleotiden (Genen) erhalten hatten. Die Vereinigung der Gene zum zusammenhängenden Genom und die Entwicklung von Verteilungs- und Durchschnürungsmechanismen brachten Selektionsvorteile.
Die Evolution zur Protocyte (A)
stand bei der Verarmung der Ursuppe unter dem Selektionsdruck zur Selbstversorgung der »Zellen« mit lebensnotwendigen Stoffen durch Eigensynthese. Eine bessere Enzymausstattung erlaubte, die knapp werdenden Aminosäuren auch biot. zu bilden und den wachsenden CO_2-Gehalt der Atmosphäre als C-Quelle zu nutzen.
Die Energie wurde zunächst nur heterotroph in versch. Gärungsprozessen gewonnen, die schon bei evoluierten Eobionten auftraten (primäre Heterotrophie). Anaerobe Atmungsprozesse verbesserten dann die Energieausbeute: Das in der Atmungskette notwendige Porphyrin (Cytochrom) konnte abiot. entstehen, der Sauerstoff bei noch O_2-freier Atmosphäre von z.B. Nitrat, Sulfat, Nitrit oder auch CO_2 geliefert werden. – Der andere wichtige Weg zur Energiegewinnung nutzte die Lichtenergie: Ersten einfachen photochem. Reaktionen folgten die cyclische und die lineare Photophosphorylierung (S. 274f.), die die CO_2-Reduktion und damit organochem. Synthesen zuließen (Autotrophie). Das dabei nötige Chlorophyll konnte abiot. entstehen und in Membranen eingelagert werden. Diese Photosynthese war in zweifacher Weise produktiv:
- Die gebildete organ. Substanz lieferte die Grundlage für einen Stoffkreislauf zw. den autotrophen Organismen und den ohne sie gefährdeten heterotrophen Formen.
- Der freigesetzte Sauerstoff war Voraussetzung für aerobe Chemosynthesen und aerobe Atmung; letztere ersetzte Gärungen und begründete die sekundäre Heterotrophie.

Die Evolution zur Eucyte (B)
erfolgte als großer Sprung von der einfachen Protocyte der *Prokaryonten* zu der stark kompartimentierten Zelle der *Eukaryonten* übergangslos (Vergleich s. S. 59). Das Fehlen von Zwischenformen wird durch die **Endosymbionten-Hypothese** verständlich:
Danach lassen sich die Mitochondrien auf bakterienähnl. aerobe, die Chloroplasten auf blaualgenähnl. photoautotrophe Organismen zurückführen, die als Symbionten von großen Protocyten (mit anaerobem Stoffwechsel?) aufgenommen wurden und im Laufe der Evolution unter Autonomieverlust (S. 47) zu festen und notwendigen Bestandteilen der eukaryont. Zelle geworden sind. Während die Symbionten die molekulare Ausstattung für Atmung bzw. Photosynthese lieferten, schuf die Wirtszelle über die Bildung von Zellkern und Mitoseapparat die eukaryont. Neuerwerbungen wie Mitose, Meiose, sex. Fortpflanzung, Diploidie mit den Möglichkeiten zur Rekombination und Heterozygotie.
Argumente für diese Hypothese sind u.a.: (1) Mitochondrien und Plastiden entstehen nur aus ihresgleichen durch Teilung; (2) sie enthalten wie *Prokaryonten* nur ringförmige und nackte, d.h. histonfreie DNA und (3) 70S- statt 80S-Ribosomen. (4) DNA- bzw. RNA-Biosynthesen sind gleichartig hemmbar. (5) Die Außenmembran der Mitochondrien und Plastiden ist eucytisch, die Innenmembran protocytisch zusammengesetzt. – Die erweiterte Endosymbionten-Hypothese leitet auch eukaryont. Geißeln und Cilien mit ihrem 9+2-Baumuster und die homologen Centriolen von symbiont. spirochaetenähnl. *Bakterien* ab. So stehen vielleicht *Flagellaten* am Anfang der *Eukaryonten*-Evolution.

Fossile Lebensspuren der Erdfrühzeit
finden sich in aufgeschlossenen Gesteinen der präkambrischen Festlandskerne (C).
Chemofossilien: Typ. biol. Moleküle als Indikatoren einer frühen Lebenstätigkeit sind gerade bei Proteinen und Nukleinsäuren wegen der Unbeständigkeit nicht zu erwarten; bei den stabileren Aminosäuren, Kohlenwasserstoffen (aus Lipiden?) und Porphyrinen (aus Chlorophyll?) sind chem. Veränderungen, abiogene Entstehung bzw. Einsickern aus jüngeren geolog. Schichten nicht auszuschließen:
- Kerogene, komplizierte Ketten- und ringförm. Kohlenwasserstoffe fehlen im Isua-Gestein, gelten aber im Onverwacht- und Fig-Tree-Gestein als abiogen und erst in Schichten ab ca. 3,0 Mrd. Jahren Alter als biogen.
- Der Eigenart von Organismen, das Isotop ^{12}C gegenüber ^{13}C in ihren Molekülen anzureichern, entsprechen quantit. Messungen an Chemofossilien der 3,3 Mrd. Jahre alten südafrikan. Onverwacht-Schicht.

Mikrofossilien: Der biogene Ursprung der in den ältesten, 3,8 Mrd. Jahre alten Isua-Sedimenten gefundenen Objekte ist strittig. Die ältesten unumstrittenen Spuren von Leben stammen aus der NW-austral. Warrawoona-Serie (North Pole, 3,5 Mrd. Jahre). Ebenfalls gesichert sind Funde der Fig-Tree-Serie des Swazilandes (radiometr. Alter 3,1 Mrd.):
- Kugelige *Archeosphaeroides* m. versch. Wandtypen, organ. Innensubstanz, ∅ bis 0,05 mm.
- Stäbchenförm. bakterienartiges *Eobacterium* von ca. 0,0006 × 0,00025 mm Größe.

Das erste Auftreten von *Eukaryonten* läßt sich durch Fossilfunde nur unsicher bestimmen:
Die früheste Datierung betrifft Formen aus der Witwatersrand-Formation, überzeugender sind jedoch solche aus dem Beck-Springs-Dolomit in SO-Kalifornien.
Makrofossilien: Das Auftreten vielzelliger *Eukaryonten* ist frühestens für das Jungpräkambrium, hier allerdings reich belegt (s. S. 521).

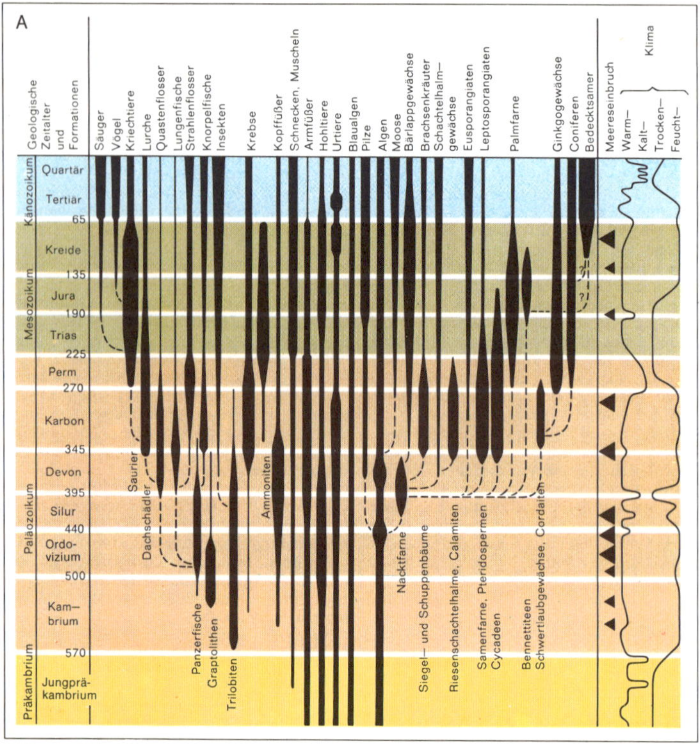

Auftreten und Verbreitung der Organismen in der Erdgeschichte

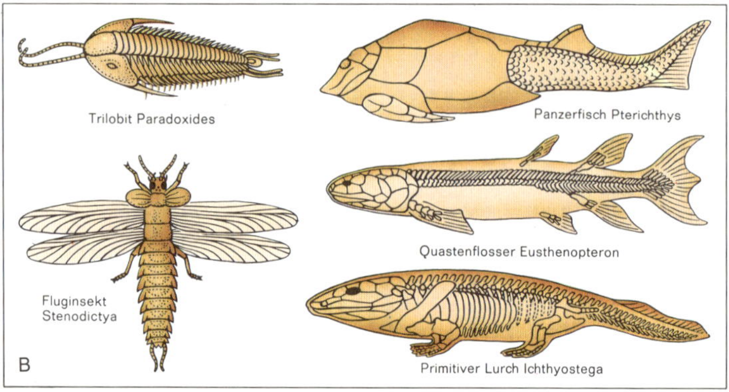

Tiere des Paläozoikums

Der Ablauf der Evolution im Rahmen der Erdgeschichte ist vom Jungkambrium an (vor 0,65 Mrd. Jahren) durch Funde, bes. Makrofossilien, dokumentiert (A).

1. Präkambrium (Erdurzeit)
Das Auftreten vielzelliger *Eukaryonten* wird, ohne daß Vorläufer gefunden wurden, durch viele Funde in SW-Afrika, Sibirien, NW-Europa, Neufundland, bes. Südaustralien belegt: Die »Ediacara-Fauna«, benannt nach den über 1600 Abdruckfunden aus dem Ediaca-Sandstein nördl. von Adelaide, umfaßt ca. 30 Meerestierarten, vorwiegend *Hohltiere,* daneben *Ringelwürmer, Gliederfüßer, Stachelhäuter, Weichtiere.*

2. Paläozoikum (Erdaltzeit)
Versch. Formen »entdeckten« harte Baumaterialien als Schutz und Stützgerüst, die erhebl. Selektionsvorteile brachten. Daneben hat dies überdauernde Material die paläontolog. Dokumentation auf eine breite Basis gestellt.

Im Kambrium
entfaltete sich in weltweiten Flachmeeren eine reiche Algenflora (kalkhaltige *Meeresschlauchalgen*); viele *Wirbellose* besiedelten auch den Meeresboden, begannen räuberisch zu leben und Schalen zu entwickeln. Die Hälfte der 2500 Tierarten stellten die krebsartigen *»Dreilapper«* (*Trilobiten,* chitingepanzert, 1–70 cm, mit Kopf-, Rumpf-, Schwanzschild, zahlr. Einzel- oder hochentw. Facettenaugen, Fühlern, Schwimm- und Laufbeinen; B). Daneben waren in ihren Hornschalen nur gering mineralisierte, schloßlose *Armfüßer* verbreitet (z. B. *Obolus*). *Weichtiere* waren selten und noch kaum gewunden.

Im Ordovizium und Silur,
die hier mangels tiefgreifender Unterschiede gemeinsam behandelt werden, herrschte durch klimat. Änderungen, stärkere Gliederung der Meeresgebiete, Meeresvorstöße und -rückzüge in der geolog. und biolog. Entw. eine einmalige Vielfalt an aquatischen Lebensräumen. Infolgedessen blühten die Stämme der *Wirbellosen* nach Formenfülle (26000 Arten) und Menge üppig auf: Vierzähl. *Korallen, Seelilien (Crinoiden),* alle *Muschel*-Gruppen, spiralige *Schnecken,* hochentw. große *Cephalopoden,* darunter die *Geradhörner* (*Endocercas,* 4,5 m) und der spiralig eingerollte *Nautilus.* Beherrschend, ungemein evolutiv, aber auf diese Zeit beschränkt waren die sägeblattartigen Kolonien der *Graptolithen,* im Flachmeer schwebende *Branchiotremata.* Vom Ordovizium bis heute überdauerte der *Armfüßer Lingula* (»Dauergattung«). Als erste *»Wirbeltiere«* treten im Ordovizium, in großer Zahl dann im Silur fischförm. *Kieferlose (Agnathi)* auf, denen Kiefer und Innenskelett fehlen, aber ein Saugmund und eine verknöcherte Haut zukam *(Knochenhäuter, Ostracodermi).* Ihnen folgten die *Panzerfische* (*Placodermi,* mit Kiefer, B) und die ersten echten *Fische.*
Grün-, Rot- und *Braunalgen,* unter letzteren die aus einem Geflecht röhrenförm. Zellen schenkeldicke Stämme und mächtige Thalluslappen aufbauenden *Nematophycus*-Formen, stellten die Meeresflora. Im Silur trat die erste Landpflanze auf, die zu den gegen Ende des Devon wieder ausgestorbenen *Nacktfarnen (Psilophyten)* gehörende *Rhynia* (Sumpfpflanze, horizont. Wurzelstock mit Rhizoiden, aufrechte 50 cm hohe Gabelsprosse mit einfachen Spaltöffnungen und endständ. Sporangien, Leitbündel, Cutin als Verdunstungs- und UV-Schutz, Lignin als Festigungsstoff der Stützzellen).

Im Devon
prägten Sumpflandschaften die Erdoberfläche. Die *Nacktfarne* diff. sich zunächst unter Größenzunahme. Im Oberdevon traten baumartige *Pflanzen* auf (Archaeopteris-Flora), deren großblättr. *Farne (Archaeopteris* mit doppelt gegliederten Wedeln), kleinblättr. *Bärlappgewächse* (*Cyclostigma,* 8 m hoch) und *Schachtelhalmartige (Sphenophyllum)* die ältesten Wälder bildeten (Oneonta-Sandstein, New York).
Für die Wassertiere sind die erstmals auftretenden *Ammoniten,* bes. aber *Knorpelfische (Chondrichthyes, Althaie)* und *Knochenfische i. w. S. (Osteichthyes)* bezeichnend. *Lungenfische (Dipnoi)* waren an das Leben in austrocknenden Gewässern angepaßt: die *Quastenflosser* (*Crossopterygii;* B) leiteten zu dem ersten Landwirbeltier über, dem noch sehr primitiven *Amphibium Ichthyostega* (B). Wirbellose Landtiere sind durch das *Urinsekt Rhyniella* belegt.

Im Karbon,
der Steinkohlenzeit, entfaltete sich bei günstigem Klima eine üppige Waldvegetation (3000 Arten). Die ca. 30 m hohen, bis 2 m dicken *Schuppenbäume* besaßen eine extrem dicke Rinde (nur 1–2% des Stammvolumens war Holz), während die schachtelhalmart. *Calamiten* gleichgroß, aber innen hohl waren. Da alle diese *Farngewächse* in ihrer Gametophyten-Generation auf Wasser angewiesen waren (Verdunstung, Befruchtung), konnten nur feuchte Niederungen besiedelt werden. Unabhängig davon waren außer z. B. dem *Samenbärlapp* nur die ersten *Nacktsamer (Gymnospermen),* näml. die *Samenfarne (Pteridospermen)* mit farnart. Blättern und Samenbildung aus den Makrosporangien und die schmalblättr. *Schwertlaubgewächse (Cordaiten).* Das Land bevölkerte sich mit *Lungenschnecken,* libellen- und geradflüglerartigen *Insekten* (Spannweite bis 75 cm, *Meganeura*), *Panzerlurchen* und echten *Reptilien.*

Im Perm
trieb ein trockeneres Klima mit ausgeprägten Jahreszeiten eine scharfe Auslese zugunsten derjenigen Formen, die Trockenschutz und Winterruhe besaßen und dadurch weite Räume besiedeln konnten: Die *Gymnospermen* hatten gut ausgebildete Gefäße, derbwandige Blätter und geschützte Gametophyten, dazu die Samenruhe. *Reptilien* sind in ihrer Entw. vom Wasser unabhängig, ihre Eier gegen Trockenheit geschützt. Einige *Insekten* »erfinden« die holometabole Entw. mit der Puppenruhe. Insgesamt bedeutete das Perm eine der stärksten Krisen in der Geschichte des Lebens.

Reptilien des Mesozoikums (Saurier)

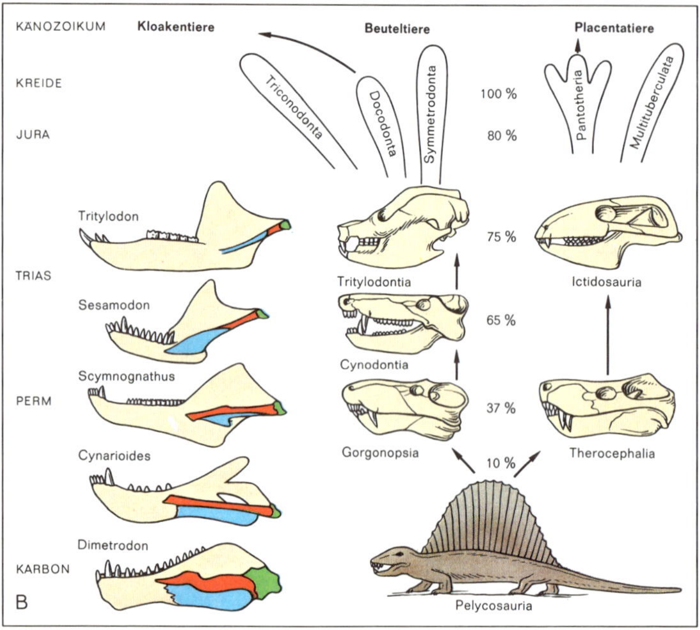

Evolution der Säugermerkmale (100 %) und Umwandlung des reptilischen Unterkiefers (Articulare: grün, Praearticulare: rot, Angulare: blau)

3. Erdmittelzeit (Mesozoikum)

Als Übergang vom Paläozoikum zur Erdneuzeit steht das Mesozoikum letzterer schon näher, da es bereits den heutigen Zustand der Organismen einleitete, während altzeitl. (paläozoische) Formen (z.B. *Trilobiten, Panzerfische*) schon ausgestorben waren oder doch bald verschwanden.

In der Trias

wurden unter den heißen, trockenen Klimabedingungen der Buntsandstein- und Muschelkalkzeit die *Farnartigen* weiter durch die widerstandsfähigeren *Nacktsamer* ersetzt. In der lichten Vegetation fanden sich *Coniferen*, z.B. die buschige *Voltzia* mit ihren langen oder kurzen Nadeln und bis 7 cm langen Zapfen, vor allem jedoch Vertreter der *Cycadeen* (S. 165) und die auf das Mesozoikum beschränkten *Bennettiteen*, cycadeenähnl. Vorläufer der *Bedecktsamer* mit zwittrigen, vielleicht von *Insekten* bestäubten Blüten mit gut ausgebildetem Perianth.

Unter den *Wirbeltieren* bringen die *Reptilien* viele neue Ordnungen hervor (z.B. *Schildkröten, Krokodile*), darunter auch die aus den karbon. *Pelycosauriern* evoluierten und in der Trias belegten ersten *»Säugetiere« (Theriodontia)*, die sich in 2 Hauptlinien entfalteten. Deren Vertreter zeigten als »additive Typogenese« zunehmend und in versch. Kombinationen säugetierartige Merkmale (B).

Im Jura

blieben die Grundzüge des Florencharakters gegenüber der oberen Trias fast unverändert.

Die Tierwelt wies eine große Mannigfaltigkeit auf. Unter den *Wirbellosen* sind die *Ammoniten* und *Belemniten, Kopffüßer* mit spiraligen bzw. kegelförm. Schalen, weiterhin charakteristisch, während die *Insekten* durch das Hinzutreten von *Schmetterlingen, Haut-* und *Zweiflüglern* mit ihren stechenden, saugenden oder leckenden Mundwerkzeugen moderner wurden. Unter den *Wirbeltieren* herrschen die z.T. riesigen *Saurier* (A): im Wasser die nackthäutigen, lebendgebärenden, fischförmigen *Fischechsen* (*Ichthyosaurier*, z.B. *Stenopterygius*, 5 m lang) mit Ruderschwanz, Ruderbeinen, mit vergrößerter Zehen- und Gliederzahl (Polydactylie und Polyphalangie) und riesigen Lungen; ferner die *Ruderechsen (Plesiosaurier)* mit sehr langem Hals (28–50 Wirbel), Polyphalangie (bis 30 statt 3 Fingerglieder), aber ohne Polydactylie und Ruderschwanz. In seichten Seen grasten die *Schreckenssaurier (Dinosaurier) Brontosaurus* (22 m) und *Diplodocus* (27 m), die noch in 12 m tiefem Wasser stehen konnten und bei einem Körpergewicht von 40000 kg nur ein Gehirn von ½ kg besaßen. Die *Flugsaurier (Pterosaurier*, z.B. *Pterodactylus)* hatten eine Flughaut zw. dem Körper und dem verlängerten 4. Finger ausgespannt und flogen mehr als Gleit- und Segelflieger.

Während die primitiven *Säuger* bereits mit mehreren Gruppen vertreten waren *(Multituberculata, Pantotheria, Symmetrodonta, Docodonta, Triconodonta)*, erschienen die ersten *Vögel* erst im oberen Jura (*Archaeopteryx*, s. S. 514 B, bisher 5 Skelette, Erstfund in Solnhofen).

In der Kreide

vollzog sich im Pflanzenreich ein großer Umschwung: Die ersten *Bedecktsamer* traten sicher schon während der Trias in Gebirgen auf und wanderten erst von der Kreidezeit ab in die Tiefländer. Aus diesen Sedimentationsräumen sind Urkunden erhalten. Aber bereits während der Oberkreide entfalteten sich die *Bedecktsamer* explosionsartig und überflügelten weit alle bisher die Erdoberfläche besiedelnden Pflanzengruppen. Unter den ältesten Funden sind *Einkeimblättrige (Monokotyledonen)* und *Zweikeimblättrige (Dikotyledonen)*, unter diesen *Freikronblättrige (Dialypetalen)* wie *Kronenlose (Monochlamydeen)*. *Verwachsenblättrige (Sympetalen)* traten wohl erstmals in der Oberkreide auf. Die Tierwelt ist der jurassischen noch ähnlich, doch starben einige typ. Vertreter aus: *Ammoniten, Belemniten*, nach letztem großartigen Aufblühen auch *Flugsaurier* (*Pteranodon*, mit 8 m Spannweite der größte Flieger der Erdgesch.) und *Raubsaurier* (*Tyrannosaurus rex* war mit Elefantengröße der größte Fleischfresser, der je lebte). Die Kreidevögel standen insgesamt den rezenten Formen näher als den jurassischen, obwohl sie auch noch bezahnt waren. Aus *»Pantotherien«*, die dann nach Vanderbrock auch *Symmetrodonta* und *Docodonta* umfassen, entwickelten sich die ersten, bald weitverbreiteten *Beuteltiere* und zuletzt als erste placentale *Säuger (»Eutheria«)* die ursprüngl. *Insektenfresser*.

4. Erd-Neuzeit (Känozoikum)

Typisch für das gegenwärtige geolog. Zeitalter ist die Herrschaft der *Bedecktsamer* und besonders der *Säugetiere*, die ihre Überlegenheit der besseren Nahrungsnutzung (Gebiß), der Brutpflege (Placenta, Säugen, Sozialität), dem Klimaschutz (Fell, Warmblütigkeit), und der Hirnzunahme verdanken.

Im Tertiär

waren die Fortschritte der *Pflanzen* nicht grundsätzlicher, sondern mehr quantitativer Art; die *Bedecktsamer* übernahmen die völlige Herrschaft in allen Klimabezirken. – Die placentalen *Säugetiere* verdrängten zunehmend die *Beuteltiere* und wandelten schon im Paleozän den ursprüngl. Bauplan eines kleinen, kurzbeinigen, fünfzehigen Sohlengängers mit 44 kurzkronigen Zähnen in versch. Richtungen ab, so daß schon frühzeitig alle heute bestehenden Säugetierordnungen erschienen waren.

Im Quartär

sind schon angesichts der kurzen Dauer (2 Mill. Jahre) keine großen Änderungen zu erwarten. Die Kaltzeiten des Diluviums wandelten weniger den Artenbestand bei den *Pflanzen*, als vielmehr die Anordnung der klimabedingten Vegetationsgürtel. Unter den *höh. Säugern* traten einige Anpassungsformen auf *(Höhlenbär, Wollhaariges Nashorn, Mammut)*. Von bes. Bedeutung ist die Evolution des *Menschen* (S. 532–541), mit dessen Auftreten eine Epoche begann, in der die anorgan. und organ. Welt zunehmend und bewußt in ihrer Entw. beeinflußt wird.

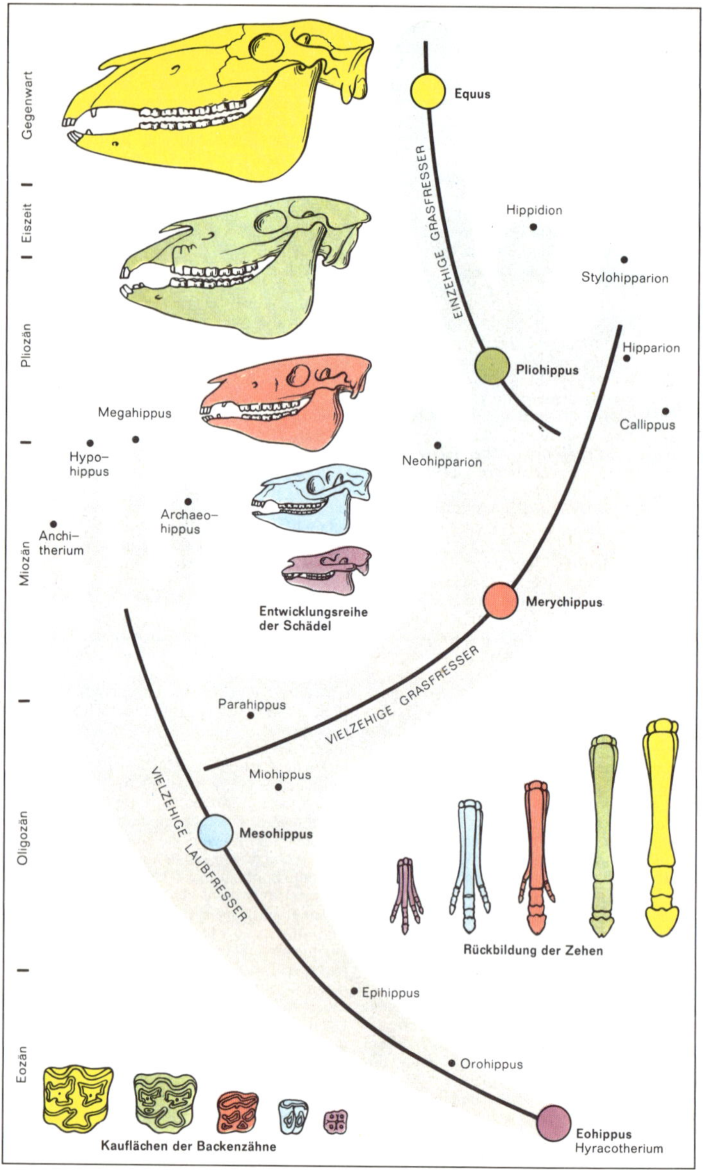

Evolution der Pferde

Die Entwicklungsgeschichte der Pferde
ist wohl das beste Beispiel eines trotz seiner reichen Verzweigung nahezu lückenlos rekonstruierten fossilen Stammbaums, der sich über das gesamte Tertiär und Quartär verfolgen läßt und schon von HAECKEL als »Paradepferd der Paläontologie« bezeichnet wurde.

Im Paleozän
lebende Vertreter der bereits im Eozän aussterbenden *Urhuftiere (Condylarthra)* werden trotz des noch raubtierart. Eindrucks als Vorläufer betrachtet: *Phenacodus,* ein schafgroßer Allesfresser mit spitzen, wenig abkaufähigen Zähnen und vergrößertem Eckzahn, lief auf primitiven fünfzehigen Pfoten mit je 5 kleinen Hufen.

Im Eozän
lebten in Nordamerika das *Frühpferd Eohippus,* in Europa das nahe verwandte *Hyracotherium,* die nur fuchsgroß waren, sich gut auf weichem Untergrund bewegen konnten (vierzehige Vorder- und dreizehige Hinterpfoten mit Zehenpolstern und sehr biegsamen Gelenken, Unterschenkelknochen unabhängig voneinander beweglich) und weiches Laub fraßen (zusammenhängende Zahnreihe, niedr. Kronen ohne Zement, dreieckige und dreihöckrige Prämolaren, viereckige und vierhöckrige Molaren).
Die europ. Formen wurden rasch artenreich *(Paläotherien),* starben aber bis zum Oligozän ganz aus. Die Nachkommen des nordamerikan. *Eohippus* dagegen evoluierten zunächst sehr langsam: Im mittl. Eozän nimmt bei *Orohippus* der letzte Prämolar, im späteren Eozän bei *Epihippus* auch der vorletzte Prämolar Form und Hökkerzahl der Molaren an (Molarisation).

Im Oligozän
breitet sich in Nordamerika der größere *Mesohippus* aus: 60 cm Schulterhöhe, vergrößerte Hirnhemisphären, Augen seitl. am längeren Kopf, drittletzter Prämolar molarisiert, Zahnhöcker durch Kämme und Joche verbunden (verstärkte Kaufähigkeit). Die langen schlanken Beine mit je 3 Zehen werden nur noch in Richtung der Körperachse bewegt.
Bei *Miohippus* hat am Ende des Oligozän die Schulterhöhe 75 cm erreicht, die Mittelzehe ist verstärkt und trägt die Hauptlast.

Im Miozän
war das feucht-warme Klima vorausgegangener Epochen zunehmend kühler und in vielen Gegenden auch trockener geworden. An die Stelle der Laubwälder traten weit überschaubare Grassteppen mit hartem Untergrund. Gleichzeitig spaltete *Mesohippus* in versch. neue Gattungen auf, von denen *Anchitherium, Hypohippus* und *Merychippus* die wichtigsten sind.
Während die beiden ersten ihrer Lebens- und Ernährungsweise treu blieben und in die Alte Welt auswanderten, wo sie sich zunächst stark ausbreiteten, schließl. aber doch als sehr große *(Megahippus)* oder kleine Form *(Archäohippus)* ausstarben, blieb *Merychippus* in N-Amerika zurück und selektierte diejenigen Mutanten heraus, deren Merkmale die gesamte folgende Evolution der Pferdefamilie kennzeichnen:

- Die Zähne sind hochkronig (hypsodont), mit weit offener Wurzel und entwickeln Zement. Nach dem Abkauen der jugendl. Höcker entstehen von harten Schmelzleisten durchsetzte Kauflächen, wodurch die Ernährung von kieselsäurehaltigem und dadurch sehr rauhem *Gras* möglich war. Die Eroberung der nur von wenigen Nahrungskonkurrenten besiedelten Graslandschaft konnte beginnen.
- Zugleich waren hier die größeren, kräftigeren und schnelleren Formen begünstigt, die sich in der offenen Landschaft besser sichern, verteidigen oder durch Flucht ihren Feinden entziehen konnten.

Im Pliozän
hat sich die *Merychippus*-Gruppe bei stark beschleunigtem Evolutionstempo reich aufgegliedert: In Nordamerika gab es zeitweilig gleichzeitig bis zu 13 versch. Gattungen grasender *Pferde,* von denen das ponygroße *Hipparion* über Asien nach Europa und Afrika wanderte, hier aber im Eiszeitalter ausstarb.
Das schon modern anmutende nordamerikan., bald auch Südamerika besiedelnde *Pliohippus* trug an jedem Fuß nur noch eine Zehe, war also bereits Einhufer wie die heutigen *Pferde,* jedoch mit stärker hypsodonten Zähnen.

Im Eiszeitalter (Pleistozän)
setzte in Nordamerika die Evolution der Gattung *Equus* ein. Während die im Ursprungsland verbliebenen oder nach Südamerika gewanderten Pferdearten am Ende des Eiszeitalters ausgestorben sind, setzten sich in der Alten Welt die Vorläufer der Altwelt-Einhufergruppe *(Esel, Halbesel, Zebra* und die eigentl. *Wildpferde)* durch. Ob die Aufsplitterung in diese Arten bereits in Amerika im späten Pliozän oder frühen Pleistozän erfolgte oder erst in der Alten Welt (mit Parallelerscheinungen zu ihnen in Amerika), ist noch ungewiß.

Ein Überblick über die Pferde-Evolution
offenbart den Zickzackkurs zw. den Anfangs- und Endformen. Glaubte KOVALEVSKY 1873, noch vor der Entdeckung amerikan. Fossilien, eine gerichtete Deszendenzreihe *Hyracotherium-Anchitherium-Hipparion-Equus* aufstellen zu können (es war der erste Triumph des Evolutionsgedankens in der Paläontologie!), so zeigt der Vergleich zw. den Fehlschlägen und Erfolgen innerhalb der *Pferde*-Evolution, daß beim Wechsel der Umweltbedingungen zuvor höchstleistungsfähige »angepaßte« Formen solchen mit bisher unbedeutenden Neuerwerbungen, also »präadaptierten Formen«, weichen müssen. Weder bei der Körpergröße, der Zahnhöhe, dem Zahnmuster oder der Fußumbildung noch bei der Schädelform und Gehirnentw. lassen sich gleichförm. und generelle Linien verfolgen, sondern nur eine **»adaptive Radiation«**, d. h. eine Vermannigfaltigung versch. Formenelemente nach Besiedlung neuer Lebensräume durch Mutation und Selektion mit der Folge eines Angepaßtseins, der Realisation versch. ökolog. Nischen.

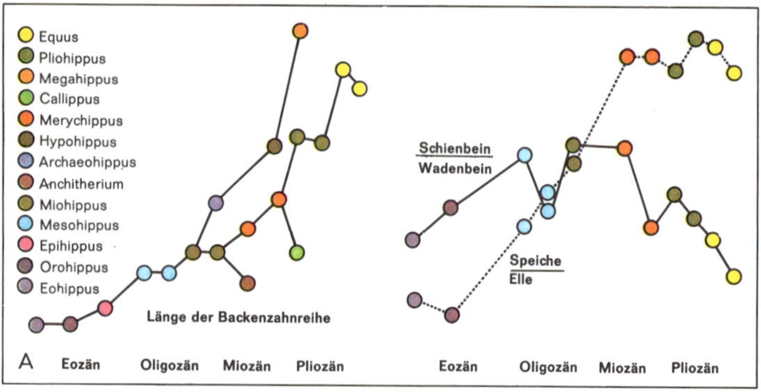

»Trendwechsel« in der Stammesentwicklung der Pferde

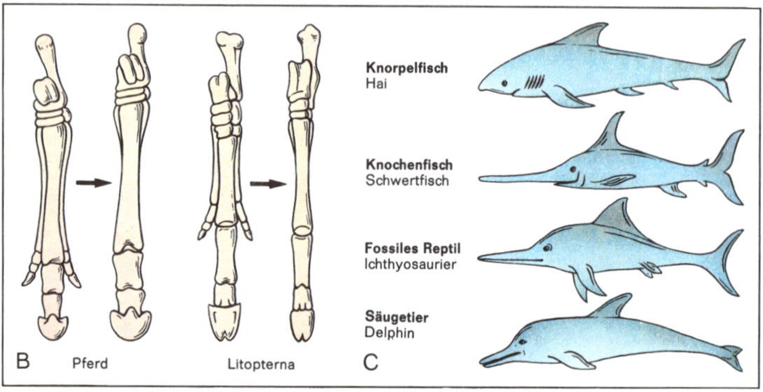

Konvergente Entwicklung bei schnellen Land- (B) und Wassertieren (C)

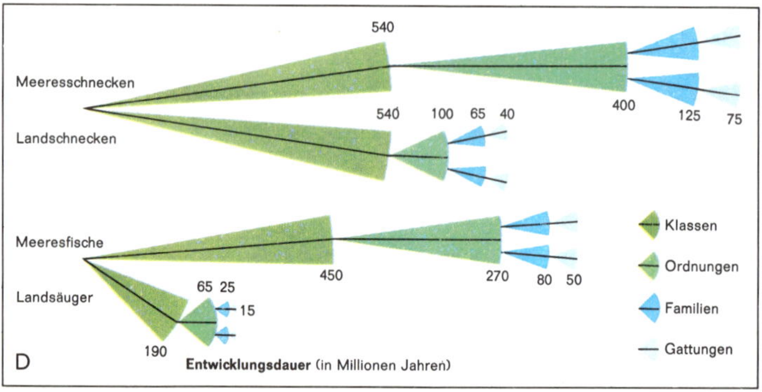

Evolutionsgeschwindigkeit bei Land- und Wasserformen

Die transspezifische Evolution,
d.h. die stammesgeschichtl. Fortentw. über die Neubildung von Arten hinaus, war ihrer Natur und Verursachung nach noch bis zur Mitte des 20. Jh. sehr umstritten. Manche Autoren glaubten, das Auftreten neuer Organe und Baupläne, also neuer Familien, Ordnungen, Klassen usw. nur durch **Evolutionssprünge** (Saltationen) oder durch besondere, zielstrebig wirkende **»orthogenetische Trends«** erklären zu können. Die synthet. Theorie dagegen sieht in der transspezif. Evolution nur eine weitergreifende Wirksamkeit derjenigen Vorgänge, die in dynam. Populationen neue Rassen und Arten entstehen lassen (S. 491). Diese Kausalfaktoren bedürfen nach vorherrschender Auffassung keiner weiteren hypothet. »autonomen Entwicklungskräfte«.

Die Richtungslosigkeit der Evolution
auf der Grundlage richtungsloser Mutationen äußert sich außer in selektionsneutralen »Konstruktionsfehlern« (z.B. Rudimente, S. 513; Adelphophagie, S. 179) und »Luxusbildungen« (Größe und Art der Ausbildung eines Organs steht in keinem Verhältnis zu seiner Funktion: Hirschgeweih, Tukanschnabel) vor allem darin, daß *alle* biol. tragbaren Entw.-Richtungen bei manchen Diff. »durchprobiert« werden:
- Unter den *Schmetterlingen* winterkalter Zonen kann bei versch. Arten jedes Stadium des Entw.-Kreislaufs überwintern: *Schwammspinner* überwintern als Ei, ⅔ aller *Großschmetterlinge* als Raupe, viele *Schwärmer* als Puppe, *Zitronenfalter* als Imago.
- Die Ausschöpfung aller morpholog. Sonderausprägungen, die biol. tragbar sind, veranschaulichen die geraden, gebogenen, gewundenen, glatten oder quergeriffelten Gehörne bei *Antilopen,* aber auch die Schalen von *Schnecken* oder die Gefiedermuster z. B. von *Wildenten.*
- Große Vielfalt weisen unter den *Pflanzen* auch die versch. Wuchs-, Blatt- und Blütenformen auf (*Rachenblütler,* S. 558).
- Das Durchprobieren physiolog. wichtiger Entw.-Tendenzen fällt bei den unterschiedl. Arten der O_2-Versorgung (S. 311 ff.) bei Wasserinsekten auf, aber auch bei den Kiemenbildungen an versch. Organen (Parapodien bei *Borstenwürmern,* Hinterleibsbeine bei *Asseln,* Tracheenkiemen bei *Insekten*-Larven, Ambulakralanhänge bei *Seeigeln,* Wasserlungen der *Seegurken,* Vorderdarmspalten der *Fische,* Kopfkiemen bei *Amphibien*-Larven).

Insgesamt kann die Mannigfaltigkeit der Formbildung nur dadurch begreifl. werden, daß ein richtungsloses Durchprobieren konstruktiver Abwandlungsmöglichkeiten in Rechnung gesetzt wird.

Ein stammesgeschichtlicher Entwicklungszwang
wird den Organismen allerdings von der Umwelt auferlegt. Wirken dieselben Auslesefaktoren über lange Zeiträume, so erscheint der Abschnitt einer Stammesreihe zielstrebig gerichtet (»teleonom«), weil nämlich die Auslese richtend eingriff (**Orthoselektion,** oft mit »Trendwechsel«, A). Durch den Selektionsprozeß kam neue, die Umwelt betreffende Information in das Genom und wurde fortan als »Instruktion« (EIGEN) gespeichert. Andererseits können auch versch. Mutationsansätze unter dem gleichen Selektionsdruck funktionsähnl. Strukturen entwickeln (**Konvergenz**):
- Nektarsaugende *Tiere* haben aus den unterschiedlichsten anatom. Grundlagen Saugröhren abgeleitet *(Schmetterlinge, Hautflügler, Vögel, Kletterbeutler, Fledermäuse).*
- Blattfressende *Säuger* haben unabhängig voneinander Mahlzähne mit flachen Kronen und starker Schmelzfaltung evoluiert.
- Bäume der trop. Regenwälder tragen Blätter fast nur ellipt. Form mit Träufelspitze.

Eine weitgehende Übereinstimmung von Organen gleicher Funktion, aber versch. embryonaler Entstehungsweise ist zu erwarten, wenn die Entw.-Möglichkeit rein konstruktiv sehr stark eingeengt ist:

Das Blasenauge mit Retina, Pigmentepithel, Linse und Cornea hat sich konvergent, d.h. unabhängig bei versch. Tierarten und mit unterschiedl. Konstruktionsverfahren in prinzipiell gleicher Weise gebildet bei einigen *Hohltieren, Ringelwürmern, Stachelhäutern, Schnecken, Tintenfischen* und den *Wirbeltieren* (S. 350ff.).

Soweit erkennbar, werden derartige, gerichtet erscheinende Entwicklungen ebenfalls durch Orthoselektion, durch das Gleichbleiben der Auslesefaktoren, bedingt.
Da die gleichen Selektionsfaktoren oftmals bei vielen Stammesreihen parallel wirksam waren, lassen sich einige allg. stammesgeschichtliche **Entwicklungsregeln** ableiten, z. B.:
- Große *Landwirbeltiere* müssen Säulenbeine mit massigen Knochen besitzen, weil die Knochen nur proportional ihrem Querschnitt belastbar sind, während das Volumen des zu tragenden Körpers bei Größensteigerung dreidimensional anwächst *(Elefant, Strauß).*
- Schneller laufende *Tiere* zeigen die Tendenz zur Verlängerung der Beine und Rückbildung der Zehenzahl (B).
- Schnelle Bewegung in der Luft und im Wasser (C) ist an einen stromlinienförmigen Rumpf gebunden *(Schwärmer, Vögel, Fledermäuse; Fische, Pinguine, Wale, Robben).*
- Seßhafte *Tiere* können nur im Wasser leben, da ein Herbeistrudeln der Spermatozoen und der Nahrung in der Luft nicht möglich ist.
- Meeresformen zeigen ein langsameres Tempo in ihrer stammesgeschichtl. Entw. als Landbewohner (D). Dies läßt sich sowohl auf das Vorherrschen sehr großer Populationen als auch auf die relativ konstante Auslese im Meer zurückführen, die durch die nur geringen Schwankungen der ökolog. wichtigen Faktoren wie Temperatur, O_2-Gehalt, Belichtung, Nährstoffe sowohl tages- und jahresrhythmisch als auch unperiodisch bedingt sind.

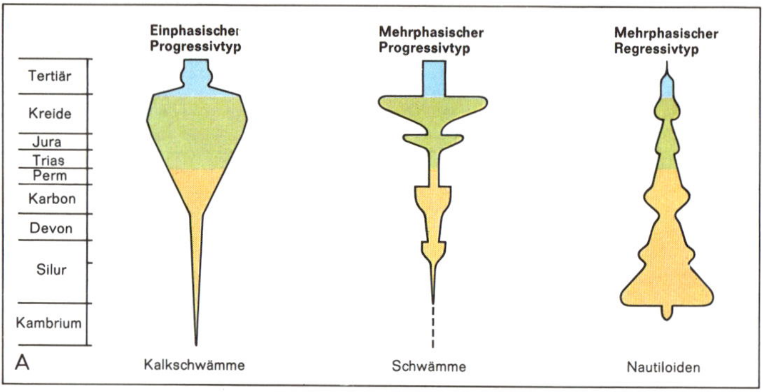

Typen der stammesgeschichtlichen Entwicklung

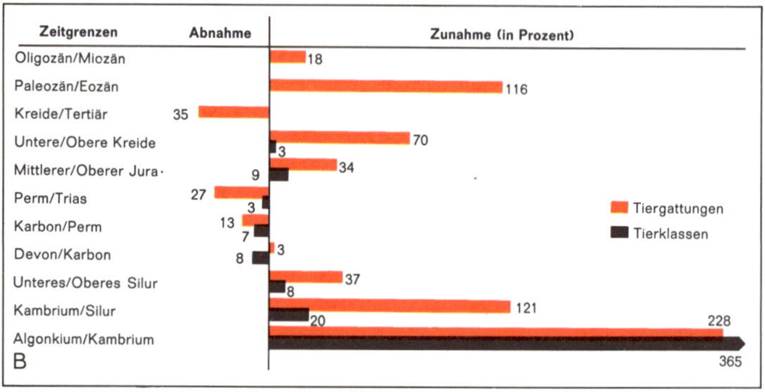

Stammesgeschichtliche Aktivitätszeiten

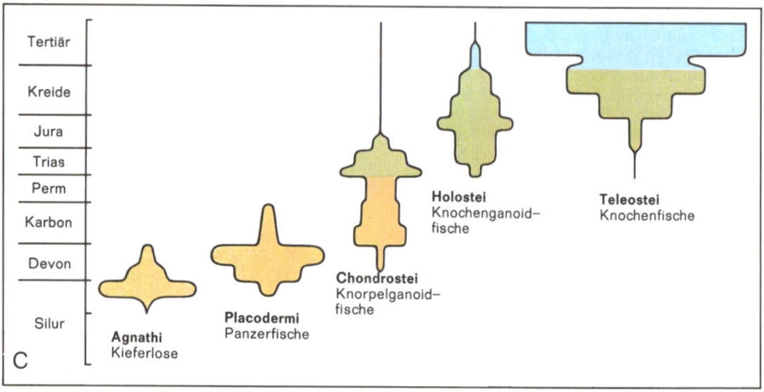

Ökologischer Ersatz bei den Fischen im weiteren Sinne

Die Kausalanalyse transspezif. Evolution umfaßt nach RENSCH die Frage der Ursache und Regelhaftigkeit der Stammverzweigung (Kladogenese) und das Problem der stammesgeschichtl. Höherentwicklung (Anagenese). »Es handelt sich nicht nur darum festzustellen, nach welchen Prinzipien ein Stammbaum entstand, sondern auch, warum der Stammbaum ›aufrecht‹ steht, so daß viele Äste nach ›oben‹ streben« (RENSCH, 1954).

Prinzipien der Stammverzweigung
In den meisten Stammesreihen war die Intensität der Artwandlungen nicht immer gleich (A). Die Kladogenese beginnt oft mit einer lebhaften Formenaufspaltung (Virenzperiode), entwickelt in der Phase der Spezialisierung eine beschränkte Anzahl von Ästen langsam weiter und endet schließlich in der stammesgeschichtl. Phase der Überspezialisierung und des Alterns mit entarteten, übermäßigen Ausprägungen.

1. Die Phase der Formenaufspaltung: Die Evolution neuer Formen setzt in der Stammesgesch. selten explosiv ein (z. B. *Seelilien* im Untersilur, *Raub-* und *Huftiere* im Alttertiär), meist wird sie vielmehr von einer Anlaufzeit über mehrere geolog. Epochen hinweg (bis 150 Mill. Jahre) vorbereitet. Solche **Virenzperioden** plötzl. Formenaufspaltung (adaptive Radiationen) treten zwar in allen geolog. Zeiten auf, häufen sich jedoch zu best. geolog. Epochen (B):
- Im **Untersilur** ist die Evolution aller untersuchten Tiergruppen stark beschleunigt.
- Im **Karbon** und **Perm** bilden die *Insekten* zahlr. neue Ordnungen, im frühen Tertiär die *Säuger* und *Vögel.*

Dabei waren nicht Großmutationen oder gesteigerte Mutationsraten von kausaler Bedeutung, sondern die zeitweilig verschärfte Selektion durch veränderte Umweltfaktoren in der Zeitenfolge:
- Innerhalb des Verbreitungsgebietes ändern sich lebenswichtige ökolog. Faktoren wie Temperatur, Ernährungsmöglichkeit; z. B. waren die tertiären Übergänge der *Wale* von der Großtier-, Fisch-, Tintenfisch- zur Planktonnahrung jeweils mit explosiven Formaufspaltungen verbunden.
- Ein gänzlich freies oder nur von stark unterlegenen Konkurrenten besetztes Areal wird erobert, wobei sich die Neulinge ungewohnten Selektionsbedingungen aussetzen: z. B. bei der ersten Landnahme der *Pflanzen* und nachfolgenden *Tiere* im Silur und Devon oder bei der Verdrängung der *Beuteltiere* durch die überlegenen *Placentatiere* im Tertiär.

2. Die Phase der Spezialisierung: In dem Maße, wie die neubesiedelten Lebensstätten von den fortschrittl. Arten besetzt und die Biotope gesättigt sind, weicht die Formenaufspaltung einer Spezialisation weniger, bes. vorteilhafter Gruppen in langwierigen Anpassungsprozessen an die Umwelt (C).
Formen mit adaptiven Schlüsselmerkmalen werden durch stabilisierende Selektion erhalten, viele »richtungslos« gebildete Formenreihen verlöschen wieder, einige bleiben relativ unspezialisiert bestehen (Generalisten). Die Paläontologie hat zahlr. Beispiele solcher »Anpassungsreihen« (*Pferde,* S. 524ff.) und »fehlgeschlagener Anpassungen« (Brechscherengebiß fossiler *Raubtiere* mit vergrößerten hinteren statt vorderen Molaren) geliefert und versucht, aus dem reichen Fundmaterial **Regeln der transspezif. Konstruktionsänderungen** abzuleiten:
Die bei der Spezialisierung rückgebildeten Strukturen kehren nie wieder in ihren stammesgeschichtlich früheren Zustand zurück, sondern werden höchstens sek. durch andere anatom. Konstruktionen ersetzt (**Dollosche Regel** der Nichtumkehrbarkeit der Entw.), da eine Wiederkehr der histor. Mutations- und Selektionsbedingungen höchst unwahrscheinl. ist.

Hochseeformen jurassischer *Schildkröten* reduzierten die dicken Knochenplatten ihres Panzers bis auf ein dünnes Gerüst. Bei sek. Rückkehr zum Küstenleben entwickelten sie einen Panzer in der Haut.

In vielen Stammesreihen der *Säugetiere* nahm die Körpergröße Schritt für Schritt zu **(Copesche Regel),** was sich außerordentl. komplex sowohl anatom. wie physiolog. äußern kann, da sich die Proportionen der versch. Organe ändern können (allometr. Wachstum).
Die Verknüpfung versch. individueller Diff. zu umfassenden Konstruktionsänderungen kann schließl. auch, wenn man von den höchst bedeutsamen pleiotropen Genen absieht (S. 449), durch Materialkompensation verursacht werden: Schnell wachsende Strukturen entziehen langsamer wachsenden einen Teil der Nahrung:

Bei Ausbildung stärkerer Hinterbeine werden häufig Schwanz und Rippen im Lendengebiet verkleinert *(Frosch/Salamander; Pavian/Meerkatze, Mensch).*

3. Die Phase der Überspezialisierung: Die fortschreitende Spezialisierung der Formengruppen währt nur so lange, wie sie biol. tragbar ist. So setzte die Selektion ein, als durch positiv allometr. Wachstum bei Körpergrößenzunahme Stoßzähne *(Mammut),* Geweih (eiszeitl. *Riesenhirsch),* Schwanzfedern übermäßig und teilweise funktionswidrig wurden. Dieses morpholog. Degenerieren, das auch bei Gruppen ohne Größensteigerung auftritt, kann von einer instinktiven Entartung z. B. der Balz- oder Kampfhandlungen ergänzt werden. Übertriebene Auslöser führen dann zusammen mit einer intraspezif. Selektion in **stammesgeschichtl. Sackgassen,** wenn die Herauszüchtung ohne funkt. Berücksichtigung der außerartl. Umwelt verlief:

Bei *Hirschen,* die sich gegen Raubfeinde (außerartl. Selektion) nur mit den Vorderhufen verteidigen, wurde das nur dem Rivalenkampf dienende Geweih in intraspezif. Selektion immer stärker und bis zur allg. störenden Größe entwickelt.

Daneben sind jedoch in großer Fülle Stammesreihen ausgestorben, ohne daß die Endformen Degenerationserscheinungen erkennen lassen.

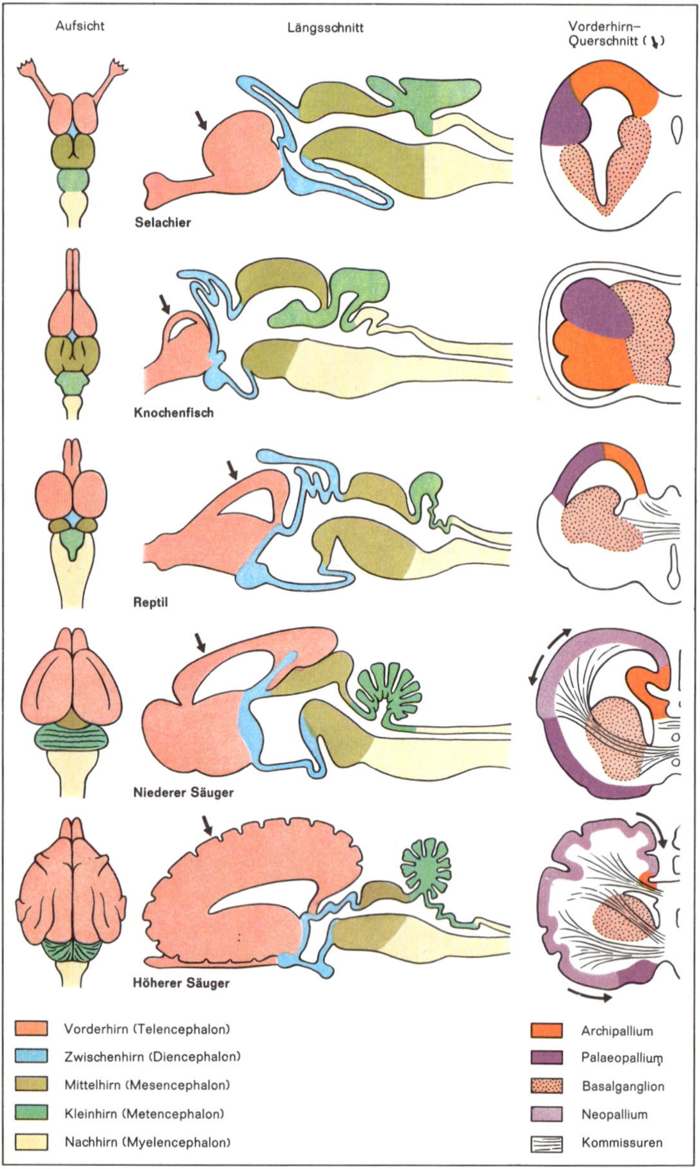

Gehirnevolution: Zunahme der Differenzierung und Spezialisation

Spezialisation und Anagenese
Die Spezialisation innerhalb der Kladogenese verleiht zwar eine wachsende Adaption an spez. Umweltbedingungen, sie erkauft diesen einseit. Vorteil aber mit dem Verlust allg. Anpassungsfähigkeit bei neuen Umweltänderungen. Solche in spez. Hinsicht vollkommenen Formen unterliegen dann den weniger spezialisierten Generalisten (S. 529). Gerade diese aber geben die grundlegenden »Erfindungen« mit großem Selektionsvorteil, aber ohne spez. Sonderadaptionen an alle nachfolgenden Formen weiter und repräsentieren damit in der großen Linie der allg. Höherentw. (Anagenese) die Stufen eines höheren Ökonomiegrades, mit dem die von der Umwelt geforderten Leistungen erbracht werden.

Generelle Höherentwicklung
ergibt sich im Spiel der Evolutionsfaktoren als Erfindung neuer, konstruktiver »Schlüsselcharaktere«, die als Grundlage der Ökonomiesteigerung für die Evolution von bes. Bedeutung sind. Manche reichen bis in präbiot. Bereiche u/o betreffen alle Zellorganismen:

Entstehung von Polynukleotiden, des Hyperzyklus, des genet. Codes, der Koppelung von genet. Information in Chromosomen und ihren prokaryont. Äquivalenten, Genaustausch, Kompartimentierungen auf der Zellebene.

Während die phylogenet. alten *Prokaryonten* sich auf niedr. Anagenese-Niveau mit einer eigenen Evolutionsstrategie hoch spezialisierten und in genügend ökolog. Nischen neben den höher organisierten Formen überdauerten, treten bei ebendiesen *Eukaryonten* anagenet. Kriterien bes. deutlich hervor:

- Der Zusammenschluß zum Vielzeller eröffnet durch die verbesserte Relation Masse/Oberfläche einen sparsameren Stoffwechsel.
- Zunahme der Körpergröße erschließt neue Nahrungsquellen, bes. bei Räubern: Am Ende der Nahrungskette stehen oft hochentw. Formen.
- Bes. die *Gewebetiere (Metazoen)* versuchen die Arterhaltung mit relat. kleiner Individuenzahl.
- Das setzt komplizierte Strukturen z. B. der Feindabwehr, des aktiven und passiven Schutzes der Nachkommen durch z. B. soziale Beziehungen, Kommunikation, Erfahrung, Tradition voraus. Damit wächst die Bedeutung des Individuums für die Arterhaltung.

Kennzeichen genereller Höherentwicklung,
wie sie im folgenden kurz (nach Rensch) dargestellt werden, bedingen möglicherweise schon allein, häufig jedoch miteinander kombiniert, eine Höherentw., selbst wenn sie durch rein quantitative mutative Änderungen zustande kommen.

1. Zunahme der Differenzierung: Die stammesgeschichtl. Vergrößerung von Organismen bedingt häufig infolge eines positiven allometr. Wachstums bestimmter Gewebebezirke eine steigende Komplikation, z. B. bei dem Ausstülpen der Parapodien der *Borstenwürmer* als Vorläufer der Arthropodenbeine, dem Hervorwuchern von Hautfalten als Grundlage der Insektenflügel oder von Gehirnregionen der *Lurche* zur Hirnrinde der *höh. Wirbeltiere.* Solche, oft durch reine Massenzunahme einzelner Körperabschnitte entstandenen Neubildungen werden dann sek. mit neuen Funktionen ausgestattet.
Das Prinzip der Diff.zunahme und das folgende der Arbeitsteilung wird bereits an der Anzahl der versch. Zelltypen eines Organismus deutl.:

Blaualgen besitzen 1–2 Zelltypen, *eukaryont. Einzeller* 2–3, hochentw. *Tange* 6–15, *Farne* > 25, höchstentw. *Bedecktsamer* > 70.

2. Strukturelle und funktionelle Rationalisierung: Eine Leistungssteigerung wird in der Phylogenese der *Tiere* auf versch. Wege erreicht: Wesentlich ist die **Arbeitsteilung,** die sich in einer zunehmend auseinanderlaufenden Diff. zunächst gleichartiger, in Mehrzahl vorliegender Organe ausdrückt, z. B.

- die von homologen Strukturen abgeleiteten Mundgliedmaßen der *Insekten* und Extremitäten der *Krebse* (S. 132, 130);
- das Auftreten differenzierter Gebisse bei *Fischen* und *Säugetieren* (Heterodontie: Schneide-, Eck-, Backenzähne);
- die Gehirngliederung in sensor., motor., assoziative Zentren und Reflexzentren.

Häufig wird eine **Zahlenverminderung** gleichartiger Teile durch Einsparen und Zusammenfassen unnötiger Einzelteile beobachtet:

In der Phylogenese der *Fische* zu den *Säugern* wird die Anzahl der Schädelknochen reduziert (*Quastenflosser* 150, *Mensch* 28).

Diese Vereinfachung ist oft mit einer steigenden **Zentralisierung** verknüpft, bei der Funktionszentren von höh. Nutzeffekt herausgebildet werden:

- Die ZNS-Evolution in den Stammesreihen der *Ringelwürmer, Weichtiere, Gliederfüßler* und *Wirbeltiere* (Abb.) stellt die markantesten Beispiele einer Anagenese.
- Die Konstruktion eines Herzens statt vieler pulsierender Blutgefäßabschnitte mag den Fortschritt von den *Acrania* zu den *Agnathi* charakterisieren.

3. Fortschreitende Anpassungsfähigkeit: Hochentwickelte Organismen zeichnen sich durch eine größere Unabhängigkeit von den Veränderungen der Umwelt aus. Diese individuelle Selbständigkeit, die sich beim *Menschen* bis zur Beherrschung der Umwelt steigern kann, beruht auf der Zunahme der Diff. und Rationalisierung, die eine wachsende **Regulationsfähigkeit** garantieren:

- Die Anagenese des Gehirns erlaubt über starre Reflex- und Instinktbewegungen hinaus Wahlhandlungen aufgrund eines Lern- und Einsichtvermögens.
- Eine große Zahl von Mechanismen regelt bei *Vögeln* und *Säugern* die Konstanz der Körpertemperatur (Homöothermie).
- Die Drüsen-Aktivitäten werden in der Entwicklungsreihe der *Wirbeltiere* immer vollkommener hormonal bzw. nervös geregelt.

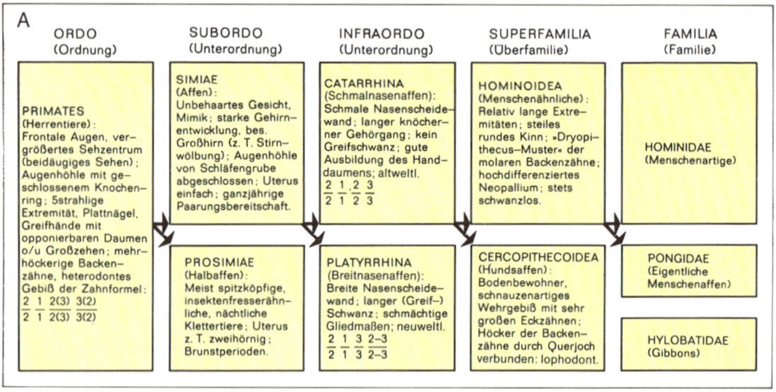

Systematik der Primaten (A)

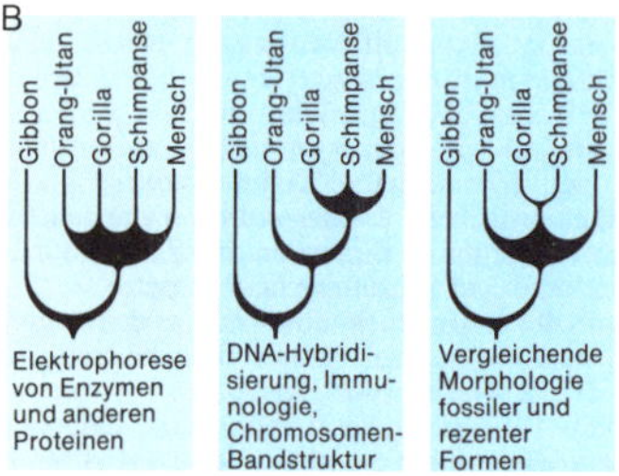

Merkmal:	Schimpanse:	Mensch:
Stirnhöhlen	vorhanden	vorhanden
Handwurzelknochen	8	8
Zwischenkiefer	nur embryonal	nur embryonal
Eckzähne des ♂	groß	klein
Daumen	klein	groß, aktiv
Schulterbeweglichk.	sehr gut	sehr gut
Armstreckung	seitlich	seitlich
freie Armsupination	90°	180°
Armmuskulatur	Strecker groß	Beuger groß
Fortbewegung	schwingkletternd	zweibeinig
Schlafstellung	sitzend	liegend
Pubertät nach	8 Jahren	14 Jahren
Wachstumsende	12 Jahre	20 Jahre
Kindl. Abhängigkeit	2 Jahre	6–8 Jahre
Lebensraum	klein	groß
Schutzbauten	kurzfristig	langfristig

Evolution der Hominoiden nach verschiedenen Ermittlungsmethoden

Vergleich einiger Merkmale bei Menschenaffe und Mensch (C)

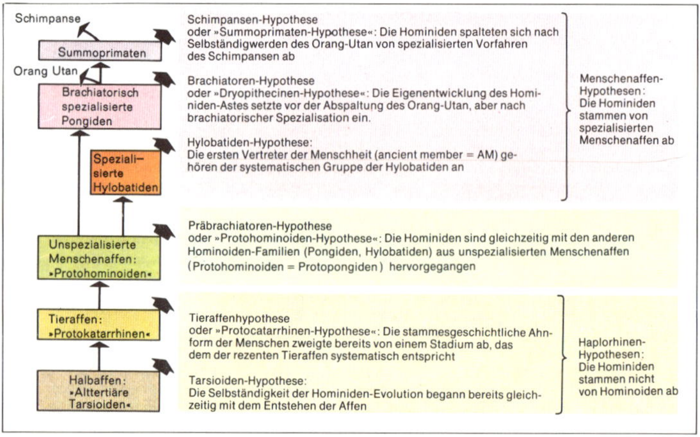

Einige Hypothesen zur Abzweigung des Hominiden-Astes (D)

Indirekte Beweise der menschlichen Evolution

Lamarck, der erste konsequente Anhänger des Evolutionsgedankens, deutete die Abstammung des *Menschen* von Tierahnen bereits 1809 an. Darwin vermutete 1859, die Entstehung der Arten bringe auch Licht in die des *Menschen*. Er verfolgte dieses Problem intensiv und beweisführend 1871 in seinem Werk ›Die Abstammung des Menschen‹, nachdem Th. H. Huxley 1863 in ›Zeugnisse für die Stellung des Menschen in der Natur‹ belegt hatte, daß der *Mensch* zusammen mit *Menschenaffen, Affen* und *Halbaffen* in die Ordnung der *Herrentiere* (*Primaten;* A) einzureihen ist. Diese Zeugnisse sind bis heute gültig und von modernen biolog. Teilwissenschaften gestützt und ergänzt worden.

Verhaltensbiologie: Zahlr. menschl. Verhaltensweisen gehen auf homologes *Säuger-* oder *Primaten-*Verhalten zurück, u. a. in den sex., sozialen und Mutter-Kind-Beziehungen (S. 437) und bei Mimik und Gestik (S. 435 ff.).

Parasitologie: Die Läusegattung *Pediculus* tritt nur bei *Mensch* und *Schimpanse* auf, das Bläschenflechten-*Virus* nur bei *Affe* und *Mensch.*

Physiologie: Die fast vollständige Übereinstimmung der Organ-, Gewebe- und Zellfunktionen weist den *Menschen* als Teil eines evolutionären Verbandes der höh. Organismen aus. Mit den übrigen *Primaten* teilt er die Fähigkeit zu Raum- und Farbsehen, Reduktion des Geruchsinns und Fehlen bes. Brunstzeiten.

Molekularbiologie und **Serologie:** Ähnlichkeiten auf makromolekularer Ebene, z. B. bei Serumproteinen, Hormonen, Enzymen, Blutgruppenantigenen oder Nukleinsäuren werden zu auch quantit. Aussagen zum Verwandtschaftsgrad rezenter Arten herangezogen (S. 510 f.): Hohe chem. Ähnlichkeit (= Isologie) der Substanzen korrespondiert mit enger Verwandtschaft der verglichenen Species, bei denen folgl. der Trennungszeitpunkt ihrer Evolutionswege noch nicht weit zurück liegen kann. Die Annahme konstanter Mutations- bzw. Evolutionsgeschwindigkeiten führt hier zu konkreten Zahlenangaben, doch lassen sich DNA-, Protein- und Organismen-Evolution schwer parallelisieren (B): Nach den biochem.-serolog. Methoden begann die gesonderte Entw. des *Menschen* vor ca. 8–15 Mill. Jahren, die genet. Abstände von *Mensch, Schimpanse* und *Gorilla* wären etwa gleich groß; nach den Fossilien und den vergleichend-morpholog. Methoden erfolgte die Aufspaltung vor etwa 17 Mill. Jahren und in anderer Form. Elektrophoret. Schätzungen des genet. Wandels liegen wohl deswegen zu niedrig, weil sich nicht jeder Basenaustausch in einer Änderung der Aminosäuresequenz und auch diese sich nicht immer in anderem Elektrophoreseverhalten niederschlägt.

Embryologie: Das vorübergehende Auftreten von embryonalen Kiemenspalten, Schwanz und Lanugofell ist nur als Beibehalten der Entwicklungsmuster zurückliegender tier. Ahnen zu deuten (Biogenet. Regel, S. 511).

Vergleichende Morphologie: Der menschl. Körper ist nach einem Bauplan konstruiert, der mit wachsender Ähnlichkeit dem der *Wirbeltiere,* der *Säuger,* der *Primaten* und *Menschenaffen* entspricht.

»Einzigartige« Strukturen, die anderen *Primaten* fehlen, konnten beim *Menschen* nicht entdeckt werden (Dobzhansky): Der Fußmuskel Peroneus tertius, der bei *Menschenaffen* als fehlend angenommen war, fehlt auch bei einigen *Menschen,* findet sich aber andererseits bei 5% der *Schimpansen* und 18% der *Gorillas.* Sogar die Brocasche Windung, ein Zentrum der Sprache, das angebl. nur beim *Menschen* vorkommt, wurde z. B. im Gehirn von *Pinsel-* und *Seidenaffen* nachgewiesen.

Rudimentäre Organe, z. B die funktionslos gewordenen Kopfhaut- und Ohrmuschelmuskeln oder der Wurmfortsatz des Blinddarms, weisen auf die Evolution des *Menschen* hin. – Insgesamt teilt er zahlr. spezialisierten Merkmale mit *Menschenaffen* und *Affen,* wenn er sich auch in mancherlei Weise von anderen *Primaten* deutlich unterscheidet (C).

Der Ablauf der Primaten-Evolution

Der Mensch interessiert sich verständlicherweise für die evolutionären Vorläufer seiner eigenen Art mehr als für die anderer. Paläontologie, Archäologie und Geschichtsforschung haben einen umfangreichen Faktenbestand zusammengetragen. Obwohl auch in jüngster Zeit weitere wichtige Funde erschlossen worden sind, bleiben viele Stufen in der *Primaten-*Evolution noch im Dunkeln, viele ruhen wegen der Bruchstückhaftigkeit auf so unsicheren Fundamenten, daß künftige Entdeckungen mit Sicherheit die zur Zeit vertretenen Vorstellungen, das **wissenschaftl. Jeweilsbild,** revidieren dürften.

Mehrere **Hypothesen-Typen** versuchen, die Menschwerdung (Anthropogenese) in die *Primaten-*Evolution einzuordnen (D). Die Unterschiede zw. ihnen lassen sich im wesentl. auf versch. Antworten zu den Fragen zurückführen:

- Stammen die *Menschenartigen (Hominiden)* von irgendwelchen *Menschenähnlichen (Hominoiden)* oder von älteren Formen ab?
- War die Wurzelform des *Hominiden-*Astes, das »ancient member« Darwins (AM), bereits im Sinne einer der drei heute lebenden *Hominoiden-*Familien *(Hylobatiden, Pongiden, Hominiden)* spezialisiert?

Diejenigen Hypothesen, die eine polyphyletische, d. h. vielwurzelige Abstammung oder eine solche von ursprüngl. *Halbaffen* oder *Tieraffen* annehmen, widersprechen völlig modernen biol. Erkenntnissen; auch die Hylobatiden- und die Summoprimaten-Hypothese scheinen nicht wohlbegründet zu sein, obgleich letztere durch die biochem. Diagnostik wieder Auftrieb erhält (Einwand: spätes Speziationsereignis, Dollosche Regel). Von den gut belegbaren Ansätzen hat durch Fossilfunde die Präbrachiatoren-Hypothese gegenüber der Brachiatoren-Hypothese an Wahrscheinlichkeit gewonnen.

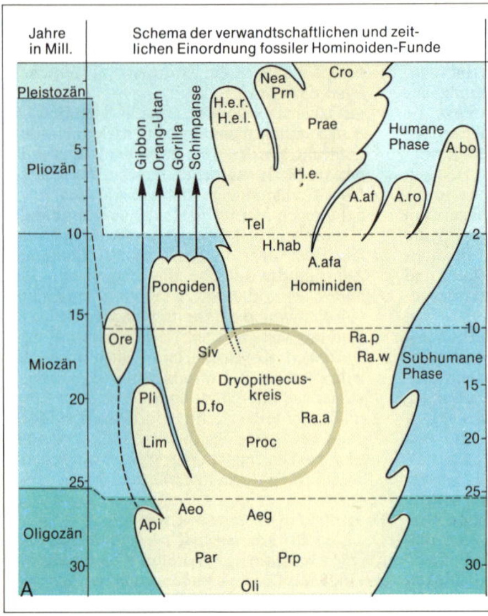

Abkürzungserläuterung	
Cro	Cromagnon, Homo sapiens sapiens
Nea	H. sapiens neanderthalensis
Prn	H. sapiens praeneanderthalensis
H.e.r.	H. erectus rhodesiensis
Prae	H. sapiens praesapiens
H.e.l	H. erectus leakeyi
H.e.	H. erectus subspecii
A.bo	Australopithecus boisei
A.ro	Australopithecus robustus
A.af	Australopithecus africanus
Tel	Telanthropus capensis
H.hab	Homo habilis
A.afa	Australopithecus afarensis
Ra.p	Ramapithecus punjabicus
Ra.w	Ramapithecus wickeri
Ra.a	Ramapithecus africanus
Siv	Sivapithecus
D.fo	Dryopithecus fontani
Proc	Proconsul
Ore	Oreopithecus
Pli	Pliopithecus
Lim	Limnopithecus
Aeo	Aeolopithecus
Aeg	Aegyptopithecus
Api	Apidium
Prp	Propliopithecus
Par	Parapithecus
Oli	Oligopithecus

Schema der Hominoiden-Evolution

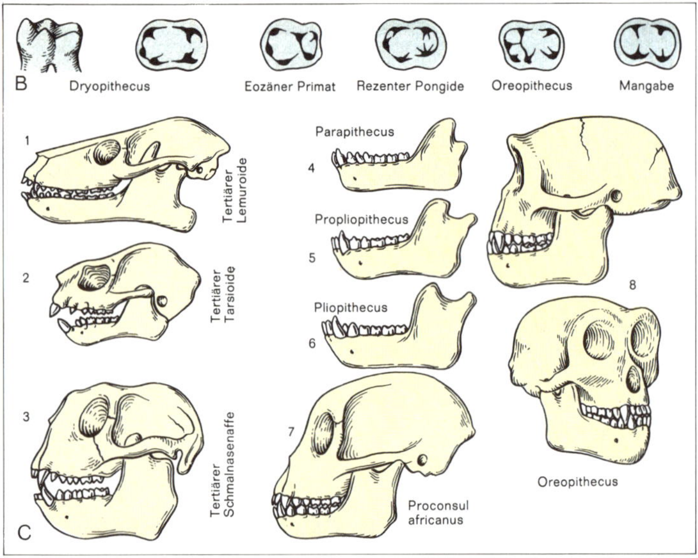

Höcker- und Leistenmuster der unteren Molaren (B); Schädel tertiärer Primaten (C)

Fossile Frühformen der Primaten,
erst vereinzelt aus dem Insectivoren-Primaten-Übergangsfeld der Oberkreide bekannt (*Purgatorius*), zeigen in den zahlr. alttertiären Funden die Radiation baumbewohnender Augentiere. Ein Teil heißt wegen der an Primitivmerkmale der lebenden *Tarsiiden* erinnernden Züge **alttertiäre Tarsioidea** und kann nur in den noch nicht hochspezialisierten Linien Vorläufer der *höh. Primaten* sein, z.B.
- die nordamerikan. *Anaptomorphiden,* hier bes. der alteozäne *Tetonius homunculus;*
- die kleinwüchsigen, kaum spezialisierten *Omomyiden,* deren Formen mit 3 Prämolaren in Südamerika die *Breitnasenaffen (Platyrrhina)* entwickelten, die mit 2 Prämolaren darin den altweltl. *Schmalnasenaffen (Catarrhina)* nahestehen. Der ostasiat. *Hoanghoius* zeigt Ansätze des 5höckrigen »Dryopithecus-Musters« der Molaren aller *Hominoiden* (A).

Spätestens im Mitteleozän gab es neben den ursprüngl. *Halbaffen* als *echte Affen* die *Platyrrhinen* und *Catarrhinen,* für die eine afrikan. protocatarrhine Wurzelgruppe erörtert wird. Die phylogenet. **Spaltung der Catarrhinen** in die in Wirbelsäule und Bewegungsapparat primitiven *Tieraffen* (*Cercopithecoidea:* schnauzenartiges Wehrgebiß, »lophodonte« Molaren mit je einem Joch zw. 2 der 4 Höcker, geschwänzt) und die *Menschenähnlichen* (*Hominoidea:* ursprüngl. Gebiß, »Dryopithecus-Muster«) ist bereits im Späteozän erfolgt, wahrscheinl. in Afrika vor ca. 35 MJ (altoligozäne Funde von Fayum):
- *Parapithecus* und *Apidium* haben noch Primitivmerkmale eozäner *Tarsioiden* einschließl. der 3 Prämolaren und werden zum cercopithecoiden Formenkreis gerechnet.
- *Oligopithecus* zeigt cercopithecoide und hominoide Charaktere nebeneinander: Eher bilophodontes Molarenmuster, großer oberer Eckzahn (?), Eckzahnwurzel klein, Unterkieferkörper relativ hoch.
- *Propliopithecus* (nur Unterkiefer, Zähne) mit kleinen Eckzähnen und Dryopithecus-Muster ist eindeutig hominoid. Seine genaue Zuordnung an der Basis des *Dryopithecus*-Kreises ist unsicher: Er wird als Ahnform der *Hylobatiden* (1. Prämolar einhöckrig) oder der *Pongiden-Hominiden* gedeutet (2. Prämolar wie bei *Hominiden* zweihöckrig).

Während *Aegyptopithecus* aus dem obersten Oligozän Fayums als ältester und primitivster *Pongide* feststeht, ist die Zuordnung von *Aeolopithecus* zur miozänen *Hylobatiden*-Linie (*Pliopithecus, Limnopithecus)* unsicher.

Die miozänen Hominoiden,
von denen die *Hylobatiden* außer Betracht bleiben, liegen in umfangreichem Fundmaterial vor:
- *Dryopithecinen* aus Europa, Indien (Sivalikberge) und Afrika (Kenya) belegen die lebhafte evolutive Entfaltung dieser pongiden *Menschenaffen,* die noch keine strukt. Brachiatoren waren, deren Zähne aber Ähnlichkeit mit denen von *Schimpansen (Dryopithecus germanicus), Gorilla (D.fontani)* und *Orang (Sivapithecus himalayensis)* aufweisen.
- Die dryopithecine Gattung *Proconsul* ist aus ca. 500, z.T. 25 MJ alten Funden bekannt. – *Dryopithecus (Proconsul) africanus,* schimpansengroß, lebte in lichten Waldsteppen, in denen er sich vermutl. meist 4füßig am Boden, aber auch mit den Armen von Ast zu Ast kletternd oder schwingend bewegte: Er besaß die Greifhand des Stemmgreifkletterers und nicht (oder nur in Ansätzen?) die langfingrige, kurzdaumige Hakenhand und den langen Arm der heutigen schwingkletternden *Menschenaffen* (strukturelle Brachiatoren).
- *Oreopithecus* aus dem Unterpliozän, vermutl. von *Apidium* ableitbar, zählt heute nicht mehr zum *Dryopithecus*-Kreis, sondern zu der eigenen Überfamilie *Oreopithecoidea,* die zu den *Hominoidea* funkt. Parallelentw. zeigte.

Die Hominiden-Line (C), die sich von der Pongidenevolution trennte, begann die selbständige Entw. der *Menschenartigen* mit dem mangels fossiler Funde nur hypothet. rekonstruierbaren »**ancient member**« (AM): Keine Spezialisation auf Brachiation oder Bipedie, d.h. gleichlange Vorder- und Hintergliedmaßen, weder verlängerte Seitenfinger und Mittelhand noch Längswölbung des Fußes, kein ponginer Handkantengang, sondern pavianähnl. Sohlengang; die Unterkiefermolaren mit Dryopithecus-Muster, der obere Eckzahn nur wenig herausragend. Es muß offen bleiben, ob schon *Propliopithecus* (30–25 MJ) diesem AM-Modell nahekam (HEBERER), oder ob die *Hominiden*-Linie sich in einem breiten Differenzierungsfeld aus dem *Dryopithecus*-Kreis herausgelöst hat. Die **Präbrachiatoren-Hypothese** hält proconsulähnl. *Pongiden* der mitteltertiären Baumsteppe für AM-ähnlich: Die Population bewahrte in der einen Adaptionslinie den Genbestand im wesentlichen und reicherte ihn im Verlauf von ca. 20 MJ (vom Miozän zum Pliozän) so durch neue Gene an, daß zusammen schließl. das Merkmalsgefüge der in den trop. Regenwald eingenischten Brachiatoren, also der rezenten *Menschenaffen (Ponginen),* entstand. Dagegen paßte sich die *Hominiden*-Linie in der **subhumanen Phase,** in der sich die *Hominiden* noch auf einem tier. Status befanden und den bei *Tieren* wirksamen Evolutionsmechanismen unterlagen, an das Steppen-Biotop an. Es wurden weniger AM-Gene bewahrt, dafür viele hominiden-typische Gene herausselektiert. **Subhumane Hominiden** liegen in mehreren Funden vor:
- Der ca. 18 MJ alte *»Kenyapithecus« = Sivapithecus africanus* wird heute als vermutl. pongid zur *Proconsul*-Gruppe gerechnet.
- *»Kenyapithecus« = Ramapithecus wickeri* (14 MJ, Fort Ternan/Kenya) und *R. punjabicus* (13–8,5 MJ, indisch-pakistan. Sivalikberge) sind nach Auffassung vieler Autoren eindeutig hominid: Kleine Eckzähne und Prämolaren, flaches Gesicht, hoher Gaumen, hominide Molarenabkauung (Umstellung der Ernährungsweise? Begleitfauna: Baumsavanne); Zahnbogen eher V-förmig als parabolisch.

Angriff und Flucht einer Australopithecinen-Gruppe im Olduvai-Tal

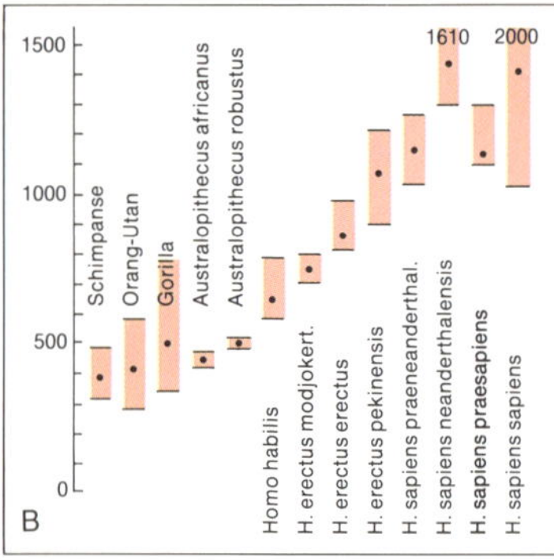

Schädelkapazität (Gehirnvolumen in cm^3)

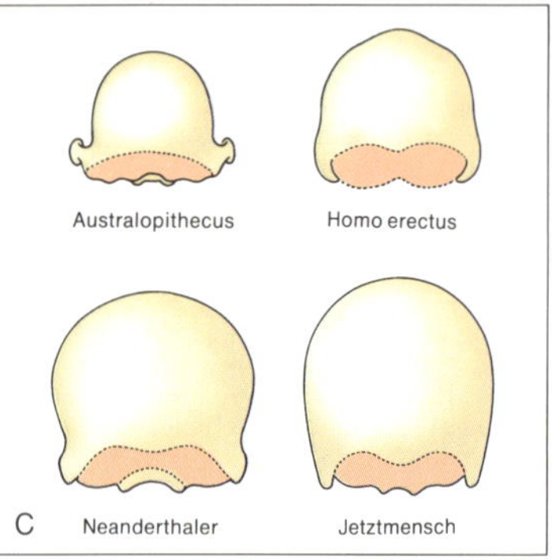

Ansatz der Nackenmuskeln am Schädel

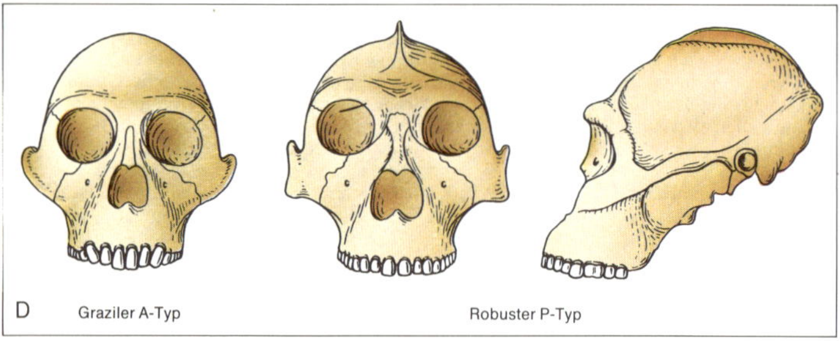

Rekonstruktionen von Australopithecinen-Schädeln

Die Hominisation (evolutionäre Menschwerdung), die auf der Kombination von aufrechtem Gang, Freisetzung der Hand und Cerebralisation samt ihren funkt. Beziehungen beruhte, erstreckte sich über eine subhumane Phase von 20–25 MJ. Im Laufe von ca. 500000 Generationen wurde aus dem Genpool der subhumanen Waldbewohner der bipede Steppenläufer herausgezüchtet, wobei das Zwischenbiotop der Baumsteppe den Selektionsprozeß bedingte: Hier konnten die *subhumanen Hominiden* als Augentiere ihr schlechtes Witterungsvermögen durch das während des Baumlebens erworbene Raumsehen ausgleichen, und die von Fortbewegungsfunktionen zunehmend entlastete Hand wurde für neue Aufgaben frei, auch für den Werkzeuggebrauch zur Verteidigung (Ausgleich für fehlende Fluchtanpassungen). Dadurch wurde die Rückbildung des pongiden Wehrgebisses und die Leistungssteigerung des Gehirns (Cerebralisation) und der Hand ermöglicht. Die alten Merkmale wurden langsam nacheinander durch neue progressive ersetzt oder ergänzt **(»additive Typogenese«),** so daß mit einem langen, die subhumane Phase im auslaufenden Pliozän vor mehr als 3 MJ beendenden **Tier-Mensch-Übergangsfeld** (TMÜ) gerechnet wird (Heberer). – Fossilmaterial, das die Brücke zum *Ramapithecus*-Kreis schlägt, liegt vor. Zudem erlaubt der anatom. Typus der *Australopithecinen* es, sie ungeachtet ihrer bereits humanen psych. Qualitäten als strukt. Modell von TMÜ-*Hominiden* anzusehen.

Die Australopithecinen (A)

vereinen entspr. dem Evolutionsprinzip einer additiven Typogenese und gemäß ihrem Charakter als TMÜ-Modell in ihrem **physischen Status** ein Mosaik menschenäffischer und menschl. Merkmale. Als **pongiden-ähnl.** werden gewertet

- die Schädelproportionen mit großem Kiefer- und kleinem Hirnschädel, der wenig über der Gehörgangsöffnung am breitesten ist;
- das Innenraumvolumen des Hirnschädels, das noch in die Variationsbreite der heutigen *Menschenaffen* fällt (B).

Hominid sind dagegen u. a.

- Art und Anordnung der Zähne: kleine Eckzähne, parabol. Zahnbogen, keine Zahnlücke;
- Schädelbasis stärker abgeknickt, Nackenmuskel kleiner als bei *Pongiden* (C);
- Gelenke und Länge der Gliedmaßen;
- Aufrechtgang (Belege: doppelt-S-förm. Wirbelsäule, Beckenform, Standfuß).

Unter diesen *Vormenschen* **(Praehomininen)** waren *Australopithecinen* vom A-Typ und die Habilinen-Gruppe (s. u.) im **psychischen Status** bereits human: Sehr umstritten ist die osteodontokeratische (Knochen-Zahn-Horn-) Kultur südafrikan. *Australopithecus*-Fundplätze (Makapansgat, 2,5 bis 3,7 MJ?), sicher die geplante, schließl. auch Werkzeug verwendende Steingeräteherstellung (Koobi Fora/Kenya, 2,6 MJ, »Chopper«: einflächig behauene Haumesser; Omo/Äthiopien, 2,0 MJ, »Chopper-tool«: zweiflächig behauen).

Das Fundmaterial scheint auf Afrika beschränkt zu sein. Die ältesten mit *Australopithecus* in Verbindung gebrachten Fossilien sind ein Molar (Baringo/Kenya, 9 MJ) und ein Unterkieferfragment (Lothagam/Kenya, ca. 5 MJ). Unzweifelhaft hominid ist die plio-pleistozäne Formengruppe von Laetolil/Tanzania (3,77–3,59 MJ) und Hadar, Afar/Äthiopien (3,2–2,9 MJ):

Australopithecus afarensis war hochwahrscheinl. ein bipeder Läufer (breite Darmbeinschaufel) mit großem Sexualdimorphismus und noch primitiven Merkmalen: Äußere Gehörgänge mit pongiden Zügen, Milch- und Dauerzähne zw. pongid und hominid, Zahnbogen noch nicht parabolisch, starke Muskelansatzstellen am Gehirnschädel.

Johanson sieht in A. afarensis trotz einiger Besonderheiten den Vorläufer der »klassischen« grazilen und robusten jüngeren Formen:

Australopithecus africanus: Dieser grazile, ca. 130 cm große »A-Typ« lebte in der offenen Savanne, war Gerätehersteller, Jäger und vorwiegend Fleischesser. Zahlr. Funde in Sterkfontein, Makapansgat (Südafrika, 3,3–2,0 MJ), Omo/Äthiopien (3,0–2,5 MJ) und Koobi Fora/Kenya (2,6–1,6 ? MJ) zeigen leichtgewölbte Stirn, Gehirnvolumen zw. 430–480 cm^3, aber noch Oberkiefermolaren in pongider Größenfolge $M_1<M_2>M_3$.

Australopithecus robustus/boisei stellte die Vertreter des robusteren, ca. 150 cm großen »P-Typs«, der in der massiven Konstruktion des Kauapparates auf Pflanzennahrung spezialisiert war (große Molaren und Unterkiefer, Kaumuskulatur setzte auch am knöchernen Scheitelkamm an). Er zeigte weniger gut entwickelte Bipedie, aber die molare Größenfolge $M_1<M_2<M_3$. Die ostafrikan. Funde (*A. boisei:* Omo/Äthiopien 2,1–1,0 MJ, Olduvai/Tanzania 2,1–1,2 MJ und jüngere Schichten von Baringo und Koobi Fora/Kenya) übertrafen in der Robustheit und Spezialisation den südafrikan. *Australopithecus (Paranthropus) robustus* aus Swartkrans (ca. 1,8 MJ) und den aus Kromdraai (ca. 1,5 MJ).

Die Habilinen-Gruppe

repräsentiert innerhalb des TMÜ, z. T. synchron und sympatr. zu *Australopithecus* (z. B. in Olduvai Bed I), einen in Richtung *Homo* evoluierten Typus, der wegen seiner Steingerätekultur (Olduvanian) den Artnamen *»habilis«* (fähig) trägt und aufgrund des Hirnvolumens (B) noch *Australopithecus,* wegen der progressiven Merkmale bereits *Homo* zugerechnet wird (Olduvai/Tanzania, Swartkrans/Südafrika):

Homo habilis, der sich in Süd- und Ostafrika bis ca. 3,0–2,5 MJ zurückverfolgen läßt und zw. *Australopithecus africanus* und *Euhomininen* (S. 538f.) zu vermitteln scheint, besaß eine steilere Stirn, schwache Überaugenwülste, hominine Kiefergröße und einen nicht mehr zum Greifen befähigten Standfuß mit homininer Wölbung. Anatom. Befunde am Gaumen und Unterkiefer deuten auf Sprachfähigkeit.

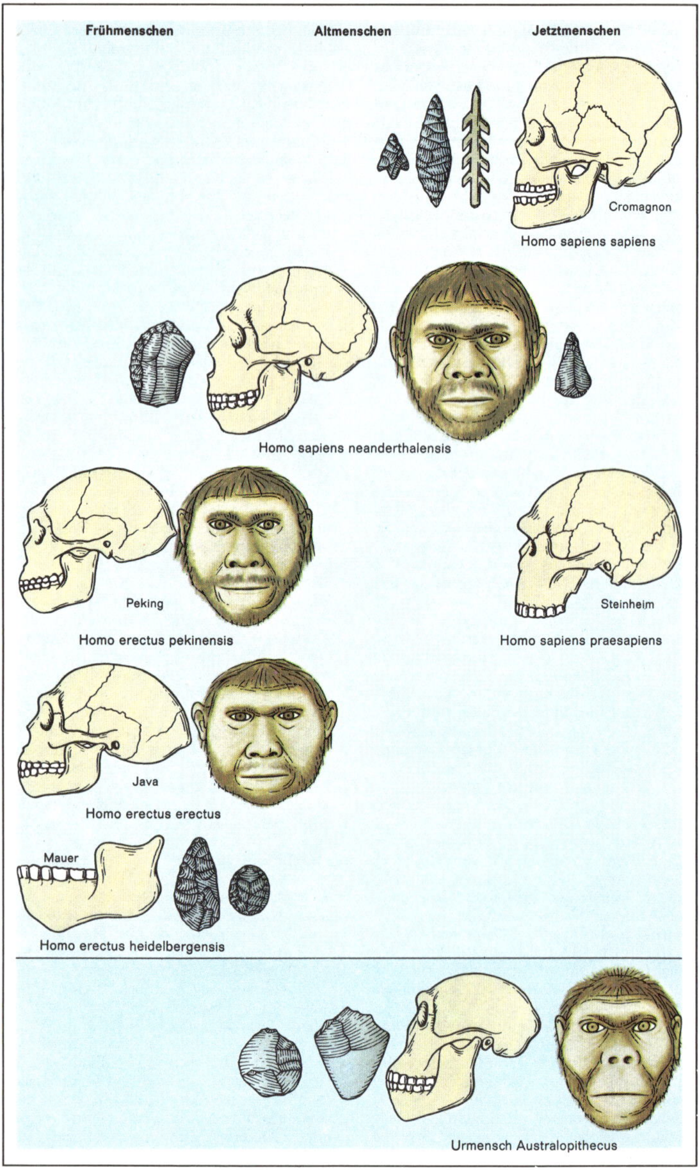

Urmenschen (Australopithecinen) und Vollmenschen (Euhomininen)

Die eiszeitl. (pleistozäne) Geschichte der *Vollmenschen (Euhomininen)* ist vor allem durch die soziokulturelle Höherentw. charakterisiert, die bes. aus Geräten archäolog. zu erschließen ist. Denn die **Geräteherstellung** ist gebunden an Logik und Abstraktion, an sinnvoll zukunftsbezogenes Planen und Weitergabe handwerkl. Technik an die folgende Generation (Tradition), damit auch an Weitergabe und Sammeln von Erfahrung im Zusammenhang mit der Entw. einer Symbolsprache. Die *Euhomininen,* die 1 Mill. Jahre lang zeitgleich und teilweise sympatrisch mit den *Australopithecinen* lebten, können in drei morpholog. Formengruppen gegliedert werden.

Die Archanthropinen *(Frühmenschen)*
der polytyp. *Homo-erectus*-Species (früher: *Sinanthropus, Pithecanthropus, Atlantanthropus, Tschadanthropus*) waren Jäger und Fleischesser, die durch Nutzung von Feuer und Felshöhlen das Wohngebiet über die Tropen hinaus ausweiteten und bereits unterpleistozän räuml. weit verbreitet waren. Sie lebten in der Zeit von 2–0,15 MJ, hatten eine fliehende Stirn und starke Überaugenwülste, waren aber in den Gliedmaßen, der knöchernen Nasenöffnung und den Zähnen sapiens-ähnlich. Sie zeigen eine deutl. Subspeciesradiation und starke Variation in mehreren Progressionsreihen:

Java: *H. e. modjokertensis* (Djetis-Schichten von Modjokerto und Sangiran/Mitteljava, 1,9 MJ) ist habilinen-ähnl. und deutl. primitiver (Gehirnvolumen s. S. 536B) → *H. e. erectus,* klass. Erstfund eines *Frühmenschen* durch Dubois 1891 bei Trinil/Mitteljava, ferner aus den Trinil-Schichten von Sangiran (0,8–0,5 MJ) → bereits abgeleitet ist *H. e. soloensis* (Solo-Fluß bei Ngandong/Mitteljava, 0,1 MJ) mit Hinweis auf Kopfjägerei oder Kannibalismus.

China: habilinenähnl. *H. e. lantianensis* (Lantian/Shensi, ca. 0,7 MJ) mit sehr dickem Schädeldach → *H. e. pekinensis* (Choukoutien/Peking, 0,3–0,4 MJ) mit angedeutetem Kinn, Feuerbenutzung, steht zw. *H. e. erectus* und *soloensis* → Funde von Hsuchiayao (0,1 MJ) verlängern die chines. Linie vielleicht bis in die Nacheiszeit (Shihyu, 30000 Jahre).

Afrika: *Telanthropus (H. erectus) capensis* noch habilinen-ähnl. (Swartkrans/Südafrika, ca. 2 MJ) → evoluiertere *Homo-erectus*-Unterarten aus Koobi Fora und *H. e. leakeyi* aus Olduvai (Bed III, 0,5 MJ) → südafrikan. oberpleistozäner *H. e. rhodesiensis* mit modernen, aber auch eigentüml. Merkmalen (Broken Hill, 0,1 MJ ?, Saldanha/Kapstadt 40000 Jahre).

Europa: Hier ist aufgrund der Fundsituation die Entstehung von *H. erectus* auszuschließen. Vom *H. e. heidelbergensis* (Mauer/Heidelberg, 0,5 MJ?: massig-kinnloser Unterkiefer mit rel. modernen Zähnen) und *H. e. bilzingslebenensis* (Thüringen/DDR, mittelpleistozän, enge Affinität zu *H. e. leakeyi* und *H. e. erectus*) führt vielleicht ein Anschluß zu *H. e. palaeohungaricus* (Vertesszölös/Ungarn, 0,4 MJ?) mit seinen Anklängen an *H. sapiens* (Feuerbestattung).

Die Palaeanthropinen *(Altmenschen)*
schließen sich den *Frühmenschen* eng an. Als verbindende Formen in Europa werden die Funde von Vertesszölös/Ungarn und Petralona/Griechenland angesehen. *Altmenschen* lebten von ca. 0,4 MJ bis vor 40000 Jahren und lassen, in der *Homo-erectus*-Gruppe als Vorfahren wurzelnd, zwei getrennte Progressionsreihen erkennen, die einmal zum ausgestorbenen klass. *Neanderthaler,* zum anderen zu den *Jetztmenschen* der *Homo-sapiens*-Gruppe führten.

Präneanderthaler *(Homo sapiens praeneanderthalensis)* der letzten Warmzeit (Riß-Würm-Interglacial, vor 110–75000 Jahren) aus Weimar-Eringsdorf, Krapina/Kroatien, Ganovce/Slowakei zeigen die Merkmale des klass. *Neanderthalers* erst in schwacher Form.

Neanderthaler *(H. sapiens neanderthalensis)* liegen in zahlr. Funden vor: Gibraltar 1884 (zunächst nicht erkannt), Neanderthal bei Düsseldorf 1856, Spy/Belgien, La Chapelle aux Saints, Le Moustier, Monte Circeo/Italien, Dschebel Irhoud/Nordafrika, Krim, Usbekistan. Sie waren Anpassungsformen der letzten Kaltzeit (Würm), klein (155–165 cm), kurzbeinig, gedrungen, mit fliehender niedr. Stirn und Überaugenwülsten, ausladendem Hinterkopf. Sie fertigten Steingeräte (Moustérien), bestatteten Tote (Blumenschmuck) und zeigten dabei Ansätze metaphys. Beziehung.

Die Präsapiens-Gruppe *(H. sapiens praesapiens),* die modellhaft den Beginn der *Jetztmenschen* und vielleicht auch den der *Altmenschen* überhaupt vertritt, reicht bis in das Mittelpleistozän (Mindel-Riß-Warmzeit) zurück:

- Steinheim a. d. Murr, nahe Stuttgart: rel. dünnes Schädeldach eines *H. sapiens steinheimensis* mit altmenschl. Stirn, aber sapienshaftem hinteren Schädel, ca. 326000 Jahre.
- Swanscombe/London: Scheitel- und Hinterhauptsbeine, etwas neanthropiner und größere Schädelkapazität als der *»Steinheimer«,* Alter ca. 270000 Jahre. Faustkeile vom mittl. Acheuléen und Levalloisien-Geräte.

Weitere *Präsapiens*-Funde mit feinerem Schädel und Skelett (Grazialisation) stammen aus Italien, Frankreich und Ostafrika.

Die Neanthropinen *(Jetztmenschen)*
traten im Oberpleistozän vor ca. 40000 Jahren zieml. unvermittelt auf, zugleich verschwanden die *Neanderthaler. Homo sapiens sapiens* ging schon früher, vermutl. in klimat. günstigeren Gebieten (Vorderasien?) im Verlauf der letzten Kaltzeit (Würm) durch weitere Grazialisation aus der *Präsapiens*-Gruppe hervor: Zähne klein, Unterkiefer mit knöchernem Kinn, Schädelbasis stark gewinkelt, Gehirnschädel hoch gewölbt, Kapazität ∅ 1400 ccm. Frühe *Jetztmensch*-Funde sind im Typus relativ einheitl. und aus allen Kontinenten bekannt (Äthiopien/Omo I und II, > 40000, vielleicht 90000?; Borneo/Niah-Höhle, ca. 39000; Combe-Capelle/Frankreich, 34000; Cromagnon/Frankreich, 25000; Lake Mungo/Australien, 31000).

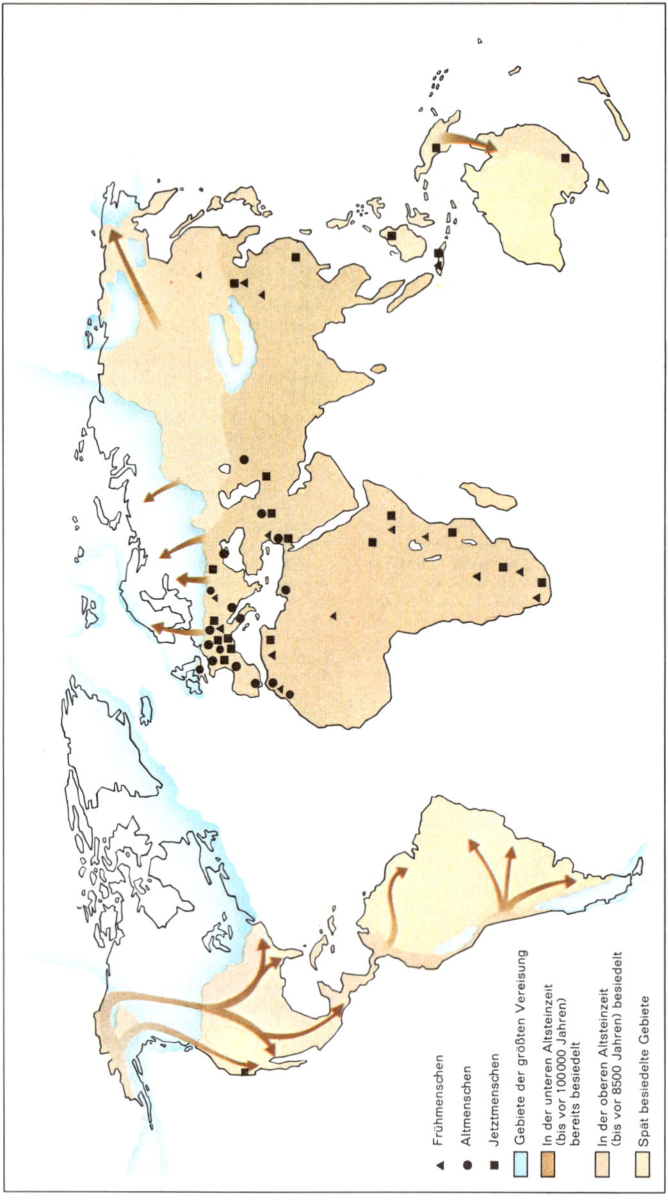

Ausbreitung des Menschen

Die biol. Ursachen der Menschwerdung stellen für die Evolutionsforschung eines der zentr. Probleme dar, und obwohl für vergangene Ereignisse keine experiment. Beweisführung möglich ist, konnten doch Analysen der kulturellen und sozialen Struktur sowie der Lebensbedingungen der frühen *Hominiden* Hinweise auf die entscheidenden Evolutionsfaktoren geben.
Allerdings sind die Zusammenhänge hypothet. und sehr komplex. Deshalb können nur wenige mögl. Wirkungsketten verfolgt werden:
1. Raumvorstellung und Greifhand: Die pongiden Vorfahren der *Hominiden* hatten sicher wie alle rezenten *Affen* mit Greifhänden die Fähigkeit, innerhalb ihres Baumbiotops Richtungen, Entfernungen und genaue Lagebeziehungen exakt zu erfassen; ein Unvermögen oder Irrtum hätte tödl. Folgen haben können. Diese Raumvorstellung (»zentrale Repräsentanz des Raumes«) ermöglicht nach LORENZ den *höh. Primaten* auch, in diesem Vorstellungsraum nicht nur sich selbst zu bewegen, sondern auch best. Objekte der Umwelt. Statt durch die Versuch-Irrtum-Methode handelnd eine Lösung zu finden (Lernkreis, S. 6f.), benutzen sie höchst energie- und risikosparend das »zentrale Raummodell«, um die gesamte Operation in ihrer Vorstellung durchzuprobieren (Denkkreis, S. 6f.). Dadurch sind Ansätze zum Denken und planmäßigen Verfertigen von Geräten vorhanden. Im Prozeß der Menschwerdung förderten sich Geräteherstellung, Handfertigkeit, Denkvermögen und aufrechte Körperhaltung wahrscheinlich wechselseitig in einem Rückkoppelungsvorgang (S. 537) und verliehen ihren Besitzern einen immer größeren adaptiven Vorteil.
2. Sexualität und Familienintegration: Die nichthominiden Vorfahren des *Menschen* hatten wahrscheinl. eine ähnl. soziale Organisation wie die *Menschenaffen*. Bei polygamen Beziehungen wurden die sex. aktiven Männchen und entspr. die passiven Weibchen von der Selektion bes. begünstigt, aber die Energien der aktivsten und ranghöchsten Männchen wurden durch das Fernhalten von Rivalen und Feinden verbraucht, die Aufzucht der Jungen blieb den Weibchen überlassen. Diese Sozialorganisation war nur im trop. Waldbiotop mit der Fülle an Nahrung für Weibchen und Nachkommen tragbar. Mit dem Übergang zur omni-oder karnivoren Lebensart der Baumsteppe und Steppe, zu einer jagenden, die Nahrung sammelnden Wirtschaftsweise mußte eine andere Arbeitsteilung durch die Auslese gefördert werden.
Die auf den *Menschen* beschränkte dauernde weibl. Sexualbereitschaft machte ein monogames Familienleben möglich und befreite damit den Mann von der steten Notwendigkeit, Rivalen abzuwehren. Er konnte sich auf die Tätigkeiten außerhalb des Wohnplatzes spezialisieren, konnte Unterdrückung und Rivalität in Zusammenarbeit umwandeln. Kooperation erforderte Nachrichtenaustausch und regte zur Entw. der Sprache an, die Gedachtes in tradiert-verständl. Lautkombinationen umsetzt und so der Kommunikation und »Fortpflanzung« jeglicher Kultur dient.
3. Elterliche Fürsorge und Domestikation: Die Zufallsstreuung einer hohen Sterblichkeit bei Jungtieren, die die richtende Wirkung der Selektion mindert, wird durch elterl. Fürsorge eingeschränkt, wobei die Befähigung dazu mit steigender Gehirnevolution anwuchs. Beide scheinen durch Rückkoppelung ursächl. miteinander verknüpft gewesen zu sein:

> Mit wachsender Gehirngröße nahm die Entw.-Geschwindigkeit des Kindes ab, die Dauer seiner Pflegebedürftigkeit damit zu (sek. Nesthocker, S. 178f.); dies wiederum erhöhte den Selektionswert der elterl. Fürsorge und damit die Auslese in Richtung auf ein leistungsfähigeres Gehirn.

Als Folge der Entwicklungshemmung beim Kind stellt LORENZ ein Fortdauern von Jugendmerkmalen (**Neotenie**) in den Vordergrund: Der *Mensch* erhält sich eine **weltoffene Neugier** nahezu über sein ganzes Leben. Der Selektionswert bedarf keiner Erläuterung.
4. Instinktreduktion und Freiheit des Handelns: Im Zusammenhang mit der Domestikation wurden vermutlich auch erbl. fixierte und daher starre Verhaltensweisen von plastischeren, adaptiven und individuellen Reaktionen verdrängt.
Einerseits mag diese Instinktreduktion in Fortsetzung der kindl. Abhängigkeit und natürl. Bereitschaft, Autorität z. B. der Erwachsenen anzuerkennen, durch eine gewisse soziale Norm- und Prägbarkeit des einzelnen abgesichert gewesen sein. Nach WADDINGTON legte dieses nicht-genet. Determinationssystem schließlich die Grundlagen für eine Entw. von Sittenlehren und religiösen Dogmen.
Andererseits wurde mit schrumpfender Instinktsicherheit in der Auseinandersetzung mit der Umwelt der Freiheitsgrad des Handelns neu erweitert. Dabei wurde durch die Auslese die Fähigkeit erhebl. begünstigt, übernommene oder persönl. Erfahrungen zu sammeln, zu verbinden und schließlich einen an das Großhirn gebundenen Erkenntnisapparat zu entwickeln, der es *Menschen* gestattete, eine richtige Theorie der realen Welt (s. Einleitung, S. 1) zu formulieren und damit diese Welt auch im zweckgerichteten Handeln zu beherrschen (Grundansatz der »Evolutionären Erkenntnistheorie«).
Ansätze zu falscher Theorienbildung wurden sicher in der natürl. Evolution rasch ausgeschaltet. Übrig blieben also nur diejenigen Populationen, deren Erkenntniskategorien sich infolge der ständigen Korrektur durch die Selektion immer mehr an die Kategorien der realen Welt anpaßten. Der ungeheure Selektionsvorteil stattete den *Menschen* mit einem Denkvermögen aus, welches weitgehend die Strukturen der realen Welt zu erfassen erlaubt.
Die Evolution des *Menschen* läßt in allen seinen konstitutiven Merkmalen einen Rückkoppelungsmechanismus erkennen, der zwei Vererbungssysteme, das biol. und das kulturelle, umfaßt. Ihre kausale Verknüpfung machte den Menschen zur erfolgreichsten Art der Erde.

Kategorien	Beispiel	kennzeichnende Endungen
Abteilung (phylum, divisio)	Spermatophyta	-phyta bzw. -mycota (Pilze)
Unterabteilung (subphylum, subdivisio)	Angiospermophytina	-phytina bzw. -mycotina (Pilze)
Klasse (classis)	Dicotyledonatae	-phyceae (Algen), -mycetes (Pilze), -atae (Gefäßpfl.)
Unterklasse (subclassis)	Sympetalidae	-idae bzw. -phycidae (Algen), -mycetidae (Pilze)
Reihengruppe (cohors)		-iidae
Überordnung (superordo)		-anae
Reihe, Ordnung (ordo)	Primulales	-ales
Unterreihe (subordo)		-inales
(Familiengruppe)		-ineales
Familie (familia)	Primulaceae	-aceae
Unterfamilie (subfamilia)		-oideae
Tribus (tribus)		-eae
Subtribus (subtribus)		-inae
Gattung (genus)	Primula	
Untergattung (subgenus)		
Sektion (sectio)		
Untersektion (subsectio)		
Serie (series)		
Art (species)	Primula veris	
Unterart (subspecies)	canescens	
Varietät (varietas)		
Untervarietät (subvarietas)		
Form (forma)		

A

Systematische Kategorien der Botanik

Kategorien	Beispiel
Reich (regnum)	
Unterreich (subregnum)	Metazoa
Abteilung (divisio)	Eumetazoa
Unterabteilung (subdivisio)	Bilateria
Stamm (phylum)	Arthropoda
Unterstamm (subphylum)	Tracheata
Klasse (classis)	Insecta
Überordnung (superordo)	Hymenopteroidea
Ordnung (ordo)	Hymenoptera
Unterordnung (subordo)	Aculeata
Überfamilie (superfamilia)	Apoidea
Familie (familia)	Apidae
Unterfamilie (subfamilia)	Apinae
Sippe (tribus)	
Gattung (genus)	Apis
Art (species)	mellifica
Unterart (subspecies)	ligustica

B

Anmerkungen zu A und B:

- Weitere Kategorien können eingeschoben werden (i. d. R. mit den Vorsilben super- bzw. sub-).
- Die Kennzeichnung durch best. Endungen ist nicht konsequent erfolgt, u. a. um fest eingebürgerte Namen nicht zu verändern.
  In der Zoologie liegen nur Ansätze dazu vor:
  - oidea (Überordnung; Überfamilie)
  - idea (Familie)
  - inae (Unterfamilie)
- Kategorien, deren systemat. Rang umstritten ist, werden oft mit Buchstaben (A, B, ...; a, b, ...) oder Ziffern (I, II, ...; 1, 2, ...) gekennzeichnet; so auch im System auf S. 549 ff.

Systematische Kategorien der Zoologie

Die Bedeutung der Systematik
Ihr Hauptziel ist die Gewinnung eines vollständigen Bildes der Mannigfaltigkeit der Organismen. Darüberhinaus stellt sie natürliche Gruppen fest, die isomorph (in morpholog. Hinsicht) und isoreagent (in physiol. Hinsicht) sind. Nur innerhalb solcher Gruppen (Verallgemeinerungseinheiten) lassen sich Untersuchungsergebnisse verallgemeinern.

Trotz einzelner Unterschiede in Botanik und Zoologie (S. 547), bedingt durch die histor. Entwicklung in beiden Disziplinen, sind Arbeitsweise, Voraussetzungen und Ziele für beide einheitlich zu charakterisieren.
Arbeitsrichtungen der Systematik
erfüllen verschiedene Teilaufgaben:
Die Phytographie (Zoographie) ist die analysierende Beschreibung von systemat. Einheiten aller Kategorien, die die Grundlage liefert für die Unterscheidbarkeit von anderen, u. U. sehr ähnlichen. Diese eindeutige Kennzeichnung mit dem Ziel der Abgrenzung darf sich nicht an wenigen Kriterien orientieren, sondern muß Ergebnisse anderer biol. Disziplinen aufgreifen (S. 2), um den Typus (Bauplan) möglichst vollst. zu erfassen. Aus prakt. Gründen werden für die Unterscheidung aber meist nur bes. hervorstechende und konstante Eigenschaften (Merkmale) herangezogen.
Die Taxonomie, in der Praxis stets mit der Phyto-(Zoo-)graphie verknüpft, vergleicht die charakterisierten Gruppen, grenzt sie gegen andere ab und kennzeichnet sie nach ihrer systemat. Kategorie aufgrund der taxonomischen Merkmale. Die so gewonnenen Taxa (Sing.: Taxon) werden nach den Nomenklaturregeln (s. u.) eindeutig benannt.
Die Systematik i. e. S. geht dagegen synthetisch vergleichend vor und ordnet die Vielzahl der Gruppen in einem übersichtlichen und in sich logisch aufgebauten System, dessen Bedeutung über reine Katalogisierung hinausgeht (S. 545).
Variabilität und Abgrenzbarkeit
Die Merkmalsvariabilität erweist sich bei den rezenten Organismen im allgem. als diskontinuierlich, so daß die Trennung von in sich einheitl. und gegen andere abgesetzten Kategorien nicht künstl. ist, sondern ihre natürl. Grundlage hat.
Bei Berücksichtigung fossiler Formen können dagegen Schwierigkeiten auftreten: in der stammesgeschichtl. Entwicklung erscheinen systemat. Gruppen durch fließende Übergänge verbunden (s. *Archaeopteryx;* S. 514 B).
Bauplanabwandlung und enkaptisches System
Die von Phyto- und Zoographie gefundene Gesetzlichkeit, daß die spezif. Baupläne der Organismengruppen (S. 112ff.) vielfach abgestuft variieren, so daß Baupläne niederer Kategorien entstehen, hat ihren angemessenen Ausdruck in der Folge systemat. Kategorien (A, B), wobei die höheren die jeweils niederen eingeschachtelt enthalten (enkaptische Struktur).
Grundkategorie ist hierbei die Art:
- **Morphospezies,** unter Beachtung der wesentl. (prototypischen) Merkmale abstrahiert.
- **Biospezies,** rezente Art, Abgrenzung am Kriterium der Fortpflanzungsfähigkeit überprüfbar.
- **Agamospezies,** bei der dies Kriterium fehlt, da sie sich parthenogenet. *(Nematoden)* oder vegetativ *(Banane)* fortpflanzt.
- **Paläospezies,** nur wie die Morphospezies abgrenzbar.

Die systematische Nomenklatur
Die Benennungen zur international einheitl. Kennzeichnung gehen zurück auf die von LINNÉ (1707–1778) eingeführte **binäre Nomenklatur.** Der Platz im System wird durch Gattungs- und Artnamen festgelegt, der Name des Beschreibers (L. für LINNÉ), oft auch die Jahreszahl der Beschreibung werden hinzugefügt:
- *Biber: Castor fiber* L. (1758);
- *Weberknecht: Nemastoma bidentatum* ROEWER (1914).

Die Kennzeichnung von Unterarten bzw. Varietäten erfolgt ggf. durch weitere Bezeichnungen (ternäre, quaternäre Nomenklatur):
- *Hühnerhabicht: Accipiter gentilis gallinarum* (C. L. BREHM).

Diese Nomenklatur baut auf:
- in der Botanik: LINNÉ, Species plantarum, 1. Aufl., 1. Mai 1753;
- in der Zoologie: LINNÉ, Systema Naturae, 10. Aufl., 1758;
- in von LINNÉ noch nicht ausreichend erfaßten Teilgebieten auf späteren Bearbeitungen (z. B. für die Laubmoose: HEDWIGS, Species Muscorum, 1. Januar 1801).

Trotzdem ist Beibehaltung einmal gegebener Namen nicht immer möglich:
Entwicklungsstadien einer Art, Arten mit starkem Sexualdimorphismus oder Arten mit großem Verbreitungsgebiet werden von mehreren Autoren unter versch. Namen beschrieben. Anwachsen der Artenzahlen und genauere Bearbeitung des Materials zwingen oft zur Teilung oder Neuordnung systemat. Gruppen (LINNÉS Gattung *Aranea* mit ursprüngl. 39 Arten ist heute eine Ordn. mit ca. 20000 Arten).
Internationale Nomenklaturregeln zur Vermeidung von Streitfällen enthalten als wichtigste Bestimmungen:
- Jeder Artname ist an ein zu archivierendes Typusexemplar geknüpft; bis zur Ordn. sind bei der Erstbeschreibung jeweils nächstniedere Kategorien als Typen anzugeben.
- Bei Mehrfachbeschreibung gilt der älteste nomenklaturgerechte Name **(Prioritätsregel).**

Eine Vereinheitlichung der Nomenklatur ist trotzdem nicht erreicht worden:
- Höhere Kategorien als Ordn. unterliegen nicht den Nomenklaturregeln und können von versch. Autoren versch. benannt werden.
- Subjektive Entscheidungen bei Abgrenzung und Einordnung von Taxa sind trotz größtmöglicher Objektivierung durch statistische und numerische Methoden nicht vollkommen vermeidbar.

Bluttiere (Enhaima)				Blutlose (Anhaima)			
lebendgebärende Vierfüßer	Vögel	Eierlegende Vierfüßer und Fußlose	Fische	Weichtiere	Weichschaltiere	Kerbtiere	Schaltiere
Vielspaltfüßige Hauerzähnige Flatterhäutige u.a.		Beschuppte Vierfüßer und Fußlose Schuppenlose Vierfüßer	Spindelförmige Knorpelfische Flache Knorpelfische Grätenfische	Kurzbeinige mit 2 langen Armen Langbeinige	Vielfüßige ohne Scheren Zehnfüßige ohne Scheren Zehnfüßige mit Scheren Kurzschwänzige		Einschalige Zweischalige Schwämme Stachelhäuter
Anmerkungen:		entspricht den Reptilien und Amphibien		entspricht den Kopffüßern mit Dekapoden und Oktopoden	entspricht den Krebsen	entspricht den Insekten, Spinnentieren und Würmern	

A

System der Tiere nach Aristoteles

Pflanzen	Wasserpflanzen; Blätter schwimmend oder untergetaucht	Schwimmfarn, Laichkraut, Seerose, Wasserlinse
Landpflanzen	ohne grüne Blätter (wenigstens zur Blütezeit)	Ackerschachtelhalm, Hopfenseide, Sommerwurz, Huflattich, Herbstzeitlose
mit grünen Blättern	Holzgewächse	Kiefer, Fichte, Buche, Eiche, Efeu, Ginster, Heidekraut
Kräuter	Blätter tief gelappt oder zusammengesetzt	Rautenfarn, Kleefarn, Erbse, Christrose, Sauerklee, Schafgarbe
Blätter ganzrandig oder mit flachen Einschnitten	Blätter gegen- oder quirlständig	Fetthenne, Brennessel, Weidenröschen, Wachtelweizen
Blätter grund- oder wechselständig	Stengel fehlend oder nur am Grunde beblättert	Hirschzunge, Sonnentau, Wegerich, Kleinster Rohrkolben
Stengel auch weiter oben beblättert	Blätter streng ganzrandig	Natternzunge, Moosfarn, Bärlapp, Schilf, Königskerze, Breitblättriger Rohrkolben
Blätter gezähnt oder gekerbt		Zypressen-Wolfsmilch, Kürbis, Springkraut, Schlafmohn

B

Bestimmungstabelle als Beispiel eines künstlichen Systems

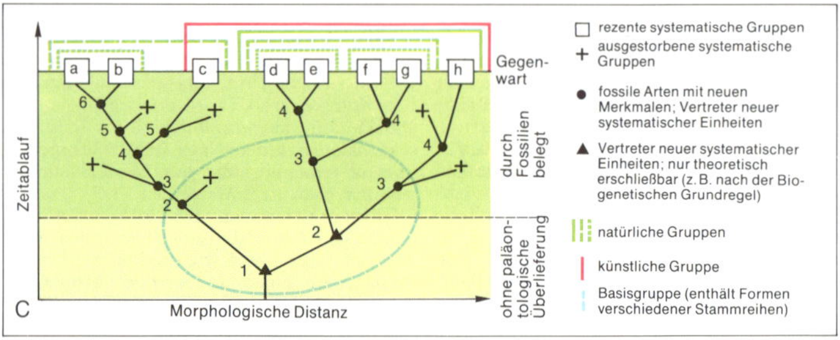

C

Stammbaumdarstellung und systematische Gruppen

Versuche einer Klassifizierung der Organismen sind schon früh erfolgt:

- ARISTOTELES (384–322 v. Chr.) ordnete die ihm bekannten Tierarten nach vorwiegend äußeren Merkmalen in ein System ein (A), das im wesentl. bis ins 18. Jahrh. gültig blieb. Er trennte Bluttiere und Blutlose (etwa entspr. der heutigen Einteilung in *Wirbeltiere* und *Wirbellose*) und gliederte sie in Abteilungen, die nur z. T. den heutigen systemat. Kategorien ähneln.
- LINNÉ klassifizierte ca. 8500 Pflanzen- und 4200 Tierarten.

  Die Pflanzen:

  1. Phanerogamen (Blütentragende Pfl.; 23 Klassen); weitere Untergliederung nach Verteilung der Geschlechter, Zahl, Länge, Stellung und Verwachsung der Staubblätter.
  2. Kryptogamen (Blütenlose Pfl.; 1 Klasse) Farne, Moose, Algen, Pilze.

  Die Tiere:

  1. Mammalia (rotes, warmes Blut; 2 Herz- und 2 Vorkammern; lebendgebärend);
  2. Aves (rotes, warmes Blut; 2 Herz- und 2 Vorkammern; eierlegend);
  3. Amphibia (rotes, kaltes Blut; 1 Herzkammer, 2 Vorkammern; lungenatmend);
  4. Pisces (rotes, kaltes Blut; 1 Herzkammer; kiemenatmend);
  5. Insecta (weißes Blut; geglied. Fühler);
  6. Vermes (weißes Blut; ungeglied. Fühler).

Künstl. Systeme erfüllen durchaus die Forderung nach übersichtl. Gliederung der Formenfülle und haben daher zu bes. Zwecken noch heute Bedeutung (B).

Bei manchen Gruppen bestehen auch in modernen Systemen, da Verwandtschaftskriterien fehlen, künstliche Einteilungen (z. B. *Deuteromycetes;* S. 551).

Da sie aber nur auf wenigen Merkmalen aufbauen, also den Typus unvollständig erfassen, treten in den systemat. Kategorien Widersprüche auf. Daher forderte schon LINNÉ trotz seiner Auffassung von Artkonstanz die Aufstellung eines natürl. Systems.

Natürliches System

Schon das Bestreben einer vollst. Erfassung des Typus führte zum Aufgreifen von Ergebnissen zahlr. anderer biol. Disziplinen (S. 2).

Die **Deszendenztheorie** fußte zu einem erhebl. Teil auf den durch die Systematik erarbeiteten abgestuften Bauplanähnlichkeiten (S. 124ff.). Ihre wiss. Grundlegung durch DARWIN ermöglichte es umgekehrt, diese Ähnlichkeiten klar als Ausdruck stammesgeschichtl. Verwandtschaft, das System der Organismen also als Ergebnis der Phylogenese aufzufassen.

Der Stammbaum kann demnach als wichtige Darstellungsform der Systematik gelten:

Das System der rezenten Organismen ist demnach ein Querschnitt durch alle Verzweigungen des Stammbaumes; bei Einbeziehung fossiler Formen werden verschiedene Ebenen erfaßt.

Abgrenzen und Einordnen natürl. Gruppen setzen voraus:

- Erfassung des Typus (Bauplans) als eines vollst. Konstruktions- und Funktionsplans unter Beachtung u. a. morphol., ökol., physiol. und biochem. Erkenntnisse;
- Erkennung von Homologien (S. 512f.) als phylogenetisch bedingte Ähnlichkeiten;
- Ausschluß von Analogien als durch gleichsinnige Selektion erzwungene Anpassungsähnlichkeiten, die Lebensformtypen (S. 230 D) ohne nähere Verwandtschaft kennzeichnen.

Probleme der Realisierung des Natürl. Systems

Zahlr. Schwierigkeiten verhindern bisher das Aufstellen eines allg. anerkannten Natürl. Systems:

- Neuentdeckung von Arten (allein aus Afrika werden jährl. 500 Arten neu beschrieben) kann Änderungen im System erzwingen.
- Auffinden bisher unbekannter taxonomisch relevanter Merkmale kann zur Änderung phylogenetischer Vorstellungen führen.
- Nicht immer sind gleiche Merkmale taxonom. relevant, so daß in versch. Bereichen des Systems nach versch. Kriterien gegliedert wird.
- Kombination primitiver und abgeleiteter Merkmale im gleichen Typus (Heterobathmie) erschwert die Wertung dieser Merkmale.
- Phylogenet. Entwicklungen laufen versch. schnell, so daß ein durch Fossilien belegter Prozeß nicht auf andere Gruppen übertragbar ist. Z. B. führten von den *Archosauriern* (Trias) mehrere Entw.-Linien nur zu neuen Ordn., eine zum ganz neuen Typ der *Vögel.*
- Gemeinsame Ahnenformen rezenter Gruppen sind unter Berücksichtigung zwischenzeitl. Veränderungen zu rekonstruieren, falls nicht fossil nachzuweisen. Das ist fast nur bei Formen mit Hartteilen zu erwarten.
- Konsequente Einbeziehung fossiler Formen mindert die Trennschärfe zw. systemat. Kategorien: Arten nahe der Gabelungsstelle (C) sind auch bei höheren Kategorien so ähnl., daß eindeutige Klassifizierung nicht gesichert ist.
- Mehrere (fast) gleichwertige Zuordnungsmöglichkeiten führen, bes. bei isolierten Gruppen, zu unterschiedl. Auffassungen versch. Autoren.
- Artenreiche Gruppen werden oft höher eingestuft als artenarme (z. B. die *Vögel* als eigene Klasse, nicht als Ordnung der *Reptilien,* was dem Zeitablauf der Phylogenese besser entspräche).

Das nachfolgende System (S. 548ff.) darf daher weder als einzige Möglichkeit noch als endgültige Lösung verstanden werden:

- es ist für den Rahmen dieses Taschenbuches in zahlr. Punkten stark vereinfacht;
- es stellt nur eine Möglichkeit dar; einige andere Auffassungen sind in den Abb. durch Stammbaumschemata angedeutet;
- es kann wie alle naturw. Aussagen nur ein dem jeweiligen Kenntnisstand entspr. Modell sein, das durch zusätzl. Erkenntnisse Änderungen erfahren wird.

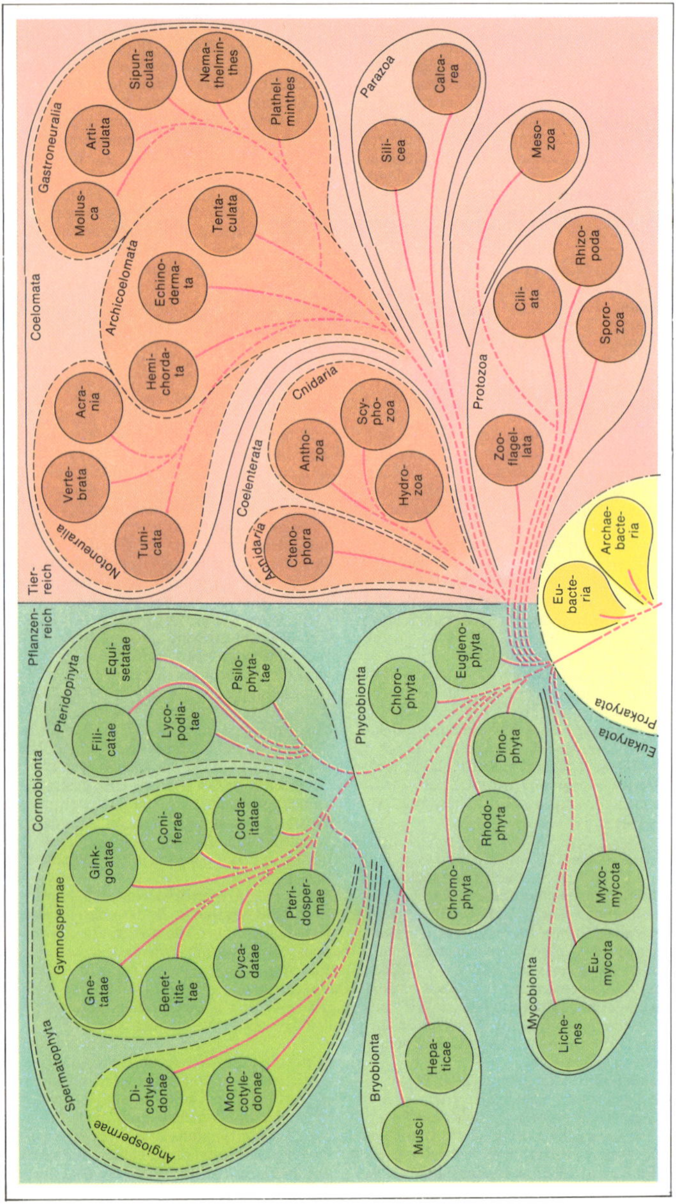

Systematische Großgliederung des Pflanzen- und Tierreiches

Archaebacteria, Eubacteria und Eukaryota

Die **Archaebacteria** werden aufgrund von Sequenzanalysen (Abschnitte der DNA, Proteine, bes. 16 S ribosomale RNA) als gleichrangige systemat. Kategorie den **Eubacteria** gegenübergestellt, die etwa der früheren Klasse der *Schizophyta* entsprechen. Dafür sprechen auch Unterschiede im Aufbau von Plasmamembran und Zellwand (S. 59).

Den **Eukaryota** gegenüber mit der komplexen Organisation der Eucyte (S. 8ff.) werden *Archae-* und *Eubacteria* auch als *Prokaryota* zusammengefaßt.

Trennung der drei Gruppen wird angenommen:
- als die Uratmosphäre noch reduzierenden Charakter hatte;
- als eine einheitl. Zellwandstruktur noch nicht vorlag;
- als das Organisationsniveau der Eucyte noch fehlte.

Pflanzenreich und Tierreich

Die übl. Unterteilung der *Eukaryota* in *Pflanzen* und *Tiere* ist auch dann nicht trennscharf, wenn ernährungsphysiol. Kriterien herangezogen werden:
- die autotrophen *Cyanophyceae* sind den *Prokaryota* zuzurechnen;
- mixotrophe Ernährung ist bei »Pflanzen« nicht selten (S. 247), auch sek. heterotrophe Ernährung kommt vor (S. 247);
- unklar ist insbes. die Stellung der »Pilze«, denen Assimilationspigmente ganz fehlen.

Die herkömml. Einteilung Pflanze-Tier ist also keine phylogenetische, sondern Ordnungsprinzip im Sinne eines künstl. Systems.

Gliederung des Pflanzenreiches

Die Phycobionta (Algen) stehen als reich diff. Gruppe an der Basis der eukaryot. Pflanzen. Sie gelten als aus einer Entw.-linie (monophyletisch) entstanden; frühe Differenzierung führte zu zahlr. ± parallelen Entwicklungen, in denen mehrfach der Übergang zur Vielzelligkeit vollzogen wurde (S. 548 A).

Als Basisgruppe innerhalb der *Phycobionta* gelten die *Euglenophyta,* von deren (unbekannten) Ahnen die höheren Algengruppen, die *Pilze* und die *Protozoen* ableitbar sind.

Die Mycobionta (Pilze) werden von mehreren ausgestorbenen Algengruppen auf sehr frühen Entw.-stadien abgeleitet (polyphyletische Herkunft).

Neben allg. Verlust der Assimilationspigmente verlief die Entw. sehr unterschiedl., so daß taxonom. Unsicherheiten, auch wegen z.T. noch unbekannter Entw.-gänge (*Fungi imperfecti;* S. 551) sehr groß sind.

Die Bryobionta (Moose) lassen sich, obgleich Zwischenformen unbekannt sind, aufgrund biochem. Übereinstimmungen (Assimilationspigmente, Reservestoffe) monophyletisch von fossilen *Chlorophyceae* ableiten.

Die Cormobionta (Gefäßpflanzen) mit vollst. Cormus (S. 113) umfassen zwei Abteilungen:

1. **Die Pteridophyta (Farngewächse)** sind ebenfalls von fossilen *Grünalgen* (mit heteromorphem Generationswechsel, stärker entw. Sporophyten und antithetischem Kernphasenwechsel) abzuleiten. Basisgruppe: *Psilophytinae;* andere Gruppen früh getrennt; z.T. parallel entw. (konvergente Samenbildung).
2. **Die Spermatophyten (Samenpflanzen)** sind wiederum zweigegliedert:
   a) Die Gymnospermen mit einer microphyllen Entwicklungslinie (vermutl. ausgehend von den *Archaeopteridales = Progymnospermen)* und einer macrophyllen Linie (vermutl. ausgehend von den *Pteridospermae*).
   b) Die Angiospermen, ableitbar von Formen aus dem Übergangsfeld zw. *Pteridospermae* und *Cycadatae.* Zahlr. Organisationsfortschritte machten sie zur weitaus artenreichsten Gruppe (ca. 300000 Arten).

Gliederung des Tierreiches

Sie ist bei der starken Diff. nur verkürzt und schwerpunktartig zu behandeln.

Die Protozoa sind vermutl. polyphylet. Herkunft (im Gegens. zu der in der Abb. vereinfachten Darstellung; vgl. S. 560 A). Die Sonderstellung der *Ciliata* als *Cytoidea* ist nicht allg. akzeptiert.

Die Entstehung der Metazoa wird im wesentl. nach zwei Vorstellungen diskutiert:
- **Die Gastraea-Theorie** (nach HAECKEL) geht von hohlkugeligen Einzellerkolonien aus, die durch Gastrulation (S. 197) eine zweischichtige hypothetische Ahnenform bilden. Sie ist aus der Ontogenese zahlr. Tiere gut belegbar. Basisgruppe der *Metazoa* sind hiernach die *Cnidaria.*
- **Die Acoeltheorie** geht von vielkernigen *Prociliaten* aus, die durch Zellularisation vielzellig werden. Basisgruppe wären hiernach turbellarien-ähnl. *Würmer,* bei denen Anklänge an diese Verhältnisse vorliegen.

Mesozoa und Parazoa sind in ihrer Stellung umstritten:
- **Mesozoa** können von *Ciliaten* abgeleitet, aber auch sek. vereinfachte *Trematoden* sein.
- **Parazoa** gelten als früher Seitenzweig der *Metazoa* (gemeins. Herkunft von choanoflagellaten-ähnl. Formen) oder als isoliert aus *Phytoflagellaten* entw. Gruppe.

Die (Eu-)Metazoa lassen sich wie folgt gliedern:

1. Die Coelenterata repräsentieren nach der Gastraea-Theorie in den *Cnidaria* den Ausgangstyp der *Metazoa.* Unter ihnen können radiäre, aber auch bilaterale Formen als ursprüngl. aufgefaßt werden.

2. Die Coelomata umfassen:
- die *Archicoelomata* als Basisgruppe (uneinheitl., aber alle mit trimerem Coelom);
- die *Gastroneuralia (Spiralia),* etwa den *Protostomia* entspr., sind über tentaculaten-ähnl. Formen aus den *Archicoelomata* abzuleiten;
- die *Notoneuralia (Chordata),* etwa den *Deuterostomia* entspr., sind über enteropneusten-ähnl. Formen aus den *Archicoelomata* abzuleiten.

	Chlorophyll					Phycobiline	Carotin			Xanthophylle			monadal (einzellig beweglich)	rhizopodial (amöboid)	capsal (Gallerthülle, keine Zellwand)	coccal (einzellig unbeweglich)	trichal (einfach oder verzweigt fädig)	siphonal (vielkernig-schlauchförmig)	Flechtthallus (vgl. S. 75)	Gewebethallus (vgl. S. 75)
	a	b	c	d	e		α	β	andere	Lutein	Fucoxanthin	andere								
Rhodophyceae	✱	–	–	○	–	○	○	✱	–	✻	–	○				●	●		●	
Chrysophyceae	✱	–				–	–	✱	–	○	○		●	●	●	●	●			
Xanthophyceae	✱	–	–	–	○	–	–	✱	–	○	○	○	●	●	●	●	●	●		
Bacillariophyceae	✱	–	○			–	○	✱	○		✻	○				●				
Phaeophyceae	✱	–	○	–	–	–	○	○	–	○	✱	○					●		●	●
Dinophyceae	✱	–	○	–	–			✱	–	–	–	✻	●	●	●	●	●			
Euglenophyceae	✱	✻	–	–	–	–		✱	–	✱	–	○	●							
Chlorophyceae	✱	✻	–	–	–	–	○	✱	○	✱	–	○	●		●	●	●	●	●	●
Conjugatophyceae	✱	✻	–	–	–	–	○	✱	○	✱	–	○				●	●			
Charophyceae	✱	✻	–	–	–	–	○	✱	○	✱	–	○					●			

A Konzentration: ✱ hoch ✻ noch bedeutend ○ gering – fehlt

Kriterien der Gliederung der Phycobionta in Klassen und Ordnungen

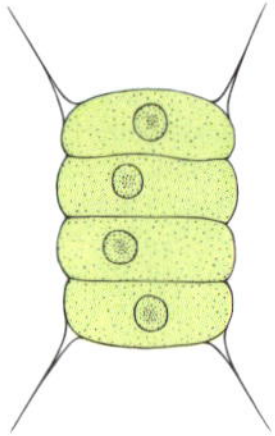

B Chlorophyceae Scenedesmus (schwebende Kolonie)

C Chlorophyceae Ulva (Meersalat)

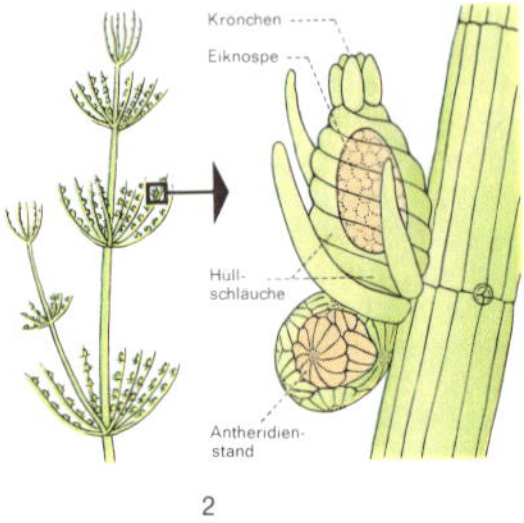

D Charophyceae Chara (1 Habitus; 2 Geschlechtsorgane)

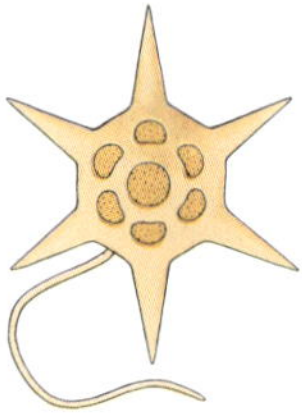

E Chrysophyceae Distephanus (Kieselflagellat)

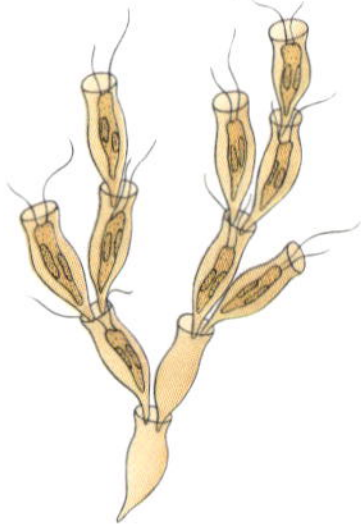

F Chrysophyceae Dinobryon (schwebende Kolonie)

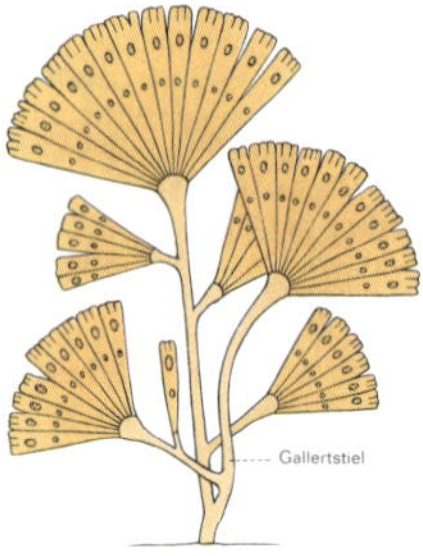

G Bacillariophyceae Licmophora (Kolonie)

Phycobionta

1. Überreich: Archaebacteria
Abgrenzung und Unterteilung aufgrund von Sequenzunterschieden der 16S rRNA. Mehrere Untergruppen unsicheren systemat. Ranges (S. 59):
- **Methanobacteria** (Gattungen *Methanobacterium, Methanospirillium, Methanosarcina, Methanococcus*);
- **Halobacteria;**
- **Sulfolobus;**
- **Thermoplasma.**

2. Überreich: Eubacteria. 2700–3600 Arten.
Früher *Bacteria* (S. 61), mit *Archaebacteria* und *Cyanophyceae* zus. zu den **»Prokaryota«** vereinigt. Ihre neue Unterteilung beruht, anders als die frühere, sicher künstliche (S. 61), im wesentl. auf Sequenzanalysen der 16S rRNA. Trotzdem sind die Taxa z.T. noch unsicher:
- **Chlorobacteria (Grüne Bakt.);** mit Photosynthese-Pigmenten. *Chlorobium.*
- **Pseudomonadales;** z.T. mit Photosynthese-Pigmenten (Purpurbakt.). *Nitrobacter,* Choleraerreger *Vibrio comma.*
- **Chlamydobacteriales (Fadenbakterien).** *Sphaerotilus; Leptothrix* (bildet Raseneisenstein). *Crenothrix.*
- **Spirochaetales.** *Treponema pallidum* (Syphiliserreger). *Spirochaeta.*
- **Cyanobacteria (»Blaualgen«).** Früher als *Cyanophyceae* in eine eigene Gruppe gestellt (S. 61). Künstlich untergliedert in **Chroococcales** (Einzelzellen oder durch Gallert verbundene Kolonien; z.B. *Gloeocapsa*) und **Hormogonales** (fädige Formen; z.B. *Nostoc*).
- **Gram-positive Bakterien** (S. 61). Umfassen zahlr. Gruppen, u.a. **Actinomycetales (Strahlenpilze),** Tuberkel»bazillus« *Mycobacterium tuberculosis,* z.T. antibioticabildend, wie *Streptomyces;* Gattung **Bacillus,** z.B. der Milzbranderreger *B. anthracis;* Gattung **Clostridium,** z.B. der Wundstarrkrampf-Erreger *C. tetani.*

3. Überreich: Eukaryota (Organisation der Eucyte S. 8 ff.)

1. Reich: Pflanzen

I. Phycobionta (Algen). Die Einteilung in Kl. folgt im wesentl. den Plastidenfarbstoffen (A), die Untergliederung in Ordn. der Organisationshöhe (Einzeller → Thallus; S. 75).

1. Abt. Euglenophyta; einzige **Kl. Euglenophyceae.** Teilw. mixo- oder heterotroph; daher Modelle für die Protozoenentstehung. *Euglena, Phacus, Colacium.*

2. Abt. Chlorophyta. ca. 11000 Arten, vorwiegend im Süßwasser, ca. 10% der Arten sind marin.

1. Kl. Chlorophyceae (Grünalgen). 6500 Arten. Sie können als Verwandtschaftsgruppe im Sinne des natürl. Systems gelten.

1. Ordn. Volvocales. Einzellige Formen (S. 65 D), Kolonien und echte Vielzeller (S. 73 H). *Chlamydomonas, Volvox.*
2. Ordn. Chlorococcales. Einzellig, vielfach koloniebildend (B). *Pediastrum, Chlorella.*
3. Ordn. Ulotrichales. Fädig oder flächig. *Ulothrix, Ulva* (C), *Enteromorpha.*
4. Ordn. Chaetosporales. Verzweigte Fäden. *Draparnaldia, Pleurococcus.*
5. Ordn. Oedogoniales. Fortpfl. durch Oogamie. *Oedogonium, Bulbochaete.*
6. Ordn. Cladosporales. Zellen vielkernig. *Cladophora, Urospora.*
7. Ordn. Siphonales. Thalli ganz ohne Querwände. *Acetabularia, Caulerpa.*

2. Kl. Conjugatophyceae (Jochalgen). 4000 Arten, vorwiegend im Süßwasser. Keine begeißelten Fortpflanzungszellen; einzellige und unverzweigt fädige Formen.

1. Ordn. Desmidiales. Einzeller. *Closterium, Cosmarium.*
2. Ordn. Zygnemales. Watteartige Fadenknäuel. *Spirogyra, Mougeotia.*

3. Kl. Charophyceae (Armleuchteralgen). Stets vielzellig; kormophytenähnl. Thalli (Nodien, Internodien, Rhizoide). Das Fehlen ungeschlechtl. Fortpflanzung und der komplizierte Bau der Sexualorgane kennzeichnen eine abgeleitete, im System isolierte Gruppe (D). Nur die **Fam. Characeae** mit wenigen Arten. *Chara.*

3. Abt. Dinophyta; einzige **Kl. Dinophyceae (Dinoflagellaten).** 1000 Arten. Wichtigste **Ordn. Peridinales;** bilden einen hohen Anteil am marinen Phytoplankton. *Peridinium, Ceratium.*

4. Abt. Chromophyta. 13000 Arten. Zusammenfassung parallel entw. Klassen, bei denen das Chlorophyll durch versch. spezif. Xanthophylle überdeckt wird.

1. Kl. Chrysophyceae. 1000 Arten. Meist einzellig (E), aber bis zu einf. Fadenthalli (trichale Organisation). Wichtigste **Ordn. Chrysomonadales.** *Dinobryon* (F).

2. Kl. Xanthophyceae (Heterocontae). 500 Arten. Alle Organisationsstufen bis siphonal; z.T. ans Landleben angepaßt. Wichtigste **Ordn. Heterosiphonales.** *Vaucheria.*

3. Kl. Bacillariophyceae (Diatomeae). 10000 Arten. Einzellig, selten zu Bändern oder Fächern vereinigt. Kieselsäurepanzer aus zwei ineinandergreifenden Schalen. Fossile Schalen haben techn. Bedeutung (Kieselgur; Isoliermaterial, Dynamitherstellung).

1. Ordn. Centrales. Ursprüngl. Formen, radiär, unbewegl.; Auxosporenbildung ohne Fremdbefruchtung; Zoosporen. *Melosira.*
2. Ordn. Pennales. Bilateral; oft bewegl. durch in Längsfurche des Panzers (Raphe) strömendes Plasma. Auxosporenbildung nach Kopulation großer, unbegeißelter Gameten, z.T. Kolonien (G). *Navicula, Licmophora.*

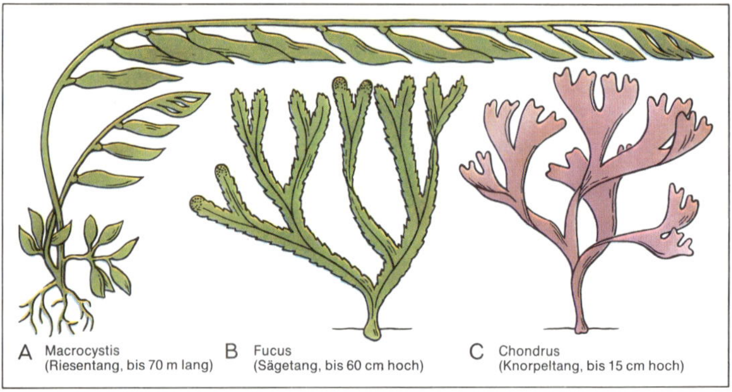

Phaeophyceae und Rhodophyta

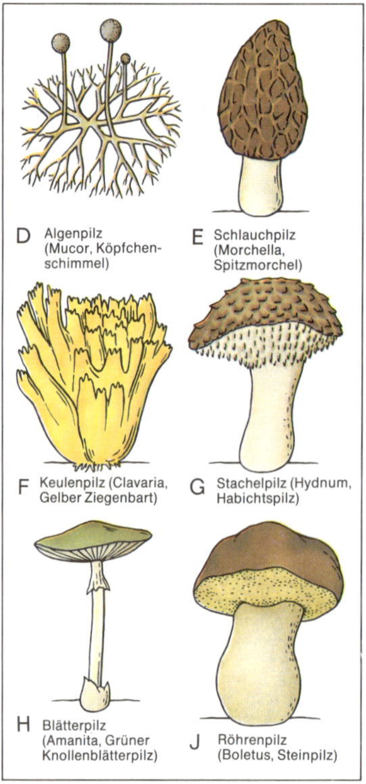

Mycobionta

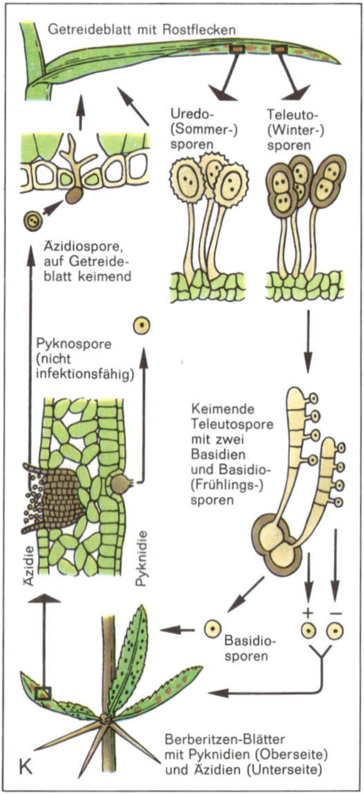

Entwicklungszyklus des Getreiderostes (Puccinia)

4. Kl. Phaeophyceae (Braunalgen). Vielgestaltige marine Algen von kleinen Fäden bis zu kormophytenähnl., 70 m langen Thalli (A). Die derben Formen heißen Tange. Charakterist. Farbstoff: braunes Fucoxanthin. GW ähnl. vielfältig wie bei den *Chlorophyceae* (S. 161).

1. Ordn. Ectocarpales. Zoosporen; Iso- und Anisogamie. Sporo- und Gametophyt gleich oder versch. gestaltet. **Ectocarpus*.

2. Ordn. Laminariales. Zoosporen; Oogamie. Gametophyt klein, Sporophyt oft hochdifferenziert. **Laminaria; Macrocystis* (A).

3. Ordn. Dictyotales. Unbewegl. Tetrasporen; Oogamie. Sporo- und Gametophyt gleichgestaltet. **Dictyota, Padina.*

4. Ordn. Fucales. Nur Oogamie. Fehlen des GW durch extreme Reduktion des Gametophyten vermutl. vorgetäuscht. Thalli hochdifferenziert. **Fucus*-Arten (B); *Sargassum*-Arten des »Sargasso-Meeres«.

5. Abt. Rhodophyta (Rotalgen). Nur vertreten durch **Kl. Florideophyceae;** 4000 Arten. Fast nur marin; Thalli hoch diff. (C). Charakterist. Farbstoff: rotes Phykoerythrin.

1. U. Kl. Bangiophycidae (Protoflorideae). Ursprüngl. Arten in nur einer Ordn. *(Bangiales).*

2. U. Kl. Florideophycidae. Diff. Formen in mehreren Ordn. **Batrachospermum.*

II. Mycobionta (Pilze). Plastidenfrei, daher heterotroph (parasit. oder saprophytisch).

1. Abt. Myxomycota (Schleimpilze). 600 Arten. Umfassen mehrere heterogene Kl. unsicherer Verwandtschaft. In der vegetativen Entw.phase nackte, amöboide Einzelzellen (daher gelegentl. ins Tierreich eingeordnet); bei der Bildung der Fruchtkörper und Sporen aber pflanzl. Verhältnisse. **Plasmodiophora* (Erreger der Kohlhernie), **Spongospora* (Kartoffelräude).

2. Abt. Eumycota (Echte Pilze). Zellwände aus Chitin; versch. Reservestoffe (Fett, Glykogen). Vegetationskörper besteht aus Fäden (Hyphen). Komplizierte Fortpflanzung (S. 161).

1. Kl. Phycomycetes (Algenpilze). 600 Arten. Oft in mehrere Kl. aufgelöst. Meist querwandlos.

1. U. Kl. Oomycetidae. Mit den Fam. *Saprolegniaceae* (meist saprophyt.) und *Peronosporaceae* (Parasiten höh. Pfl.: Krautfäule der *Kartoffel,* »Falscher Mehltau« der *Weinrebe*).

2. U. Kl. Chytridiomycetidae. In der sex. Fortpfl. heterogen. **Synchytrium* (Erreger des Kartoffelkrebses), **Olpidium* (Umfallkrankheit beim *Kohl*).

3. U. Kl. Zygomycetidae. Mit den Fam. *Mucoraceae* (meist saprophyt. Schimmelpilze: **Mucor* [Köpfchenschimmel], D; **Pilobolus*) und *Entomophthoraceae (*Empusa [Fliegenschimmel]).*

2. Kl. Ascomycetes (Schlauchpilze). 20000 Arten. Vgl. S. 161.

1. U. Kl. Protascomycetidae. Ohne Fruchtkörper; die Zygote wird unmittelbar zum Ascus.

1. Ordn. Endomycetales. Mit den Fam. *Endomycetaceae* (Mycel zerfällt leicht in Sproßketten) und *Saccharomycetaceae* (*Hefepilze;* einzellige Arten, Vermehrung durch Sprossung. **Wein-*, **Bierhefe*).

2. Ordn. Taphrinales. Pflanzenparasiten; z.B. Erreger der Kräuselkrankheit der Pfirsichblätter und der sog. Hexenbesen.

2. U. Kl. Euascomycetidae. Asci entw. sich am Ende dikaryotischer Hyphen, meist in geschlossenen Fruchtkörpern. Nach der Form der Fruchtkörper werden mehrere systemat. Gruppen unsicherer stammesgeschichtl. Verwandtschaft unterschieden. Wichtige Ordn.:

1. Ordn. Plectascales. Mit der Fam. *Aspergillaceae* (Schimmelpilze; **Aspergillus,* **Penicillium*, heute mehrere Gattungen).

2. Ordn. Erysiphales. »Echte Mehltaupilze«; Parasiten an zahlr. Nutzpflanzen.

3. Ordn. Sphaeriales. **Neurospora,* **Ceratocystis, Gibberella* (liefert Gibberellin).

4. Ordn. Clavicipitales. **Claviceps* (»Mutterkorn«, enthält Alkaloide zur Medikamentenherstellung).

5. Ordn. Pezizales. **Morchella* (Morchel; E), **Helvella* (Lorchel).

6. Ordn. Tuberales (Trüffelpilze). Mit unterird. Fruchtkörpern; z.T. Speisepilze.

3. Kl. Basidiomycetes (Ständerpilze). 15000 Arten. Sporen in besonderen Fortsätzen (S. 161).

1. U. Kl. Holobasidiomycetidae. Basidie bleibt bei der Sporenbildung ungeteilt.

1. Ordn. Poriales. **Serpula (Hausschwamm),* **(Clavaria* (F); **Hydnum* (G).

2. Ordn. Agaricales. Sporentr. Schicht (Hymenium) in Lamellen oder Röhren (H, J). **Amanita (Fliegenpilz),* **Boletus (Steinpilz).*

3. Ordn. Gastromycetales (Bauchpilze). Mit innen liegendem Hymenium. **Calvatia* (Riesenbovist; bis 50 cm ∅), **Bovista.*

2. U. Kl. Phragmobasidiomycetidae. Basidie wird bei der Sporenbildung durch Querwände (Septen) unterteilt (K).

1. Ordn. Uredinales (Rostpilze). Mehrere tausend Arten. Oft Getreideparasiten (K).

2. Ordn. Ustilaginales (Brandpilze). Auch zu ihnen zählen zahlr. Getreideparasiten.

– **Deuteromycetes (Fungi imperfecti).** 20000 Arten. Künstl. Gruppe von Arten, deren sex. Entw. nicht bekannt oder nicht vorhanden ist. Meist den Ascomycetes zuzuordnen.

– **Lichenes (Flechten).** Als systemat. Einheit problematisch (Symbiosen zw. Alge und Pilz; S. 247). Nach den Pilz-Symbiosepartnern sind zu unterscheiden:

1. Ordn. Ascolichenes. Mit *Ascomyceten;* häufiger. Unterschiedl. Wuchsform (Krusten-, Laub- und Strauchflechten). **Cladonia (Rentierflechte), Lecanora (Mannaflechte),* **Cetraria* (»Isländ. Moos«).

2. Ordn. Basidiolichenes. Mit *Basidiomyceten.* Nur wenige, meist tropische Gattungen (z.B. *Aphyllophorales, Agaricales*).

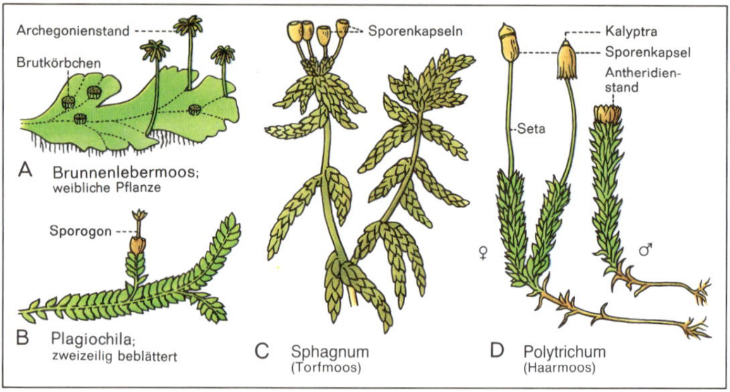

Bryophyta

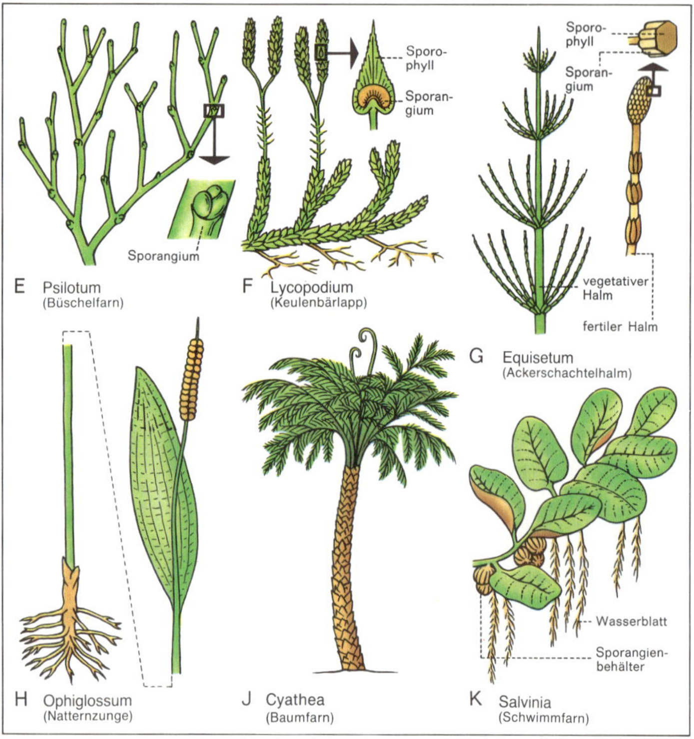

Pteridophyta

III. Bryobionta. Nur vertreten durch die **Abt. Bryophyta (Moose).** Den Vertretern dieser Gruppe fehlt ein Gefäßsystem (S. 97), woraus wohl die allgem. geringe Größe der *Moose* resultiert. Die phylogenet. Ableitung von best. Algengruppen ist unsicher; die Ahnen standen vermutl. Formen der *Chlorophyta* nahe, bei denen der Gametophyt im GW überwog (ähnl. dem *Ulothrix*-Typ, S. 161; vgl. hierzu auch den GW der *Moose,* S. 163). Die Entw.-Reihe der *Pteridophyta* und *Spermatophyta* ist dagegen von *Algen* mit Überwiegen des Sporophyten im GW abzuleiten (*Halicystis*-Typ; S. 161).

1. Kl. Hepaticae (Lebermoose). 10000 Arten. Die dorsiventralen Thalli sind bandartig, sternförm. oder verzweigt. Echte Wurzeln fehlen, die sie vertretenden Rhizoide sind einzellig.

1. Ordn. Sphaerocarpales. Thalli einf. rosettenförmig. **Sphaerocarpus.*

2. Ordn. Marchantiales. Thallus lappig (A) oder in Stengel und Blättchen gegliedert. Neben geschl. Fortpflanzung durch Antheridien und Archegonien auch ungeschl. durch Brutkörperchen. **Marchantia* (A), **Conocephalum.*

3. Ordn. Metzgeriales. Z.T. mit Blättchen. **Pellia,* **Metzgeria,* **Fossombronia,* **Blasia.*

4. Ordn. Calobryales. Aufrechte Stengel mit Blättchen. **Haplomitrium, Takakia.*

5. Ordn. Jungermanniales. 9000 meist trop. Arten. Thallus meist in Stengel und Blättchen gegliedert, kormophytenähnlich. **Plagiochila* (B), *Frullania, Trichocolea, Scapania, Lophozia.*

2. Kl. Musci (Laubmoose). 16000 Arten sehr unterschiedl. Prägung. Stets in Stengel und Blättchen gegliedert; Rhizoide mehrzellig. Seitenzweige unter den Blättchen entstehend.

1. U. Kl. Sphagnidae. Nur die **Fam. Sphagnaceae (Torfmoose),** 300 Arten, von großer ökol. Bedeutung (Hochmoorbildung, S. 251; vgl. auch S. 216 C, D). **Sphagnum* (C).

2. U. Kl. Andraeidae. Nur **Fam. Andraceae.** *Andraea (Klaffmoos)* mit ca. 120 Arten.

3. U. Kl. Bryidae. 15000 Arten in zahlr. Ordn. Thalli hochdiff., z.T. mit Gefäßsystem. Die Großgliederung nach der Wuchsform entspr. sicher nicht einer natürl. Einteilung:
- *Pleurocarpi* mit plagiotroper Hauptachse, verzweigt, Sporogone an Seitenzweigen;
- *Acrocarpi* mit unverzweigter orthotroper Achse, Sporogone am Ende des Hauptstengels (D). **Fumaria,* **Bryum,* **Mnium,* **Hypnum,* **Polytrichum.*

3. Kl. Anthocerotae (Hornmoose). Systematische Stellung unsicher. Konvergenzen (?) zu den Hepaticae, aber auch zahlr. Besonderheiten im inneren Bau. *Anthoceros, Dendroceros.*

IV. Cormobionta (Gefäßpflanzen). Sporophyt gegliedert in Grundorgane (Sproßachse, Blatt, Wurzel).

1. Abt. Pteridophyta (Farnpflanzen). Mit 4 sehr versch. artigen Klassen, die wohl Parallelentwicklungen darstellen. Leistungsfähige Gefäßsysteme ermögl. ihnen z.T. beachtliche Größe.

1. Kl. Psilophytatae (Nacktfarne). Wurzellos, nur mit Rhizoiden (vgl. *Bryophyta*). Blätter fehlen, Photosynthese mit Hilfe der grünen Stengel.

1. Ordn. Psilophytales (nur fossil). Erste bisher nachgewiesene Landpflanzen, mit Spaltöffnungen und Leitbündeln; durch zahlr. Funde belegt. *Rhynia, Zosterophyllum, Psilophyton, Asteroxylon.*

2. Ordn. Psilotales. Nur wenige trop. Arten; dichotom verzweigt (E). *Psilotum.*

2. Kl. Lycopodiatae (Bärlappgewächse). Meist kleine Pflanzen von moosähnl. Aussehen.

1. Ordn. Lycopodiales (Bärlappgewächse i.e.S.). 400 Arten. Sporophylle zu »Blüten« (F) vereinigt. Kriechende, dichotom verzweigte, krautige Pflanzen mit dichten, spiralig stehenden Blättchen, immergrün. **Lycopodium,* **Huperzia,* **Lycopodiella.*

2. Ordn. Selaginellales (Moosfarne). 700 Arten. Ähnl. den *Lycopodiales,* Blattstellung aber meist decussiert. Typ. sind Heterosporie und starke Reduktion der Prothallien (S. 163). **Selaginella.*

3. Ordn. Isoëtales (Brachsenkräuter). Wasserpflanzen. Rezent nur noch Gattg. *Isoëtes* mit wenigen Arten.

3. Kl. Articulatae (Equisetatae, Sphenopsida; Schachtelhalmgewächse). Rezent nur die Gattung **Equisetum* mit ca. 30 Arten. Gegliederte Sprosse streng wirtelig aufgebaut, Blätter stark reduziert. Sporophylle zu »Blüten« vereinigt (G).
Fossil zahlr. Ordn., von denen die *Calamitaceae* baumartige Ausmaße erreichten.

4. Kl. Filicatae (Farne). Meist große Blätter (Wedel) mit reicher Nervatur; sonst Habitus verschieden.

1. U. Kl. Eusporangiatae. Reife Sporangien mit mehrschichtiger Wand.

1. Ordn. Ophioglossales. 80 Arten. In Mitteleuropa nur 1 Fam. **Ophioglossum* (H), **Botrychium (Mondraute).*

2. Ordn. Marattiales. 200 Arten. Trop. Baumfarne. Fossil zahlr. baumartige Formen bis zu 10 m Höhe.

2. U. Kl. Leptosporangiatae. 9000 Arten. Sporangien nur mit einschichtiger Wand. Wichtige Fam. sind: **Osmundaceae, Schizaeaceae, Gleicheniaceae,* **Hymenophyllaceae, Cyatheaceae* (Baumfarne; J), **Polypodiaceae* (oft in weitere Fam. unterteilt; mit zahlr. einheim. Formen).

3. U. Kl. Hydropteridales (Wasserfarne). Uneinheitl. Gruppe. Kennzeichnend ist Heterosporie.

1. Ordn. Marsileales. Urspr. Formen, im Boden wurzelnd. **Marsilea,* **Pilularia.*

2. Ordn. Salviniales. Sek. wasserlebend, freischwimmend. **Salvinia* (K), *Azolla.*

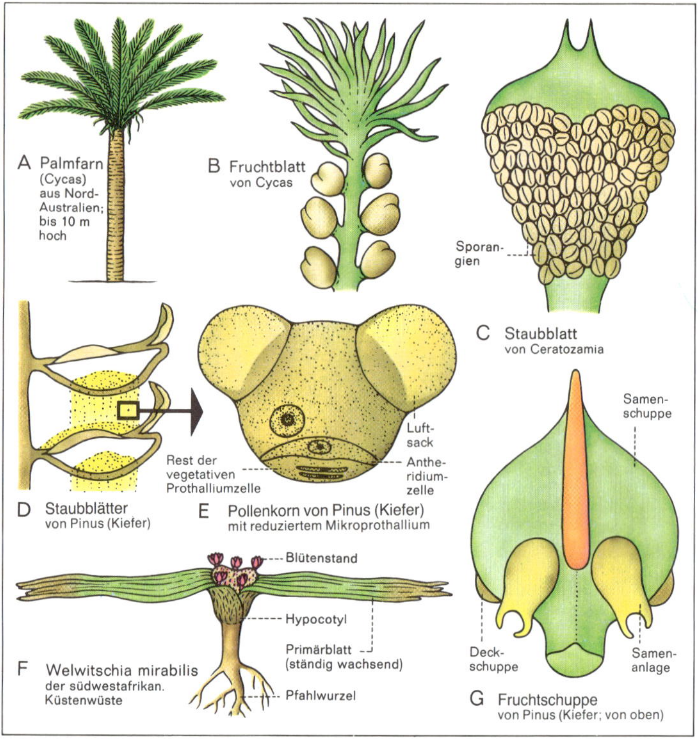

Gymnospermae (Nacktsamige Pflanzen)

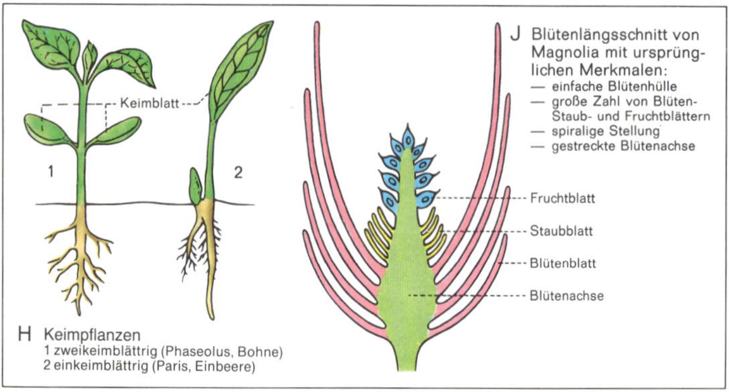

Angiospermae (Bedecktsamige Pflanzen)

2. Abt. Spermatophyta (Samenpflanzen). Am Embryo liegt, anders als bei den *Pteridophyta*, ein Wurzelpol dem Sproßpol gegenüber, aus dem sich i.d.R. eine Hauptwurzel entw. (Allorhizie; S. 114 F). – Im GW (S. 164) ist gegenüber den *Pteridophyta* (S. 162) die gametophyt. Phase weiter reduziert: in der Samenanlage (Makrosporangium und Integumente) entw. sich schon an der Mutterpfl. der neue Embryo. Vergleichbare Formen der Samenbildung haben sich mehrfach entwickelt:

- *Lepidodendrales:* fossile Ordn. der *Bärlappgewächse* (Devon, Karbon, Perm) bildeten in einer Fam. *(Lepidospermae)* Samen ähnl. wie die rezenten *Gymnospermen;*
- *Pteridospermae (Samenfarne):* als fossile Klasse den *Gymnospermen* zugeordnet, vermitteln zu den *Eusporangiaten Farnen*. Baumfarnartige Formen mit sek. Dickenwachstum und typ. Holzkörper, ähnl. wie bei rezenten Holzgewächsen.

Die Ableitung der *Spermatophyten* kann von fossilen Gruppen erfolgen, die zw. *Psilophytatae* und *Filicatae* (S. 553) vermitteln und als *»Progymnospermae«* zusammengefaßt werden.

1. U. Abt. Gymnospermae (Nacktsamer). Samenanlagen offen auf den Fruchtblättern (G). Ursprüngl. Gruppe; nur Holzpfl., aber von unterschiedl. Habitus. Wichtige fossile Gruppen:

- *Pteridospermae:* (s.o.)
- *Cordaitatae:* Bäume; im Carbon waldbildend; Blütenbauplan ähnl. dem der *Coniferen*.
- *Bennettitatae:* zwittrige Blüten mit Blütenhülle; vermutlich Analogien zu den *Angiospermen*.

1. Kl. Cycadatae (Palmfarne). Habitus oft palmenähnl. (A), die Wedel erinnern an die mancher *Farne*. Geschlechtsorgane bes. ursprünglich (B, C). Rezent nur wenige artenarme trop. und subtrop. Gattungen: *Cycas* (Madagaskar, Asien, Polynesien), *Stangeria* (Afrika), *Lepidozamia* (Australien), *Dioon, Ceratozamia, Zamia* (Amerika).

2. Kl. Ginkgoatae (Ginkgogewächse). Fossil weit verbreitet; heute nur noch eine Art (*Ginkgo biloba;* heimisch in China und Japan, auch bei uns angepflanzt), Blätter gabelnervig.

3. Kl. Coniferae, Pinales (Nadelhölzer). Reich verzweigte Bäume, seltener Sträucher; Bau oft stockwerkartig. Zahlr. kleine, fast immer mehrjähr. Blätter (Nadeln oder Schuppen); Blüten stets eingeschlechtig, ein- oder zweihäusig verteilt (D, E, G).

1. Ordn. Pinales. Mit den Fam.
Araucariaceae: nur Südhalbkugel; *Araucaria (Zimmertanne);*
Pinaceae: mit den wichtigsten Nadelbäumen. **Pinus (Kiefer),* **Picea (Fichte),* **Abies (Tanne),* **Larix (Lärche), Cedrus (Zeder), Tsuga, Pseudotsuga;*
Taxodiaceae: mit *Taxodium (Sumpfzypresse), Sequoia* und *Sequoiadendron (Mammutbäume;* u.a. *Sequoiadendron giganteum:* bis 100 m hoch, 8 m dick, über 3000 Jahre alt);
Cupressaceae: mit **Juniperus (Wacholder), Thuja (Lebensbaum), Cupressus (Zypresse).*

2. Ordn. Taxales. Einzige wichtige Fam. **Taxaceae** mit **Taxus* (*Eibe;* Samen mit fleischigem Arillus). Die Fam. **Cephalotaxaceae** (Himalaya, O-Asien) und **Podocarpaceae** (Tropen und Subtropen der Südhalbkugel) werden manchmal zu den *Pinales* gestellt.

4. Kl. Gnetatae. Uneinheitl. Reste einer fossil wahrscheinl. stärker diff. Gruppe.

1. U. Kl. Welwitschiidae. Nur eine Art: *Welwitschia* (F).

2. U. Kl. Gnetidae. Bäume und Lianen trop. Regenwälder. Nur Gattg. *Gnetum*.

3. U. Kl. Ephedridae. Sträucher in Trockengebieten (Mittelmeer, Asien, Amerika). Nur Gattung *Ephedra*.

2. U. Abt. Angiospermae (Bedecktsamer). Samenanlagen stets in einem geschlossenen Fruchtknoten (S. 122f.). Anders als die *Gymnospermae* umfassen sie neben Holzpflanzen auch viele krautige Gewächse. Mit 250–300000 Arten in über 300 Familien und mehr als 10000 Gattungen stellen sie den Hauptteil der Landpflanzen. Nach der Keimblätterzahl (H) teilt man die *Angiospermae* in zwei Klassen; die lange übliche weitere Gliederung nach den Blütenorganen entspricht nicht immer natürlichen Verwandtschaftsgruppen (S. 556 A).

1. Kl. Dicotyledonae (Magnoliatae; Zweikeimblättrige).

1. Ordn. Magnoliales (J). Meist trop. Holzpflanzen. Wichtige Fam. sind
Magnoliaceae: *Magnolia* und *Liriodendron (Tulpenbaum)* als Zierpflanzen;
Myristicaceae, mit *Myristica (Muskatnuß);*
Lauraceae, mit zahlr. Gewürzen: *Laurus (Lorbeer), Cinnamomum (C. zeylanicum, Zimt; C. camphora, Kampferbaum), Persea (Avocado).*

2. Ordn. Ranunculales. Meist krautige Pfl., bes. in den nördl. Außertropen. In Mitteleuropa stellen sie einen wesentl. Teil der Flora. Wichtige Fam. sind
Ranunculaceae (Hahnenfußgewächse) mit zahlr. einheim. Gattungen: **Clematis (Waldrebe),* **Anemone (Buschwindröschen),* **Ranunculus (Hahnenfuß),* **Eranthis (Winterling);*
Berberidaceae, mit **Berberis (Berberitze);*
Nymphaeaceae, mit **Nymphaea (Seerose),* **Nuphar (Teichrose); Nelumbo (Lotosblume).*
Ceratophyllaceae, submerse Wasserpflanzen, mit **Ceratophyllum (Hornkraut).*

Die beiden vorigen Ordn. lassen sich zur Gruppe der **Polycarpicae** zusammenfassen; wegen ursprüngl. Merkmale des Blütenbaues (zahlr. freie Carpelle; oft schraubige Stellung und unbest. Zahl der Blütenorgane; S. 556 B) als Ursprungsgruppe der *Angiospermae* aufgefaßt.

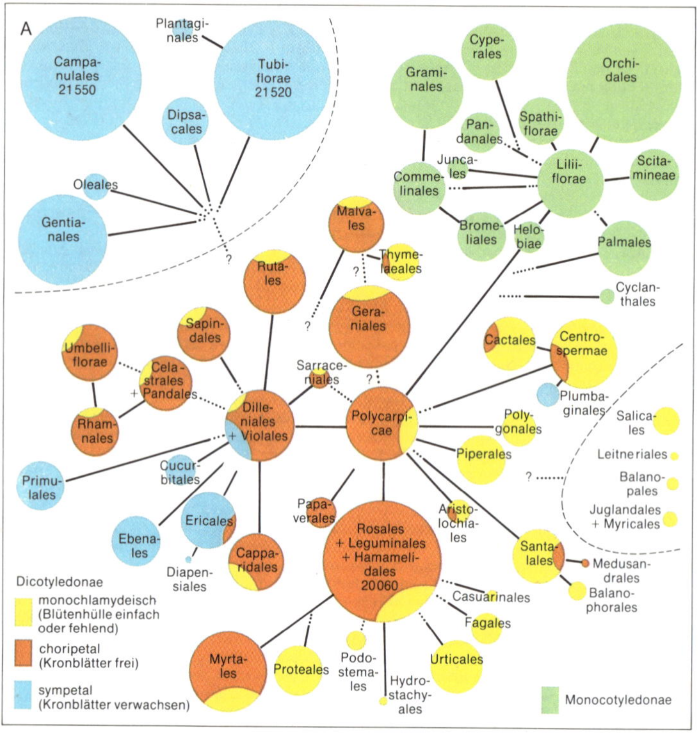

Vermutete Verwandtschaftsbeziehungen der Angiospermengruppen

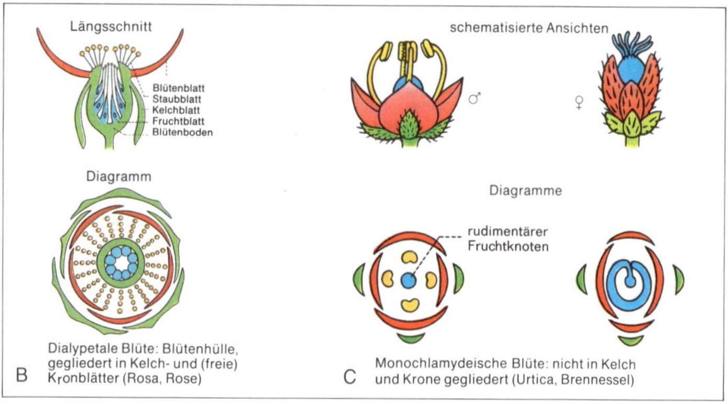

Blütentypen bei Dicotyledonae

3. Ordn. Piperales. Von den *Magnoliales* abzuleiten. Z. T. tracheenlos (Fam. Chloranthaceae). *Piper (Pfeffer).*
4. Ordn. Aristolochiales. Fam. Aristolochiaceae: **Aristolochia (Osterluzei).* Fam. Rafflesiaceae: chlorophyllfreie Parasiten.
5. Ordn. Papaverales. Von *Ranunculales* abzuleiten. Nur eine Fam. mit den Unterfam. Papaveroideae: *Papaver (Schlafmohn), *Chelidonium (Schöllkraut);* Fumarioideae: **Fumaria (Erdrauch), *Corydalis (Lerchensporn).*
6. Ordn. Rosales. Blütenorgane meist in fünfzähligen Wirteln. Fam. Crassulaceae: **Sedum (Fetthenne), *Sempervivum (Hauswurz);* Fam. Saxifragaceae: **Saxifraga (Steinbrech), *Ribes (Stachel-, Johannisbeere);* Fam. Rosaceae: 3000 Arten; Spiraeoideae, z. B. **Aruncus (Geißbart);* Rosoideae, z. B. **Rosa (Rose;* B), **Fragaria (Erdbeere);* *Maloidea (Kernobstgewächse); *Prunoidea (Steinobstgewächse).
7. Ordn. Leguminosae, Fabales. Fam. Mimosaceae: *Mimosa (Sinnpflanze), Acacia* (zahlr. Arten, z. T. Nutzholz- und Gerbstofflieferanten); Fam. Caesalpiniaceae: *Gleditsia (Christusdorn);* Fam. Papilionaceae: **Genista (Ginster), *Vicia (Wicken), *Trifolium (Klee).*
8. Ordn. Myrtales. Fam. Lythraceae: **Lythrum (Blutweiderich);* Fam. Punicaceae: *Punica (Granatapfel);* Fam. Lecythidaceae: *Lecythis (Para-»nuß«);* Fam. Myrtaceae: *Eugenia (Gewürznelke), Eucalyptus* (fast 700 Arten); Fam. der Rhizophoraceae und Sonneratiae (vivipare Arten der Mangrove-Vegetation); Fam. Onagraceae: **Epilobium (Weidenröschen);* Fam. Trapaceae: **Trapa (Wassernuß);* Fam. Haloragaceae: **Myriophyllum (Tausendblatt);* Fam. Hippuridaceae: **Hippuris (Tannwedel);* Fam. Eleagnaceae: **Hippophae (Sanddorn).*
9. Ordn. Hamamelidales. Windblütig (Kätzchenblütler). Fam. Hamamelidaceae: *Hamamelis (Zaubernuß);* Fam. Platanaceae: *Platanus (Platanen).*
10. Ordn. Fagales. Fam. Betulaceae: **Alnus (Erle), *Carpinus (Hainbuche), *Betula (Birke);* Fam. Fagaceae: **Fagus (Buche), *Castanea (Edelkastanie), *Quercus (Eiche).*
11. Ordn. Casuarinales. Bäume in Australien und SO-Asien von unsicherer syst. Stellung.
12. Ordn. Urticales. Fam. Ulmaceae: **Ulmus (Ulme);* Fam. Moraceae: *Ficus (Feigenbaum, »Gummibäume«; F. bengalensis: Würgerfeige), Morus (Maulbeerbaum);* Fam. Cannabaceae: **Humulus (Hopfen), Cannabis (Hanf); Fam. Urticaceae: *Urtica* (*Brennessel,* C).
13. Ordn. Salicales; nur Fam. Salicaceae: **Salix (Weide), *Populus (Pappel).*
14. Ordn. Juglandales; nur Fam. Juglandaceae: **Juglans (Walnuß), Carya (Hickory).*
15. Ordn. Myricales; nur Fam. Myricaceae: **Myrica* (*Gagelstrauch;* im atlantischen Klimabereich Europas).
16. Ordn. Santalales. Halbparasiten. Fam. Santalaceae: **Thesium (Bergflachs);* Fam. Loranthaceae: **Viscum (Mistel).*
17. Ordn. Balanophorales. Meist tropische Wurzelparasiten.
18. Ordn. Caryophyllales (Centrospermae). Mit zentraler Stellung der Samenanlagen. Fam. Caryophyllaceae (Nelkengewächse): **Stellaria (Vogelmiere), *Melandrium (Lichtnelke), *Saponaria (Seifenkraut), *Cerastium (Hornkraut), *Dianthus (Nelke);* Fam. Chenopodiaceae (Gänsefußgewächse): **Salicornia (Queller), *Atriplex (Melde), *Beta* (zahlr. Rübenarten, auch Nutzpflanzen), **Spinacia (Spinat);* Fam. Nyctaginaceae: *Mirabilis (Wunderblume);* Fam. Aizoaceae: 2500 Arten mit z. T. extremer Blattsukkulenz, z. B. *Lithops (»Lebende Steine«).*
19. Ordn. Cactales (»Kakteen«). Stammsukkulente, fast nur in Amerika.
20. Ordn. Plumbaginales. Nur Fam. Plumbaginaceae (Bleiwurzgewächse): **Armeria (Grasnelke), *Statice (Strandflieder).*
21. Ordn. Polygonales; nur Fam. Polygonaceae (Knöterichgewächse): **Polygonum (Knöterich), *Fagopyrum (Buchweizen), *Rumex (Ampfer), Rheum (Rhabarber).*
22. Ordn. Dilleniales. Fam. Paeoniaceae: **Paeonia (Pfingstrose);* Fam. Dilleniaceae: (sub)trop. Holzpflanzen; Fam. Theaceae: *Thea (= Camellia, Teestrauch);* Fam. Hypericaceae: **Hypericum (Hartheu);* Fam. Dipterocarpaceae: in SO-Asien, liefern Nutzhölzer und Harze.
23. Ordn. Violales. Fam. Violaceae: **Viola (Veilchen);* Fam. Droseraceae: **Drosera (Sonnentau), Dionaea (Venusfliegenfalle);* Fam. Cistaceae: **Helianthemum (Sonnenröschen);* Fam. Tamaricaceae: *Tamarix (Tamariske);* Fam. Passifloriaceae: *Passiflora (Passionsblume);* Fam. Caricaceae: *Carica (Melonenbaum, Papaya);* Fam. Begoniaceae: *Begonia (Schiefblatt).*
24. Ordn. Cucurbitales. Nur 1 Fam.: *Cucurbita (Kürbis), Cucumis (Gurke).*
25. Ordn. Capparales (Capparidales). Alle Fam. mit Senföl-Glycosiden. Fam. Capparaceae: *Capparis (Kapernstrauch);* Fam. Brassicaceae: **Sinapis (Ackersenf), *Capsella (Hirtentäschelkraut), *Brassica* (zahlr. Kohl-Arten); Fam. Resedaceae: *Reseda.*
26. Ordn. Ericales. Fam. Pyrolaceae: **Pyrola (Wintergrün), *Monotropa (Fichtenspargel);* Fam. Empetraceae: **Empetrum (Krähenbeere);* Fam. Ericaceae: **Ledum (Porst), *Erica (Glokkenheide), *Rhododendron (Alpenrose), *Vaccinium (Heidel-* und *Preiselbeere).*
27. Ordn. Ebenales. Fam. Ebenaceae: *Diospyros*-Arten (liefern Ebenholz); Fam. Sapotaceae: einzelne Arten liefern Guttapercha, Chiclé-Gummi (für Kaugummi).
28. Ordn. Primulales. Nur 1 Fam.: **Primula (Primel), *Cyclamen (Alpenveilchen).*
29. Ordn. Geraniales. Fam. Oxalidaceae: **Oxalis (Sauerklee);* Fam. Linaceae: **Linum (Lein);* Fam. Geraniaceae: **Geranium (Storchschnabel), Pelargonium (Zimmergeranie);* Fam. Tropaeolaceae: *Tropaeolum (Kapuzinerkresse).*
30. Ordn. Rutales; mit äther. Ölen, Harzen, Balsamen. Fam. Rutaceae: **Ruta (Raute), *Dictamnus (Diptam); Citrus*-Arten; Fam. Meliaceae: *Swietenia*-Arten (liefern Mahagoni).

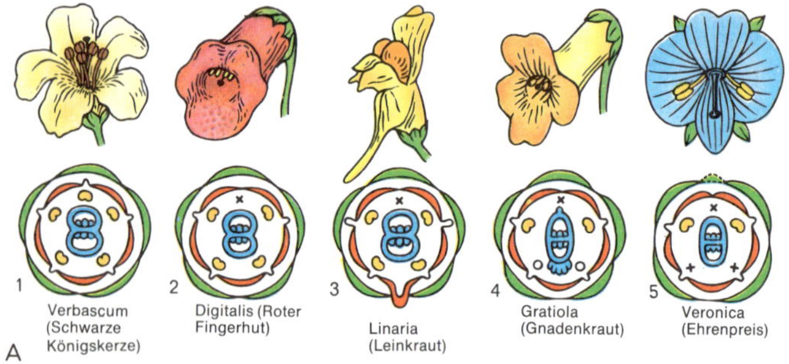

Abwandlung eines Grundtypus innerhalb einer Familie (Scrophulariaceae, Rachenblütler)
Unfruchtbare Staubgefäße sind durch Kreise, völlig reduzierte durch Kreuze dargestellt

Sympetale Blüten bei Dicotyledonae

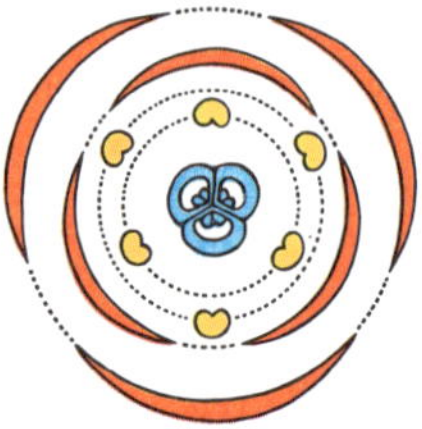

B Typisches Monocotylen-Diagramm (Liliaceae)

C Dracaena (Drachenbaum); Kanarische Inseln

D Cocos (Kokospalme). Konvergente Wuchsform bei Palmfarnen (S. 554 A) und Baumfarnen (S. 552 J)

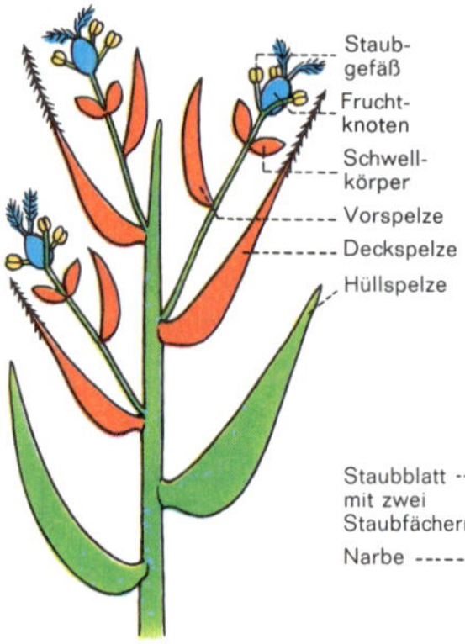

E Schema eines Grasährchens mit 3 Blüten (Farben wie in den Blütendiagrammen)

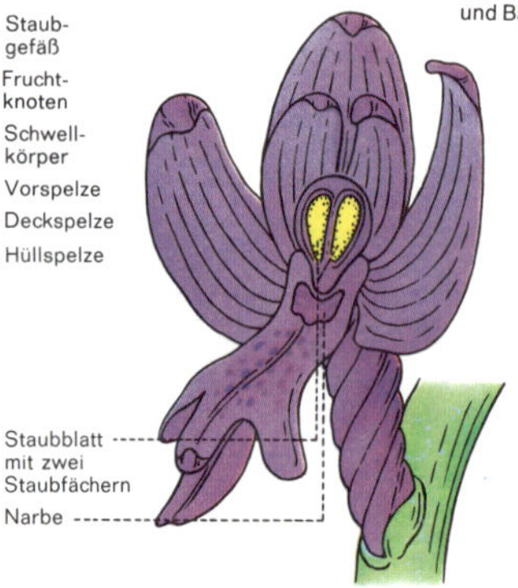

F Orchideenblüte (Orchis, Knabenkraut) mit gedrehtem Fruchtknoten

G Wasserlinse (Lemna)

Monocotyledonae

31. Ordn. Sapindales. Meist trop. Holzpfl.; mehrere Fam. **Aesculus (Roßkastanie)*.
32. Ordn. Euphorbiales. Fam. Euphorbiaceae, oft zu *Geraniales* gezählt (S. 557), 7500 Arten in 290 Gattungen: **Euphorbia (Wolfsmilch;* formenreich, zahlr. trop. Arten), *Hevea (Kautschukbaum);* Fam. Buxaceae: *Buxus (Buchsbaum)*.
33. Ordn. Malvales. Fam. Tiliaceae: **Tilia (Linde), Corchorus (Jutepflanze);* Fam. Malvaceae: **Malva (Malve), *Althaea (Eibisch), Gossypium (Baumwolle)*.
34. Ordn. Celastrales. Fam. Aquifoliaceae: **Ilex (Stechpalme; Fam. Celastraceae: *Evonymus, Pfaffenhütchen)*.
35. Ordn. Rhamnales. Fam. Rhamnaceae: **Rhamnus (Faulbaum);* Fam. Vitaceae: *Vitis (Weinrebe)*.
36. Ordn. Araliales (Umbelliflorae). Fam. Cornaceae: **Cornus (Kornelkirsche, Hartriegel);* Fam. Araliaceae: **Hedera (Efeu);* Fam. Umbelliferae (Apiaceae, Doldengew.): 3000 Arten, darunter zahlr. einheimische, z. B. **Daucus (Möhre), *Carum (Kümmel)*.
37. Ordn. Oleales. Bei dieser und den folgenden Ordn. ist die Corolla sympetal, weitere abgeleitete Merkmale. Nur 1 Fam.: **Syringa (Flieder), *Fraxinus (Esche), Olea (Ölbaum)*.
38. Ordn. Gentianales. Fam. Loganiaceae: *Strychnos* (*Brechnuß*, liefert Strychnin); Fam. Asclepiadaceae: komplizierte Kesselfallenblüten; Fam. Apocynaceae: *Strophantus* (medizin. wichtig), **Vinca (Immergrün); Fam. Gentianaceae: *Gentiana (Enzian);* Fam. Rubiaceae: **Galium (Labkraut), Coffea (Kaffeebaum), Chinchona (Chinarinde)*.
39. Ordn. Dipsacales. Fam. Caprifoliaceae (Geißblattgew.): **Sambucus (Holunder);* Fam. Adoxaceae (Moschuskrautgew.): **Adoxa (Moschusblümchen);* Fam. Valerianaceae (Baldriangew.): **Valeriana (Baldrian);* Fam. Dipsacaceae (Kardengew.): **Dipsacus (Karde), *Scabiosa (Skabiose)*.
40. Ordn. Tubiflorae. Fam. Polemoniaceae: **Phlox;* Fam. Convolvulaceae: **Convolvulus (Winde);* Fam. Cuscutaceae: **Cuscuta (Kleeseide);* Fam. Boraginaceae (Rauhblattgew.): **Myosotis (Vergißmeinnicht);* Fam. Labiatae (Lippenblütler): **Lamium (Taubnessel)*, viele Gewürzpflanzen (**Minze; *Thymian);* Fam. Verbenaceae: **Verbena (Eisenkraut), Tectona (Teakbaum);* Fam. Solanaceae (Nachtschattengewächse): **Solanum* (artenreiche Gattung; u. a. *Kartoffel*); Fam. Scrophulariaceae (A); Fam. Gesnerianaceae: *Saintpaulia (Usambara-Veilchen);* Fam. Pedaliaceae: *Sesamum* (*Sesam,* trop. Ölpflanze).
41. Ordn. Plantaginales. Nur 1 Fam.: **Plantago* (*Wegerich;* artenreiche Gattung).
42. Ordn. Campanulales. Fam. Campanulaceae (Glockenblumengew.): **Campanula (Glockenblume), Lobelia* (artenreiche Gattung; **Wasserspleiße,* afrikan. *Schopfbäume*); Fam. Compositae (Asteraceae, Korbblütler) mit den Unterfam. Tubuliflorae (Asteroideae): **Centaurea (Kornblume);* Liguliflorae (Cichorioideae): **Taraxacum (Löwenzahn), *Lactuca (Lattich, Salat)*.

2. **Kl. Monocotyledonae (Liliatae; Einkeimblättrige).** Ohne sek. Dickenwachstum (S. 99).

1. Ordn. Helobiae (Alismatales). Wasser- und Sumpfpflanzen. Fam. Alismataceae: **Alisma (Froschlöffel);* Fam. Butomaceae: **Butomus (Schwanenblume);* Fam. Hydrocharitaceae: **Hydrocharis (Froschbiß), Vallisneria;* Fam. Potamogetonaceae: **Potamogeton (Laichkraut);* Fam. Zosteraceae: *Zostera (Seegras)*.
2. Ordn. Liliiflorae (Liliales). Fam. Liliaceae (B): mehrere Unterfam. mit zahlr. heimischen Arten, z. B. **Allium* (*Küchenzwiebel* u. a.), **Lilium (Lilie), Dracaena* (C); Fam. Amaryllidaceae: **Galanthus (Schneeglöckchen), Amaryllis, Clivia, Narcissus;* Fam. Agavaceae: *Agave;* Fam. Iridaceae: **Iris (Schwertlilie)*.
3. Ordn. Juncales. Nur 1 Fam.: **Juncus (Binsen), *Luzula (Simsen)*.
4. Ordn. Bromeliales. Nur 1 Fam.: zahlr., meist epiphyt. Zierpflanzen, *Ananas*.
5. Ordn. Commelinales. Mehrere Fam.: *Rhoeo, Tradescantia* (zahlr. Zierpflanzen).
6. Ordn. Graminales (Poales). Fam. Gramineae (E) mit 700 Gattungen in mehreren Unterfam., darunter Bambusoideae: *Bambus* (holzig, bis 40 m hoch); Oryzoideae: *Oryza (Reis);* Pooideae: **Poa (Rispengras), *Lolium (Lolch), *Bromus (Trespe), Hafer, Weizen, Roggen, Gerste, *Phragmites (Schilf);* Panicoideae: *Panicum (Hirse);* Andropogonoideae: *Saccharum (Zuckerrohr), Zea (Mais)*.
7. Ordn. Cyperales. Nur Fam. Cyperaceae (Sauergräser) mit den Unterfam. Cyperoideae: **Scirpus (Simsen);* und Caricoideae: **Carex* (*Seggen;* 1600 Arten).
8. Ordn. Pandanales. Fam. Pandanaceae: *Pandanus (Schraubenpalme);* Fam. Typhaceae: **Typha (Rohrkolben)*.
9. Ordn. Palmales (Principes, Arecales). Nur Fam. Arecaceae: *Phoenix (Dattelpalme), Cocos* (*Kokospalme;* D), *Elaëis (Ölpalme)*.
10. Ordn. Cyclanthales. In den neuweltl. Tropen parallel zu den *Palmen* entw. Gruppe.
11. Ordn. Arales. Fam. Araceae: **Arum (Aronstab), Monstera (»Philodendron«), *Acorus (Kalmus), *Calla (Drachenwurz)*. Fam. Lemnaceae; stark reduzierte Formen: **Lemna* (*Wasserlinse,* G), *Wolffia* (kleinste Blütenpflanze, 1,5 mm lang).
Die Ordn. 8–11 werden oft als *Spadiciflorae* zusammengefaßt, wegen ihrer häufig kolbenförm. Blütenstände (Spadix = Kolben).
12. Ordn. Zingiberales (Scitamineae). Fam. Musaceae: *Musa (Banane);* Fam. Zingiberaceae: *Zingiber (Ingwer)*, weitere Gewürz- und Nahrungspflanzen; Fam. Cannaceae: *Canna (Blumenrohr);* Fam. Marantaceae: *Maranta* (*Pfeilwurz;* trop. Nahrungspflanze).
13. Ordn. Orchidales (Gynandrae, Microspermae). Nur Fam. Orchidaceae (F) mit 20000 Arten. **Orchis (Knabenkraut), *Cypripedium (Frauenschuh), Vanilla*.

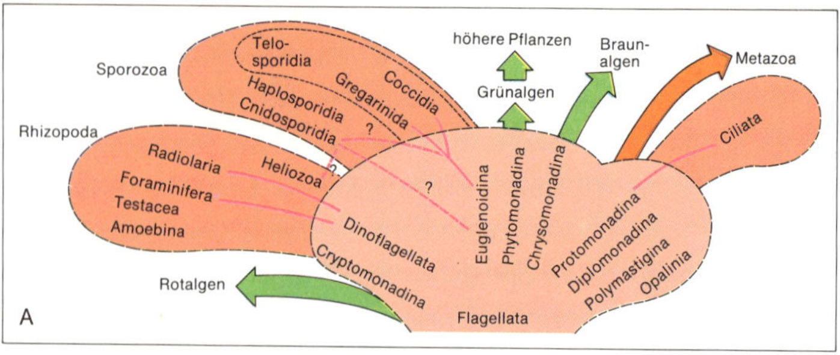

Verwandtschaftsbeziehungen der Protozoengruppen

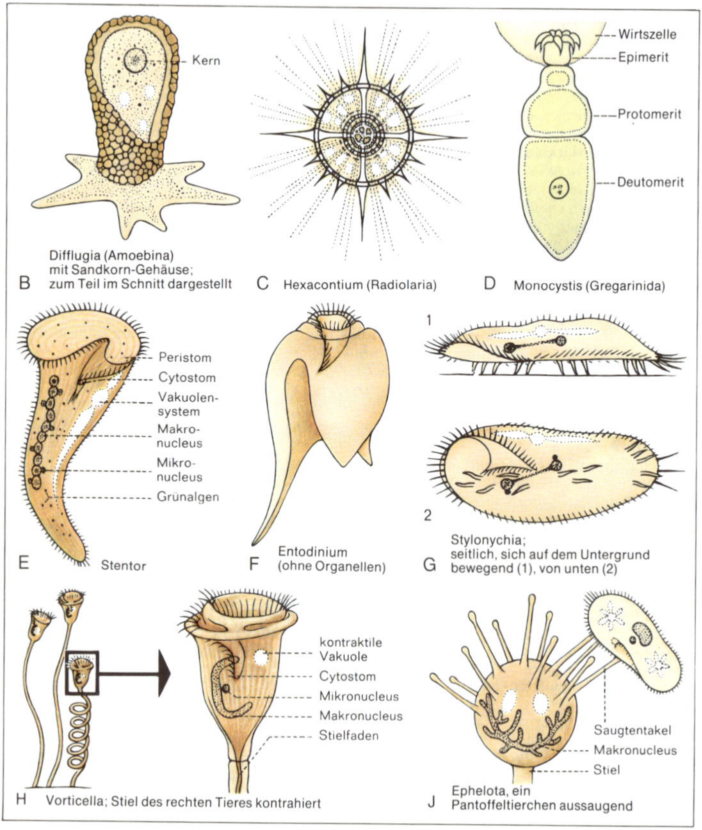

Tierische Einzeller

1. U. Reich: Protozoa (Tier. Einzeller). Die Großgliederung in Ein- und Vielzeller, die im Pflanzenreich künstl. wäre (vgl. S. 549), ist im Tierreich sinnvoll. Ein allgemein anerkanntes System der *Protozoa* existiert nicht, ein Teil der aufgeführten Gruppen ist künstlich (A). 25000 Arten.

1. Kl. Flagellata (Geißeltierchen). Einige der zahlr. Ordn. enthalten auto- und heterotrophe Formen, sind also nicht eindeutig dem Pflanzen- oder Tierreich zuzuordnen (1. bis 5. Ordn.). Die 6. bis 9. Ordn. umfassen nur *Zooflagellaten.*

1. Ordn. Chrysomonadina. Meist mit Plastiden.

2. Ordn. Euglenoidina (s. *Euglenophyta,* S. 549). Oft mit Plastiden.

3. Ordn. Phytomonadina. Meist mit Plastiden *(s. Volvocales,* S. 549).

4. Ordn. Cryptomonadina. Oft mit Plastiden.

5. Ordn. Dinoflagellatae (s. *Dinophyta,* S. 549). Oft mit Plastiden. **Noctiluca.*

6. Ordn. Protomonadina. 1 oder 2 Geißeln. Fam. Choanoflagellatae (S. 64f.), stehen vermutl. der Wurzel der *Parazoa* (S. 563) nahe. Fam. Trypanosomidae: Parasiten (S. 64f.).

7. Ordn. Diplomonadina. Kern und Geißelapparat doppelt. Darmflagellaten bei *Wirbeltieren* und *Insekten.* **Lamblia,* **Hexamita.*

8. Ordn. Polymastigina. 4 oder mehr Geißeln. **Trichomonas*-Arten (Endoparasiten im Darm und Genitaltrakt von Wirbeltieren/Mensch); *Hypermastigida* (Endosymbionten bei Schaben und Termiten; höchstdiff. *Zooflagellaten*).

9. Ordn. Opalinia. Cilien in Längsreihen, zwei oder viele Kerne, aber kein Kerndualismus (vgl. *Ciliata*). Darmsynöken,-parasiten in Fischen, Amphibien, Reptilien.

2. Kl. Rhizopoda (Wurzelfüßer). Gruppe polyphyletischen Ursprungs (A). Ursprüngl. Formen z. T. noch mit Geißeln. Pseudopodien zur Fortbewegung u/o Nahrungsaufnahme.

1. Ordn. Amoebina (Wechseltierchen). Können Cysten bilden. Freilebende Formen (S. 68A), aber auch Synöken und fakultat./obligator. Parasiten (S. 69).

2. Ordn. Testacea (Beschalte Amöben). Einkammeriges Gehäuse aus organ. Grundmasse, oft verstärkt durch körpereigene (SiO_2-Plättchen) oder -fremde (Sandkörner) Hartteile (B). Meist Süßwasserformen.

3. Ordn. Foraminifera (Kammerlinge). Marin; fossil und rezent in zahlr. Arten (S. 68f.).

4. Ordn. Radiolaria (Strahlentierchen; S. 69). Marin; schwebende Formen (C), auch koloniebildend.

5. Ordn. Heliozoa (Sonnentierchen). Ohne Kapsel, meist im Süßwasser (S. 69).

3. Kl. Sporozoa (Sporentierchen). Endoparasiten mit kompliziertem Entw.-zyklus und komplexen Organellen, die dem Eindringen in Zellen dienen. Sie werden auch als *Telosporidia (Sporozoa i. e. S.)* bezeichnet und gelten als natürl. Verwandtschaftsgruppe. Vorwiegend haploid (Meiose gleich n. d. Sporenbildung).

1. Ordn. Gregarinida. Vorw. extrazelluläre Parasiten bei *Annelida* und *Arthropoda* (D).

2. Ordn. Coccidia. Zahlr., meist pathogene Arten. **Eimeria* (Erreger der Coccidiosen vieler Haustiere). *Plasmodium* (S. 68f.). Hierher gehören vermutl. auch die *Piroplasmida: Babesia* (Erreger von Haustier-Krankheiten).

3. Ordn. Haplosporidia. Parasiten bei *Wirbellosen* und *Fischen.* Sammelgruppe; ein Teil der Arten wird von manchen Autoren zu den *Myxomycota* (S. 551), ein anderer zu den *Microsporidia* (s. u.) gestellt.

4. Kl. Cnidosporidia. Dickwandige Cyste (Spore) mit spiralig gewundenen Polfäden; in der Cyste mehrere amöboide Keime, die zu vielkernigen Plasmodien werden; in diesen dann Bildung der neuen Cysten.

1. U. Kl. Myxosporidia. Spore vielzellig und von komplexem Bau.

1. Ordn. Actinomyxida. In *Annelida* und *Sipunculida;* selten.

2. Ordn. Helicosporida. In *Arthropoda;* selten.

3. Ordn. Myxosporida. Zahlr. Fischparasiten. **Myxobolus* (Erreger der Beulenkrankheit bei *Karpfenfischen*).

2. U. Kl. Microsporidia. Spore einzellig. Intrazelluläre Parasiten. **Nosema* (Erreger der *Bienen*-Ruhr; Erreger der Fleckenkrankheit der *Seidenspinner*-Raupe).

5. Kl. Ciliata (Wimpertierchen, Infusorien). Kerndualismus (somat. Makro- und generativer Mikronukleus). Befruchtung durch Konjugation (S. 152 C).

1. Ordn. Holotricha. Gleichartige Cilien an der ges. Oberfläche oder in Zonen angeordnet, in Mundnähe manchmal zu undulierenden Membranen verschmolzen. Nach Mundgestaltung und Ernährungsweise unterscheidet man: *Gymnostomata* (Schlinger), *Trichostomata* (Strudler; mit Gattung *Paramecium;* S. 71), *Hymenostomata* (Strudler), *Astomata, Apostomea, Thigmotricha* (Parasiten).

2. Ordn. Peritricha. Mundfeld mit linksgewundenem spiral. Wimpersegel. Strudler. Festsitzende (H) und frei bewegl. Formen.

3. Ordn. Spirotricha. Rechtsgewundenes zum Mund führendes Band von Membranellen. Verschiedene Typen: **Stentor* (*Trompetentierchen;* E), **Stylonychia* (G), **Entodinium* (F; Symbiont im Pansen von *Wiederkäuern*).

4. Ordn. Chonotricha. Vorderende zu trichterförm. Strudelapparat differenziert; auf Krebsen. * *Spirochona.*

5. Ordn. Suctoria (Sauginfusorien). Adult ohne Cilien. Ohne Zellmund, mit Saugröhren (Tentakeln). Meist sessil auf Wasserpflanzen oder -tieren (J).

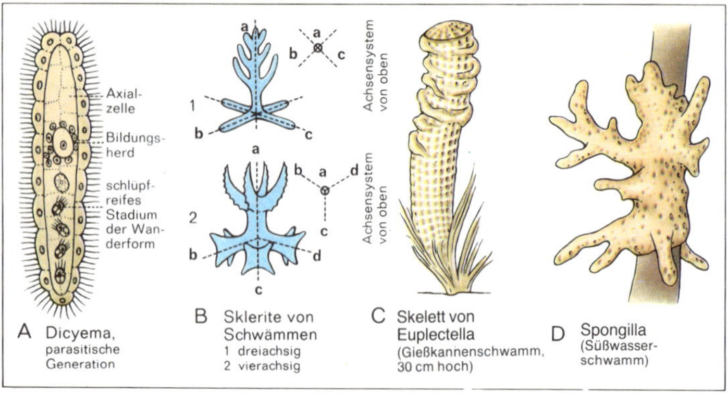

Mesozoa (Mitteltierchen) und Porifera (Schwämme)

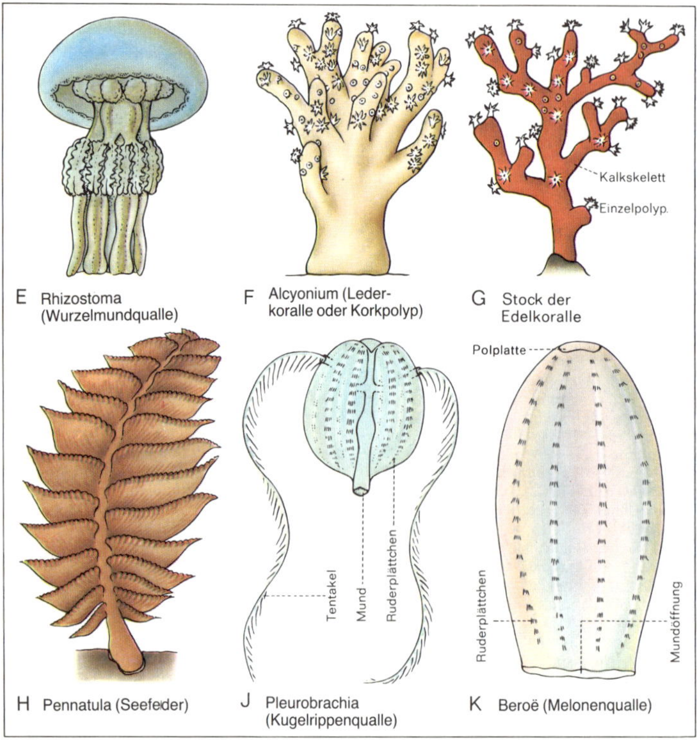

Cnidaria (Nesseltiere) und Ctenophora (Rippenquallen); auch als Coelenterata (Hohltiere) zusammengefaßt

2. U. Reich: Metazoa (Vielzeller)

1. Abt. Mesozoa (Mitteltierchen). Bis 7 mm lang; einschichtige Hülle aus undiff. Zellen, die Fortpflanzungszellen umschließt. Organisationsstufe entspr. etwa der Morula (S. 189), beweist aber nicht, daß *Mesozoa* Ahnen der *Eumetazoa* sind. Sie gelten als isol. Gruppe, die echte Vielzelligkeit nicht erreicht, oder durch parasit. Lebensweise sek. vereinfachte *Plattwürmer* (S. 565).

1. Ordn. Orthonectida. Parasit. Generation. vielkern. Plasmodium in Meerestieren; freie Gen. wurmförm., bewimpert.

2. Ordn. Dicyemida (A). Auch im parasit. Zustand bewimpert und zellig organisiert (A; in Nierensäcken von *Cephalopoden*).

2. Abt. Parazoa (Porifera, Spongiae; Schwämme). 3000 Arten; meist marin; bis 2 m ∅; stets sessil.

1. Kl. Calcarea (Kalkschwämme). Skelett aus meist isolierten Kalknadeln (3-, seltener 4- oder einstrahlig; B). Kleine, ursprüngl. Arten, nur marin, Flachwasserformen.

1. Ordn. Homocoela. Gastralraum einheitlich (*Ascon*-Typ; S. 74B).

2. Ordn. Heterocoela. Gastralraum diff. nach dem *Sycon*- od. *Leucon*-Typ.

2. Kl. Hexactinellida (Triaxonida; Glasschwämme). Nadeln aus Kieselsäure, sechsstrahlig (dreiachsig), oft miteinander verklebt, glasartig klar. Rein marin; meist Tiefseeformen.

1. Ordn. Hexasterophora. *Euplectella* (*Gießkannenschwamm;* C).

2. Ordn. Amphidiscophora. *Hyalonema* (gestielte Art).

3. Kl. Demospongiae. 95% der rezenten Schwämme. Nur komplizierte Formen (*Leucon*-Typ).

1. Ordn. Tetraxonida (Strahlschwämme). Kieselnadeln 1- oder 4-achsig. **Cliona (Bohrschwamm).*

2. Ordn. Cornacuspongida. Netzartiges Spongin- u/o Kieselskelett. **Spongilla* (*Teichschwamm;* D); *Spongia (Badeschwamm).*

3. Ordn. Dendroceratidae. Skelett aus Sponginfasern und Hornnadeln, bei manchen Arten fehlend. *Halisarca (Gallertschwamm).*

3. Abt. Eumetazoa (Echte Vielzeller). Zellen zu festen Verbänden (Geweben, Organen) vereinigt. Körper durch Muskeln und Nerven beweglich.

1. Stamm: Cnidaria (Nesseltiere). Meist mit typ. Wehrorganen (S. 124 C).

1. Kl. Hydrozoa. Als sessile (oft koloniebildende; Hydropolyp; S. 234 A) und freischwimmende Form (Hydromeduse) auftretend; zwischen beiden oft GW (S. 166f.).

1. Ordn. Hydroidea. Meist GW, manchmal Polyp oder Meduse reduz. **Hydra*.

2. Ordn. Trachylina. Polypengeneration fehlt meist (Trachymedusen). **Craspedacusta* (im Süßwasser).

3. Ordn. Siphonophora (Staatsquallen). Freischwimmende, polymorphe Polypenstöcke, bis 3 m lang (S. 234).

2. Kl. Scyphozoa. Gastralraum des Polypen durch 4 Wände (Septen) unterteilt; Medusen ohne Velum, mit ektodermalen Gonaden. Polypengeneration oft reduziert oder fehlend.

1. Ordn. Stauromedusae (Stielquallen). Sessil (Polypenstiel überdauert).

2. Ordn. Cubomedusae (Würfelquallen). Hoher Schirm. »*Feuerquallen*« trop. Meere, z.T. hochgiftig.

3. Ordn. Coronata (Tiefseequallen). *Nausithoë.*

4. Ordn. Semaeostomae (Fahnenquallen). Mundrohr zu 4 Armen ausgezogen; bis 2 m ∅. **Aurelia (Ohrenqualle).*

5. Ordn. Rhizostomeae (Wurzelmundquallen). Mundfahnen röhrenförm., mit vielen Poren. **Rhizostoma* (*Wurzelmundqualle;* E).

3. Kl. Anthozoa (Blumenpolypen). Nur Polypengeneration; mit eingestülptem Schlundrohr und mehr als 4 Septen (Mesenterien). Gonaden im Entoderm an den Septen liegend.

1. U. Kl. Octocorallia. 8 Septen und 8 gefiederte Tentakel. Koloniebildend; Gastralräume verbunden.

1. Ordn. Alcyonaria. Skelett aus ektodermalen Kalkskleriten. Oft stockbildend. **Alcyonium* (»*Tote Mannshand*«; F).

2. Ordn. Gorgonaria. Verzweigte Stöcke, bis 3 m lang. *Rhipidogorgia (Venusfächer); Corallium* (*Edelkoralle;* G).

3. Ordn. Helioporida (Blaue Korallen). Skelett steinkorallenartig; riffbildend.

4. Ordn. Pennatularia (Seefedern). Halbsessil, bis 2 m lang. **Pennatula* (H).

2. U. Kl. Hexacorallia. 6 Septen, oder ein Vielfaches davon. Tentakel fast stets ungefiedert.

1. Ordn. Actiniaria (Seerosen). Fast nur solitär, bis 1,5 m ∅. **Actinia (Purpurrose).*

2. Ordn. Madreporaria (Steinkorallen). Kalkaußenskelett von der Fußplatte gebildet. Trop. Arten riffbildend.

3. Ordn. Antipatharia (Dörnchenkorallen). Hornartiges, oft stark gefärbtes Skelett. »Schmuckkorallen«.

4. Ordn. Ceriantharia (Zylinderrosen). Aktinienähnl., solitär, in Wohnröhren im Meeresboden.

5. Ordn. Zoantharia (Krustenanemonen). Oft koloniebildend.

2. Stamm: Ctenophora (Acnidaria; Rippenquallen). Ohne Nesselkapseln; 8 Reihen von Wimperplättchen; zwei Symmetrieebenen. Kein Generationswechsel.

1. Kl. Tentaculifera. Mit Tentakeln, enger Pharynx. Mehrere Ordn.; versch. Typen (schwimmend, kriechend, sessil). **Pleurobrachia* (*Seestachelbeere;* J), *Cestus* (*Venusgürtel;* langgestreckt).

2. Kl. Atentaculata. Ohne Tentakel, Pharynx breit, fressen andere Rippenquallen. **Beroë* (K).

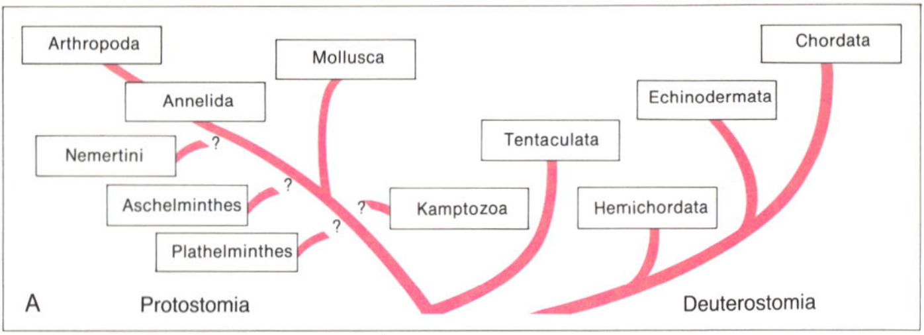

Verwandtschaftsbeziehungen der wichtigsten Stämme der Coelomata

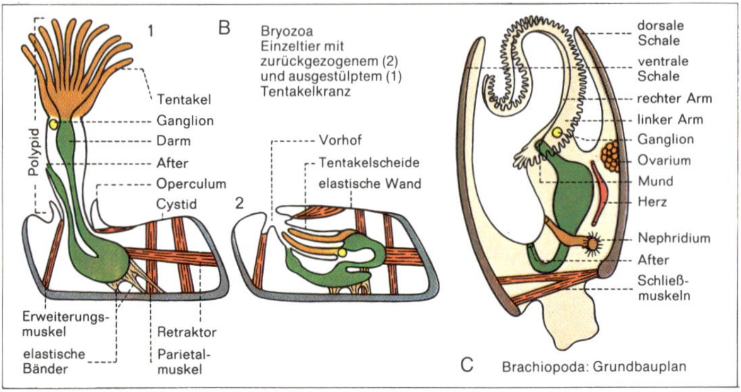

Tentaculata

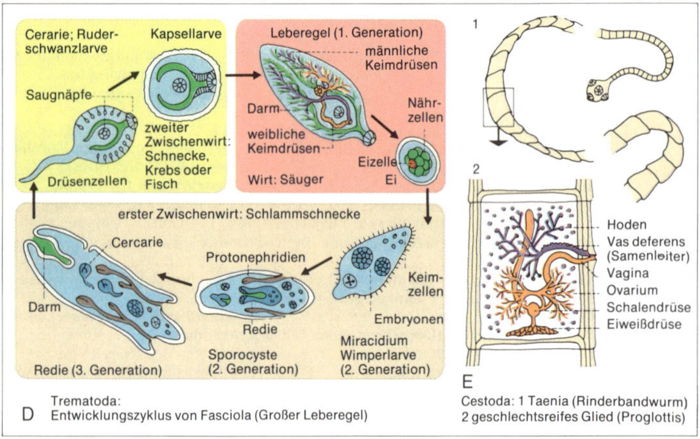

Plathelminthes

Während die beiden ersten Stämme der *Eumetazoa* (S. 563) aufgrund ihrer Symmetrieverhältnisse als **Radiata** zusammengefaßt werden, bilden alle folgenden Stämme die **2. U. Abt. Bilateria.** Die eine Symmetrieebene legt bei ihnen gleichzeitig Vorder- und Hinterpol, Bauch- und Rückenseite fest. Der bei der Fortbewegung vorangehende Pol ist zugleich Sinnes- und Freßpol, die zugeordneten Organe (NS, Sinnesorgane, Mundwerkzeuge) sind meist hier konzentriert (Cephalisation). – Zw. dem äußeren und inneren Keimblatt der *Radiata* entsteht auf versch. Weise ein mittleres (Mesoderm, Mesoblast); alle Keimblätter sind stark diff., während sie bei den *Radiata* meist Epithelien bilden. Dieser Zweiteilung entspricht weitgehend die in **Coelenterata** und **Coelomata** (S. 547).
Die *Coelomata* werden hier, abweichend von S. 546f. gegliedert in (A):

- **1. Stammreihe: Protostomia (Gastroneuralia).** Urmund wird zum defin. Mund, After bricht sek. durch; ZNS ventral; Skelettbildungen meist ektodermal (S. 133). Bis zum 16. Stamm (S. 577).
- **2. Stammreihe: Deuterostomia (Notoneuralia).** Urmund wird zum After, der definit. Mund bricht sek. durch. ZNS dorsal; Skelettelemente entstehen im Körperinnern. Ab 17. Stamm (S. 579).

3. Stamm: Tentaculata. Meist sessile Formen. Dreigliedriger Körper mit dreiteiligem Cölom deutet auf eine Stellung nahe der Basis der *Protostomier* (A).

1. Kl. Phoronidea (Hufeisenwürmer). Wenige marine Arten. Wurmförmig, in Sekretröhren. Die scheinbare Längsachse ist die Dorsoventralachse. *Phoronis, Phoronopsis.*

2. Kl. Bryozoa (Ectoprocta; Moostierchen). 4000 Arten, meist marin, stockbildend; Einzeltiere sehr klein (bis 4 mm), Strudler. Vorderkörper und Tentakel rückziehbar (B).

1. Ordn. Phylactolaemata. Im Süßwasser; abgeleitete Merkmale. **Cristatella.*

2. Ordn. Stenolaemata. Marin; Cystid ohne Verschlußapparat. *Crisella, *Crisia.*

3. Ordn. Gymnolaemata. Cystid mit Verschlußapparat. **Alcyonidium.*

3. Kl. Brachiopoda (Armfüßer). 280 marine Arten. Abgeflachter Körper von dorsaler und ventraler Kalkschale geschützt. Mit Stiel festsitzend (C).

1. U.Kl. Ecardines. Mit After; Schale ohne Schloß. *Lingula (Zungenmuschel).*

2. U.Kl. Testicardines. Darm endet blind; Schale mit Schloß. *Terebratulina.*

4. Stamm: Plathelminthes (Platodes; Plattwürmer). Ihre Stellung als Stammgruppe der *Bilateria* ist umstritten, da die einfachen Organisationsmerkmale (Fehlen von Cölom, Enddarm und After) durch Rückbildung im Zusammenhang mit Parasitismus erklärt werden können (S. 126f.).

1. Kl. Turbellaria (Strudelwürmer). 4000 Arten, meist marin, aber auch im Süßwasser; selten in feuchten Landbiotopen (trop. Regenwald). Körperoberfläche bewimpert. Bauplan s. S. 126.

1. Ordn. Acoela. Marin; ohne Darmlumen. *Convoluta* (Symbiose mit *Grünalgen*).

2. Ordn. Catenulida (Kettenwürmer). Meist ungeschlechtl. Fortpflanzung. **Catenula.*

3. Ordn. Macrostomidae. Z.T. ungeschlechtl. Fortpflanzung. *Microstomum* (S. 146E).

4. Ordn. Alloeocoela. Darm gerade, mit Divertikeln. *Plagiostomum.*

5. Ordn. Tricladida. Darm mit drei Hauptästen. Die Gliederung nach Lebensräumen ist künstlich: Maricola (marine Arten); Paludicola (Süßwasserarten; mit **Planaria, *Polycelis, *Dugesia*); Terricola (landlebend im trop. Regenwald; bis 60 cm lang).

6. Ordn. Polycladida. Große marine Formen mit reich verästeltem Darm.

7. Ordn. Rhabdocoela (Neorhabdocoela). Ovar in Dotter- und Keimstock gesondert. Vielgestaltige Gruppe. **Mesostoma.*

8. Ordn. Temnocephalida. Trop. Epizoen auf anderen Tieren; Haftapparat am Hinterende.

2. Kl. Trematoda (Saugwürmer). 5000 Arten. Unbewimperte, farblose Parasiten; meist platt, Darm endet blind. Entw. der Gruppe kann erst zus. mit den *Wirbeltieren* erfolgt sein (Wirte).

1. Ordn. Monogenea. Oft Parasiten an wasserleb. *Wirbeltieren;* Haken und Klebdrüsen zum Festheften. Jungtiere oft bewimpert; direkte Entwicklung. **Gyrodactylus* (Haut und Kiemen von Karpfenfischen), **Diplozoon* (Kiemen von Süßwasserfischen).

2. Ordn. Aspidogastrea. Endoparasiten meist niederer Tiere. Ventraler Haftapparat aus zahlr. Saugnäpfen. *Aspidogaster.*

3. Ordn. Digenea. Endoparasiten in Wasser- und Landtieren. Larve ohne Haftorgane; Entw. unter oft mehrfachem GW und Wirtswechsel (D). **Fasciola (Großer Leberegel), *Dicrocoelium (Kleiner L.), Schistosomum* (Erreger der Bilharziose des *Menschen;* S. 256G).

3. Kl. Cestoda (Bandwürmer). 3400 Arten. Darmlose, sich durch Osmose ernährende Endoparasiten. Larven mit bewegl. Hakenpaaren. Entwicklung fast stets mit Wirtswechsel verbunden.

1. U. Kl. Cestodaria (Ungegliederte Bandwürmer). Blattförm., ohne Proglottiden. In Leibeshöhle und Darm von Fischen; nur wenige Arten. *Amphilina, Gyrocotyle.*

2. U. Kl. Eucestoda (Vielgliedrige Bandwürmer). Nur Darmparasiten; Körper der geschlechtsreifen Tiere in Abschnitte (Proglottiden) gegliedert, in jedem ein zwittriges Genitalsystem (E); reife Proglottiden mit befruchteten Eiern schnüren sich ab. Vorderteil des Wurms (Scolex) mit Haftgruben u/o Haken bewehrt. Entw. von der Oncosphaera-Larve über die Finne mit oft mehrf. GW und Wirtswechsel. Von den 5 Ordn. zwei mit wichtigen Parasiten des Menschen:

Ordn. Pseudophyllidea. Zahlr. Fischbandwürmer. Bei **Diphyllobothrium* erzeugt das geschlechtsreife Tier beim *Menschen* und anderen Wirten *(Fischotter, Katze)* Anämie.

Ordn. Cyclophyllidea. Bei **Taenia (Schweine-, Rinderbandwurm)* parasitiert das geschlechtsreife Tier, bei **Echinococcus (Hundebandwurm)* die Finne im Menschen.

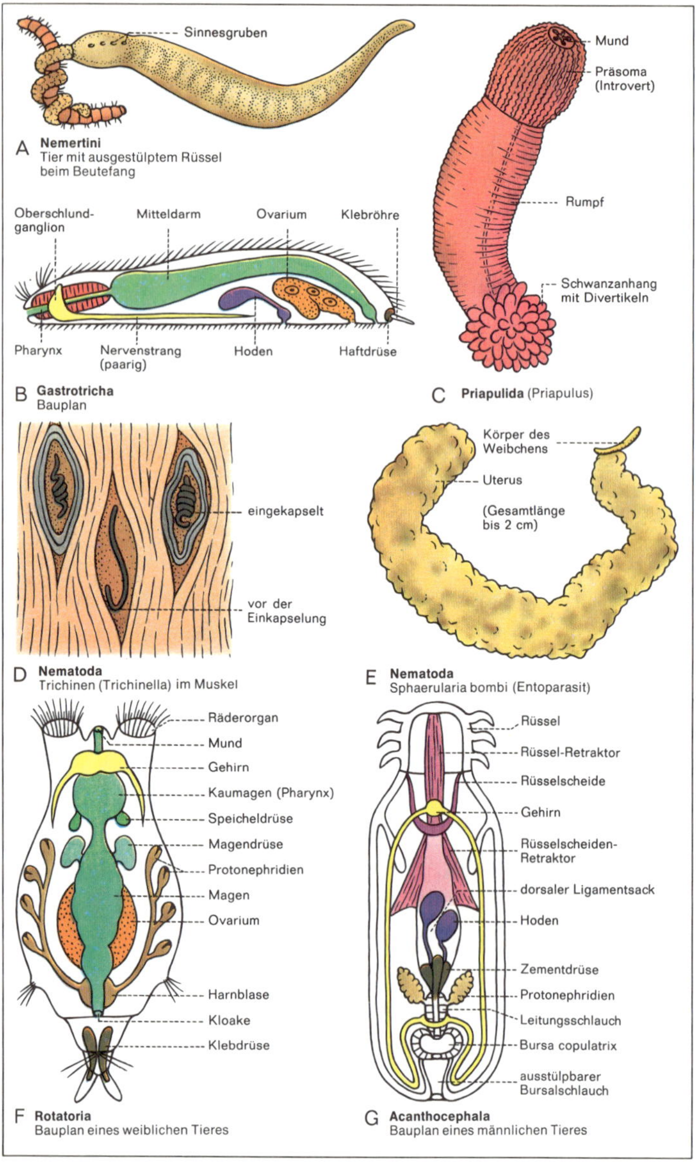

Vertreter verschiedener Stämme der Protostomia

5. Stamm: Gnathostomulida (Kiefermündchen). Marin; Bewohner des Sandlückensystems. Pharynx mit Kiefern; ohne Enddarm und After. Zwitter. Spiralfurchung; direkte Entwicklung. Hautzellen mit nur je einer Geißel. Oft als eine Kl. den *Plathelminthes* zugeordnet. **Gnathostomula.*

6. Stamm: Nemertini (Schnurwürmer). Fadenförm., bis 30 m lang bei nur 9 mm ∅; Hautmuskelschlauch (vgl. S. 129); Blutgefäßsystem; langer, einziehbarer Rüssel. Meist marin, räuberisch (A). Stehen den *Plathelminthes* nahe (Protonephridien, Mesenchym, bewimperte Epidermis).

1. U. Kl. Anopla. ZNS in Epidermis oder Muskelschicht, Ordn. Palaeonemertini (ursprüngl. Gruppe); Ordn. Heteronemertini (mit Cerebralorgan, Augen). *Lineus, Cerebratulus.*

2. U. Kl. Enopla. ZNS im Parenchym. Ordn. Hoplonemertini (Rüssel mit Stilettapparat); Ordn. Bdellonemertini (Egel-ähnl., Saugnapf am Hinterende; Parasiten in *Muscheln*). *Protosoma, Malacobdella.*

7. Stamm: Aschelminthes (Nemathelminthes; Rundwürmer). Sehr heterogene Gruppe, die natürl. Verwandtschaft der Kl. daher strittig. Auch für den ganzen Stamm ist unsicher, ob die Organisation (S. 126f.) ursprüngl. oder sek. vereinfacht ist.

1. Kl. Rotatoria (Rädertierchen). 1500 Arten, bis 3 mm Länge; meist in stehendem Süßwasser. Wimperkränze am Vorderende (Räderorgan), Kaumagen (Pharynx), Protonephridien, Haftorgane am Hinterende (F). Zellkonstanz. Ernährungsweisen vielfältig (Strudler, Weideschwimmer, Greifer, Sauger, Reusenfänger).

1. Ordn. Seisonidea. Beide Geschlechter voll ausgebildet. Wenige marine Arten. *Seison.*

2. Ordn. Bdelloidea. Ohne ♂ (Parthenogenese; S. 157). Gonaden paarig. Egelartige Fortbewegung. **Rotaria, *Philodina.*

3. Ordn. Monogononta. Zwergmännchen. Gonaden unpaar. Mehrzahl der Arten. **Brachionus, *Asplanchna, *Keratella, *Filina.*

2. Kl. Acanthocephala (Kratzer). 500 Arten. Mund- und darmlose Parasiten; bis 47 cm lang (G). Vorderkörper als hakentragender, einstülpbarer Rüssel (Introvert). Im Zwischenwirt *(Krebse, Insektenlarven)* 2 versch. Larvenformen: Acanthor (Hakenlarve) und Acanthella: Endwirt stets ein *Wirbeltier.*

1. Ordn. Palaeacanthocephala. Meist in Wassertieren. **Echinorhynchus* (Forellenschädling).

2. Ordn. Archiacanthocephala. Meist in Landtieren. **Gigantorhynchus* (bei *Schwein, Mensch*).

3. Kl. Gastrotricha (Bauchhaarlinge). Artenarme Gruppe; bis 1,5 mm lang; Bewohner des Sandlückensystems. Neben ursprüngl. Merkmalen Anklänge an *Rotatoria* und *Nematoda* (B).

1. Ordn. Macrodasyoidea. Nur marin; zwittrig. *Turbanella, Cephalodasys.*

2. Ordn. Chaetonotoidea. Marin und im Süßwasser. Meist ohne ♂. *Chaetonotus.*

4. Kl. Nematoda (Fadenwürmer). Über 10000 Arten; vermutl. die mehrfache Anzahl noch unbekannt. Bau und Organisation s. S. 126f. Die systemat. Gliederung der *Nematoda* ist sehr umstritten, da sich bei großer Einheitlichkeit des Typs phylogenet. Zusammenhänge nur schwer verfolgen lassen.

1. U. Kl. Aphasmidia (Adenophorea). Ohne Drüsentaschen (Phasmiden) am Hinterende; keine Dauerlarven; selten parasitisch. Zahlr. Ordn., wichtig die Familien:

- Trichuridae (**Trichuris, Haarwurm*-Arten; Parasiten bei *Säugern* und *Mensch*);
- Trichinellidae (**Trichinella, Trichine,* gefährlicher Parasit des *Menschen,* D).

2. U. Kl. Phasmidia (Secernentea). Mit einem Paar Phasmiden. Das 3. Larvenstadium oft als Dauerlarve. Zahlr. Parasiten; die freilebenden Formen meist Bodentiere (oft Fäulnisbewohner).

1. Ordn. Rhabditida. **Turbatrix (Essigälchen).*

2. Ordn. Tylenchida. Wirtschaftl. wichtige Pfl.-parasiten aus versch. Gattungen: **Weizen-, *Rüben-, *Kartoffelälchen;* Insektenparasiten: **Sphaerularia* (E).

3. Ordn. Strongylida. *Strongyloides* (vorwieg. trop. Parasit bei *Säugern* und *Mensch*); **Ancylostoma* (*Haken-* oder *Grubenwurm;* in Europa in Bergwerken u. ä., da sich die Eier nur bei hoher Temperatur entwickeln).

4. Ordn. Ascaridida. **Ascaris* (*Spulwurm*-Arten), **Enterobius* (*Oxyuris; Madenwurm;* häufiger, meist harmloser Parasit des *Menschen*).

5. Ordn. Dracunculida. **Dracunculus* (*Medinawurm;* geschwürerzeugender Parasit des *Menschen*).

6. Ordn. Spirurida. *Wuchereria* (Erreger der Elephantiasis beim *Menschen*).

5. Kl. Nematomorpha (Saitenwürmer). 230 Arten; bis 1,5 m lang bei 3 mm ∅. Nematodenähnl., mit reduziertem Darm. Larven in *Insekten* und *Krebsen* parasitierend, erwachsene Tiere leben frei.

1. Ordn. Gordiodea. Süßwasserarten. **Gordionus.*

2. Ordn. Nectonematoidea. Marine Arten. *Nectonema.*

6. Kl. Kinorhyncha (Hakenrüßler). Freilebende marine Arten bis 1 mm Länge; z. T. im Sandlückensystem. Stärker abweichend durch äußere Segmentierung und arthropoden-ähnl. Cuticula. Innerhalb der *Aschelminthes* isolierte Stellung. *Echinoderes, Trachydemus.*

7. Kl. Priapulida. Nur wenige, räuberische Arten im Schlamm kalter bzw. Korallensand warmer Meere; bis 8 cm lang. Introvert mit Haken besetzt; am Hinterende bei manchen Arten 1 oder 2 Anhänge mit Kiemenfunktion (C). Auffällig ist ein Urogenitalsystem (gleichzeitig für Exkretion und Produktion der Keimzellen). Ebenf. isolierte Gruppe. *Priapulus.*

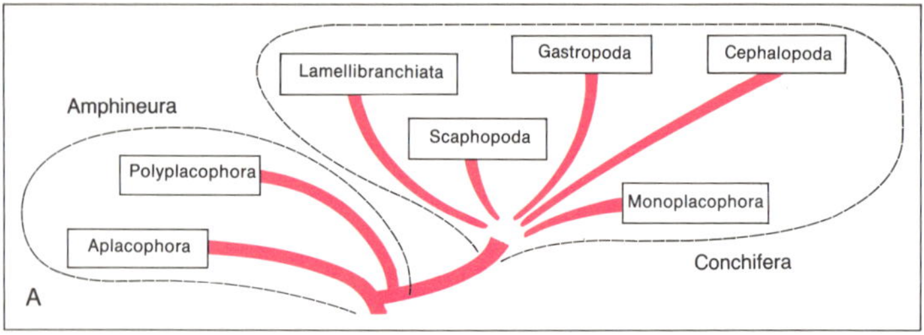

Verwandtschaftsbeziehungen der Mollusca

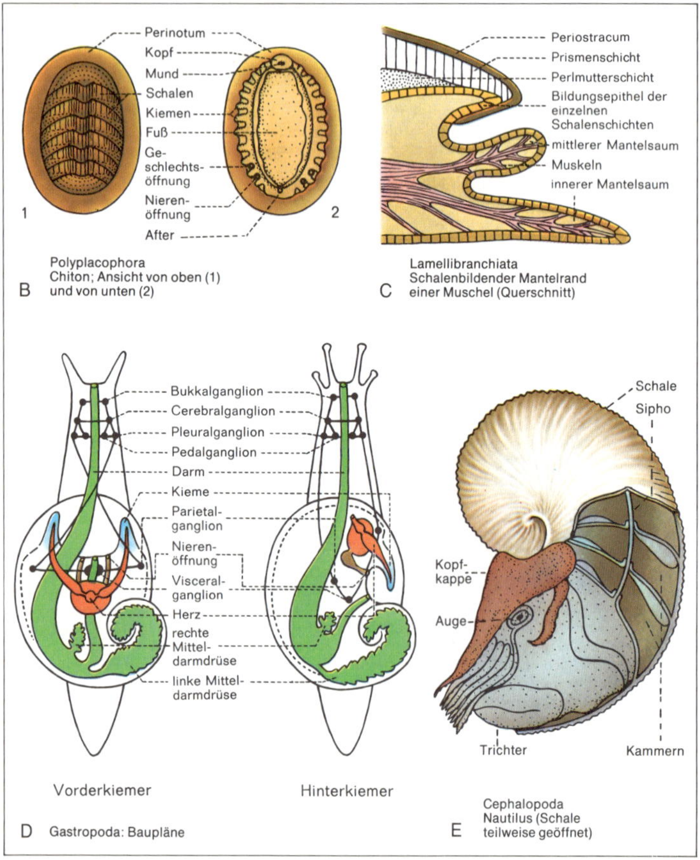

Mollusca

8. Stamm: Mollusca (Weichtiere). 130000 Arten; nach *Arthropoda* artenreichster Stamm; in fast allen Lebensräumen; z.T. sehr groß, hochorganisiert. Wie die folgenden Stämme haben sie eine wenigstens embryonal angelegte sek. Lh (Cölom; S. 128 C, E). Homologien zu *Annelida* (Tropophora-ähnl. Larve, Spiralfurchung, Metamerie) deuten auf gemeins. Vorfahren (S. 570 A).

1. U. St. Amphineura; Aculifera. NS hat zwei Paar Längsstränge bis zum Körperende. Bauchseite weichhäutig. Mantel ganz oder teilw. mit stachliger Cuticula. Ohne Statocysten (Gg-Organe).

1. Kl. Polyplacophora (Käferschnecken). Dorsal 8 Kalkplatten in der Cuticula; ventral mit Kiemen umstellte breite Sohle (B). Auf Hartböden der Gezeitenzone; Anpressen an Untergrund schützt gegen Brandung, Austrocknen, Feinde. Typ einheitl., durch versch. Schalenbildungen kenntl. Ordn. (Lepidopleurina, Ischnichitonina, Acanthochitonina). **Chiton*.

2. Kl. Aplacophora; Solenogastres (Wurmschnecken). 150 marine Arten. Wurmförm., ohne Schalenplatten, bis auf schmale Bauchfurche von stachliger Cuticula bedeckt. In Schlick oder Sand, auf Polypenstöcken oder Tangen.

1. Ordn. Caudofoveata (Schildfüßer). 1 Paar Kiemen. Fußschild hinter dem Mund; getrenntgeschlechtig. *Chaetoderma*.

2. Ordn. Solenogastres (Furchenfüßer). Ohne Kiemen. Fuß als Bauchrinne; Zwitter. *Nematomenia, Epimenia.*

2. U. St. Conchifera. Rücken mit einheitl. oder zweiteil. Kalkschale. NS konzentriert und in Teilen reduziert. Mit Statocysten.

1. Kl. Monoplacophora. Wenige Arten; erst 1952 in der Tiefsee entdeckt, vorher nur fossil bekannt (Erdaltertum). Im Habitus den *Placophora* ähnl. (Metamerie), aber mit dem typ. inneren Bau der *Conchifera* (S. 134 f.); stehen deren Ursprung sehr nahe. *Neopilina*.

2. Kl. Gastropoda (Schnecken). 105000 Arten. Vielfältige Lebensformtypen. Gekennzeichnet durch Torsion und Asymmetrie von Eingeweidesack und Schale (S. 134 f.).

1. U. Kl. Prosobranchia, Streptoneura (Vorderkiemer). Visceralstränge des NS gekreuzt, Kiemen vor dem Herzen (D). Schale meist kräftig, oft mit Deckel. Fast nur marine Arten.

1. Ordn. Archaeogastropoda, Diotocardia (Altschnecken). Zahlr. ursprüngl. Merkmale (2 Herzvorhöfe, 2 Kiemenblattreihen, Pedalganglien als Markstränge). **Patella (Napfschnecke), Haliotis (Seeohr)*.

2. Ordn. Mesogastropoda; Taenioglossa (Mittelschnecken). Mehrzahl der marinen Arten. 1 Herzvorhof, 1 Kiemenblattreihe, Radula mit 7 Zahnreihen längs. **Littorina (Strandschn.)*, **Crepidula (Pantoffelschn.)*, **Viviparus (Sumpfdeckelschn.)*.

3. Ordn. Neogastropoda, Stenoglossa (Neuschnecken). Radula mit 3 Zahnreihen längs; Schale mit Siphonalfortsatz. **Buccinum (Wellhornschn.)*, **Nassa (Netzreusenschn.)*, *Murex*-Arten *(Purpurschn.)*.

2. U. Kl. Opisthobranchia (Hinterkiemer). Kiemen hinter dem Herzen; wird oft reduziert; Schale meist rückgebildet. Oft mit der 3. U. Kl. zu **Euthyneura (Geradnervige)** vereinigt, da in beiden Gruppen Visceralstränge des NS ungekreuzt (D). 8. Ordn., darunter:

Ordn. Gymnosomata. *Clione* (wichtig als Nahrung der *Bartenwale*).

Ordn. Nudibranchia. Artenreich, trop. marine Formen, sek. Kiemenanhänge.

3. U. Kl. Pulmonata (Lungenschnecken). Mantelhöhle zu Lunge umgewandelt; NS zu Schlundring konzentriert.

1. Ordn. Basommatophora (Wasserlungenschnecken). Augen an der Fühlerbasis. **Planorbarius (Posthornschn.)*, **Lymnaea (Schlammschn.)*.

2. Ordn. Stylommatophora (Landlungenschnecken). Augen auf den Fühlern. Beschalte *(*Helix, Weinbergschn.)* und unbeschalte Formen *(*Arion, Wegschn.)*.

3. Kl. Lamellibranchiata, Bivalvia (Muscheln). 20000 Arten; zweiklappige Schale in mehreren Schichten vom Mantelrand gebildet (C); bis 1,3 m lang. (S. 134 f.).

1. Ordn. Palaeotaxodonta. Schloßrand gleichm. gezähnt. Zwei Schließmuskel. Ursprüngl. Arten. **Nucula (Nußmuschel)*.

2. Ordn. Pteriomorpha, Anisomyaria. Vorderer Schließmuskel reduz. oder fehlend. **Mytilus (Miesm.)*, **Ostrea (Auster)*.

3. Ordn. Schizodonta, Unioidea. Schloßzähne ungleich. **Margaritifera (Flußperlm.)*, **Unio (Flußm.)*, **Anodonta*.

4. Ordn. Heterodonta. Zahlr. marine Arten. **Cardium (Herzm.)*, *Tridacna*.

5. Ordn. Adapedonta. **Mya (Klaffm.)*, **Teredo (Schiffsbohrwurm;* extrem spezialisiert).

4. Kl. Scaphopoda, Solenoconchae (Kahnfüßer). 300 bilateralsymm. Arten. Paariger Mantel, hornförm. Schale, stabförm. Fuß. Kleintierfresser (Kopf mit Fangfäden). *Dentalium*.

5. Kl. Cephalopoda (Kopffüßer). 730 Arten. Größte, höchstorganis. Formen (S. 134 f.).

1. U. Kl. Tetrabranchiata (Alt-Cephalopoden). 2 Paar Kiemen; viele Arme; äußere gekammerte Schale. Wenige Arten (Indischer Ozean, Westpazifik). *Nautilus (Schiffsboot;* E).

2. U. Kl. Dibranchiata, Coleoidea (Tintenfische). 1 Paar Kiemen, Schale stab- oder plattenförm., vom Mantel überdeckt. Linsenaugen. Hochentwickeltes NS.

1. Ordn. Decabrachia (Zehnarmige). Acht Arme und 2 einrollbare Tentakel. **Sepia*, **Loligo (Kalmar)*, *Architeuthis* (bis 25 m lang).

2. Ordn. Vampyromorpha. Nur eine Tiefsee-Art. *Vampyroteuthis*.

3. Ordn. Octobrachia, Octopoda (Kraken). Körper sackförm., Schale stark reduz. **Eledone, Octopus, Argonauta (Papierboot;* sek. Schale von Armpaar gebildet).

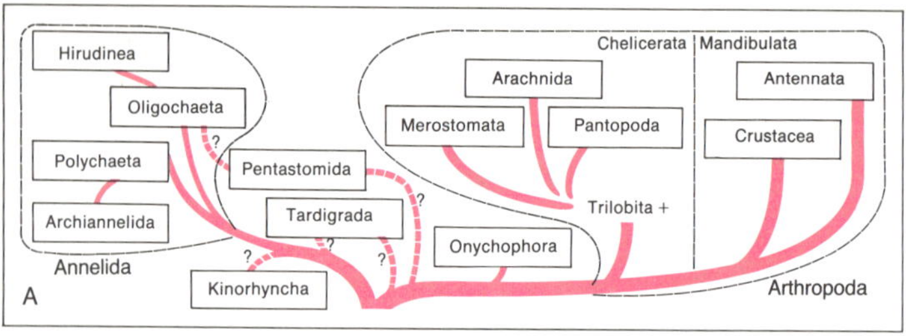

Verwandtschaftsbeziehungen von Protostomiergruppen (bes. Annelida und Arthropoda)

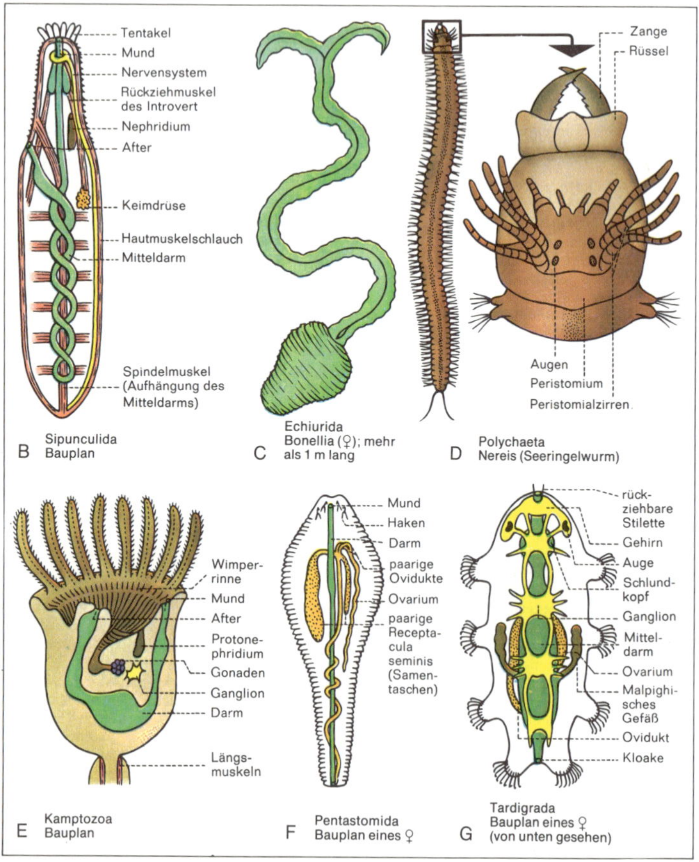

Vertreter verschiedener Protostomiergruppen

9. Stamm: Sipunculida (Spritzwürmer). Meist marine Arten, bis 50 cm lang. Wurmförmig, mit einstülpbarem Introvert (B). Segmentierung der Urmesodermstreifen kommt nur vereinzelt vor. Das Cölom umfaßt neben der eigentl. Lh ein Syst. von Tentakelkanälen, ähnl. dem Ambulacralgefäßsystem der *Echinodermen* (S. 137). Im Boden lebend, z. T. in Wohnröhren. Anklänge an *Tentaculata*, aber auch an *Mollusca* und *Annelida* (Trochophora-Larve, Metanephridien); trotzdem im System isoliert. *Sipunculus, Physcosoma, Phascolosoma, Phascolion, Aspidosiphon.*

10. Stamm: Kamptozoa. Gestielte, meist stockbildende Formen mit Tentakelkranz, der Mund, After, Exkretions- und Geschlechtsöffnung umgibt (E). Protonephridien, Spiralfurchung; Entw. mit Larve. Trotz der habituellen Ähnlichkeit mit den *Bryozoa* (S. 577), denen sie manchmal zugerechnet werden *(Bryozoa entoprocta)*, im System isoliert. – Die Fam. Loxosomatidae und Pedicellinidae leben marin, die Fam. Urnatellidae im Süßwasser (**Urnatella;* in Gewässern um Berlin).

Stammgruppe Articulata (11. bis 15. Stamm) umfaßt mit über 1 Mill. bekannter Arten über 75% aller Tierarten. Sie enthält im Typ unterschiedl., aber stets segmentierte *Protostomier*, deren Segmente wenigstens embryonal je ein Cölomsack- und Ganglienpaar enthalten.

11. Stamm: Annelida (Ringelwürmer). Aufgrund ihrer weitgehend homonomen Segmentierung gelten sie als Stammgruppe der *Articulata*. Bauplan s. S. 128f.

1. Kl. Polychaeta (Vielborstige). 5300 meist getrenntgeschlechtl. Arten. 1 Paar Parapodien mit Borstenbüscheln je Segment (S. 130C). Kopfabschnitt (Protostomium) oft mit paarigen, fühlerartigen Anhängen (D). Neue Gliederungsvorschläge lösen die künstl. Einheiten in zahlr. Ordn. auf.

1. Ordn. Errantia. Zahlr. Fam. mit stets freibewegl. Arten; meist marin. Alle Segmente gleichförmig mit Parapodien und Nephridien. Kleintierfresser, Räuber, Filtrierer. **Aphrodita (Seemaus), *Nereis, *Ophryotrocha* (S. 450f.), *Eunice* (*Palolo-Wurm;* Fortpfl.-zyklus synchron mit Mondjahr).

2. Ordn. Sedentaria. Sessile oder halbsessile Arten. Körper meist mit mehreren Regionen, Kiemen meist nur in einer von ihnen. Nephridien nicht in allen Segmenten. Mehrere U. Ordn. mit unterschiedl. Typen: **Arenicola (Sandwurm), *Lanice (Bäumchenröhrenwurm), *Sabellaria (Sandkoralle), Spirographis* (in freistehender Röhre, mit zahlr., der Ernährung dienenden Tentakeln).

3. Ordn. Archiannelida. Künstl. Einheit. Arten larvaler oder sek. vereinfachter Organisation. Meist im Sandlückensystem. **Troglochaetus* (im Grundwasser).

2. Kl. Myzostomida. 150 marine Arten, bis 5 mm lang. Den *Polychaeten* nahestehend, aber alle Parasiten (in und auf *Echinodermen*), und daher im Bau stark abgewandelt. *Myzostoma.*

3. Kl. Clitellata (Gürtelwürmer). 3400 Arten. Zwittrig; ohne Antennen und Parapodien. Mit einer zur Begattung wichtigen gürtelart. Anschwellung in der Region der Geschlechtsorgane (Clitellum). Direkte Entw., oft in einem vom Clitellum sezernierten Kokon.

1. U. Kl. Oligochaeta (Wenigborster). Wenige Borsten, meist in 4 Bündeln je Segment. Körperanhänge (Kiemen, Cirren) selten; Sinnesorgane schwach entwickelt.

1. Ordn. Plesiopora. Je 1 Paar ♂ und ♀ Gonaden. **Tubifex* (*Schlammröhrenwurm;* in O_2-armen Gewässern), **Enchytraeus.*

2. Ordn. Prosopora. ♂ Gonaden 1–4, ♀ 1–3 Paare. **Lumbriculus* (Regenwurm-ähnl., im Süßwasser), **Branchiobdella* (Parasit).

3. Ordn. Opisthopora. ♂ Genitalporen weit hinter den Hodensegmenten. **Lumbricus (Regenwurm), Megaloscolex* (*Riesenregenwurm;* 3 m lang; Australien).

2. U. Kl. Hirudinea (Egel). Meist ohne Borsten; mit Saugpharynx und Saugnapf am Hinterende. Haut sek. in viele Ringe gegliedert. Darm oft mit Divertikeln zur Speicherung des aufgenommenen Blutes. Ca. 75% der Arten sind Wirbeltierparasiten, der Rest Räuber. Meist im Süßwasser. **Hirudo (Medizin. Blutegel), *Haemopis (Pferdeegel).*

4. Kl. Echiurida (Stern- oder Igelwürmer). Marine Arten; bis 1,8 m lang; bis 9000 m Tiefe. Langer Rüssel (Prostomium); Cölomverhältnisse, Borsten und Metanephridien, die die Geschlechtszellen leiten, belegen *Anneliden*nähe. Geschlossenes Blutgefäßsystem. In Spalträumen des Bodens oder Wohnröhren. *Echiurus (Quappenwurm), Bonellia* (C; extr. Sexualdimorphismus).

12. Stamm: Pentastomida, Linguatulida (Zungenwürmer). Parasiten meist bei *Reptilien.* Embryonal 4 Beinpaare mit Haken, 2 bilden sich zurück (F). Entw. über Primär- und Wanderlarve (Nymphe). Umstritten, ob ursprüngl. Bauplan oder sek. vereinf. *Arthropoden*-Merkmale. **Linguatula* (*Nasenwurm;* erwachsenes Tier im Nasenraum von *Hund, Wolf, Fuchs).*

13. Stamm: Tardigrada (Bärtierchen). Wasserlebende Arten, bis 1 mm lang; meist in Spezialbiotopen (Wasser in Moospolstern). 4 Paar stummelförm., bekrallte Laufbeine (G), Mund mit Stiletten zum Anstechen der Nahrung. Innerer Bau vermutl. durch Reduktion vereinfacht (Atem- und Kreislauforgane fehlen). Homologisierung der »Malpighischen Gefäße« mit denen der *Insekten* ist unsicher. Die Arthropodenmerkmale sind insgesamt nicht sehr deutlich. **Echiniscus, *Hypsilius.*

14. Stamm: Onychophora (Stummelfüßer). Ca. 90 Arten; Organisation zeigt unterschiedl. Züge. Annelidenmerkmale (vgl. S. 129): wurmförm., homonom segmentiert, ohne abgesetzten Kopf; Hautmuskelschlauch; Nephridien in fast allen Segm.; parapodienartige, ungegliederte Laufbeine. Arthropodenmerkmale (vgl. S. 133): Lh als Mixocöl ausgebildet; Krallen an den Extremitäten; Herz mit Ostien in einem Pericardialsinus; nicht metamere, büschelförm. Tracheen; Chitincuticula. Wegen einiger Sonderbildungen sind die Onychophora nicht als echte Ahnenformen der Arthropoda gewertet worden, wohl aber als Modell für die Stammgruppe. *Peripatus, Peripatoides.*

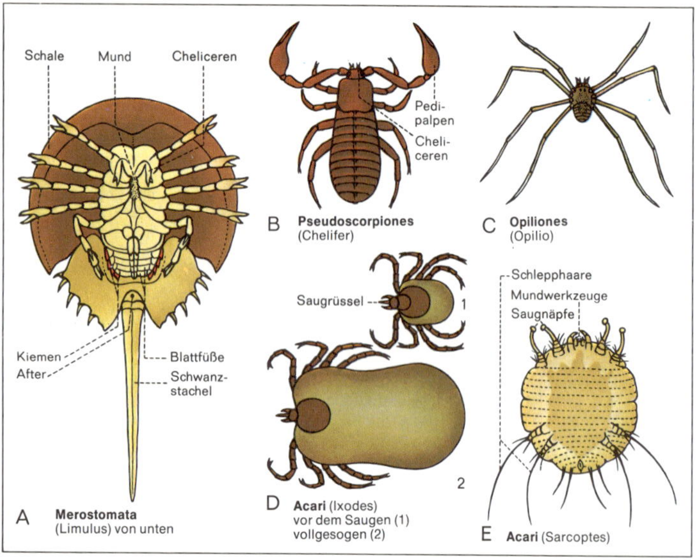

Chelicerata

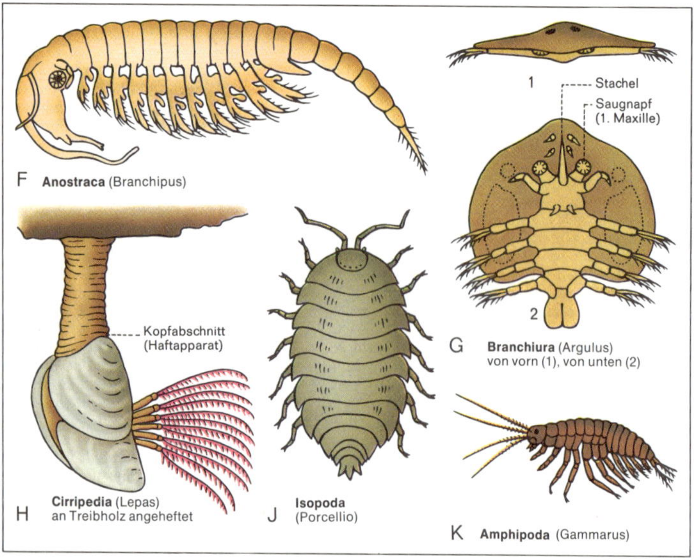

Crustacea

15. Stamm: Arthropoda (Gliederfüßer). Arten- und formenreichste *Articulaten*-Gruppe (Bauplan S. 130ff.). Die folgende Großgliederung beruht auf Unterschieden der Kopfgliedmaßen.

1. Reihe: Amandibulata. Keine Mandibeln ausgeprägt. Nur vertreten durch:

1. U. St. Chelicerata (Fühlerlose). Erste Antennen reduz., zweite Antennen scherenförm. (Cheliceren). 2 Rumpfsegmente bilden mit dem Kopf das Prosoma (Cephalothorax).

1. Kl. Merostomata. Fossil »*Gigantostraca*«, rezent nur **Ordn. Xiphosura (Schwertschwänze).** Wenige marine Arten; Körper schildförm. (A), bewegl. »Schwanzstachel«. 6 Beinpaare an der Unterseite des Prosomas. *Limulus, Tachypleus.*

2. Kl. Arachnida (Spinnentiere). 36000 landlebende Arten. Bauplan S. 130f.

1. Ordn. Scorpiones (Skorpione). Hinterleib gegliedert in Mesosoma und schwanzart. Metasoma mit Giftstachel (S. 172 D). Cheliceren als kleine, Pedipalpen als große Scheren. In Europa: *Buthus, Euscorpius.*

2. Ordn. Pedipalpi. 1. Laufbeinpaar: Tastbeine; scherenförm. Cheliceren. U.Ordn. Uropygi (Geißelskorpione; z.B. *Mastigoproctus*); U.Ordn. Amblypygi (Geißelspinnen; z.B. *Phrynichus*).

3. Ordn. Palpigradi. Wenige sehr kleine Arten; der 2. Ordn. ähnl. bis auf ein langes Flagellum (Telson-Anhang). *Koenenia.*

4. Ordn. Araneae (Webspinnen). Abdomen ungegl., schmal am Prosoma ansetzend. Cheliceren: Klauen, Pedipalpen: Taster. Hintergliedmaßen: Spinnwarzen.

1. U. Ordn. Mesothelae. Abdomen noch gegliedert. In Erdröhren. *Lipistius.*

2. U. Ordn. Orthognatha. Cheliceren nach vorn. Mit Falltürspinnen (z.B. *Cteniza*); Vogelspinnen (z.B. *Theraphosa*).

3. U. Ordn. Labidognatha. Cheliceren abwärts. Mit Speispinnen (z.B. **Scytodes*), Kreuzspinnen (z.B. **Aranea*), Trichterspinnen (z.B. **Tegenaria, Hausspinne*), **Wolfs-*, **Krabben-*, **Springspinnen.*

5. Ordn. Pseudoscorpiones (Afterskorpione). Kleine Arten; ohne Metasoma und Giftblase (vgl. *Skorpione*). Cheliceren und Pedipalpen mit Scheren. **Chelifer* (B).

6. Ordn. Opiliones (Weberknechte). Körper segmentiert; Cheliceren scherenförm., Pedipalpen als Taster. Z.T. milbenartig, europ. Formen meist weichhäutig und langbeinig. **Opilio* (*Weberknecht;* C).

7. Ordn. Solifugae (Walzenspinnen). Isolierte Gruppe mit ursprüngl. und abgeleiteten Merkmalen. *Solpuga, Galeodes.*

8. Ordn. Ricinulei (Kapuzenspinnen). 15 Arten. System. Stellung unklar; einige Merkmale ähnl. wie bei Acari. *Ricinoides.*

9. Ordn. Acari, Acarina (Milben). 30000 Arten in mehreren U. Ordn. **Sarcoptes* (*Krätzmilbe;* E), **Ixodes* (*Zecke;* D).

3. Kl. Pantopoda, Pycnogonida (Asselspinnen). 500 marine Arten; Parasiten oder Räuber. Rumpf, bes. Abdomen, reduz.; Blindsäcke innerer Organe bis in Extremitäten. *Nymphon.*

2. Reihe: Mandibulata. Kopfextremitäten bilden 3–5 Paar Mundwerkzeuge (vgl. S. 130, 132), eines davon als zangenartige Oberkiefer (Mandibeln).

2. U. St. Crustacea, Branchiata, Diantennata (Krebse). 20000 Arten, von großer Typenvielfalt. Überwiegend marin. Einzelne Merkmale sehr ursprüngl. (z.B. Extremitäten; S. 130 B).

1. Kl. Cephalocarida. Wenige urtüml. Arten (19 Rumpfsegmente). Zwitter. *Hutchinsoniella.*

2. Kl. Phyllopoda (Blattfußkrebse). Teils ursprüngl. (zahlr. Beinpaare), teils abgeleitete Merkmale (vereinfachte Mundwerkzeuge). Vorwiegend Süßwasserformen.

1. Ordn. Notostraca. Schildförm. Carapax. 60 Beinpaare. **Triops*, **Lepidurus.*

2. Ordn. Onychura. Mit den U. Ordn. Conchostraca (Muschelschaler; **Limnadia*) und Cladocera (Wasserflöhe; **Daphnia*, **Bosmina*).

3. Kl. Anostraca (Schalenlose). Ohne Carapax. 11–19 Beinpaare. Blattfüße zum Filtrieren der Nahrung umgestaltet. **Branchipus* (*Sommerkiemenfuß;* F), *Artemia (Salinenkrebs).*

4. Kl. Ostracoda (Muschelkrebse). 12000 Arten. Körper ganz von zweiklappiger Schale umschlossen. Mehrere Ordn.; marin, nur Podocopa im Süßwasser. **Cypris*, **Notodromas.*

5. Kl. Copepoda (Ruderfußkrebse). Körper zweigeteilt; Gliedmaßen nur am 1. Abschn.; 1. Antenne verlängert. Mundwerkzeuge ursprüngl., andere Organe rückgebildet. **Cyclops.*

6. Kl. Branchiura (Fischläuse). 50 Arten; Copepoden-ähnl., mit großem Rückenschild. Kopfgliedmaßen mit Haftorganen; Saugrüssel. Fischparasiten. **Argulus* (Karpfenlaus; G).

7. Kl. Mystacocardia, 8. Kl. Ascothoracida. Kleinere Gruppen, stark abgewandelt.

9. Kl. Cirripedia (Rankenfüßer). Sessil, daher Bauplan stark verändert. Kalkpanzer. Mehrere Ordn. **Lepas* (*Entenmuschel;* H), **Balanus (Seepocke)*, **Sacculina* (S. 256).

10. Kl. Malacostraca (»Höhere Krebse«). 14000 Arten; höchstentw. Gruppe. Zahlr. Ordn., darunter die folgenden, die allein 95% der Arten umfassen:

Ordn. Peracarida. Zahlr. U. Ordn., darunter Mysidacea *(*Mysis);* Amphipoda (Flohkrebse; **Gammarus;* K); Isopoda (Asseln; zahlr. Landformen; **Porcellio, Keller-* (J); **Armadillidium, Rollassel*).

Ordn. Eucarida. Mit: Krabben, Garnelen, Edelkrebsen. Wichtigste U. Ordn. (auch als Dekapoda zusammengefaßt) sind Natantia (schwimmend; **Crangon, Nordseegarnele*); Reptantia (langschwänzig: **Homarus, Hummer;* **Astacus, Flußkrebs;* kurzschwänzig: **Cancer, Taschenkrebs;* **Carcinus, Strandkrabbe;* **Eriocheir, Wollhandkrabbe;* außerdem Arten mit asymm. Hinterleib: Einsiedlerkrebse; **Eupagurus;* S. 254).

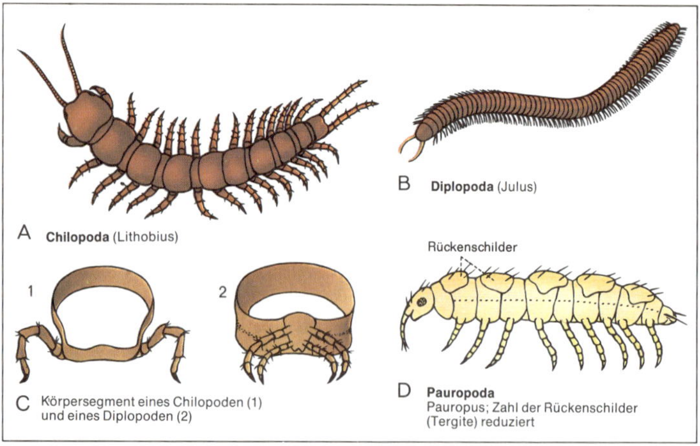

Chilopoda und Progoneata

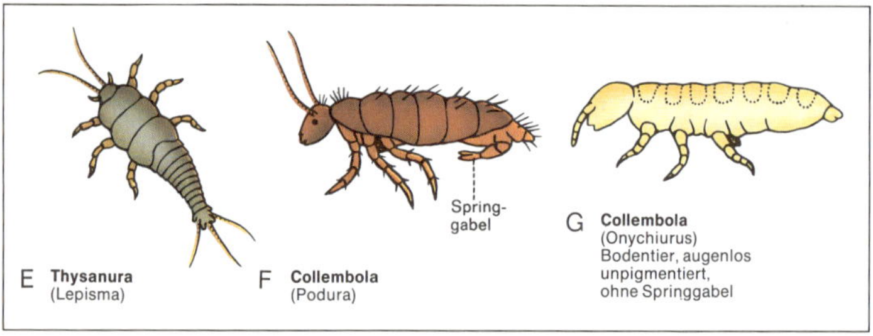

Apterygota

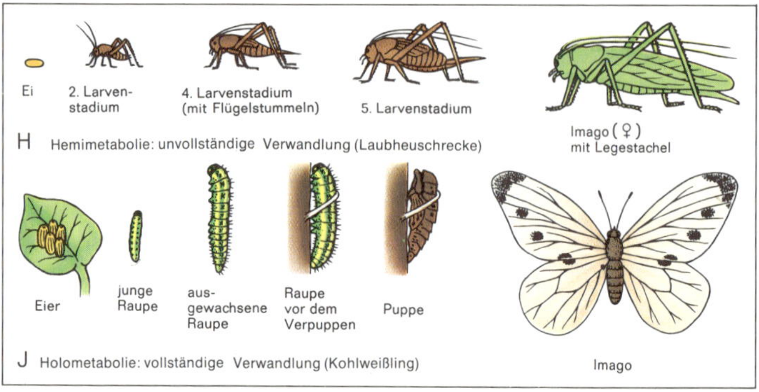

Pterygota (Hemimetabolie und Holometabolie)

3. U. St. Antennata, Tracheata. Land- und sek. Wassertiere; durch ektoderm. Tracheen atmend. 1. Antenne als Sinnesorgan, 2. Antenne völlig reduziert.

1. Kl. Chilopoda, Opisthogoneata (Hundertfüßer). Oft mit der nächsten Kl. als **Myriapoda (Tausendfüßer)** zusammengefaßt. Genitalporus am vorletzten Segment. Rumpfsegmente außer den 2 letzten tragen je ein Beinpaar; 1. Laufbeinpaar: zangenförm. Kieferfüße mit Giftdrüsen.

1. U. Kl. Notostigmophora (Spinnenläufer). Ursprüngl. Gruppe. **Scutigera (Spinnenassel).*

2. U. Kl. Pleurostigmophora. 2600 Arten. Segmentale Tracheen. **Lithobius* (*Steinkriecher;* A), *Scolopendra* (Mittelmeerländer; Biß auch für Menschen gefährlich), **Geophilus (Erdläufer).*

2. Kl. Progoneata. Genitalporus am 3. oder 4. Rumpfsegment. Zahlr. Arten; Feuchtlufttiere.

1. Ordn. Symphyla (Zwergfüßer). Ursprüngl. Merkmale, aber auch Anklänge an *Insekten:* 3 Paar Mundwerkzeuge, 2. Maxillen zu Unterlippe verwachsen (Trignatha). Kleine Formen; bis 8 mm lang. **Scutigerella.*

2. Ordn. Diplopoda (Doppelfüßer). Mit der folgenden Ordn. zus. oft als Dignatha geführt (2 Paar Mundwerkzeuge). 3000 Arten; bis 30 cm lang, bis > 300 Beinpaare, meist 2 Paar je Segment (C). U. Ordn. Pselaphognatha (Pinselfüßer; mit **Polyxenus*); U. Ordn. Chilognatha (Schnurfüßer; mit **Julus, »Tausendfüßler«;* B).

3. Ordn. Pauropoda (Wenigfüßer). Zwergformen, bis 2 mm; mit Reduktionserscheinungen; 9 Laufbeinpaare. **Pauropus* (D).

3. Kl. Insecta, Hexapoda (Insekten). 750000 Arten; artenreicher als alle anderen Tiergruppen zusammen. Große Formenvielfalt; besiedeln fast alle Biotope. Bauplan S. 132f.

1. U. Kl. Apterygota (Urinsekten). Kleine, primär flügellose Tiere mit direkter Entwicklung. Den Ordn. wird oft der Rang von U. Kl. zuerkannt. Ordn. 1–3 bilden die **Entognatha** (innenliegende Mundwerkzeuge), die 4. Ordn. bildet mit den *Pterygota* die **Ectognatha.**

1. Ordn. Diplura (Doppelschwänze). 500 Arten; Bodentiere, unpigmentiert. **Campodea, Japyx.*

2. Ordn. Protura (Beintastler). Bis 2 mm lang; teils ursprüngl., teils abgeleitet. Bodentiere, unpigmentiert. **Eosentomon.*

3. Ordn. Collembola (Springschwänze). Ursprüngl. (Komplexaugen) und abgeleitete Merkmale (reduziertes Abdomen; Springgabel; E). In zahlr. Biotopen: **Podura* (auf Wasseroberfl.; F), **Isotoma (Gletscherfloh);* z. T. Bodentiere: **Onychiurus* (G).

4. Ordn. Thysanura (Borstenschwänze). Viele ursprüngl. Merkmale; Gemeinsamkeiten mit Pterygota, deren Wurzel sie nahestehen. U. Ordn. Archaeognatha (Felsenspringer; **Machilis*); U. Ordn. Zygentoma. Bes. pterygotenähnl. (Mandibel mit 2 Gelenkhöckern): **Lepisma (Silberfischchen;* E), **Thermobia (Ofenfischchen).*

2. U. Kl. Pterygota (Fluginsekten). Nur wenige Formen sek. flügellos. Großgliederung aufgrund der Individualentw. (H, J; S. 576) oder der Flügelausbildung (s. u.); weitere Einteilung u. a. dadurch vereinfacht, daß die oft als Ü. Ordn. gelt. Gruppen als Ordn. aufgeführt sind.

1. Reihe: Palaeoptera. Flügelgelenk einf.; Flügel nicht über Abdomen zus.-legbar.

1. Ordn. Ephemeroptera, Ephemerida (Eintagsfliegen). 2000 Arten. 3 Schwanzanhänge; letztes Larvenstadium flugfähig (Subimago); Imago kurzlebig; Mundwerkzeuge oft verkümmert. **Ephemera (Eintagsfliege).*

2. Ordn. Odonata (Libellen). 4700 Arten. An Flugjagd angepaßt: große Augen (S. 350 A), direkte Flügelmuskulatur (s. dagegen S. 132 E). Larven im Wasser oft mit Fangmaske. U. Ordn. Zygoptera (Kleinlibellen; mit **Calopteryx, Prachtlibelle*); U. Ordn. Anisoptera (Großlibellen; mit **Aeschna, Mosaiklibelle;* S. 576 A).

2. Reihe: Neoptera. Alle folgenden Ordnungen. Flügelgelenk kompliziert (aus drei Gelenkstücken); Flügel über dem Abdomen zusammenlegbar.

3. Ordn. Plecoptera (Steinfliegen). 2000 Arten. Wasserlebende Larven; Anklänge an Ephemerida. **Perla (Steinfliege).*

4. Ordn. Embioptera (Tarsenspinner, Embien). Isoliert; nur 200 Arten. *Embia.*

5. Ordn. Notoptera, Grylloblattodea. Nur 12 Arten in N-Amerika und Asien. *Grylloblatta.*

6. Ordn. Dermaptera (Ohrwürmer). 1000 Arten; Vorderflügel: kurze Decken, Cerci zangenförmig. **Forficula (Ohrwurm).*

7. Ordn. Mantodea (Fangheuschrecken). 1800 Arten; 1. Beinpaar zu Fangbeinen entwickelt. **Mantis (Gottesanbeterin).*

8. Ordn. Blattodea, Blattaria (Schaben). 3500 Arten. **Ectobius (Waldschabe);* z. T. weltweit: **Blatta* (*Küchenschabe;* S. 576 B) **Periplaneta (Amerikan. Schabe).*

9. Ordn. Isoptera (Termiten). 2000 Arten; staatenbildend (S. 234f.). Schaben-ähnlich. In Europa: *Reticulitermes, Calotermes.*

10. Ordn. Phasmatodea, Phasmida (Gespenstheuschrecken). 2500 meist trop. Arten. *Carausius (Stabheuschrecke), Phyllium* (*Wandelndes Blatt;* S. 252 F).

11. Ordn. Ensifera (Langfühlerschrecken). Antennen lang. Gruppen der Laubheuschrecken: mit **Tettigonia (Heupferd);* und der Grillen: **Gryllus (Feldgrille),* **Acheta (Heimchen),* **Gryllotalpa (Maulwurfsgrille).*

12. Ordn. Caelifera (Kurzfühlerschrecken, Feldheuschrecken). Antennen kurz. **Stenobothrus (Heuhüpfer), Locusta* und *Schistocerca (Wanderheuschrecken).*

13. Ordn. Zoraptera (Bodenläuse). < 3 mm; Bodentiere. Nur Gattung *Zorotypus.*

14. Ordn. Psocoptera, Copeognatha, Corrodentia (Staubläuse und Flechtlinge). 1600 Arten; einige flügellos. **Liposcelis (Bücherlaus),* **Trogium (Totenuhr).*

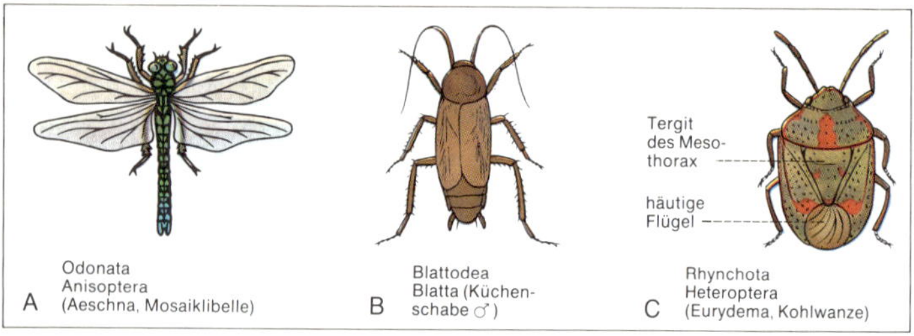

Hemimetabola

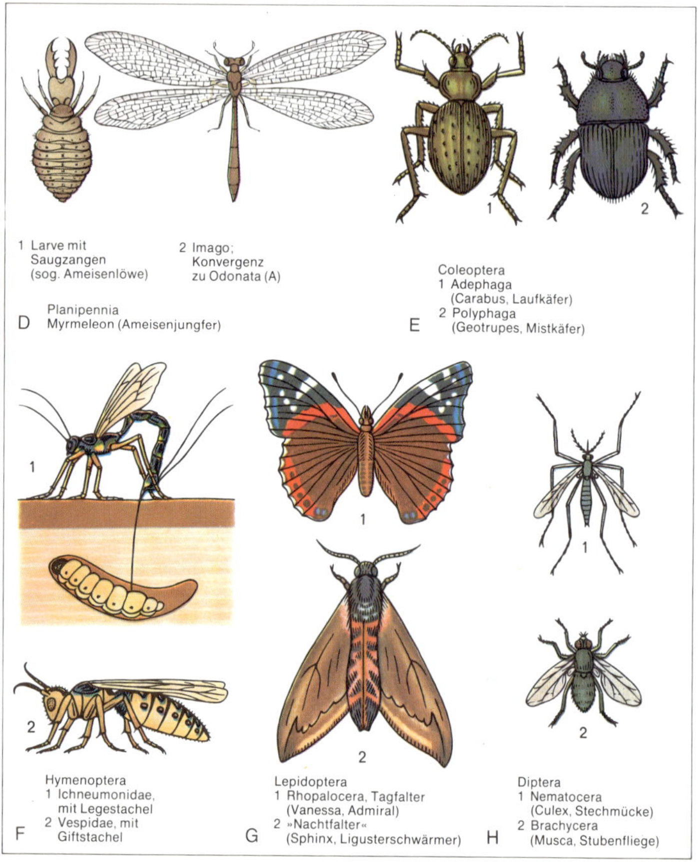

Holometabola

15. Ordn. Phthiraptera (Tierläuse i. w. S.) Körper flach; Beine mit Klammereinrichtungen. Ohne Flügel und Ocellen, Komplexaugen reduziert.
U. Ordn. Mallophaga (Feder- und Haarlinge): beißende Mundwerkzeuge; meist Parasiten bei Vögeln/Säugern; **Menopon (Hühnerlaus).*
U. Ordn. Anoplura (Läuse i. e. S.): stechend-saugende Mundwerkzeuge; 400 Arten; **Pediculus (Menschenlaus;* versch. Rassen: *Kopf-, Kleiderlaus), *Phthirus (Filzlaus).*
16. Ordn. Thysanoptera, Physopoda (Blasenfüße, Fransenflügler, Thripse). 400 Arten; meist < 2 mm lang. Asymm. stechend-saugende Mundwerkzeuge. Parthenogenese, Massenauftreten (»Gewitterfliege«). **Anaphothrips.*
17. Ordn. Rhynchota, Hemiptera (Schnabelkerfe). 70000 Arten; Stechrüssel.
U. Ordn. Heteroptera. Vorderes Flügelpaar vorn stark verdickt (Corium).
Hydrocorisae (Wasserwanzen): meist Räuber. **Nepa (Wasserskorpion), *Notonecta (Rückenschwimmer).*
Amphicorisae: auf das Leben an der Wasseroberfläche spezialisiert: **Gerris (Wasserläufer).*
Geocorisae (Landwanzen): u. a. Raubwanzen *(*Rhinocoris),* Bettwanzen (**Cimex;* Parasit des Menschen), Feuerwanzen *(*Pyrrhocoris),* Schild- oder Stinkwanzen (C; **Palomena*).
U. Ordn. Homoptera. Beide Flügelpaare unverdickt. Auchenorrhyncha (Zikaden): z. T. Lauterzeugung; einheim. Formen: **Cercopis (Schaumzikade), *Centrotus (Dornzirpe).*
Sternorrhyncha (Pflanzensauger): Aphidia (Blattläuse): **Viteus (Reblaus), *Aphis (Rübenblattlaus);* Coccinea (Schildläuse): ♀ sessil, stark umgebildet; **Cryptococcus* (Buchenschädling); Aleurodina (Mottenschildläuse): **Trialeurodes* (»Weiße Fliege«, Schädling in Gewächshäusern); Psyllina (Blattflöhe): zikaden-ähnl.; **Psylla* (Obstbaumschädlinge).

Die folgenden Ordn. werden als **Holometabola** zusammengefaßt.

18. Ordn. Megaloptera (Schlammfliegen). 100 Arten. Larven wasserlebend, räuberisch; kurze Puppenruhe. **Sialis (Schlammfliege).*
19. Ordn. Raphidioptera, Raphidides (Kamelhalsfliegen). 100 Arten; räuberisch. Puppe klettert und läuft. **Raphidia (Kamelhalsfliege).*
20. Ordn. Planipennia (Netzflügler i. e. S.). 7000 Arten. Larve auf räuberische Lebensweise stark spezialisiert; Puppe in Kokon; Imagines vielgestaltig. **Chrysopa (Florfliege), *Ascalaphus (Schmetterlingshaft), *Myrmeleon (Ameisenjungfer;* Larve »Ameisenlöwe«; D).
21. Ordn. Coleoptera (Käfer). 350000 Arten; Vorderflügel hart (Elytren), Hinterflügel häutig, faltbar. Mundwerkzeuge beißend-kauend (E).
U. Ordn. Adephaga. Ursprüngl. Merkmale. Mit den Fam. Cicindelidae (Sandlaufkäfer): **Cicindela.* Carabidae (Laufkäfer; E): 20000 Arten. **Carabus (Lederlaufkäfer; Goldschmied), *Calosoma (Puppenräuber).* Dytiscidae (Schwimmkäfer): **Dytiscus (Gelbrand).* Gyrinidae (Taumelkäfer): an der Wasseroberfläche; **Gyrinus.*
U. Ordn. Polyphaga. Einige der zahlr. Fam.: **Lampyridae (Leuchtkäfer), *Staphylinidae* (*Kurzflügler;* 20000 Arten), **Lucanidae (Hirschkäfer), *Scarabaeidae* (*Mist-* und *Laubkäfer;* E), **Coccinellidae (Marienkäfer), *Chrysomelidae* (*Blattkäfer;* 25000 Arten), **Curculionidae (Rüsselkäfer;* 40000 Arten), **Ipidae (Borkenkäfer), *Cerambycidae (Bockkäfer).*
22. Ordn. Hymenoptera (Hautflügler). 100000 Arten. Flügel durch Haftapparate gekoppelt.
U. Ordn. Symphyta. Hinterleib in ganzer Breite ansetzend. Ursprüngl. Gruppen: **Tenthredinidae (Blattwespen), *Siricidae (Holzwespen), *Cephidae (Halmwespen).* Zahlr. Pflanzenschädlinge; Larven oft Minierer.
U. Ordn. Terebrantes. Zus. mit der 3. U. Ordn. als *Apocrita* (Wespentaille zw. 1. und 2. Abdominalsegment) den *Symphyta* gegenübergestellt. Umfassen u. a. **Ichneumonidae* (*Schlupfwespen;* Parasiten bei Schadinsekten; F); **Evaniidae (Hungerwespen); *Cynipidae (Gallwespen).*
U. Ordn. Aculeata. Mit Giftstachel. U. a. **Vespidae* (*Faltenwespen;* F); **Pompilidae (Wegwespen); *Apidae (Bienen); *Formicidae (Ameisen).*
23. Ordn. Trichoptera (Köcherfliegen). 6000 Arten. Flügel behaart, selten beschuppt. **Rhyacophila, *Hydropsyche.*
24. Ordn. Lepidoptera (Schmetterlinge). 110000 Arten. Larven ursprüngl. (beißende Mundwerkzeuge), Imagines hochspezialisiert (Saugrüssel).
U. Ordn. Zeugloptera. Ursprüngl. Gruppe (Mundwerkzeuge kauend). **Micropteryx.*
U. Ordn. Glossata. Mit Saugrüssel. Nur ein Teil der Fam. kann genannt werden: **Tineidae* (*Motten;* Larven z. T. Schädlinge); **Tortricidae* (*Wickler;* Schädlinge in Land- und Forstwirtschaft); **Geometridae (Spanner); *Arctiidae (Bären); *Noctuidae (Eulen); *Sphingidae* (*Schwärmer;* G 2).
Als **Rhopalocera (Tagfalter)** werden zusammengefaßt: **Papilionidae (Schwalbenschwänze); *Pieridae (Weißlinge); *Nymphalidae* (*Fleckfalter;* G 1); **Lycaenidae (Bläulinge).*
25. Ordn. Mecoptera, Panorpatae (Schnabelfliegen). 350 Arten; heterogene, stark abgeleitete Gruppe. **Panorpa (Skorpionsfliege), *Bittacus (Mückenhaft). *Boreus (Schneefloh).*
26. Ordn. Diptera (Zweiflügler). 80000 Arten. 2. Flügelpaar zu Schwingkölbchen (Halteren) reduziert; Larven fußlos (Maden).
U. Ordn. Nematocera (Mücken). Fühler fadenförmig (H 1). Einige der Fam.: **Cecidomyiidae (Gallmücken), *Tipulidae (Schnaken), *Culicidae (Stechmücken), *Chironomidae (Zuckmücken).*
U. Ordn. Brachycera (Fliegen). Fühlergeißel reduz. (H 2). Einige der zahlr. Fam.: **Tabanidae (Bremsen), *Syrphidae (Schwebfliegen), *Muscidae (Echte Fliegen), *Oestridae (Dasselfliegen).*
27. Ordn. Siphonaptera, Aphaniptera (Flöhe). 1600 Arten. Abgeleitete Gruppe (nur flügellose Parasiten). Stechend-saugende Mundwerkzeuge; freilebende Larve dipteren-ähnl. **Pulex.*
28. Ordn. Strepsiptera (Fächerflügler). 400 Arten. Systemat. Stellung unklar. **Stylops.*

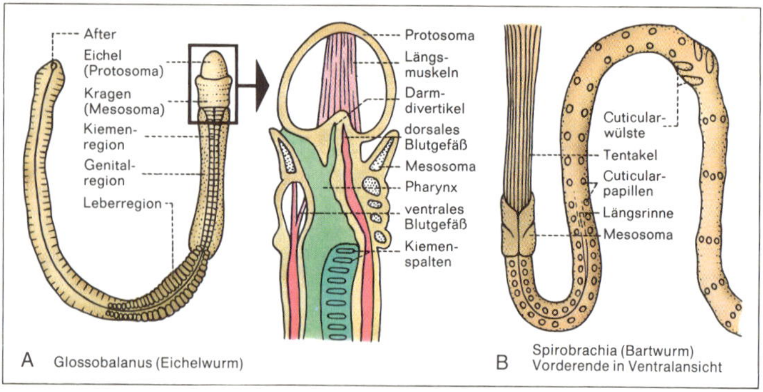

Hemichordata und Pogonophora

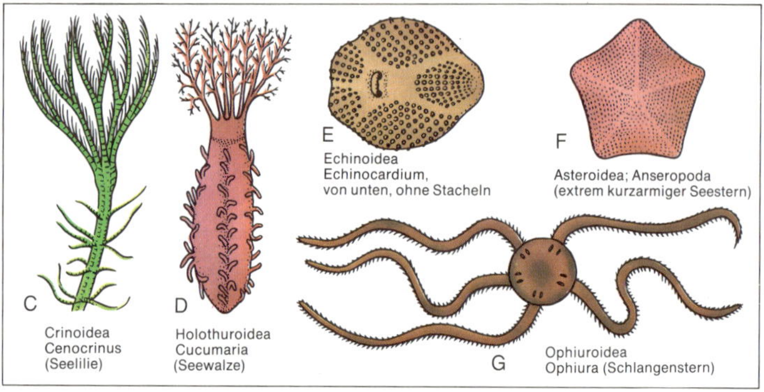

Echinodermata

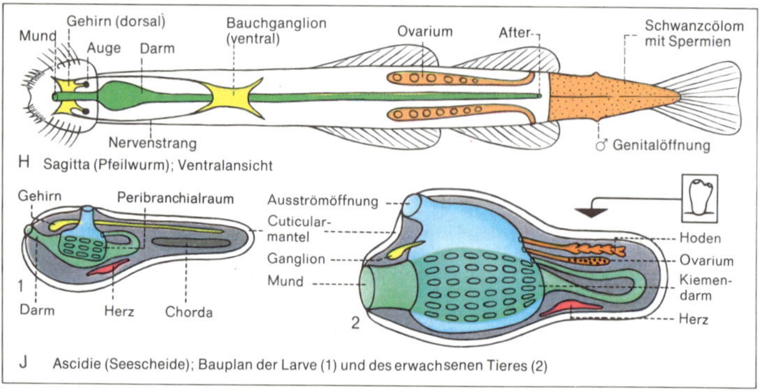

Chaetognatha und Chordata

2. Stammreihe der Bilateria: Deuterostomia, Notoneuralia (vgl. S. 565).

16. Stamm: Chaetognatha (Pfeilwürmer, Borstenkiefer). Ca. 60 marine Arten, bis 8 cm lang. 3 Körperabschnitte (H); Cölom während der Embryonalentw. ebenf. dreiteilig. Nephridialorgane und Blutgefäßsyst. fehlen, NS rel. hoch entwickelt. Schwimmlarve sehr ähnl. dem erwachsenen Tier, Umwandlung nach 2–3 Tagen. Stellung im System sehr isoliert; Deuterostomie angedeutet, andere Merkmale (Typ des NS) weisen aber zu den *Protostomia. Sagitta, *Parasagitta, Spadella.*

17. Stamm: Pogonophora, Brachiata (Bartwürmer). Artenarme marine Gruppe; in Röhren; wurmförm., sehr dünn (bei 0,8 mm ∅ 38 cm lang); mund- und darmlos. Hinterer Körperabschn. (Opisthosoma) segmentiert mit anneliden-ähnl. Organisation; der übrige Körper trimer: Prosoma (Cölom unpaar; mit zahlr. Tentakeln); Meso- und Metasoma (Cölom jeweils paarig). Zuordnung zu *Deuterostomia* umstritten. *Polybrachia, Lamellisabella, Spirobrachia* (B).

18. Stamm: Hemichordata, Branchiotremata (Kragentiere). Körper trimer: Prosoma (Cölom unpaar), Meso- u. Metasoma (Cölom paarig). Beziehungen zu *Tentaculata* (S. 565), *Echinodermata* (Cölom, Larve), *Chordata* (Kiemendarm, dorsales Neuralrohr). Typ. *»Archicoelomata«* (S. 547).

1. Kl. Pterobranchia (Flügelkiemer). 20 Arten, bis 1,4 cm, meist aber nur 1 mm lang. Oft stockbildend, Einzeltiere frei oder verbunden. Zweiter Körperabschnitt mit tentakeltragenden Armpaaren. Darm U-förm. (vgl. *Bryozoa,* S. 564f.). *Cephalodiscus, Rhabdopleura.*

2. Kl. Enteropneusta (Eichelwürmer). Marin, 5–200 cm lang, wurmförm., Darm gerade (A). Im Boden, z. T. in Wohnröhren; Larve echinodermen-ähnl. *Balanoglossus, *Saccoglossus.*

19. Stamm: Echinodermata (Stachelhäuter). Rein marin. Das embryonal dreiteilige Cölom zeigt die Verwandtschaft zu den vorhergehenden Stämmen. Baupläne S. 136f.; Embryonalentw. S. 192ff.

1. Kl. Crinoidea (Seelilien, Haarsterne). 620 Arten; Kalkskelett; Mundseite, an der auch der After liegt, nach oben gekehrt (C). An der Oberseite der gegabelten, oft verzweigten Arme Flimmerrinnen zur Ernährung. Mehrere Ordn., teilw. dauernd sessil *(Metacrinus; Cenocrinus; Rhizocrinus; Holopus);* teilw. nur in der Jugend *(Heterometra, *Hathrometra).*

2. Kl. Asteroidea (Seesterne). 1500 Arten; 5–50 meist unverzweigte Arme, die allmählich in die Scheibe übergehen (F). Skelett oft reduz.; Fortbewegung nur mit den Füßchen. Räuberisch (Schlinger oder Außenverdauung mit vorstülpbarem Magen). Bauplan S. 136f. Mehrere Ordn. aufgrund von Skelettunterschieden. **Asterias, Anseropoda, *Solaster (Sonnenstern).*

3. Kl. Ophiuroidea (Schlangensterne). Bis 70 cm Armlänge. Arme scharf von der Scheibe abgesetzt (G). After fehlt; Kalkskelett aus bewegl. Platten; Füßchen ohne Saugscheibe, Fortbewegung durch die Arme. Ernährung unterschiedl. (z. B. Räuber, Weidegänger).

1. Ordn. Ophiurae. 2000 Arten; Arme unverzweigt. **Ophiura.*

2. Ordn. Euryalae. Arme verzweigt (z. B. *Gorgonocephalidae, Medusenhäupter*).

4. Kl. Echinoidea (Seeigel). 860 Arten; kugelig, auch flach und herzförm., mit Kalkskelett. Bewegl. Stacheln; manche Arten sogar in Gestein grabend. Fortbewegung auf Füßchen, bei langstachl. Arten nur auf den Stacheln. Einteilung vermutlich künstlich.

1. U. Kl. Regularia. 440 Arten, in mehreren Ordn.; radiäre Symmetrie; runder bis ovaler Umriß, mit Zähnen und Kiefern; Weidegänger. *Echinus, *Psammechinus.*

2. U. Kl. Irregularia. 400 Arten in mehreren Ordn. Radiärsymm. von Bilateralsymm. überlagert (E); ohne Kieferapparat; Partikelfresser. **Echinocardium (Herzigel).*

5. Kl. Holothuroidea (Seewalzen, -gurken). 1100 Arten in mehreren Ordn.; wurmförm., in der Hauptachse gestreckt. Oft unterseits abgeplattet, 3 Radien dem Boden aufliegend. Kalkskelett reduz., Unterhaut lederartig. Tentakelkranz (umgewandelte Füßchen) zur Ernährung (D). **Rhabdomolgus* (Zwergform im Lückensystem; Helgoland), **Leptosynapta.*

20. Stamm: Chordata (Chordatiere). Deuterostomier mit dorsalem Stützorgan (Chorda; wenigstens embryonal angelegt), röhrenförm. NS und wenigstens embryonal mit paarigen Kiemenspalten am Vorderdarm. Geschlossenes Blutgefäßsyst. mit ventralem Herzen. Nephridien als Exkretionsorgane. Stellung im System isoliert; genaue Herkunft noch stark diskutiert.

1. U. St. Tunicata (Manteltiere). Meist sessil; Chordatennatur durch die Larve belegt (J).

1. Kl. Ascidiae, Ascidiaceae (Seescheiden). 2000 Arten, marin; meist sessil, einzeln oder in Kolonien; 1 mm bis 30 cm lang. Mehrere Ordn. in 3 U. Kl. *Phallusia, *Ascidiella.*

2. Kl. Thaliaceae (Salpen und Feuerwalzen). 40 Arten, marin, schwebend. GW zw. ungeschlechtl. und zwittriger Generation. Nähere Verwandtsch. der 3 Ordn. unsicher.

1. Ordn. Pyrosomida (Feuerwalzen). Kolonien in Form eines offenen Kegels, bis mehrere m lang. Leuchtvermögen. *Pyrosoma.*

2. Ordn. Cyclomyaria, Doliolida. Kleine Formen, < 1 cm lang; GW von 3 Generationen. *Doliolum, Doliopsis.*

3. Ordn. Desmomyaria, Salpida (Salpen). Entw. ohne freischwimmende Larve. *Salpa.*

2. U. St. Copelata, Appendicularia, Larvacea. Kleine, marine, schwebende Arten; Bauplan mit larvalen Zügen (vgl. *Ascidien*-Larve); in Rumpf und Ruderschwanz gegliedert; Darm U-förm., After ventral. Mantel (gallertiges Gehäuse) bildet umfangreichen Filtrierapparat. **Oikopleura.*

3. U. St. Acrania, Leptocardii, Cephalochordata (Schädellose). 30 marine Arten, bis 7 cm lang. Phylogenet. wichtig als Modell für Grundbaupläne der *Tunicata* und *Vertebrata.* Reduktionen (Gehirn) und Sonderbildungen (Peribranchialraum) zeigen aber frühe Trennung von den anderen Entw.-linien. Bauplan S. 138f. **Branchiostoma (Lanzettfischchen), Amphioxus.*

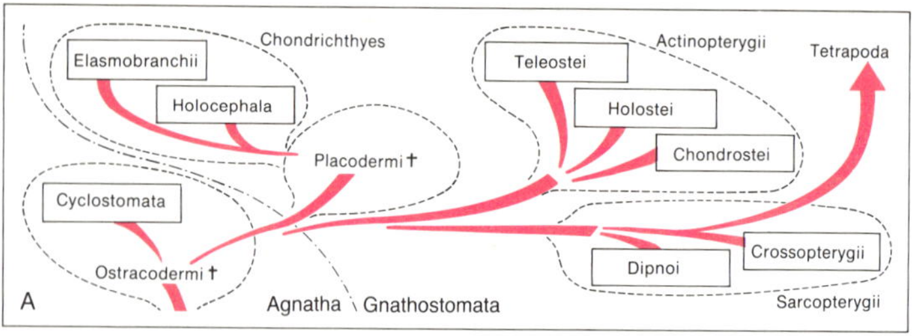

Verwandtschaftliche Beziehungen der Gruppen der Fische

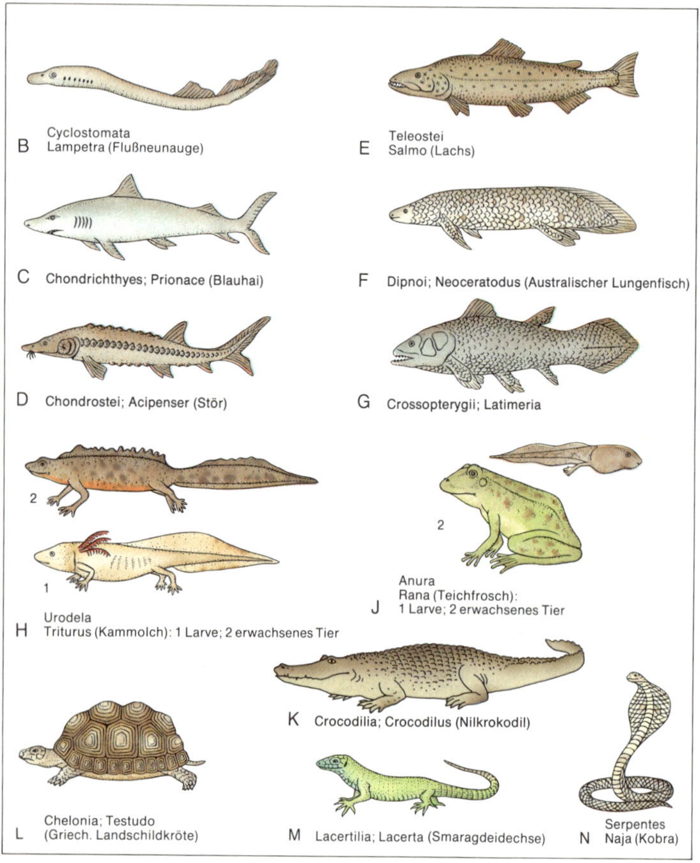

Pisces (B–G), Amphibia (H, J) und Reptilia (K–N)

4. U. St. Vertebrata, Craniota (Wirbeltiere). 54000 Arten. Chorda selten erhalten, meist zur knöchernen Wirbelsäule weiterentwickelt (Bauplan S. 102ff.; 138ff.).

1. Ü. Kl. Agnatha (Kieferlose). Kiefer fehlen. Fossil Kl. *Ostracodermi* (S. 521). Rezent nur:

1. Kl. Cyclostomata (Rundmäuler). Sek. vereinfachte Formen (ohne Knochen, Schuppen, paarige Extremitäten). Bleibende Chorda, 5–15 getrennt mündende Kiemenspalten; Nase unpaar; Larve (Ammocoetes) ohne Saugmund. Räuber oder Parasiten.

1. Ordn. Petromyzonta (Neunaugen). Nasengang geschl. **Lampetra* (*Neunauge;* B).

2. Ordn. Myxinoidea (Inger). Marin. Nasengang mündet in den Vorderdarm. *Myxine.*

2. Ü. Kl. Gnathostomata (Kiefermünder). Kieferbildung S. 140f.

1. Kl. Chondrichthyes (Knorpelfische). 600 Arten. Knorpelskelett. 5–7 Paar getrennte Kiemenspalten. Innere Befruchtung. Asymmetr. (heterocerke) Schwanzflosse.

1. Ordn. Elasmobranchii (Haie und Rochen). U. Ordn. Pleurotremata (Haie): meist gute Schwimmer (C). **Squalus (Dornhai),* **Scyllorhinus (Katzenhai).* U. Ordn. Hypotremata, Batoidea (Rochen): meist bodenlebend. **Raja (Nagelrochen).*

2. Ordn. Holocephala (Chimären). Artenarm; Konvergenzen zu *Osteichthyes. Chimaera.*

2. Kl. Osteichthyes (Knochenfische). Schädel oder ganzes Skelett verknöchert. Kiemendeckel. Oft mit Schwimmblase. Meist äußere Befruchtung.

1. U. Kl. Actinopterygii, Actinopteri (Strahlenflosser). > 99% der heutigen Fischarten. Flossen häutig, von Flossenstrahlen gestützt, mit rückgebildetem Innenskelett.

1. Ü. Ordn. Chondrostei (Knorpelganoidfische). Rhombische Schuppen mit dicker Ganoinschicht. Heterocerke Schwanzflosse. Rezent nur noch zwei Restgruppen; fossil formenreich.

1. Ordn. Polypterini (Flösselhechte). Nur 10 Arten (Afrika); 2 lungenart. Schwimmblasen. *Polypterus (Flösselhecht).*

2. Ordn. Acipenserini (Störe und Löffelstöre). Acipenseridae (Störe): Maul unterständig, rüsselartig. **Acipenser* (*Stör;* D). Polyodontidae (Löffelstöre): weites Maul, Kiemenreusen. *Polyodon.*

2. Ü. Ordn. Holostei (Knochenganoidschupper). Wirbelsäule, Chorda völlig verdrängt.

1. Ordn. Lepisosteidae (Knochenhechte). Artenarm; Süßwasser. *Lepisosteus.*

2. Ordn. Amiidae (Schlammfische). Rezent nur eine Art: *Amia (Schlammfisch).*

3. Ü. Ordn. Teleostei (Knochenfische i. e. S.). 30000 Arten. Formenreich in allen Biotopen des Meeres und des Süßwassers. Von den zahlr. Ordn. können nur wenige genannt werden:

Ordn. Clupeiformes, Isospondyli. U. a. Fam. **Clupeidae (Heringe),* **Salmonidae* (*Lachsfische;* E), **Esocidae (Hechte).*

Ordn. Cypriniformes, Ostariophysi. U. a. Fam. *Characidae (Salmler),* **Cyprinidae (Karpfen-* oder *Weißfische),* **Cobitidae (Schmerlen),* **Siluridae (Welse).*

Ordn. Apodes (Aalförmige). Fam. **Anguillidae (Aale),* **Muraenidae (Muränen).*

Ordn. Gadiformes, Anacanthini. U. a. Fam. **Gadidae* (*Dorsch, Kabeljau, Seelachs; Quappe,* einzige Süßwasserart).

Ordn. Percomorphi. U. a. Fam. **Percidae (Barsche), Cichlidae (Buntbarsche).*

Ordn. Heterosomata (Plattfische). Asymmetr. Formen. **Pleuronectes (Scholle).*

2. U. Kl. Choanichthyes, Sarcopterygii (Fleischflosser). Nasenhöhle zum Mund offen.

1. Ordn. Dipnoi (Lungenfische; F). Schwimmblasen lungenartig. *Protopterus.*

2. Ordn. Crossopterygii (Quastenflosser). Paarige Flossen beinartig. Ahnen der Tetrapoda (S. 520 A). Einzige rezente Art: *Latimeria* (G).

3. Kl. Amphibia (Lurche). 2800 Arten. Larven im Wasser, erwachsene Tiere landlebend. 4 Extremitäten (S. 140). Nase mit Mundhöhle verbunden (Choanen). Haut nackt, drüsenreich.

1. Ordn. Urodela, Caudata (Schwanzlurche). Langer Schwanz, kurze Gliedmaßen (H). 8 Fam., darunter **Salamandroidea (Salamander* und *Molche,* mit *Grottenolm); Amblystomoidae (Axolotl).*

2. Ordn. Gymnophiona, Apoda (Blindwühlen). Unterird. Räuber. *Gymnopis.*

3. Ordn. Anura, Salientia, Ecaudata (Froschlurche). > 2000 Arten. Schwanzlos, lange Hinterbeine (J). Larve zunächst beinlos. U. Ordn. u. a.: *Aglossa (Xenopus, Krallenfrosch);* **Opisthoglossa (Unken); Diplasiocoela* (mit **Ranidae, »Echte Frösche«*); *Procoela* (mit **Bufonidae, Kröten*).

4. Kl. Reptilia (Kriechtiere). 5900 Arten. Haut mit Hornschilden und -schuppen.

1. Ordn. Rhynchocephalia (Brückenechsen). Einzige Art: *Sphenodon* (mit ursprüngl. Merkmalen).

2. Ordn. Squamata (Schuppenechsen). 5700 Arten. Bewegl. Quadratum. U. Ordn. Lacertilia (Echsen; M): zahlr. Fam. **Zaun-,* **Mauereidechse,* **Blindschleiche* (beinlos); *Chamäleon.* U. Ordn. Serpentes, Ophidia (Schlangen; N): ohne Gliedmaßen, Körper gestreckt, Kieferknochen sehr bewegl. (Schlinger). **Ringelnatter,* **Kreuzotter.*

3. Ordn. Chelonia, Testudines (Schildkröten). Körper in hornüberzogener Skelettkapsel (L); Kiefer mit Hornschneiden. U. Ordn. Pleurodira (Halswender): Hals horizontal gekrümmt rückziehbar; *Chelus, Chelodina.* U. Ordn. Cryptodira (Halsberger): Hals senkr. gekrümmt rückziehbar. Zahlr. Fam. **Sumpfschildkröte, Griech. Landschildkröte.*

4. Ordn. Crocodilia (Krokodile). Große Arten; Körper mit Knochenplatten gepanzert (K). Fam. Crocodylidae (*Leistenkrokodil,* bis 8,5 m lang). Alligatoridae *(Alligator)* und Gavialidae *(Gangesgavial)* sind als eigene Fam. umstritten.

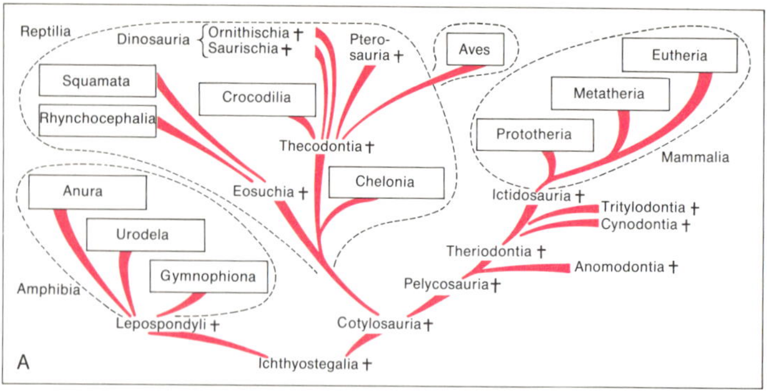

Verwandtschaftliche Beziehungen der Gruppen der Tetrapoda

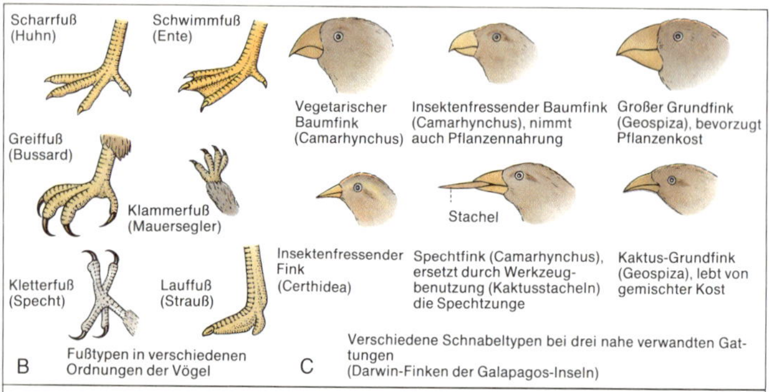

Aves (B, C) und Mammalia (D; konvergente Typen bei Beutel- und Placentatieren)

5. Kl. Aves (Vögel). 8600 Arten. Federkleid; Vorderextremitäten zu Flügeln umgewandelt. Flugfähige Arten mit Brustbeinkamm (Carina). Hornschnabel. Konstante Körpertemperatur (wie Säuger). Eierlegend, mit Brutpflege. Trotz relat. geringer Artenzahl (vgl. Insekten, S. 575) zahlr. Typen in allen Biotopen (B, C). Ein natürl. System fehlt noch; die zahlr. Ordn. werden hier nur z. T. aufgeführt.

Ordn. Sphenisciformes (Pinguine). Flugunfähig; Flügel zu Flossen umgewandelt.

Ordn. Struthioniformes (Strauße). Flugunfähig; Laufbeine. *Afrikanischer Strauß.*

Ordn. Podicipediformes (Lappentaucher). Zehen mit seitl. Lappen. **Haubentaucher.*

Ordn. Procellariiformes (Röhrennasen). *Albatrosse, Sturmvögel, Sturmschwalben.*

Ordn. Pelecaniformes (Ruderfüßer). *Pelikane, Tölpel, *Kormorane, Schlangenhalsvögel.*

Ordn. Ciconiiformes (Schreitvögel). Meist an Sumpf und Flachwasser angepaßt. **Reiher, *Störche, *Löffler, Ibisse.*

Ordn. Anseriformes (Entenvögel). Lamellenschnabel. **Enten, *Schwäne, *Gänse.*

Ordn. Falconiformes (Greife). Gutes Flug- und Sehvermögen; Hakenschnabel, Greiffuß (B). **Falken, *Adler, Geier.*

Ordn. Galliformes (Hühnervögel). Gutes Laufvermögen, geringe Flugneigung. **Hühner, *Fasanen, Truthühner, *Rauhfußhühner.*

Ordn. Gruiformes (Kranichverwandte). Heterogen. **Kraniche, *Rallen, *Trappen.*

Ordn. Charadriiformes (Larolimicolae). Formenreiche Gruppe mit zahlr. Fam.; darunter: **Austernfischer, *Regenpfeifer, *Schnepfen, *Möwen, *Seeschwalben, *Alken.*

Ordn. Columbiformes (Taubenvögel). *Flughühner, *Tauben* (sehr artenreich).

Ordn. Psittaciformes (Papageien). Artenreich, überw. tropisch. *Loris, Sittiche, Aras.*

Ordn. Cuculiformes (Kuckucksvögel). *Turakos, *Kuckucke* (Brutparasiten unterschiedlichen Ausmaßes).

Ordn. Strigiformes (Eulen). Sonderanpassungen an die Nachtjagd. **Uhu, *Schleiereule.*

Ordn. Apodiformes (Seglerartige). Gute Flieger; Beine reduziert. **Segler, Kolibris.*

Ordn. Piciformes (Spechte). Meist dem Leben an Baumstämmen angepaßt (Fuß, Schnabel, Zunge). **Spechte, Tukane, Honiganzeiger.*

Ordn. Passeriformes (Sperlingsvögel). 5100 Arten; mehr als alle anderen Ordn. zus. Viele Fam. vertreten rel. einheitl. Typ: **Meisen, *Drosseln, *Finken, *Grasmücken.* Daneben Sonderanpassungen: **Baumläufer* (Specht-ähnl.), **Schwalben* (Segler-ähnl.); bes. auffällig bei den *Darwinfinken* (C).

6. Kl. Mammalia (Säuger). 6000 Arten. Haarkleid; Milchdrüsen. Bauplan S. 102ff., S. 138ff.

1. U. Kl. Monotremata (Kloakentiere). Auch als **Prototheria** anderen Säugern **(Theria)** gegenübergestellt. Eierlegend; Temperaturregul. noch unvollst. *Schnabeltier, Ameisenigel.*

2. U. Kl. Marsupialia, Metatheria, Didelphia (Beuteltiere). Meist ohne Placenta; Junge werden in einem Beutel getragen und gesäugt. Sie zeigen in mehreren Ordn. ähnl. spezialisierte Typen wie die *Eutheria* (D), denen sie in direkter Konkurrenz aber im allg. unterlegen sind.

3. U. Kl. Eutheria, Placentalia (Placentatiere). Mit Placenta; Junge werden in weiterentw. Zustand geboren. Die rezenten Ordn. werden im folgenden aufgeführt:

1.–3. Ordn. Zalambdodonta; Insectivora (Insektenfresser i.e.S.); Macroselidae (Rüsselspringer). Mit ursprüngl. Merkmalen; oft mit den beiden nächsten Ordn. zu Insektenfressern i.w.S. zusammengefaßt. **Igel, *Maulwürfe, *Spitzmäuse.*

4. Ordn. Scandentia (Spitzhörnchen). Enge Bez. zu *Primaten;* oft zu diesen gestellt.

5. Ordn. Chiroptera (Fledermäuse). Ursprüngl. Merkmale, bis auf die stark abgeleitete Vorderextremität. Mit den U. Ordn. **Fledermäuse i. e. S.; Flughunde.*

6. Ordn. Dermoptera (Pelzflatterer). Wenige Arten in SO-Asien. *Cynocephalus.*

7. Ordn. Xenarthra (Zahnarme). Mit U. Ordn. *Gürteltiere, Faultiere, Ameisenbären.*

8. Ordn. Pholidota (Schuppentiere). Wie die vorige Ordn. altertümlich, aber stark spezialisiert. Wenige Arten (Afrika, Asien).

9. Ordn. Rodentia (Nagetiere). 1700 Arten; größte Ordn. mit zahlr. U. Ordn.; meist kleine Formen, alle mit typ. Gebißspezialisierung.

10. Ordn. Carnivora (Raubtiere). U. Ordn. *Landraubtiere* und *Flossenfüßer (Robben).*

11. Ordn. Lagomorpha (Hasen). Lange Eigenentw.; zu *Rodentia* nur Konvergenzen.

12. Ordn. Tubulidentata (Erdferkel). Altertüml., stark spezialis. Huftierverwandte. Heute nur 1 Art in Afrika. *Orycteropus.*

13. Ordn. Perissodactyla (Unpaarhufer). U. Ordn. *Tapire, Nashörner, *Pferde.*

14.–16. Ordn. Sirenia (Seekühe); Proboscidae (Rüsseltiere, Elefanten); Hyracoidea (Schliefer). Trotz starker Unterschiede aufgrund langer Eigenentwickl. oft als *Subungulata* zusammengefaßt.

17. Ordn. Artiodactyla (Paarhufer).

18. Ordn. Cetacea (Wale). Hochspezialis. Formen. Bez. zu ursprüngl. Paarhufern belegt (serolog., karyolog., anatom.). Mit den U. Ordn. *Zahnwale, Bartenwale.*

19. Ordn. Primates (Herrentiere). Zahlr. ursprüngl. Merkmale; enge Beziehungen zu *Insektenfressern und Spitzhörnchen.*

- **1. U. Ordn. Lemuriformes:** Verbreitungszentrum Madagaskar. *Lemuren, Indris, Fingertier.*
- **2. U. Ordn. Lorisiformes:** Afrika, S-Asien; *Loris, Pottos, Galagos.*
- **3. U. Ordn. Tarsiiformes:** SO-Asien; *Koboldmakis* (nur drei Arten).

Die ersten drei U. Ordn. werden oft zu den *Prosimiae (»Halbaffen«)* zusammengefaßt.

- **4. U. Ordn. Simia, Anthropoidea (Affen).** Artenreiche und stark diff. Gruppe.

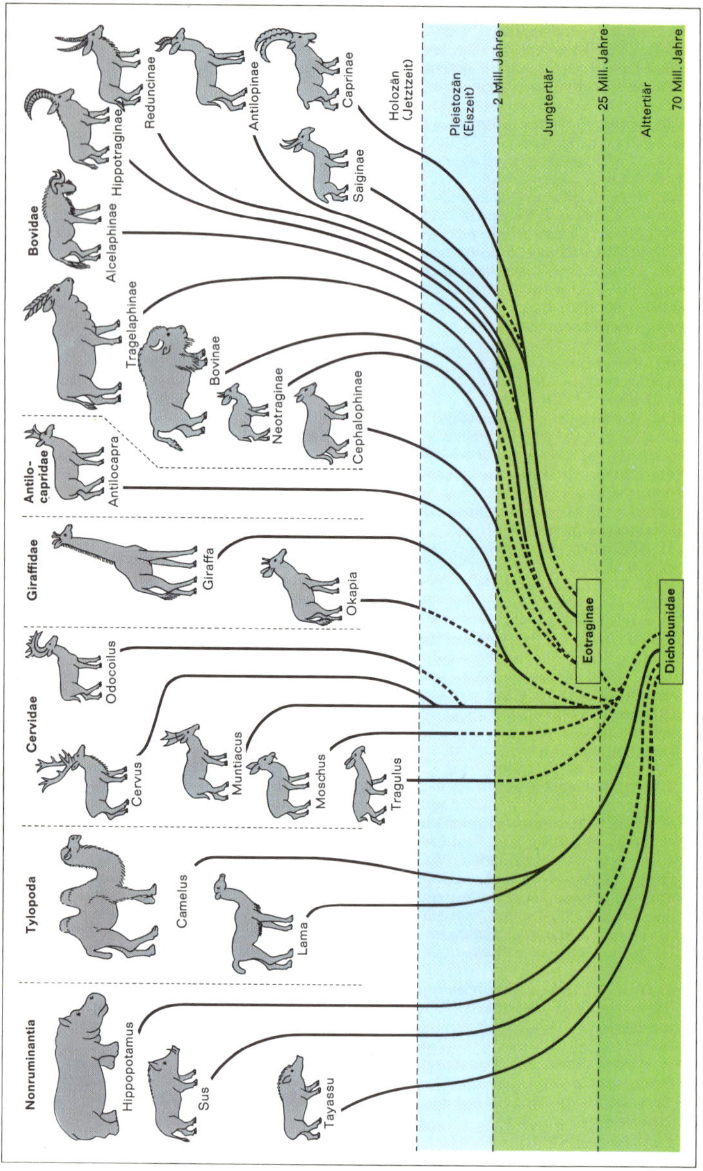

Stammesgeschichtliche Grundlage des Systems der Artiodactyla (Paarzeher)

Das natürl. System ist selbst bei rel. kleinen Gruppen gut untersuchter Großtiere schwer zu klären, so bei den *Paarzehern,* deren Eigenentwicklung seit dem Frühtertiär verfolgbar ist und die noch heute formenreich sind. Auch ihre moderne Systematik ist umstritten: unterschiedl. ist die systemat. Wertigkeit von Gruppen (viele alte Gattungen gelten heute als Untergattungen) und die Bewertung von Verwandtschaftsgraden. Alle Auffassungen stimmen aber überein in der Aufspaltung der ursprüngl. als geschlossene Gruppe geltenden »Antilopen«.

Ordn. Artiodactyla (Paarzeher). Fußskelett mit 2 oder 4 Zehen; Vordergebiß oft reduziert; Hautdrüsen mit sozialer Funktion; Eckzähne, Geweihe oder Hörner als vorwiegend intraspezifisch eingesetzte Waffen (S. 430f.)

1. U. Ordn. Nonruminantia (Nichtwiederkäuer). 4 Zehen; Gebiß rel. vollst.; Magen ungeteilt.

1. Ü. Fam. Suoidea (Schweineartige).

1. Fam. Suidae (Altweltl. Schweine). Mehrere Gattungen, u. a. **Sus (Wildschwein).*

2. Fam. Tayassuidae (Pekaris). Neuweltlich; eine Gattung mit zwei Arten: *Tayassu*

2. Ü. Fam. Anthracotherioidea (Flußpferdartige). Eine **Fam. (Hippopotamidae)** mit zwei Gattungen: *Choreopsis (Zwergflußpferde)* und *Hippopotamus (Großflußpferde).*

2. U. Ordn. Tylopoda (Schwielensohler). Paßgänger; Wiederkäuer mit vierteiligem Magen. Nur eine **Fam. Camelidae (Kamele)** mit 2 Gattungen: *Camelus* (*Großkamele;* Afrika, Asien); *Lama* (*Kleinkamele;* Südamerika).

3. U. Ordn. Ruminantia (Wiederkäuer). Vierteil. Magen mit Schlundrinne (abweichend von *Tylopoda*).

1. Teilordn. Tragulinae (Zwerghirsche). Nur 1 **Fam. Tragulidae (Hirschferkel)** mit 2 Gattungen: *Hyemoschus (Hirschferkel), Tragulus (Kantschile).* Geweihlos; hauerart. ob. Eckzähne.

2. Teilordn. Pecora (Stirnwaffenträger).

1. Fam. Cervidae (Hirsche). Meist mit jährl. erneuertem knöchernem Geweih.

1. U. Fam.: *Moschinae (Moschushirsche).* Nur Gattung *Moschus (Moschustiere).* Geweihlos, hauerart. Eckzähne.

2. U. Fam.: *Muntiacinae (Muntjakhirsche).* Zwei Gattungen: *Muntiacus (Muntjaks)* und *Elaphodus (Schopfmuntjaks);* Geweih und hauerart. Eckzähne.

3. U. Fam.: *Cervinae (Echthirsche).* Die Gattungen **Dama (Damhirsche), Axis (Fleckenhirsche), *Cervus (Edelhirsche), Elaphurus* (*Davidshirsche;* nur eine Art, in Freiheit ausgestorben).

4. U. Fam.: *Hydropotinae (Wasserhirsche).* Nur die Gattung *Hydropotes (Wasserreh)* mit einer Art. Geweihlos, hauerart. Eckzähne.

5. U. Fam.: *Odocoileinae (Trughirsche).* Die Gattungsgruppen *Capreolini (Rehe;* einzige Gattung **Capreolus)* und *Odocoileini (Amerikahirsche;* Gattungen *Odocoilus, Hippocamelus, Mazama, Pudu).*

6. U. Fam.: *Alcinae (Elchhirsche).* Einzige Gattung *Alces (Elche).*

7. U. Fam.: *Rangiferinae (Renhirsche).* Einzige Gattung *Rangifer (Rentiere);* beide Geschlechter mit Geweihen.

2. Fam. Giraffidae (Giraffen). Stirnwaffen sind fellüberzogene Knochenzapfen.

1. U. Fam.: *Okapiinae (Waldgiraffen).* Einzige Gattung *Okapia (Okapi).*

2. U. Fam.: *Giraffinae (Steppengiraffen).* Einzige Gattung *Giraffa (Giraffe).*

3. Fam. Antilocapridae (Gabelhorntiere). Hornscheiden der Hörner werden jährl. erneuert. Einzige Gattung *Antilocapra* mit einer Art (*Gabelbock;* N-Amerika).

4. Fam. Bovidae (Hornträger). Hörner mit bleibender Hornscheide.

1. U. Fam.: *Cephalophinae (Ducker).* Die Gattungen *Sylvicapra (Buschducker)* und *Cephalophus (Schopfducker).*

2. U. Fam.: *Neotraginae (Böckchen).* Die Tribus *Neotragini (Böckchen i. e. S.), Madoquini (Windspielantilopen), Dorcatragini (Beira-Antilopen), Oreotragini (Klippspringer), Raphicerini (Steinböckchen).*

3. U. Fam.: *Tragelaphinae (Waldböcke).* Die Tribus *Tragelaphini (Drehhörner), Boselaphini (Nilgauantilopen), Tetracerini (Vierhornantilopen).*

4. U. Fam.: *Bovinae (Rinder).* Die Gattungen *Bubalus (Asiat. Büffel), Syncerus (Afrikan. Büffel), *Bos (Rinder i. e. S.;* darunter das *Hausrind), *Bison (Bison, Wisent).*

5. U. Fam.: *Alcelaphinae (Kuhantilopen).* Die Tribus *Alcelaphini (Kuhantilopen i. e. S.), Connochaetini (Gnus).*

6. U. Fam.: *Hippotraginae (Pferdeböcke).* Die Tribus *Hippotragini (Pferdeböcke i. e. S.), Orygini (Spießböcke).*

7. U. Fam.: *Reduncinae (Riedböcke).* Die Tribus *Reduncini (Wasserböcke), Peleini* (*Rehantilopen;* nur eine Art).

8. U. Fam.: *Antilopinae (Gazellenartige).* Die Tribus *Gazellini (Gazellen;* u. a. *Grant-, Dorkas-, Thomson-, Tibetgazelle), Antilopini* (*Hirschziegenantilope,* einzige Art), *Litocraniini (Giraffengazellen), Ammodorcatini (Stelzengazellen), Antidorcatini (Springböcke), Aepycerini (Schwarzfersenantilopen).*

9. U. Fam.: *Saiginae (Saigaartige).* Die Gattungen *Pantholops* und *Saiga* (nur je eine Art: *Tschiru* und *Saiga*).

10. U. Fam.: *Caprinae (Ziegenartige).* Die Tribus *Nemorhaedini (Waldziegenantilopen), Budorcatini* (*Rindergemsen;* einzige Art: *Takin*), **Rupicaprini (Gemsenartige), Caprini* (*Böcke;* mit den wichtigen Gattungen **Capra* = Ziegen und *Ovis* =Schafe), *Ovibovini* (*Schafochsen;* einzige Art: *Moschusochse*).

Bibliographie

Allgemeine Biologie/Lehrbücher

Autrum, H./Wolf, W.: Humanbiologie. Springer, Berlin-Heidelberg-New York-Tokyo 1983[2].
Bertalanffy, L. von: Theoretische Biologie. Francke, Bern 1951.
Bogen, H. J.: Knaurs Buch der modernen Biologie. Droemer-Knaur, München-Zürich 1967.
Borriss, H./Libbert, E.: Pflanzenphysiologie. G. Fischer, Stuttgart-New York 1985.
Claus/Grobben/Kühn: Lehrbuch der Zoologie (Reprint). Springer, Berlin-Heidelberg-New York 1971.
Czihak/Langer/Ziegler: Biologie – Ein Lehrbuch. Springer, Berlin-Heidelberg-New York 1984[3].
Ewald, G.: Biologische Fachliteratur – Eine Anleitung zur Erschließung, Erfassung und Nutzung. G. Fischer, Stuttgart-New York 1983[2].
Flindt, G.: Biologie in Zahlen. G. Fischer, Stuttgart-New York 1986[2].
Gadamer, H. G./Vogler, P.: Biologische Anthropologie, Bd. I, II. Deutscher Taschenbuch Verlag, München 1972.
Geissler/Libbert/Nitschmann/Thomas-Petersein: Kleine Enzyklopädie Biologie. Deutsch, Thun-Frankfurt 1979[2].
Hadorn, E./Wehner, R.: Allgemeine Zoologie. Thieme, Stuttgart 1986[21].
Hartmann, M.: Allgemeine Biologie. G. Fischer, Stuttgart-New York 1953[4].
Hesse, R./Doflein, F.: Tierbau und Tierleben, Bd. I, II. B. G. Teubner, Leipzig-Berlin 1910.
Jacob/Jäger/Ohmann: Kompendium der Botanik. G. Fischer, Stuttgart-New York 1987[3].
Keeton, W. T.: Biological Science. Norton, New York 1980[3].
Kleinig, H./Sitte, P.: Zellbiologie. G. Fischer, Stuttgart-New York 1986[2].
Koecke, H. U.: Allgemeine Biologie für Mediziner und Biologen. Schattauer, Stuttgart-New York 1982[3].
Kühn, A.: Grundriß der allgemeinen Zoologie. Thieme, Stuttgart 1967.
Libbert, E.: Allgemeine Biologie. G. Fischer, Stuttgart-New York 1987[5].
Nultsch, W.: Allgemeine Botanik. Kurzes Lehrbuch für Mediziner und Naturwissenschaftler. Thieme, Stuttgart 1986[8].
Ramsay, J. A.: The Experimental Basis of Modern Biology. Cambridge University Press, Cambridge 1966.
Raven, P. H./Evert, R. F./Curtis, H.: Biologie der Pflanzen. de Gruyter, Berlin-New York 1985.
Remane, A./Storch, V./Welsch, U.: Kurzes Lehrbuch der Zoologie, G. Fischer, Stuttgart 1985[5].
Rensing/Hardeland/Runge/Galling: Allgemeine Biologie – Eine Einführung für Biologen und Mediziner. Ulmer, Stuttgart 1984[2].
Schlegel, H. G.: Allgemeine Mikrobiologie. Thieme, Stuttgart-New York 1985[6].
Sengbusch, P. von: Einführung in die allgemeine Biologie. Springer, Berlin-Heidelberg-New York 1985[3].
Siewing, R.: Lehrbuch der Zoologie. Bd. I: Allgemeine Zoologie. G. Fischer, Stuttgart 1980[3].
Starck/Fiedler/Harth/Richter: Biologie – Eine Vorlesungsreihe für Mediziner und Naturwissenschaftler. Chemie, Weinheim 1981.
Strasburger, E., u. a./Denffer, D. v., u. a.: Lehrbuch der Botanik für Hochschulen. G. Fischer, Stuttgart-New York 1983[32].
Troll, W.: Allgemeine Botanik. Enke, Stuttgart (1954[2]) 1973[4].
Ungerer, E.: Die Wissenschaft vom Leben, Bd. III. Alber, Freiburg 1966.
Zankl, H.: Humanbiologie. G. Fischer, Stuttgart-New York 1980.

Geschichte und Wissenschaftstheorie

Arber, A.: Sehen und Denken in der biologischen Forschung. Rowohlt, Hamburg 1960.
Bavink, B.: Ergebnisse und Probleme der Naturwissenschaften. S. Hirzel, Zürich 1954[10].
Bresch, C.: Zwischenstufe Leben. Evolution ohne Ziel? Piper, München 1977.
Bünning, E.: Theoretische Grundfragen der Physiologie. Piscator, Stuttgart 1949[2].
Cremer, T.: Von der Zellenlehre zur Chromosomentheorie – Naturwissenschaftliche Erkenntnis und Theorienwechsel in der frühen Zell- und Vererbungsforschung. Springer, Berlin-Heidelberg-New York-Tokyo 1985.
Diepgen, P.: Geschichte der Medizin, Bd. I, II a/b. de Gruyter, Berlin 1949, 1951, 1955.
Eigen, M./Winkler, R.: Das Spiel – Naturgesetze steuern den Zufall. Piper, München 1985.
Engelhardt, W. von: Was heißt und zu welchem Ende treibt man Naturforschung? Suhrkamp, Frankfurt 1969.
Flechtner, H.-J.: Grundbegriffe der Kybernetik. Wissensch. Verlagsgesellschaft, Stuttgart 1967.
Fuchs-Kittowski, K.: Probleme des Determinismus und der Kybernetik in der molekularen Biologie. VEB G. Fischer, Jena 1969.
Hartmann, M.: Die philosophischen Grundlagen der Naturwissenschaften. G. Fischer, Jena 1948.

Hassenstein, B.: Biologische Kybernetik. Quelle & Meyer, Heidelberg 1965.
Jahn, I./Löther, R./Senglaub, K.: Geschichte der Biologie – Theorien, Methoden, Institutionen und Kurzbiographien. VEB G. Fischer, Jena 1985[2].
Küppers, B. O.: Der Ursprung biologischer Information – Zur Naturphilosophie der Lebensentstehung. Piper, München 1986.
Laskowski, W.: Geisteswissenschaft und Naturwissenschaft. de Gruyter, Berlin-New York 1970.
Lohmann, M.: Wohin führt die Biologie? – Ein interdisziplinäres Kolloquium. Hanser, München 1970.
Lorenz, K.: Methoden der Verhaltensforschung: in: Handbuch der Zoologie, Bd. 8. de Gruyter, Berlin 1957.
Lorenz, K.: Die Rückseite des Spiegels. Versuch einer Naturgeschichte menschlichen Erkennens. Piper, München-Zürich 1983[4].
Lorenz, K./Wuketits, F. M. Die Evolution des Denkens. Piper, München 1983.
Mägdefrau, K.: Geschichte der Botanik. G. Fischer, Stuttgart 1973.
Markl, H.: Evolution, Genetik und menschliches Verhalten – Zur Frage wissenschaftlicher Verantwortung. Piper, München 1986.
Mayr, E.: Die Entwicklung der biologischen Gedankenwelt. Springer, Berlin-Heidelberg-New York-Tokyo 1984.
Mittelstaedt, H.: Die Regelungstheorie als methodisches Werkzeug der Verhaltensanalyse. Die Naturwissenschaften 1961/18.
Mohr, H.: Das Gesetz in der Biologie; in: Freiburger Dies universitatis, Bd. 12. H. F. Schulz, Freiburg i. Br. 1965.
Mohr, H.: Wissenschaft und menschliche Existenz. Rombach, Freiburg 1970.
Mohr, H.: Biologische Erkenntnis. Teubner, Stuttgart 1981.
Mohr, H.: Evolutionäre Erkenntnistheorie; in: Biologie in unserer Zeit 13/1. Chemie, Weinheim 1983.
Prigogine, I.: Vom Sein zum Werden. – Zeit und Komplexität in den Naturwissenschaften. Piper, München-Zürich 1985[4].
Prigogine, I./Stengers, I.: Dialog mit der Natur. – Neue Wege des naturwissenschaftlichen Denkens. Piper, München-Zürich 1986[5].
Riedl, R.: Biologie der Erkenntnis, Parey, Berlin 1981[3].
Riedl, R.: Evolution und Erkenntnis. Piper, München-Zürich 1987[3].
Riedl, R.: Die Spaltung des Weltbildes – Die biologischen Grundlagen des Erklärens und Verstehens. Parey, Berlin-New York 1984.
Riedl, R.: Begriff und Welt – Biologische Grundlagen des Erkennens und Begreifens. Parey, Hamburg-Berlin 1987.
Riedl, R.: Kultur – Spätzündung der Evolution? Piper, München-Zürich 1987.
Riedl, R./Kreuzer, F.: Evolution und Menschenbild. Hoffmann & Campe, Hamburg 1983.
Riedl, R./Wuketits, F. M.: Die evolutionäre Erkenntnistheorie. Parey, Hamburg-Berlin 1987.
Schaefer, G.: Kybernetik und Biologie. Metzler, Stuttgart 1972.
Schellhorn, M.: Probleme der Struktur, Organisation und Evolution biologischer Systeme. VEB G. Fischer, Jena 1969.
Schmucker, T.: Geschichte der Biologie. Vandenhoeck und Ruprecht, Göttingen 1936.
Schneider, H.: Hypothese, Experiment, Theorie – Zum Selbstverständnis der Naturwissenschaft. de Gruyter, Berlin-New York 1978.
Schrödinger, E.: Geist und Materie, Vieweg, Braunschweig 1959.
Seiffert, H.: Einführung in die Wissenschaftstheorie. Beck, München 1983[10].
Sershantow, W. F.: Einführung in die Methodologie der modernen Biologie. VEB G. Fischer, Jena 1978.
Speck, J.: Handbuch wissenschaftstheoretischer Begriffe. Bd. 1–3. Vandenhoeck & Ruprecht, Göttingen 1980.
Straass, G.: Modell und Erkenntnis – Zur erkenntnistheoretischen Bedeutung der Modellmethode in der Biologie. VEB G. Fischer, Jena 1963.
Ströcker, E.: Einführung in die Wissenschaftstheorie. Nymphenburger, München 1973.
Thienemann, A.: Vergleichende Beobachtung und Experiment in der Biologie. Studium Generale 1948/5.
Vollmer, G.: Evolutionäre Erkenntnistheorie. Hirzel, Stuttgart 1987[4].
Vollmer, G.: Was können wir wissen? Bd. 1: Die Natur der Erkenntnis; Bd. 2: Die Erkenntnis der Natur. Hirzel, Stuttgart 1985.
Weizsäcker, C. F. von: Das Experiment. Studium Generale 1947/1.
Weizsäcker, C. F. von: Die Tragweite der Wissenschaft, Bd. I. Hirzel, Stuttgart 1964.
Winkler, U. (Hrsg.): Trends der modernen Biologie in der Bundesrepublik Deutschland. Wissenschaftliche Verlagsgesellschaft 1986.
Wuketits, F. M.: Wissenschaftstheoretische Probleme der modernen Biologie. Duncker & Humblot, Berlin 1978.

Wuketits, F. M.: Biologie und Kausalität – Biologische Ansätze zur Kausalität, Determination und Freiheit. Parey, Berlin-Hamburg 1981.
Wuketits, F. M.: Biologische Erkenntnis: Grundlagen und Probleme. G. Fischer, Stuttgart 1983.
Wuketits, F./Lorenz, K.: Die Evolution des Denkens. Piper, München 1982.

Biochemie und Molekularbiologie

Alberts, B./Bray, D./Lewis, J./Raff, M./Roberts, K./Watson, J. D.: Molekularbiologie der Zelle. Chemie, Weinheim 1986.
Baldwin, E.: Das Wesen der Biochemie. Thieme, Stuttgart-New York 1982[5].
Bielka, H. (Hrsg.): Molekularbiologie. G. Fischer, Stuttgart-New York 1985.
Buddecke, E.: Grundriß der Biochemie. de Gruyter, Berlin-New York 1985[7].
Grunicke, H.: Regulatorische Proteine des Chromatins höherer Zellen. Verhandlungen der Gesellschaft deutscher Naturforscher und Ärzte. Springer, Berlin-Heidelberg-New York 1979.
Howard-Flanders, P.: Notreparatur der DNA. Spektrum der Wissenschaft 1/82.
Jungermann, K./Möhler, H.: Biochemie. Springer, Berlin-Heidelberg-New York 1984.
Karlson, P.: Kurzes Lehrbuch der Biochemie für Mediziner und Naturwissenschaftler. Thieme, Stuttgart 1984[12].
Karlson, P.: Pathobiochemie. Thieme, Stuttgart-New York 1982[2].
Kiefer, H./Koelzer, W.: Strahlen und Strahlenschutz – Vom verantwortungsbewußten Umgang mit dem Unsichtbaren. Springer, Berlin-Heidelberg-New York-London-Paris-Tokyo 1986.
Kindl, H./Wöber, G.: Biochemie der Pflanzen. Springer, Berlin-Heidelberg-New York 1987[2].
Klämbt, D./Heitmann, I.: Grundriß der Molekularbiologie. G. Fischer, Stuttgart-New York 1979.
Kleber, H. P./Schlee, D.: Biochemie. Teil 1: Allgemeine und funktionelle Biochemie. G. Fischer, Stuttgart-New York 1987.
Klotz: Energetik biochemischer Reaktionen. Thieme, Stuttgart-New York 1971[2].
Lehninger, A. L.: Biochemie. Chemie, Weinheim 1979[2].
Lehninger, A. L.: Prinzipien der Biochemie. de Gruyter, Berlin-New York 1987.
Müller, O.: Grundlagen der Biochemie. Thieme, Stuttgart-New York 1977 (Bd. I), 1978 (Bd. II), 1982 (Bd. III).
Sandermann, H.: Membranbiochemie – Eine Einführung. Springer, Berlin-Heidelberg-New York-Tokyo 1983.
Sengbusch, P. von: Molekular- und Zellbiologie. Springer, Berlin-Heidelberg-New York 1979.
Stryer, L.: Biochemie. Vieweg, Braunschweig-Wiesbaden 1985[3].
Träger, L.: Einführung in die Molekularbiologie. G. Fischer, Stuttgart 1975[2].
Wittmann, G.: Ribosomen und Proteinbiosynthese. Verhandlungen der Gesellschaft deutscher Naturforscher und Ärzte. Springer, Berlin-Heidelberg-New York 1979.

Zellen und Gewebe

Bargman, W.: Histologie und mikroskopische Anatomie des Menschen. Thieme, Stuttgart-New York (1962[4], 1967[6]) 1977[7].
Berkaloff/Bourguet/Favard/Guinnebault: Die Zelle. Rowohlt, Reinbek 1974.
Bielka, H.: Molekulare Biologie der Zelle. G. Fischer, Stuttgart-New York 1973.
Birett, H./Kallus, D.: Sinnes-, Nerven- und Muskelzellen. Hypothesen, Experimente und Theorien. Diesterweg, Frankfurt 1987.
Bourne, G. H.: Division of Labor in Cells. Academic Press, New York-London 1964.
Bucher, O.: Histologie und mikroskopische Anatomie des Menschen. Huber, Bern-Stuttgart 1980[10].
Buchsbaum, R.: Animals without Backbones. University Chicago Press, Chicago 1948.
Fujita, T./Tanaka, K./Tokunaga, J.: Zellen und Gewebe – Ein REM-Atlas für Mediziner und Biologen. G. Fischer, Stuttgart-New York 1986.
Gunning, B./Steer, M.: Biologie der Pflanzenzelle – Ein Bildatlas. G. Fischer, Stuttgart-New York 1986[3].
Harrison, R./Lunt, G. C.: Biologische Membranen. G. Fischer, Stuttgart 1977.
Herrath, E. von: Atlas der normalen Histologie und mikroskopischen Anatomie des Menschen. Thieme, Stuttgart 1965[2].
Hertel, H.: Struktur – Form – Bewegung. Krausskopf, Mainz 1963.
Hirsch/Ruska/Sitte: Grundlagen der Cytologie. G. Fischer, Stuttgart 1973.
Hoffmann-Berling, H.: Mechanismen von Zellbewegungen. Die Naturwissenschaften 1963/7.
Hynes, R. O.: Surfaces of Normal and Malignant Cells. Wiley, Chichester, 1979.
Jentzsch, K.-D.: Regulation des Wachstums und der Zellvermehrung. G. Fischer, Stuttgart 1983.
Karp, G.: Cell Biology. McGraw-Hill, New York 1979.
Klima, J.: Cytologie. G. Fischer, Stuttgart 1967.
Klima, J.: Einführung in die Cytologie. G. Fischer, Stuttgart 1975[2].
Klug, H.: Bau und Funktion tierischer Zellen. Franckh, Stuttgart 1965.
Kornberg, R. D./Klug, A.: Das Nukleosom. Spektrum der Wissenschaft 4/1981.

Krstić, R. V.; Ultrastruktur der Säugetierzelle. Springer, Berlin-Heidelberg-New York 1976.
Lehmann, H./Schulz, D.: Die Pflanzenzelle – Struktur und Funktion. Ulmer, Stuttgart 1976.
Loewy, A. G./Siekevitz, P.: Die Zelle. Bayerischer Landwirtschaftsverlag, München 1967.
Lüdtge, E.: Praktikum der vergleichenden Zoohistologie. G. Fischer, Jena 1963.
Metzner, H.: Die Zelle – Struktur und Funktion. Wissenschaftl. Verlagsgesellschaft, Stuttgart (1966²) 1981³.
Mörike, K. D./Betz, E./Mergenthaler, W.: Biologie des Menschen. Quelle & Meyer, Heidelberg 1981¹¹.
Nienhaus, F.: Viren, Mykoplasmen, Rickettsien – Parasiten an der Schwelle des Lebendigen. Ulmer, Stuttgart 1985.
Picken, L. E. R.: The Organization of Cells and other Organisms. Clarendon Press, Oxford 1962.
Porter, K. R./Bonneville, M. A.: Einführung in die Feinstruktur von Zellen und Geweben. Springer, Berlin-Heidelberg-New York 1965.
Robards, A. W.: Ultrastruktur der pflanzlichen Zelle. Thieme, Stuttgart-New York 1974.
Sengbusch, P. von: Molekular- und Zellbiologie. Springer, Berlin-Heidelberg-New York 1979.
Sitte, P.: Bau und Feinbau der Pflanzenzelle. G. Fischer, Stuttgart 1965.
Swanson, C. P.: Cytologie und Cytogenetik. G. Fischer, Stuttgart 1960.
Ude, J./Koch, M.: Die Zelle – Ein elektronenmikroskopischer Atlas. G. Fischer, Stuttgart-New York 1982.
Wagner, R.: Rückkoppelung und Regelung, ein Urprinzip des Lebendigen. Die Naturwissenschaften 1961/8.
Wallraff, J.: Leitfaden der Histologie des Menschen. Urban & Schwarzenberg, München-Wien-Innsbruck 1958.
Watzka, M.: Kurzlehrbuch der Histologie und mikroskopischen Anatomie des Menschen. Schattauer, Stuttgart 1957.
Welsch, U./Storch, V.: Einführung in die Cytologie und Histologie der Tiere. G. Fischer, Stuttgart 1973.
Westphal, O., Lüderitz, O.: Die biologische Bedeutung der chemischen Feinstruktur bakterieller Zellgrenzflächen. Die Naturwissenschaften 1963/12.
Wittekind, D.: Pinozytose; in: Verhandl. der Gesellsch. dtsch. Naturforscher u. Ärzte 1962. Springer, Berlin u. a. 1963.
Wohlfarth-Bottermann, K. E.: Grundelemente der Zellstruktur; in: Verhandl. der Gesellsch. dtsch. Naturforscher u. Ärzte 1962. Springer, Berlin u. a. 1963.

Anatomie, Morphologie

Bertolini, R.: Systematische Anatomie des Menschen. G. Fischer, Stuttgart-New York 1987³.
Faller, A.: Der Körper des Menschen. Einführung in Bau und Funktion. Thieme, Stuttgart-New York 1984¹⁰.
Kämpfe, L./Kittel, R./Klapperstück, J.: Leitfaden der Anatomie der Wirbeltiere. G. Fischer, Jena (1966²) 1980⁴.
Kükenthal, W./Matthes, E.: Leitfaden für das zoologische Praktikum. Piscator, Stuttgart (1950¹²), 1984¹⁹.
Nachtigall, W.: Biotechnik, Quelle & Meyer, Heidelberg 1971.
Portmann, A.: Einführung in die vergleichende Morphologie der Wirbeltiere. Schwabe, Basel (1948) 1965³.
Rehkämper, G.: Nervensysteme im Tierreich. Quelle & Meyer, Heidelberg-Wiesbaden 1986.
Starck, D.: Vergleichende Anatomie der Wirbeltiere. Bd. I, II, III. Springer, Berlin-Heidelberg-New York, 1978, 1979, 1982.

Fortpflanzung und Entwicklung

Austin, C. R.: Die Befruchtung. Franckh, Stuttgart 1967.
Austin, C./Short, R. V.: Fortpflanzungsbiologie der Säugetiere, Bd. I–V. Parey, Berlin-Hamburg, ab 1976.
Avers, C.: Einführung in die Sexualbiologie. G. Fischer, Stuttgart 1976.
Blüm, V.: Vergleichende Reproduktionsbiologie der Wirbeltiere. Springer, Berlin-Heidelberg-New York-Tokyo 1985.
Butterfass, T.: Wachstums- und Entwicklungsphysiologie der Pflanze. Quelle & Meyer, Heidelberg 1970.
Ebert, J. D.: Entwicklungsphysiologie. BLV, München-Basel-Wien 1967.
Ede, D. A.: Einführung in die Entwicklungsbiologie. Thieme, Stuttgart-New York 1981.
Emschermann, P.: Entwicklung. Herder, Freiburg-Basel-Wien 1973.
Fellenberg, G.: Entwicklungsphysiologie der Pflanzen. Thieme, Stuttgart-New York 1978.
Fioroni, P.: Allgemeine und vergleichende Embryologie der Tiere. Springer, Berlin-Heidelberg-New York-London-Paris-Tokyo 1987.
Gehring, W. J.: Die molekulare Grundlage der Entwicklung. Spektrum der Wissenschaft, 12/1985.

Giese, A.: Cell Physiology. Holt, Rinehart & Winston, London-New York 1979[5].
Goerttler, K.: Entwicklungsgeschichte des Menschen. Springer, Berlin-Heidelberg-New York 1950.
Grant, P.: Biology of Developing Systems. Holt, Rinehart & Winston, New York 1978.
Ham, R. G./Veomett, M. J.: Mechanisms of Development. Mosby, St. Louis-Toronto-London 1980.
Hämmerling, J.: Fortpflanzung im Tier- und Pflanzenreich. de Gruyter, Berlin 1951[2].
Hartmann, M.: Geschlecht und Geschlechtsbestimmung im Tier- und Pflanzenreich. de Gruyter, Berlin 1951[2].
Hartmann, M.: Die Sexualität. G. Fischer, Stuttgart 1956[2].
Hess, D.: Entwicklungsphysiologie der Pflanzen. Herder, Freiburg-Basel-Wien 1978[3].
Houillon, C.: Sexualität. Vieweg, Braunschweig 1969.
Huber, R.: Sexualität und Bewußtsein. Deutscher Taschenbuch Verlag, München 1977.
Hutchison, J. B.: Biological Determinants of Sexual Behaviour. J. Wiley, Chichester 1978.
Kühn, A.: Entwicklungsphysiologie. Springer, Berlin u. a. 1965[2].
Lengerken, H. von: Die Brutfürsorge- und Brutpflegeinstinkte der Käfer. Akadem. Verlagsgesellschaft, Leipzig 1954[2].
Luckhaus, G.: Fortpflanzung und Nomenklatur im Pflanzen- und Tierreich. Parey, Berlin-Hamburg 1965.
Markert, C. L./Ursprung, H.: Entwicklungsbiologische Genetik. G. Fischer, Stuttgart 1974.
Mohr, H./Sitte, P.: Molekulare Grundlagen der Entwicklung. BLV, München-Bern-Wien 1971.
Nover/Luckner/Parthier: Zelldifferenzierung. VEB G. Fischer, Jena 1978.
Pflugfelder, O.: Lehrbuch der Entwicklungsgeschichte und Entwicklungsphysiologie der Tiere. G. Fischer, Jena 1962.
Sauer, H. W.: Entwicklungsbiologie – Ansätze zu einer Synthese. Springer, Berlin-Heidelberg-New York 1980.
Schwartz, V.: Vergleichende Entwicklungsgeschichte der Tiere. Thieme, Stuttgart-New York 1973.
Seidel, F.: Entwicklungsphysiologie der Tiere, Bd. I, II. de Gruyter, Berlin-New York 1972, 1975.
Siewing, R.: Lehrbuch der vergleichenden Entwicklungsgeschichte der Tiere. Parey, Hamburg-Berlin 1969.
Starck, D.: Embryologie – Ein Lehrbuch auf allgemein biologischer Grundlage. Thieme, Stuttgart (1955[1], 1965[2]) 1975[3].
Sussman, M.: Physiologie der Entwicklung. Franckh, Stuttgart 1965.
Sussman, M.: Molekularbiologie und Entwicklung. Parey, Berlin-Hamburg 1978.
Walter, H.: Sexual- und Entwicklungsbiologie des Menschen. Deutscher Taschenbuch Verlag, München 1978.

Ökologie

Ahlhaus, O./Boldt, G./Klein, K.: Taschenlexikon Umweltschutz. Schwann, Düsseldorf 1984.
Altenkirch, W.: Ökologie. Diesterweg-Salle, Frankfurt a. M., Berlin, München/Sauerländer, Aarau, Frankfurt a. M. 1977.
Bick, H./Hansmeyer, K.-H./Olschowy, G. u. a. (Hrsg.): Angewandte Ökologie – Mensch und Umwelt, Bd. 1 u. 2. G. Fischer, Stuttgart-New York 1984.
Ehrlich/Ehrlich/Holdren: Humanökologie. Springer, Berlin-Heidelberg-New York 1975.
Ellenberg, H.: Vegetation Mitteleuropas mit den Alpen. Ulmer, Stuttgart 1982[3].
Ellenberg, H./Mayer, R./Schauermann, J.: Ökosystemforschung. Ergebnisse des Solling-Projekts. Ulmer, Stuttgart 1987.
Fellenberg, G.: Umweltforschung. Springer, Berlin-Heidelberg-New York-Tokyo 1977.
Fellenberg, G.: Ökologische Probleme der Umweltbelastung. Springer, Berlin-Heidelberg-New York-Tokyo 1985.
Filzer, P.: Pflanzengemeinschaft und Umwelt. Enke, Stuttgart 1956.
Gösswald, K.: Unsere Ameisen. I und II. Franckh, Stuttgart 1954, 1955.
Gray, J. S.: Ökologie mariner Sedimente. Springer, Berlin-Heidelberg-New York-Tokyo 1984.
Hafner, L./Philipp E.: Ökologie. Schroedel, Hannover-Dortmund-Darmstadt-Berlin 1978.
Illies, J./Klausewitz, W. (Hrsg.): Unsere Umwelt als Lebensraum; in: Grzimeks Tierleben (Sonderband ›Ökologie‹). Kindler, Zürich 1973.
Jacobs, W./Renner, M.: Biologie und Ökologie der Insekten. G. Fischer, Stuttgart-New York 1987[2].
Kloft, W. J.: Ökologie der Tiere. Ulmer, Stuttgart 1978.
Kluge, M./Lorenzen, H. (Hrsg.): Biochemische Grundlagen ökologischer Anpassungen bei Pflanzen. G. Fischer, Stuttgart-New York 1979.
Knapp, R.: Einführung in die Pflanzensoziologie. Ulmer, Stuttgart 1971.
Knodel, H./Kull, U.: Ökologie und Umweltschutz. Metzler, Stuttgart 1974.
Korte, F. u. a. (Hrsg.): Ökologische Chemie. Grundlagen und Konzepte für die ökologische Beurteilung von Chemikalien. Thieme, Stuttgart-New York 1980.
Krebs, J. R./Davies, N. B.: Einführung in die Verhaltensökologie. Thieme, Stuttgart-New York 1984.

Kreeb, K. H.: Okologie und menschliche Umwelt. G. Fischer, Stuttgart-New York 1979.
Kreeb, K. H.: Vegetationskunde. Methoden und Vegetationsformen unter Berücksichtigung ökosystemischer Aspekte. Ulmer, Stuttgart 1983.
Kühnelt, W.: Grundriß der Ökologie unter besonderer Berücksichtigung der Tierwelt. G. Fischer, Jena 1965.
Larcher, W.: Ökologie der Pflanzen. Ulmer, Stuttgart 1984^{4}.
Lundegårdh, H.: Klima und Boden in ihrer Wirkung auf das Pflanzenleben. G. Fischer, Jena 1957^{5}.
Matthes, D.: Tiersymbiosen und ähnliche Formen der Vergesellschaftung. G. Fischer, Stuttgart-New York 1978.
Meadows, D. L./Meadows, D. H.: Das globale Gleichgewicht. Rowohlt Taschenbuch, Reinbek 1976.
Meadows/Meadows/Zahn/Milling: Die Grenzen des Wachstums. Rowohlt Taschenbuch, Reinbek 1979.
Müller, H. J. (Hrsg.): Ökologie. G. Fischer, Stuttgart-New York 1984.
Odum, E. P.: Grundlagen der Ökologie, Bd. 1 u. 2. Thieme, Suttgart-New York 1983^{2}.
Odum, E. P./Reicholf, J.: Ökologie: Grundbegriffe, Verknüpfungen, Perspektiven. BLV Verlagsgesellschaft., München-Wien-Zürich 1980^{4}.
Reichelt, G./Schwoerbel, W.: Ökologie. Cornelsen-Velhagen & Klasing, Bielefeld 1974.
Reichelt, G./Kollert, R.: Waldschäden durch Radioaktivität? F. Müller, Karlsruhe 1985.
Reisch, J.: Waldschutz und Umwelt. Springer, Berlin-Heidelberg-New York-Tokyo 1974.
Remmert, H.: Ökologie. Springer, Berlin-Heidelberg-New York-Tokyo 1984^{3}.
Schaefer, M./Tischler, W.: Ökologie. G. Fischer, Stuttgart-New York 1983^{2}.
Schlee, D.: Ökologische Biochemie. Springer, Berlin-Heidelberg-New York-Tokyo 1986.
Schrödter, H.: Verdunstung als aktuelles ökologisches Problem. Naturwissenschaften 73, 519, 1986.
Schubert, R. (Hrsg.): Lehrbuch der Ökologie. G. Fischer, Stuttgart-New York 1986^{2}.
Schultze, H. (Hrsg.): Umwelt-Report. Umschau, Frankfurt a. M. 1972.
Schwerdtfeger, F.: Ökologie der Tiere. Bd. I: Autökologie, Bd. II: Demökologie, Bd. III: Synökologie. Parey, Hamburg-Berlin 1977^{2}, 1979^{2}, 1975.
Straskraba, M./Gnauck, A.: Aquatische Ökosysteme. Modellierung und Simulation. G. Fischer, Stuttgart-New York 1983.
Streit, B.: Ökologie. Thieme, Stuttgart-New York 1980.
Stugren, B.: Grundlagen der Allgemeinen Ökologie. G. Fischer, Stuttgart-New York 1986^{4}.
Tait, R. V.: Meeresökologie. Thieme, Stuttgart-New York 1981^{2}.
Thienemann, A.: Die Binnengewässer in Natur und Kultur. Springer, Berlin u. a. 1955.
Thienemann, A.: Leben und Umwelt, Rowohlt, Hamburg 1956.
Tischler, W.: Biologie der Kulturlandschaft. G. Fischer, Stuttgart-New York 1980.
Tischler, W.; Einführung in die Ökologie, G. Fischer, Stuttgart-New York 1984^{3}.
Walter, H.: Die ökologischen Systeme der Kontinente (Biogeosphäre). G. Fischer, Stuttgart-New York 1976.
Walter, H.: Vegetation und Klimazonen. Ulmer, Stuttgart 1984^{5}.
Walter, H./Breckle, S. W.: Ökologie der Erde, Bd. 1, 2 und 3. G. Fischer, Stuttgart-New York 1983/84/86.
Werner, D.: Pflanzliche und mikrobielle Symbiosen. Thieme, Stuttgart 1987.
Winkler, S.: Einführung in die Pflanzenökologie. G. Fischer, Stuttgart-New York 1980^{2}.

Physiologie

Ammon, R./Dirscherl, W.: Fermente, Hormone, Vitamine. Bd. II. Thieme, Stuttgart 1960.
Arduini, A.: Principles of Theoretical Neurophysiology. Springer, Berlin-Heidelberg-New York-London-Paris-Tokyo 1987.
Autrum, H.: Die Arbeitsweise einzelner Sinneszellen; in: Naturwissenschaftliche Rundschau 2/1961.
Bergmann, W.: Ernährungsstörungen bei Kulturpflanzen. G. Fischer, Stuttgart-New York 1987^{2}.
Bersin, Th.: Biochemie der Vitamine. Akadem. Verlagsgesellschaft, Frankfurt am Main 1966.
Biesold, D./Matthies, H. J.: Neurobiologie. G. Fischer, Stuttgart-New York 1977.
Brauner, L./Rau, W.: Versuche zur Bewegungsphysiologie der Pflanzen. Springer, Berlin u. a. 1966.
Buschmann, C./Grumbach, K.: Physiologie der Photosynthese. Springer, Berlin-Heidelberg-New York-Tokyo 1985.
Campenhausen, C. v.: Die Sinne des Menschen, Bd. 1 u. 2. Thieme, Stuttgart-New York 1981.
Cleffmann, G.: Stoffwechselphysiologie der Tiere. Stoff- und Energieumsetzungen als Regelprozesse. Ulmer, Stuttgart 1979.
Deck, K. A.; Endokrinologie. Thieme, Stuttgart-New York 1976.
Dörffling, K.: Das Hormonsystem der Pflanzen. Thieme, Stuttgart-New York 1982.
Eckert, R./Randell, D.: Tierphysiologie. Thieme, Stuttgart-New York 1986.
Faber, H. von/Haid, H.: Endokrinologie. Ulmer, Stuttgart 1980^{3}.
Fellenberg, R. von: Kompendium der allgemeinen Immunologie. Parey, Berlin-Hamburg 1978.

Florey, E.: Lehrbuch der Tierphysiologie. Thieme, Stuttgart 1975[2].
Fragner, J.: Vitamine. G. Fischer, Jena 1964, 1965.
Frye, B. E.: Hormonal Control in Vertebrates. MacMillan, New York 1967.
Galston, A. W.: Physiologie der grünen Pflanze. Franckh, Stuttgart 1964.
Hänsch, G.: Einführung in die Immunbiologie. G. Fischer, Stuttgart-New York 1986.
Hassenstein, B.: Biologische Kybernetik. Quelle & Meyer, Heidelberg 1973[4].
Haupt, W.: Bewegungsphysiologie der Pflanzen, Thieme, Stuttgart-New York 1977.
Heidermanns, C.: Grundzüge der Tierphysiologie. G. Fischer, Stuttgart 1957[2].
Hensel, H.: Allgemeine Sinnesphysiologie. Springer, Berlin u. a. 1966.
Herter, K.: Vergleichende Physiologie der Tiere. Stoff- und Energiewechsel, II: Bewegung und Reizerscheinungen. de Gruyter, Berlin 1950.
Heß, D.: Pflanzenphysiologie. Ulmer, Stuttgart 1981[7].
Hoffmann, P.: Photosynthese. Akademie, Berlin 1975.
Holzer, H.: Intrazelluläre Regulation des Stoffwechsels. Die Naturwissenschaften 1963.
Horn, E.: Vergleichende Sinnesphysiologie. G. Fischer, Stuttgart-New York 1982.
Karlson, P.: Hormonrezeptoren und Hormonwirkung. Verhandlungen der Gesellschaft deutscher Naturforscher und Ärzte. Springer, Berlin-Heidelberg-New York 1979.
Katz, B.: Nerv, Muskel und Synapse. Thieme, Stuttgart-New York 1985[4].
Keidel, W. D.: Kurzlehrbuch der Physiologie. Thieme, Stuttgart 1985[6].
Kinzel, H.: Grundlagen der Stoffwechselphysiologie, Ulmer, Stuttgart 1977.
Laudien, H.: Physiologie des Gedächtnisses. Quelle & Meyer, Heidelberg 1977.
Lehninger, A. L.: Bioenergetik – Molekulare Grundlagen der biologischen Energieumwandlungen. Thieme, Stuttgart-New York 1982[3].
Libbert, E.: Lehrbuch der Pflanzenphysiologie. G. Fischer, Stuttgart 1987[4].
Lüttge, U.: Stofftransport der Pflanzen. Springer, Berlin-Heidelberg-New York-Tokyo 1973.
Marks, F.: Molekulare Biologie der Hormone. G. Fischer, Stuttgart-New York 1979.
Mengel, K.: Ernährung und Stoffwechsel der Pflanze. G. Fischer, Stuttgart-New York 1984[6].
Merkel, F. W.: Orientierung im Tierreich. G. Fischer, Stuttgart-New York 1980.
Mohr, H./Schopfer, P.: Lehrbuch der Pflanzenphysiologie. Springer, Berlin-Heidelberg-New York 1985[3].
Penzlin, H.: Lehrbuch der Tierphysiologie. Thieme, Stuttgart-New York 1981[3].
Ramachandran, E. W./Anstis, S. M.: Das Wahrnehmen von Scheinbewegung. Spektrum der Wissenschaft, 8/1986.
Reinboth, R.: Vergleichende Endokrinologie. Thieme, Stuttgart-New York 1980.
Rensing, L.: Biologische Rhythmen und Regulation. G. Fischer, Stuttgart 1973.
Richter, G.: Stoffwechselphysiologie der Pflanzen. Physiologie und Biochemie des Primär- und Sekundärstoffwechsels. Thieme, Stuttgart-New York 1982[4].
Roitt, J. M.: Essential Immunology. Blackwell, Oxford 1980[4].
Scheer/Bradley: Tierphysiologie. G. Fischer, Stuttgart-New York 1969.
Scherer, S.: Korrekturlesemechanismen beim biologischen Informationstransfer; in: Naturwissenschaftliche Rundschau 39/1. Wissenschaftliche Verlagsgesellschaft 1986.
Schmidt, R. F.: (Hrsg.): Grundriß der Neurophysiologie. Springer, Berlin-Heidelberg-New York 1983[5].
Schmidt, R. F. (Hrsg.): Grundriß der Sinnesphysiologie. Springer, Berlin-Heidelberg-New York-Tokyo 1985[5].
Schmidt, R. F./Thews, G.: Physiologie des Menschen. Springer, Berlin-Heidelberg-New York 1985[22].
Silbernagl, St./Despopoulos, A.: dtv-Atlas der Physiologie. Deutscher Taschenbuch Verlag, München 1987[6].
Sinz, R.: Neurobiologie und Gedächtnis. G. Fischer, Stuttgart-New York 1981[2].
Staines, N. A./Brostoff, J./James, K. J.: Immunologisches Grundwissen. G. Fischer, Stuttgart-New York 1987.
Tevini, M./Häder, D. P.: Allgemeine Photobiologie. Thieme, Stuttgart 1985.
Thews, G.: Der Transport der Atemgase; in: Verhandl. der Gesellsch. dtsch. Naturforscher u. Ärzte 1962. Springer, Berlin u. a. 1963.
Thews/Mutschler/Vaupel: Anatomie, Physiologie, Pathophysiologie des Menschen – Ein Lehrbuch für Pharmazeuten und Biologen. Wissenschaftl. Verlagsgesellschaft, Stuttgart 1982[2].
Wieser, W.: Bioenergetik – Energietransformationen bei Organismen. Thieme, Stuttgart-New York 1986.

Verhaltensbiologie

Apfelbach, R./Döhl, J.: Verhaltensforschung. G. Fischer, Stuttgart-New York 1980[3].
Baerends, G. P.: Aufbau tierischen Verhaltens; in Kükenthal, Handbuch der Zoologie, 8, 10 (3). de Gruyter, Berlin 1956.

Buchholtz, C.: Das Lernen bei Tieren. G. Fischer, Stuttgart-New York 1973.
Carthy, J. D.; Tiere in ihrer Welt. F. A. Brockhaus, Wiesbaden 1967.
Daumer, K./Hainz, R.: Verhaltensbiologie. Bayerischer Schulbuch-Verlag, München 1985[3].
Dylla, K.: Verhaltensforschung. Quelle & Meyer, Heidelberg 1977.
Eibl-Eibesfeldt, I.: Grundriß der vergleichenden Verhaltensforschung. Piper, München 1987[7].
Eibl-Eibesfeldt, I.: Liebe und Haß. Zur Naturgeschichte elementarer Verhaltensweisen. Piper, München 1976.
Eibl-Eibesfeldt, I.: Die !Ko-Buschmann-Gesellschaft. Gruppenbindung und Aggressionskontrolle bei einem Jäger- und Sammlervolk. Piper, München 1972.
Eibl-Eibesfeldt, I.: Der vorprogrammierte Mensch. Das Ererbte als bestimmender Faktor im menschlichen Verhalten. Molden, Wien-München-Zürich 1985[2].
Eibl-Eibesfeldt, I.: Krieg und Frieden aus der Sicht der Verhaltensforschung. Piper, München-Zürich 1984[2].
Eibl-Eibesfeldt, I.: Die Biologie des menschlichen Verhaltens. Piper, München 1986[2].
Eibl-Eibesfeldt, I.: Menschenforschung auf neuen Wegen. Goldmann, München 1984.
Ewert, J.-P.: Neuro-Ethologie. Einführung in die neurophysiologischen Grundlagen des Verhaltens. Springer, Berlin-Heidelberg-New York 1976.
Falkenhausen, E. von: Verhalten von Tieren und Menschen, Aulis, Köln 1981.
Franck, D.: Verhaltensbiologie. Thieme, Stuttgart 1985[2].
Friedrich, H. (Hrsg.): Mensch und Tier. Deutscher Taschenbuch Verlag, München 1968.
Frisch, K. von: Aus dem Leben der Bienen. Springer, Berlin u. a. 1977[9].
Gößwald, K.: Organisation und Leben der Ameisen. Wissenschaftliche Verlagsgesellschaft, Stuttgart 1985.
Griffin, D. R.: Wie Tiere denken. Ein Vorstoß ins Bewußtsein der Tiere. BLV, München-Wien-Zürich 1985.
Hassenstein, B.: Verhaltensbiologie des Kindes. Piper, München-Zürich 1980[3].
Hediger, H.: Tierpsychologie im Zoo und im Zirkus, Reinhardt, Basel 1961.
Hediger, H.: Tiere verstehen. Deutscher Taschenbuch Verlag, München 1984.
Hess, E. H.: Prägung. Die frühkindliche Entwicklung von Verhaltensmustern bei Tier und Mensch. Kindler, München 1975.
Hilke, R./Kempf, W. (Hrsg.): Aggression. Huber, Bern-Stuttgart 1982.
Hinde, R. A.: Das Verhalten der Tiere. Bd. I u. II. Suhrkamp, Frankfurt a. M. 1987.
Holst, E. von: Zur Verhaltensphysiologie bei Tieren und Menschen. Bd. I u. II. Piper, München 1969, 1970.
Immelmann, K. (Hrsg.): Verhaltensforschung. In: Grzimeks Tierleben. Kindler, Zürich 1974.
Immelmann, K.: Wörterbuch der Verhaltensforschung, Kindler, München 1982.
Immelmann, K.: Einführung in die Verhaltensforschung. Parey, Berlin-Hamburg 1983[3].
Immelmann, K./Barlow, G./Petrinovich, L./Main, M. (Hrsg.): Verhaltensentwicklung bei Mensch und Tier. Parey, Berlin-Hamburg 1982.
Koenig, O.: Kultur und Verhaltensforschung. Einführung in die Kulturethologie. Deutscher Taschenbuch Verlag, München 1970.
Krebs, J. R./Davies, N. (Hrsg.): Öko-Ethologie. Parey, Berlin-Hamburg 1981.
Krumme, H.: Sozialverhalten der Primaten. Springer, Berlin-Heidelberg-New York-Tokyo 1975.
Kurth, G./Eibl-Eibesfeldt, I. (Hrsg.): Hominisation und Verhalten. G. Fischer, Stuttgart-New York 1975.
Lamprecht, J.: Verhalten. Herder, Freiburg-Basel-Wien 1982[10].
Lorenz, K.: Das sogenannte Böse. Piper, München 1984.
Lorenz, K.: Er redete mit dem Vieh, den Vögeln und den Fischen. Deutscher Taschenbuch Verlag, München 1964.
Lorenz, K.: So kam der Mensch auf den Hund. Deutscher Taschenbuch Verlag, München 1965.
Lorenz, K.: Über tierisches und menschliches Verhalten. Bd. I u. II. Piper, München 1984[18].
Lorenz, K./Leyhausen, P.: Antriebe tierischen und menschlichen Verhaltens. Piper, München 1968.
Lorenz, K.: Vergleichende Verhaltensforschung. Springer, Wien-New York 1982.
Lorenz, K.: Die Rückseite des Spiegels. Versuch einer Naturgeschichte menschlichen Erkennens. Piper, München 1983[4].
Manning, A.: Verhaltensforschung. Springer, Berlin-Heidelberg-New York-Tokyo 1979.
Marler, P. R./Hamilton, W. J.: Tierisches Verhalten, BLV, München 1972.
Neumann, G.-H.: Einführung in die Humanethologie. Quelle & Meyer, Heidelberg 1983[2].
Remane, A.: Sozialleben der Tiere. G. Fischer, Stuttgart-New York 1976.
Rensch, B.: Gedächtnis, Abstraktion und Generalisation bei Tieren. Arbeitsgemeinschaft für Forschung, Nordrhein-Westfalen 1962.
Rensch, B.: Die höchsten Hirnleistungen der Tiere; in: Naturwissenschaftliche Rundschau 3/1965.
Rensch, B.: Gedächtnis, Begriffsbildung und Planhandlungen bei Tieren. Parey, Hamburg 1973.
Saint-Paul, U. von: Zur Frage der hierarchischen Ordnung instinktiven Verhaltens; in: 4. Biologisches Jahresheft. Hrsg. Verband Deutscher Biologen, 1964.

Scherer, K. R./Stahnke, A./Winkler, P.: Psychobiologie – Wegweisende Texte der Verhaltensforschung von Darwin bis zur Gegenwart. dtv, München 1987.
Sinz, R.: Lernen und Gedächtnis. G. Fischer, Stuttgart-New York 1980[3].
Sossinka, R.: Ethologie. Diesterweg/Salle, Frankfurt a. M.-Berlin-München/Sauerländer, Aarau-Frankfurt a. M. 1981.
Stokes, A. W./Immelmann, K.: Praktikum der Verhaltensforschung. G. Fischer, Stuttgart-New York 1978[2].
Tembrock, G.: Verhaltensforschung, G. Fischer, Jena 1964[2].
Tembrock, G.: Biokommunikation. Bd. I u. II. Akademie, Berlin 1971.
Tembrock, G.: Grundlagen der Tierpsychologie. Akademie, Berlin 1971.
Tembrock, G.: Verhaltensbiologie. In: Wörterbücher der Biologie. G. Fischer, Stuttgart-New York 1978.
Tembrock, G.: Spezielle Verhaltensbiologie der Tiere, Band I und II. G. Fischer, Stuttgart-New York 1982/83.
Tinbergen, N.: Die Welt der Silbermöwe. Musterschmidt, Göttingen u. a. 1958.
Tinbergen, N.: Instinktlehre. Parey, Berlin-Hamburg 1968[6].
Tinbergen, N.: Tiere untereinander. Parey, Berlin-Hamburg 1975[3].
Tinbergen, N.: Das Tier in seiner Welt, Band 1 und 2. Piper, München 1982.
Uexküll, J. von/Kriszat, G.: Streifzüge durch die Umwelten von Menschen und Tieren. Fischer Taschenbuch-Verlag, Frankfurt 1983.
Walther, F.: Mit Horn und Huf. Vom Verhalten der Horntiere. Parey, Berlin-Hamburg 1966.
Walther, F.: Verhalten der Gazellen. Ziemsen, Wittenberg 1968.
Wickler, W.: Sind wir Sünder? Naturgesetze der Ehe. Droemer/Knaur, München-Zürich 1969.
Wickler, W.: Die Biologie der Zehn Gebote. Piper, München 1981[5].
Wickler, W.: Verhalten und Umwelt. Hoffmann & Campe, Hamburg 1972.
Wickler, W./Seibt, U.: Das Prinzip Eigennutz. Ursachen und Konsequenzen sozialen Verhaltens. Deutscher Taschenbuch Verlag, München 1981.
Wieser, W.: Konrad Lorenz und seine Kritiker, Piper, München 1976.
Zimen, E.: Wölfe und Königspudel. Piper, München 1971.
Zimen, E.: Der Wolf. Mythos und Verhalten. Meyster, München 1979.

Genetik

Anderson, W.F./Diacumakos, E. G.: Manipulationen am Erbgut von Säugerzellen. Spektrum der Wissenschaft 9/1981.
Ayala, F. J./Kiger, J. A.: Modern Genetics. Benjamin, Cummings, Addison-Wesby, 1980.
Baitsch, H.: Über die genetische Variabilität und die genetische Zukunft des Menschen. Schulz, Freiburg 1966.
Bauer, K.: Einführung in die Immungenetik. G. Fischer, Stuttgart 1973.
Bresch, C./Hausmann, R.: Klassische und molekulare Genetik. Springer, Berlin-Heidelberg-New York 1972[3].
Brewbaker, J. L.: Angewandte Genetik. G. Fischer, Stuttgart 1967.
Eberle, P./Reuer, E.: Kompendium und Wörterbuch der Humangenetik. G. Fischer, Stuttgart-New York 1984.
Esser, K./Kneuen, R.: Genetik der Pilze. Springer, Berlin-Heidelberg-New York 1965.
Falconer, D. S.: Einführung in die quantitative Genetik. Ulmer, Stuttgart 1984.
Freye, H.: Humangenetik – Eine Einführung in die Erblehre des Menschen. G. Fischer, Stuttgart-New York 1987[4].
Gassen, H. G./Martin, A./Bertram, S.: Gentechnik. Eine Einführung in Prinzipien und Methoden. G. Fischer, Stuttgart-New York 1987[2].
Gassen, H. G./Martin, A./Sachse, G.: Der Stoff aus dem die Gene sind. Bilder und Erklärungen zur Gentechnik. Schweitzer, München 1986.
Gottschalk, W.: Allgemeine Genetik. Deutscher Taschenbuch Verlag, München 1978.
Günther, E.: Grundriß der Genetik. G. Fischer, Stuttgart-New York 1986[5].
Hagemann, R.: Allgemeine Genetik. G. Fischer, Stuttgart-New York 1986[2].
Hess, D.: Biochemische Genetik. Springer, Berlin-Heidelberg-New York 1968.
Jinks, J. L.: Extrachromosomale Vererbung. G. Fischer, Stuttgart 1967.
Kaudewitz, F.: Molekular- und Mikrobengenetik. Springer, Berlin-Heidelberg-New York 1973.
Kaudewitz, F.: Genetik für Biologen, Mediziner und Biochemiker. Ulmer, Stuttgart 1983.
Klingmüller, W.: Genmanipulation und Gentherapie. Springer, Berlin-Heidelberg-New York 1976.
Klingmüller, W.: Genetic Engineering for Practical Application. Naturwissenschaften 1979.
Klingmüller, W.: Erbforschung heute. Chemie, Weinheim 1982.
Klingmüller, W.: Genforschung im Widerstreit. Wissenschaftliche Verlagsgesellschaft 1986[2].
Knapp, A.: Genetische Stoffwechselstörungen. VEB G. Fischer, Jena 1970.
Knippers, R.: Molekulare Genetik. Thieme, Stuttgart-New York 1985[4].
Knodel, H./Kull, U.: Genetik und Molekularbiologie. Metzler, Stuttgart 1980[2].

Kornberg, A.: DNA Replication. Freeman, San Francisco 1980.
Lawn/Vehar: Molekulargenetik der Bluterkrankheit. Spektrum der Wissenschaft, 5/1986.
Leibenguth, F.: Züchtungsgenetik. Thieme, Stuttgart-New York 1982.
Lenz, W.: Medizinische Genetik. Thieme, Stuttgart 1983[6].
Levine, R. P.: Genetik. BLV, München-Basel-Wien 1966.
MacArthur, R. H./Connell, J. H.: Biologie der Populationen. BLV, München-Basel-Wien 1970.
McKusick, V. A.: Humangenetik. G. Fischer, Stuttgart 1968.
Medwedjew, S. A.: Der Fall Lyssenko. Hoffmann & Campe, Hamburg 1971.
Mendel, G.: Versuche über Pflanzenhybriden. Vieweg, Braunschweig 1970.
Penrose, L. S.: Einführung in die Humangenetik. Springer, Berlin-Heidelberg-New York 1965.
Prokop, O.: Die menschlichen Blut- und Serumgruppen, Genetik-Grundlagen, Ergebnisse und Probleme in Einzeldarstellungen. VEB G. Fischer, Jena 1963.
Rausch, L.: Strahlenrisiko!? Medizin, Kernenergie, Strahlenschutz. Piper, München 1980[4].
Rausch, L.: Mensch und Strahlenwirkung. – Strahlenschäden, Strahlenbehandlung, Strahlenschutz. Piper, München-Zürich 1982.
Rieger, R.: Die Genommutationen (Ploidiemutationen), VEB G. Fischer, Jena 1963.
Rieger, R./Michaelis, A.: Chromosomenmutationen. VEB G. Fischer, Jena 1967.
Shepard, J. F.: Pflanzenzucht mit Protoplasten. Spektrum der Wissenschaft 7/1982.
Sperlich, D.: Populationsgenetik – Grundlagen und experimentelle Ergebnisse. G. Fischer, Stuttgart 1987[2].
Stahl, F. W.: Mechanismen der Vererbung. G. Fischer, Stuttgart 1969.
Stengel, H.: Grundriß der menschlichen Erblehre. Wissenschaftliche Verlagsgesellschaft 1980.
Stern, K./Tigerstedt, P.: Ökologische Genetik, G. Fischer, Stuttgart 1974.
Stubbe, H.: Kurze Geschichte der Genetik bis zur Wiederentdeckung der Vererbungsregeln Gregor Mendels. VEB G. Fischer, Jena 1963.
Swanson/Merz/Young: Zytogenetik. G. Fischer, Stuttgart 1970.
Timofeeff-Ressovsky/Jablokov/Glotov: Grundriß der Populationslehre. VEB G. Fischer, Jena 1977.
Varley, G. C./Gradwell, G. R./Hassell, M. P.: Populationsökologie der Insekten. Analyse und Theorie. Thieme, Stuttgart-New York 1980.
Vogel, F./Motulksy, A. G.: Human Genetics. Springer, Berlin-Heidelberg-New York 1979.
Wallace, B.: Die genetische Bürde. G. Fischer, Stuttgart 1974.
Weidel, W. Virus und Molekularbiologie. Springer, Berlin-Heidelberg-New York 1964.
Weiß, V.: Psychogenetik. Humangenetik in Psychologie und Psychiatrie. G. Fischer, Jena 1982.
Wendt, G.: Genetik und Gesellschaft. Wissenschaftl. Verlagsgesellschaft, Stuttgart 1970.
Wilson, E. O./Bossert, W. H.: Einführung in die Populationsbiologie. Springer, Berlin-Heidelberg-New York 1973.
Winnacker, E. L.: Gene und Klone, Eine Einführung in die Gentechnologie. VCH, Weinheim-Therwil-Deerfield Beach 1985.
Wolf, U./Winkler, U.: Humangenetik. Springer, Berlin-Heidelberg-New York-Tokyo 1985.
Zähner, H.: Biologie der Antibiotica. Springer, Berlin-Heidelberg-New York 1965.
Zimmer, D. E.: Der Streit um die Intelligenz. Hanser, München-Wien 1975[2].

Evolution

Ayala, F. J.: Molecular Evolution. Sinauer, Sunderland/Mass. 1978.
Benesch, H.: Der Ursprung des Geistes. Deutscher Taschenbuch Verlag, München 1980.
Bogen, H.: Mensch aus Materie. Droemer-Knaur, München-Zürich 1976.
Bonner, J. T.: Evolution and Development. Springer, Berlin-Heidelberg-New York 1982.
Bonner, J. T.: Kultur-Evolution bei Tieren. Parey, Berlin u. Hamburg 1983.
Bresch, C.: Zwischenstufe Leben. Piper, München 1977.
Cain, A. J.: Die Tierarten und ihre Entwicklung. VEB G. Fischer, Jena 1959.
Campbell, B. G.: Entwicklung zum Menschen. G. Fischer, Stuttgart-New York 1979[2].
Cox, C. B./Moore, P. D.: Einführung in die Biogeographie. G. Fischer, Stuttgart-New York 1987.
Crow, J. F./Kimura, M.: Introduction to Population Genetics' Theory. Harper & Row, New York 1970.
Darlington, C. D.: Die Entwicklung des Menschen und der Gesellschaft. Econ, Düsseldorf-Wien 1971.
Darwin, Ch.: Die Entstehung der Arten durch natürliche Zuchtwahl. Reclam, Stuttgart 1963[6].
Dawkins, R.: Das egoistische Gen. Berlin-Heidelberg-New York 1978.
Delevoryas, Th.: Prinzipien der Pflanzenphylogenie. BLV, München-Basel-Wien 1967.
Dobzhansky, Th.: Die Entwicklung zum Menschen. Parey, Hamburg-Berlin 1958.
Dobzhansky, Th.: Dynamik der menschlichen Evolution. S. Fischer, Frankfurt 1965.
Dobzhansky, Th.: Vererbung und Menschenbild. Nymphenburger Verlagshandlung, München 1966.
Dobzhansky/Ayala/Stebbins/Valentine: Evolution. Freeman, San Francisco 1977.

Dose, K./Rauchfuß, H.: Chemische Evolution und Ursprung lebender Systeme. Wissenschaftliche Verlagsanstalt, Stuttgart 1975.
Dzwillo, M.: Prinzipien der Evolution. Teubner, Stuttgart 1978.
Eigen, M./Winkler, R.: Das Spiel – Naturgesetze steuern den Zufall. Piper, München-Zürich 1985[7].
Erben, H.: Die Entwicklung der Lebewesen – Spielregeln der Evolution. Piper, München-Zürich 1975.
Erben, H. K.: Leben heißt sterben. Hoffmann & Campe, Hamburg 1981.
Feustel, R.: Abstammungsgeschichte des Menschen. VEB G. Fischer, Jena 1976.
Fisher, R. A.: The Genetical Theory of Natural Selection. Dover, New York 1958[2].
Futuyama, D. J.: Evolutionsbiologie. Birkhäuser, Basel-Boston-Berlin 1990.
Gottschalk, W.: Die Bedeutung der Genmutationen für die Evolution der Pflanzen. G. Fischer, Stuttgart 1971.
Gottschalk, W.: Die Bedeutung der Polyploidie für die Evolution der Pflanzen. G. Fischer, Stuttgart 1976.
Grant, V. E.: Artbildung bei Pflanzen. Parey, Hamburg-Berlin 1976.
Grant, V. E.: Organismic Evolution. Freeman, San Francisco 1977.
Groves/Dunlop/Buick: Frühe Lebensspuren. Spektrum der Wissenschaft 12/1981.
Grzimek, B./Wendt, H.: Grzimeks Buch der Evolution – Entwicklungsgeschichte der Lebewesen. Kindler, Zürich 1972.
Gutmann, W. F./Bonik, K.: Kritische Evolutionstheorie. Gerstenberg, Hildesheim 1981.
Halliday, T. R.: Sexuelle Selektion und Partnerwahl; in: Krebs/Davies: Öko-Ethologie. Parey, Berlin-Hamburg 1981.
Hanson, E. D.: Die Entstehung der Formen. Franckh, Stuttgart 1965.
Hardin, H.: Naturgesetz und Menschenschicksal. Cotta, Stuttgart 1962.
Heberer, G.: Die Evolution der Organismen, Bd. I, II 1/2, III. G. Fischer, Stuttgart 1967[3], 1974[3], 1971[3], 1974[3].
Heberer, G.: Der Ursprung des Menschen – Unser gegenwärtiger Wissensstand. G. Fischer, Stuttgart 1968.
Heberer/Henke/Rothe: Der Ursprung des Menschen. G. Fischer, Stuttgart 1980[5].
Hölder, H.: Naturgeschichte des Lebens. Springer, Berlin-Heidelberg-New York 1968.
Hofbauer, J./Sigmund, K.: Evolutionstheorie und dynamische Systeme. Mathematische Aspekte der Selektion. Parey, Berlin-Hamburg 1984.
Illies, J.: Kulturbiologie des Menschen – Der Mensch zwischen Gesetz und Freiheit. Piper, München 1978.
Jantsch, E.: Die Selbstorganisation des Universums – Vom Urknall zum menschlichen Geist. Deutscher Taschenbuch Verlag, München 1982.
Kämpfe, L.: Evolution und Stammesgeschichte der Organismen. G. Fischer, Stuttgart-New York 1985[2].
Kaplan, R. W.: Der Ursprung des Lebens – Biogenetik, ein Forschungsgebiet heutiger Naturwissenschaft. Deutscher Taschenbuch Verlag, München 1978[2].
Kimura, M.: Die Neutralitätstheorie der molekularen Evolution. Parey, Hamburg-Berlin 1987.
King, J. C.: The Biology of Race. University of California Press, Berkeley 1982.
Kremer, B.: Der Urvogel Archaeopterix; in: Naturwissenschaftliche Rundschau 39/8. Wissenschaftliche Verlagsgesellschaft 1986.
Krumbiegel, G./Walther, H.: Fossilien – Sammeln, Präparieren, Bestimmen, Auswerten. Deutscher Taschenbuch Verlag, München 1977.
Krumbiegel, G. & Krumbiegel, B.: Fossilien in der Erdgeschichte. Enke, Stuttgart 1981.
Kull, U.: Evolution. Metzler, Stuttgart 1982.
Kull, U.: Evolution des Menschen – Biologische, soziale und kulturelle Evolution. Metzler, Stuttgart 1979.
Leakey, R. E./Lewin, R.: Wie der Mensch zum Menschen wurde. Hoffmann & Campe, Hamburg 1978.
Lehmann, U. & Hillmer, G.: Wirbellose Tiere der Vorzeit – Leitfaden der systematischen Paläontologie. Enke, Stuttgart 1980.
Lerner, I. M./Libby, W. J.: Heredity, Evolution, and Society. Freeman, San Francisco 1976[2].
LeRoy, H. L.: Elemente der Tierzucht. BLV, München-Basel-Wien 1966.
Lorenz, K./Wuketits, F. M. (Hrsg.): Die Evolution des Denkens. Piper, München 1984[2].
Mägdefrau, K.: Paläobiologie der Pflanzen. G. Fischer, Stuttgart 1968[4].
Markl, H.: Evolution, Genetik und menschliches Verhalten. Piper, München-Zürich 1985.
Markl, H.: Natur als Kulturaufgabe – Über die Beziehung des Menschen zur lebendigen Natur. Deutsche Verlags-Anstalt 1986.
Maynard Smith, J.: The Evolution of Sex. Cambridge University Press, Cambridge 1978.
Maynard Smith, J.: Die Ökologie der Sexualität; in: Krebs/Davies: Öko-Ethologie. Parey, Berlin-Hamburg 1981.
Mayr, E.: Artbegriff und Evolution. Parey, Hamburg-Berlin 1967.

Mayr, E.: Evolution und die Vielfalt des Lebens. Springer, Berlin-Heidelberg-New York 1979.
Mayr, E./Provine, W. B.: The Evolutionary Synthesis. Harvard Univ. Press, Cambridge 1980.
McAlester, A. L.: Die Geschichte des Lebens. Deutscher Taschenbuch Verlag, München 1981.
McArthur, R. H./Connell, J. H.: Biologie der Populationen. BLV, München 1970.
Medawar, P. B.: Die Zukunft des Menschen. S. Fischer, Frankfurt 1962.
Müller, A. H.: Lehrbuch der Paläozoologie, Bd. I, II, III. VEB G. Fischer, Jena 1957, 1958/61, 1963.
Müller, A. H.: Großabläufe der Stammesgeschichte. VEB G. Fischer, Jena 1961.
O'Donald, P.: Genetic Models of Sexual Selection. Cambridge Univ. Press, Cambridge 1980.
Oparin, A. J.: Das Leben – Seine Natur, Herkunft und Entwicklung. G. Fischer, Stuttgart 1963.
Osche, G.: Evolution. Grundlagen, Erkenntnisse, Entwicklungen der Abstammungslehre. Herder, Freiburg-Basel-Wien 1979[10].
Ott, J. A./Wagner, G. P./Wuketits, F. M (Hrsg.): Evolution, Ordnung und Erkenntnis. Parey, Hamburg 1985.
Rahmann, H.: Die Entstehung des Lebendigen. G. Fischer, Stuttgart 1980[2].
Remane/Storch/Welsch: Evolution – Tatsachen und Probleme der Abstammungslehre. Deutscher Taschenbuch Verlag, München 1980[5].
Remy, R. & Remy, W.: Die Floren des Erdaltertums. Glückauf, Essen 1977.
Rensch, B.: Neuere Probleme der Abstammungslehre – Die transspezifische Evolution. Enke, Stuttgart 1954.
Riedl, R.: Die Ordnung des Lebendigen – Systembedingungen der Evolution, Parey, Hamburg-Berlin 1975.
Riedl, R.: Die Strategie der Genesis. Piper, München 1986[6].
Roughgarden, J.: Theory of Population Genetics and Evolutionary Ecology – An Introduction. Macmillan, New York 1979.
Schmitz, S.: Charles Darwin – ein Leben. Autobiographie, Briefe, Dokumente. Deutscher Taschenbuch Verlag, München 1982.
Schwidetzky, I.: Rassen und Rassenbildung beim Menschen. G. Fischer, Stuttgart-New York 1979.
Sedlag, U./Weinert, E.: Biogeographie, Artbildung, Evolution. G. Fischer, Stuttgart-New York 1987.
Sibley/Ahlquist: Der DNA-Stammbaum der Vögel; in: Spektrum der Wissenschaft, 5/1986.
Siewing, R.: Evolution. Bedingungen-Resultate-Konsequenzen. G. Fischer, Stuttgart-New York 1982[2].
Simon, K. H.: Nutzpflanzenzüchtung. Diesterweg-Salle-Sauerländer, Frankfurt-Berlin-München-Aarau-Salzburg 1980.
Simpson, G. G.: Zeitmaße und Ablaufformen der Evolution. Musterschmidt, Göttingen 1951.
Simpson, G. G.: Leben der Vorzeit. Enke, Stuttgart 1972.
Stanley, S. M.: Macroevolution. Freeman, San Francisco 1979.
Stebbins, G. L.: Evolutionsprozesse. G. Fischer, Stuttgart-New York 1980[2].
Stengel, H.: Rassen, Rassengenese und Rassenmischung beim Menschen; in: Naturwissenschaftliche Rundschau 39/6. Wissenschaftliche Verlagsgesellschaft 1986.
Takhtajan, A.: Die Evolution der Angiospermen. VEB G. Fischer, Jena 1959.
Thenius, E.: Lebende Fossilien – Zeugen vergangener Welten. Franckh, Stuttgart 1965.
Thenius, E.: Versteinerte Urkunden. Die Paläontologie als Wissenschaft vom Leben der Vorzeit. Springer, Berlin-Heidelberg-New York 1972[2].
Thenius, E.: Grundzüge der Faunen- und Verbreitungsgeschichte der Säugetiere. G. Fischer, Stuttgart-New York 1980[2].
Thenius, E.: Meere und Länder im Wechsel der Zeiten. Springer, Berlin-Heidelberg-New York 1977.
Thenius. E.: Die Evolution der Säugetiere. G. Fischer, Stuttgart-New York 1979.
Timofeeff-Ressovsky, N. N./Voroncov/Jablokov: Kurzer Grundriß der Evolutionstheorie. VEB G. Fischer, Jena 1975.
Vangerow, E.-F.: Grundriß der Paläontologie. Teubner, Stuttgart 1975.
Vogel, C.: Menschliche Stammesgeschichte – Populationsdifferenzierung. Hirt, Kiel 1974.
Wahlert, G. von/Wahlert, H. von: Was Darwin noch nicht wissen konnte. Deutsche Verlags-Anstalt, Stuttgart 1977.
Washburn, S. L.: Social Life of Early Man. Aldine, Chicago 1961.
White, M. J. D.: Modes of Speciation. Freeman, San Francisco 1977.
Wieser, W.: Vom Werden zum Sein: Energetische Voraussetzungen der Evolution sozialer Beziehungen im Tierreich, in: Naturwissenschaften, 73, 543, 1986.
Wilson, A. C.; Die molekulare Grundlage der Evolution; in: Spektrum der Wissenschaft, 12/1985.
Wuketits, F. M.: Grundriß der Evolutionstheorie. Wissenschaftliche Buchgesellschaft, Darmstadt 1982.
Zimmermann, W.: Geschichte der Pflanzen. Deutscher Taschenbuch Verlag, München 1969.

Systematik

Ax, P.: Das phylogenetische System. G. Fischer, Stuttgart-New York 1985.
Brohmer, P./Tischler, W.: Fauna von Deutschland. Quelle & Meyer. Heidelberg 1982[15].
Dahlgren, G. (Hrsg.): Systematische Botanik. Springer, Berlin-Heidelberg-New York-Tokyo 1987[2].
Frohne, D./Jensen, U.: Systematik des Pflanzenreichs. G. Fischer, Stuttgart-New York 1985[3].
Garms, H.: Pflanzen und Tiere Europas. Ein Bestimmungsbuch. Deutscher Taschenbuch Verlag, München 1969.
Garms, H.: Fauna Europas. Ein Bestimmungslexikon der Tiere Europas. Deutscher Taschenbuch Verlag, München 1982.
Grzimek, B. (Hrsg.): Grzimeks Tierleben. Bd. 1 bis 13. Deutscher Taschenbuch Verlag, München 1979.
Kaestner, A.: Lehrbuch der Speziellen Zoologie. G. Fischer Verlag, Stuttgart. VEB G. Fischer Verlag, Jena, 1954–1973.
Knaurs Tierreich in Farben. 7 Bände. Droemer/Knaur, München 1956–1961.
Remane, A./Storch, V./Welsch, U.: Systematische Zoologie. G. Fischer, Stuttgart-New York 1985[3].
Rothmaler, W.: Exkursionsflora. Bd. 1: Niedere Pflanzen. Bd. 2: Gefäßpflanzen. Volk und Wissen, Berlin 1983 (Bd. 1), 1982 (Bd. 2).
Schmeil, O./Fitschen, J.: Flora von Deutschland. Quelle & Meyer, Heidelberg 1981[87].
Siewing, R.: Lehrbuch der Zoologie. Bd. II: Systematik. G. Fischer, Stuttgart-New York 1985[3].
Stresemann, E.: Exkursionsfauna. Volk und Wissen, Berlin 1964.
Walter, H.: Grundlagen des Pflanzensystems. Einführung in die Phytologie Bd. II. Ulmer, Stuttgart 1961[3].
Weber, H./Weidner, H.: Grundriß der Insektenkunde. G. Fischer, Stuttgart-New York 1974.
Weberling, F./Schwantes, H. O.: Pflanzensystematik. Ulmer, Stuttgart 1981[4].
Willmann, R.: Die Art in Raum und Zeit. Das Artkonzept in der Biologie und Paläontologie, Parey, Berlin-Hamburg 1985.

Quellennachweis für Band 1–3

Sämtliche Abbildungen wurden für den Deutschen Taschenbuch Verlag nach Entwürfen der Autoren gezeichnet; für die folgenden Abbildungen benutzten die Autoren Vorlagen:

12 A, B nach Rapoport (1966); 16 C nach Czihak (1981^{3}), 16 D nach Koecke (1977); 18 G nach Sengbusch, von (1979); 22 A nach Mohr /Schopfer (1978), 22 B nach Koecke (1977); 24 D nach Penzlin (1977); 26 E, F nach Sengbusch, von (1979); 28 E nach Spektrum der Wissenschaft 12/1979; 30 nach Nultsch (1964); 34 C nach Naturwissenschaften 66/1979; 38 B nach Sengbusch, von (1979); 42 F nach Koecke (1977); 44 A nach Koecke (1977); 46 A nach Mohr/Schopfer (1978), 46 C nach Czihak (1981^{3}); 50 C nach Nultsch (1964); 58 B, D nach Naturwissenschaften 66/1979; 74 E nach Nultsch (1964); 82 A–F nach Strasburger (1978), 82 B–D nach Troll (1954); 84 A, B, G nach Troll (1954), 84 C–F, H nach Strasburger (1978); 90 E nach Benninghoff in: Bargmann (1962); 94 D–H nach Bucher (1962); 96 A–D nach Troll (1954), 96 E nach Strasburger (1978); 98 nach Troll (1954); 100 A, C nach Strasburger (1978); 104 B nach Kummer (o. J.), 104 C–F nach Mörike/ Mergenthaler (1959); 110 C nach Mörike/Mergenthaler (1959); 112 nach Troll (1954); 114 A–C, E nach Strasburger (1978), 114 D, F nach Troll (1954); 116 D nach Troll (1954); 118 F nach Strasburger (1978); 120 A nach Troll (1954); 122 A nach Strasburger (1978), 122 E, F nach Troll (1954); 124 nach Kühn (1964); 126 nach Kühn (1964); 128 A–C nach Schmeil (1958), 128 D, E nach Kühn (1964); 130 A–C nach Kühn (1964), 130 D nach Kaestner (1973); 132 A–C nach Kühn (1964), 132 E nach Weber (1966); 134 nach Kühn (1964); 136 B–D nach Kühn (1964), 136 C nach Kükenthal/Matthes (1950); 138 A–D nach Kühn (1964); 140 A, C nach Kühn (1964); 140 B nach Portmann (1948); 142 C nach Pflugfelder (1962); 144 D, E, F nach Troll (1954); 152 B nach Nultsch (1964), 152 D, E nach Mohr/Schopfer (1978); 154 A nach Czihak (1981^{3}), 154 B nach Seidel (1972); 160 A–C nach Strasburger (1978); 170 A nach Barber in: Mayr (1963); 180 A, B nach Kühn (1965); 200 B, C, D nach Kühn (1965), 200 E nach Holtfreter in: Seidel (1975); 206 nach Starck (1955); 212 B, C nach Hess (1968); 214 B nach Hess (1968), 214 C, D nach Czihak (1981^{3}); 222 F nach Hesse/Doflein (1910); 224 A nach Altenkirch (1977), 224 B–E nach Strasburger (1978), 224 E nach Galston (1964); 226 nach Lundegård (1957); 228 A nach Larcher (1976), 228 B, C nach Troll (1954), 228 D nach Lundegård (1957); 230 A nach Kloft (1978), 230 B nach Kühnelt (1965), 230 C nach Czihak/Langer/Ziegler (1981), 230 D nach Reichelt/Schwoerbel (1974); 232 A nach Hafner/Philipp (1978), 232 B–E nach Czihak/ Langer/Ziegler (1981); 234 A, C, E nach Hesse/Doflein (1910), 234 B nach Kaestner (1973); 236–242 nach Schwerdtfeger (1968); 238 D nach Schmeil (1958); 244 A–D nach Strasburger (1978), 244 E nach Czihak/ Langer/Ziegler (1981); 246 A, C nach Troll (1954); 248 B nach Runge (1961), 248 C nach Troll (1954); 250 A, B nach Strasburger (1978); 252 B, C nach Hesse/Doflein (1910); 254 B nach Kühnelt (1965), 254 D, E nach Frisch, von (1967), 254 E nach Linder (1967), 254 F–H nach Gösswald (1954); 256 E nach Frisch, von (1967), 256 F, G nach Hesse/Doflein (1910); 258 A nach Strasburger (1978), 258 B nach Kühnelt (1965); 260 A–C nach Odum (1972); 262 A, B, D, E nach Odum (1972), 262 C nach Sengbusch, von (1977), 262 F nach Larcher (1976); 264 A–D nach Altenkirch (1977); 266 A nach Kreeb (1979), 266 B–E nach Ehrlich/ Ehrlich/Holdren (1975); 268 C nach Wurmbach (1980), 268 D nach Knodel/Kull (1974); 270 A nach Ehrlich/Ehrlich/Holdren (1975), 270 B, C nach Meadows/Meadows/Zahn/Milling (1979); 274 B nach Mohr/Schopfer (1978); 278 G nach Nultsch (1964); 282 B nach Karlson (1966)/(1974); 288 A nach Strasburger (1978), 288 D nach Libbert (1979); 290 B nach Mohr/Schopfer (1977), 290 C, E nach Libbert (1979), 290 D nach Troll (1954), 290 D nach Huber (1956); 292 A nach Kühn (1964), 292 B nach Kükenthal/ Matthes (1950), 292 C nach Weber (1966), 292 D nach Heidermanns (1957), 292 E nach Herker (1947); 294 A, E nach Strugger (1962), 294 B, C, D, G nach Strasburger (1978); 296 A, B, D nach Scheer/Bradley (1969), 296 C nach Czihak/Langer/Ziegler (1981); 298 A nach Kühn (1964), 298 B, C nach Heidermanns (1957), 298 C nach Penzlin (1980), 298 E nach Czihak/Langer/Ziegler (1981); 308 B, C, D nach Holzer (1963); 314 B nach Thews (1963); 316 B nach Geissler/Libbert/Nitschmann/Thomas-Petersein (1979), 316 C nach Dobzhansky (1966); 320 B nach Fellenberg, von 1978; 322 A, B nach Fellenberg, von (1978); 334 C nach Dobzhansky (1958); 336 A nach Karlson (1966)/(1974); 338 A nach Czihak/Langer/Ziegler (1981), 338 B–D nach Mohr/Schopfer (1977), 338 D, E, F, G nach Strasburger (1978); 340 A, C nach Libbert (1979), 340 B nach Strasburger (1978), 340 D nach Mohr/Schopfer (1977), 340 D nach Czihak/ Langer/Ziegler (1981), 340 E nach Kühn (1964); 342 A–E, G, H nach Strasburger (1978), 342 F nach Troll (1954); 344 A, B, F nach Strasburger (1978), 344 C, D nach Troll (1954), 344 G nach Huber (1956); 346 A, F, G nach Schmidt/Thews (1980), 346 B–D nach Heidermanns (1957), 346 E nach Autrum (1961), 346 G nach Hesse/Doflein (1910); 348 A, D nach Heidermanns (1957), 348 B, F nach Schmidt/Thews (1980), 348 C nach Rein/Schneider (1966), 348 E nach Czihak/Langer/Ziegler (1981), 348 G nach Rensch (1963); 350 A–C nach Hesse/Doflein (1910), 350 D, E nach Rensch (1963), 350 F–H nach Weber (1966); 352 A nach Hesse/Doflein (1910), 352 B, D nach Heidermanns (1957), 352 D nach Schmidt/Thews (1980); 354 A–D, F–H nach Schmidt/Thews (1980), 354 E nach Silbernagel/Despopoulos (1979); 356 A–E, G, I nach Schmidt/Thews (1980), 356 F nach Silbernagel/Despopoulos (1979); 360 A, G nach Schmidt/Thews (1980), 360 B, F, H nach Heidermanns (1957), 360 C, E nach Rensch (1963), 360 E nach Czihak/Langer/ Ziegler (1981); 362 A, B, F nach Schmidt/Thews (1980), 362 C nach Czihak/Langer/Ziegler (1981), 362 D nach Rensch (1963), 362 E nach Penzlin (1980); 364 A, C, F nach Schmidt/Thews (1980), 364 B, D, E nach Schmidt (1979); 366 A, F nach Schmidt (1979), 366 B–E, G nach Schmidt/Thews (1980); 368 A nach Schmidt (1979), 368 B, C, F nach Schmidt/Thews (1980), 368 D, F nach Rein/Schneider (1966); 370 A–D, F nach Schmidt (1979), 370 E nach Schmidt/Thews (1980); 372 A, B, D–F nach Schmidt (1979), 372 C, G nach Schmidt/Thews (1980); 374 A nach Weber (1966), 374 B nach Rensch (1963), 374 C nach Schmidt/Thews (1980); 376 C nach Rein/Schneider (1966), 376 B nach Schmidt (1979); 378 A nach Mörike/Betz/Mergen-

thaler (1981), 378A nach Marler/Hamilton (1972), 378B nach Schmidt (1979), 378C nach Thews/Mutschler/Vaupel (1980), 378D nach Silbernagel/Despopoulos (1979), 378E, F nach Schmidt/Thews (1980); 380A nach Heidermanns (1957), 380B–F nach Schmidt/Thews (1980); 382A nach Rein/Schneider (1966), 382B, C nach Schmidt/Thews (1980); 384A nach Schmidt (1979), 384B nach Schmidt/Thews (1980), 384D–F nach Schmidt (1979); 386A–C nach Schmidt/Thews (1980), 386D, E nach Laudien (1977); 388A, D–F nach Silbernagel/Despopoulos (1979), 388B, C nach Schmidt/Thews (1980); 390A, F, G nach Silbernagel/Despopoulos (1979), 390B nach Penzlin (1980), 390C, E nach Czihak/Langer/Ziegler (1981); 392A–C nach Strasburger (1978), 392E nach Tinbergen (1966); 394A nach Rein/Schneider (1966), 394B nach Penzlin (1980), 394C, D nach Schmidt/Thews (1980); 396A–C nach Czihak/Langer/Ziegler (1981), 396D–F nach Schmidt (1960); 398A, D–H nach Czihak/Langer/Ziegler (1981), 398B, C nach Gans (1967); 400B nach Hofstätter (1957), 400C–E nach Czihak/Langer/Ziegler (1981), 400F, G nach Lorenz (1965), 400H nach Tinbergen (1966); 402A nach Kummer (o. J.), 402B, C nach Tinbergen (1966), 402D nach Lorenz (1978), 402E nach Hassenstein (1973), 402F nach Sossinka (1981); 404A nach Immelmann (1979), 404B nach Franck (1979), 404C nach Hinde (1973), 404D nach Tinbergen (1966); 406A, B nach Sossinka (1981), 406C–E nach Tinbergen (1966); 408C nach Eibl-Eibesfeldt (1967), 408D nach Hassenstein (1973), 408E nach Holst, von (1969); 410A nach Tinbergen (1966), 410B nach Baerends (1956); 412A nach Eibl-Eibesfeldt (1967), 412B nach Tinbergen (1966), 412C, F, G nach Holst, von (1969), 412D, E nach Saint-Paul (1964); 414A–C nach Holst, von (1969), 414D, E nach Tinbergen (1966), 414F nach Lamprecht (1972); 416A nach Hassenstein (1973), 416B nach Sossinka (1981), 416C–E nach Tinbergen (1966), 416F nach Immelmann (1979); 418A–D nach Lamprecht (1972), 418E–H nach Hassenstein (1973); 420A nach Falkenhausen, von (1981), 420B, D, E nach Eibl-Eibesfeldt (1967), 420C nach Immelmann (1979); 422A, B nach Hess (1975), 422C–E nach Rensch (1965), 422F nach Daumer/Hainz (1980); 424A, E nach Immelmann (1979), 424B nach Eibl–Eibesfeldt (1967), 424C nach Franck (1979); 426A, G nach Eibl-Eibesfeldt (1967), 426B nach Tembrock (1961), 426C, D nach Walther (1966), 426E, F nach Lorenz (1965); 428B, C nach Gadamer/Vogler (1972), 428D nach Remane (1960), 428F nach Zimen (1971); 430A–C nach Walther (1966), 430E nach Hediger (1961), 430F nach Eibl-Eibesfeldt (1967); 432A nach Tembrock (1971), 432C–F nach Frisch, von (1959); 434A, D–F nach Eibl-Eibesfeldt (1967), 434B, C, G nach Eibl-Eibesfeldt (1970), 434H nach Eibl-Eibesfeldt (1973); 436A, C nach Eibl-Eibesfeldt (1970), 436B nach Eibl-Eibesfeldt (1967), 436D nach Lorenz (1965); 438A nach Eibl-Eibesfeldt (1972), 438C, D nach Neumann (1979); 440A, B nach Eibl-Eibesfeldt (1970), 440C, D nach Schaefer (1972); 446 nach Kalmus (1966); 448A nach Gottschalk (1978), 448E nach Stengel (1980); 456E, F nach Stengel (1980); 462A, B nach Klämbt/Heitmann (1979), 462D nach Sengbusch, von (1979), 462E nach Günther (1978^3); 464 nach Naturwissenschaften 67/1980; 470A nach Günther (1978^3), 470B nach Naturwissenschaften 66/1979; 472 nach Bresch (1965), 472B nach Stengel (1980); 476B nach Günther (1978^3); 478D nach Kühn (1961); 480A, B nach Sengbusch, von (1979), 480C nach Klingmüller (1976), 480D nach Naturwissenschaften 66/1979; 484C nach Heberer (1959); 490B nach Mayr (1979); 492A nach Sperlich (1973), 492C nach Strasburger (1978); 494A nach Mayr (1963), 494B, D nach Kühn (1961); 496B nach Stebbins (1980), 496C, D nach Dobzhansky/Ayala/Stebbins/Valentine (1977), 496E nach Sperlich (1973); 498A, C nach de Beer (o. J.); 500C nach Winckler (1968); 502A nach Dobzhansky/Pavlowsky in: Mayr (1963), 502B, D nach Wilson/Bossert (1973), 502C nach Sperlich (1973); 522B nach Heberer (1967); 526B nach Dobzhansky (1958); 528 nach Müller (1961); 536A nach Howell, C.: Der Mensch der Vorzeit. Time-Life-Bücher (1969); 538 nach de Beer (o. J.); 540 nach Heberer (1965); 548A, B, D nach Strasburger (1978); 552B nach Strasburger (1978); 554A, B, I nach Strasburger (1978); 556A nach Weberling/Schwantes (1979), 556B, C nach Strasburger (1978); 558 nach Strasburger (1978); 560A nach Remane/Storch/Welsch (1980), 560B–F, H, I nach Kaestner (1973), 560G nach Kükenthal/Matthes (1950); 562A, C, E, F nach Kaestner (1973), 562B nach Kükenthal/Matthes (1950); 564A nach Remane/Storch/Welsch (1980), 564B–E nach Kaestner (1973), 564C nach Kühn (1964); 566 nach Kaestner (1973); 568A nach Remane/Storch/Welsch (1980), 568B, D–F nach Kaestner (1973), 568C nach Remane/Storch/Welsch (1980); 570B–F nach Kaestner (1973); 572A nach Kühn (1964), 572F–H nach Kaestner (1973); 574C, D nach Kaestner (1973), 574E, F nach Brohmer (1949); 578B nach Kühn (1964), 578B, C nach Kaestner (1973); 580A nach Remane/Storch/Welsch (1980); 582A nach Remane/Storch/Welsch (1980), 582C nach Eibl-Eibesfeldt (1960); 584 nach Grzimek (1979).

Register

Der Übersichtlichkeit halber ist das Register geteilt: im Namenverzeichnis sind alle Tier- und Pflanzennamen, im Sach- und Personenverzeichnis alle übrigen Stichwörter aufgenommen. Die Übersetzungen der im Text nicht näher erläuterten Fachausdrücke stehen in Klammern hinter den entsprechenden Stichwörtern.

Seite 1–233 Band 1, Seite 224–441 Band 2, Seite 442–585 Band 3.

Namenverzeichnis

Sach- und Personenverzeichnis

Die Seitenzahlen beziehen sich auf die jeweiligen Textseiten: Seite 1–223 Band 1, Seite 225–441 Band 2, Seite 443–585 Band 3.